NJ叢書

新民事救済手続法

井上治典・中島弘雅 編

法律文化社

はしがき

　本書の前身ともいうべき井上治典・佐上善和・佐藤彰一・中島弘雅編『民事救済手続法〔初版〕』の「はしがき」には，井上治典先生の本書刊行への想いが，次のような文章で，語られていた。

　「『救済』というコトバは，法的に保護にあたいする地位にある者が，名実ともにその保護を受けるという意味に使われるのがふつうである。しかし，本書はむしろ，そのような結果にいたる『過程』，つまり関係者がかかわる手続を重視している。

　紛争には，必ず相手方当事者がいる。相手方は，相手方なりに利害を有しており，権利という概念で正当化される言い分を持っているのが通常である。両当事者または関係者の間の対立する利害は，きちんとした手続で，公正かつ対等に調整されなければならない。それこそが法の使命・役割であり，その具体的実践の場としてカナメをなすのが手続法にほかならない。

　本書は，関係主体の利害と紛争行動が最も熾烈にぶつかりあう，いわば極限状態ともいうべき民事執行と倒産の領域を中心として，上記の意味での利害が対立する関係者がかかわりあうプロセスのあり方を解説した書物である。このようなギリギリの状況において，救済の機能と特色が最もよくあらわれると考えられる。

　総論ともいうべき第**1**部では，自主交渉にも法の光をあて，督促手続や公証制度などの簡易な救済手続も取り上げている。第**3**部・倒産法の分野では，最も利用度の高い私的整理を倒産手続の原型と位置づけ，実定法上の倒産手続と同質であり連続性のある手続であることを強調した。

　第**2**部では，民事執行手続のほか，仮差押え・仮処分といった民事保全手続を『仮の救済』として取り込んでいる。」また，「第**4**部に，『担保権と救済手続』という項目を立てて担保の手続をトータルに収め」ている。

本書は，直接的には，『民事救済手続法〔第2版〕』を，主に2002（平成14）年以降の倒産法制（とりわけ破産法，会社更生法），担保・執行法制の改正を踏まえて大幅に改訂し再び世に問うものである。『民事救済手続法〔第2版〕』は，1999（平成11）年6月に刊行された同書初版を，その後の倒産法制の整備（とりわけ民事再生法の制定・施行）を踏まえて改訂し2002（平成14）年5月に刊行したものであった。しかし，その後も，倒産法制や担保・執行法制をめぐる立法の動きは激しく，『民事救済手続法〔第2版〕』も，刊行後まもなく再改訂の必要が生じてきた。そこで，井上治典先生と私（中島弘雅）とが編者となり，執筆者も一部入れ替えたうえで，近時の法改正の動きをフォローするとともに，テキストとしての使いやすさやバランスなども考慮して項目立てを一部改め，内容もアップ・トゥ・デートなものにして，『新民事救済手続法』を刊行することにした。

　本書の編集作業を行うために，私が，当時，溜池山王（東京都港区赤坂）にあった井上治典先生の法律事務所を訪ねたのは，2004（平成16）年7月22日のことであるから，本書の企画から刊行までに実に2年もかかったことになる。しかも，この間の2005（平成17）年10月5日には，執筆者一同の敬愛する井上治典先生が不慮の事件で急逝されるという痛恨の事態が起きてしまった。私が，井上先生と最後にお会いしたのは，2005年9月27日，立教大学法科大学院においてであったが，そのときも，井上先生は，刊行が遅れている本書についてとても気にかけておられた。遅ればせながら，本書の完成を故井上治典先生にご報告できることは，編者の1人としてこのうえない悦びである。時節柄，お忙しい中を本書刊行のためにご協力いただいた執筆者各位に厚くお礼を申し上げる。

　本書が，大学の法学部や法科大学院などにおいて民事執行法や倒産法を学ぶ学生・大学院生をはじめ，民事執行や倒産の領域の実践や理論に関心のある研究熱心な人々に広く読まれることを期待してやまない。

　最後に，本書の刊行にさいして，企画の段階から完成に至るまで文字どおり辛抱強くお世話を続けてくださった法律文化社編集部の秋山泰さんと，公務で多忙な中，本書の校正・索引作りをお手伝いしてくださった國學院大学

法学部専任講師の村田典子さんに心からお礼を申し上げる。

　2006（平成18）年7月

執筆者を代表して
中島　弘雅

目　次

はしがき

第1部　民事救済手続総論

第1章　民事救済手続の理念と構造 〔井上　治典〕…3

 I　救済の概念と構造 ……………………………………………3
  1 救済の概念 (3)　**2** 救済法の一般的理念 (4)　**3** 権利と救済との関係 (6)　**4** 救済手続の諸類型 (7)　**5** 結果としての救済の態様 (10)　**6** 強制の方法 (13)

 II　債権者間の平等と衡平 ……………………………………15
  1 債権者平等と実体法の枠組み (15)　**2** 実質的平等の理念とその方策 (17)

第2章　自主的救済 〔和田　仁孝〕…20

 I　交　渉 ………………………………………………………20
 II　自主的救済としての示談交渉 ……………………………24
 III　履行をめぐる再交渉 ………………………………………26

第3章　債務名義の簡易作成 〔廣尾　勝彰〕…28

 I　督促手続 ……………………………………………………28
 II　公正証書の作成手続 ………………………………………32
 III　起訴前の和解手続 …………………………………………36

第4章　ADRと少額救済 〔川嶋　四郎〕…38

 I　ADR …………………………………………………………38
  1 意義と課題 (38)　**2** 和解，調停，仲裁 (43)　**3** 倒産

　　　　　ADR（48）

　Ⅱ　少額救済 ……………………………………………………………… 50
　　　1　意　義（50）　　2　救済過程（51）　　3　課　題（56）

第5章　救済手続の不当利用 ……………………〔佐藤　彰一〕…58

　Ⅰ　結果としての救済から見た不当利用・不当実施 ………………… 58
　Ⅱ　過程としての救済と不当利用 ……………………………………… 61
　Ⅲ　執行妨害 ……………………………………………………………… 63

第2部　民事保全・執行

第1章　民事保全手続 ……………………………〔中村　芳彦〕…69

　Ⅰ　民事保全の制度 ……………………………………………………… 69
　Ⅱ　保全命令に関する手続 ……………………………………………… 72
　　　1　発令手続の特徴（72）　　2　発令手続の開始（72）
　Ⅲ　保全執行に関する手続 ……………………………………………… 83
　　　1　概　説（83）　　2　仮差押えの執行（84）　　3　仮処分の執行（86）

第2章　民事執行法総説 …………………………〔西川　佳代〕…90

　Ⅰ　序　説 ………………………………………………………………… 90
　Ⅱ　債務名義・執行文と執行の基本構造 ……………………………… 92
　Ⅲ　強制執行の開始要件 ………………………………………………… 101
　Ⅳ　執行の停止と取消し ………………………………………………… 103

第3章　執行の着手 ………………………………〔西川　佳代〕…105

　Ⅰ　執行の開始——差押え ……………………………………………… 105
　Ⅱ　差押えの方法 ………………………………………………………… 106

Ⅲ　差押えの禁止 …………………………………………………………… *112*
　Ⅳ　差押えの効力 …………………………………………………………… *113*

第4章　売　　却　　　　　　　　　　　　　　〔中島　弘雅〕… *116*

　Ⅰ　不動産の売却 …………………………………………………………… *117*
　　1　売却の準備（*117*）　　**2**　売却と不動産上の権利（*127*）
　　3　売却の実施（*130*）　　**4**　売却許可決定（*137*）
　Ⅱ　動産の売却 ……………………………………………………………… *140*

第5章　配当と買受人の地位　　　　　　　　　〔中島　弘雅〕… *143*

　Ⅰ　配当要求 ………………………………………………………………… *143*
　Ⅱ　配当手続 ………………………………………………………………… *146*
　Ⅲ　配当に対する不服申立て ……………………………………………… *149*
　Ⅳ　買受人の地位 …………………………………………………………… *151*
　　1　不動産の強制競売の場合（*151*）　　**2**　動産執行の場合（*156*）

第6章　債権執行の特色　　　　　　　　　　　〔安西　明子〕… *158*

　Ⅰ　差押手続 ………………………………………………………………… *158*
　Ⅱ　債権者の競合 …………………………………………………………… *162*
　Ⅲ　換価手続 ………………………………………………………………… *163*
　Ⅳ　配当手続 ………………………………………………………………… *168*
　Ⅴ　少額訴訟債権執行 ……………………………………………………… *169*

第7章　作為・不作為，意思表示請求権などの執行
　　　　　　　　　　　　　　　　　　　　　　　〔安西　明子〕… *170*

　Ⅰ　物の引渡・明渡請求権の執行 ………………………………………… *171*
　Ⅱ　作為・不作為請求権の執行 …………………………………………… *173*
　Ⅲ　意思表示請求権の執行 ………………………………………………… *178*

第8章 執行過程における再調整（不服申立て）　〔西川　佳代〕…180

- Ⅰ 紛争の再調整の場としての執行過程 …180
- Ⅱ 執行過程における不服申立手続の意義 …181
- Ⅲ 執行文付与をめぐる不服申立手続 …182
    - **1** 執行文付与に関する異議（182）　**2** 執行文付与の訴え（183）
    - **3** 執行文付与に対する異議の訴え（184）
- Ⅳ 不当・違法執行をめぐる不服申立手続 …186
    - **1** 不当執行に対する不服申立手続（187）　**2** 違法執行に対する不服申立手続（190）

第3部　倒　産

第1章 倒産法制と私的整理　〔中島　弘雅〕…197

- Ⅰ 総　説 …197
- Ⅱ 倒産4法制 …204
- Ⅲ 私的整理 …212

第2章 清算型倒産手続 …216

§1 破産手続の開始　〔田頭　章一〕…216

- Ⅰ 破産手続開始の申立て …216
    - **1** 申立て（216）　**2** 破産手続開始前の保全措置（222）
    - **3** 破産手続開始の要件（224）
- Ⅱ 申立ての審理手続と破産手続の開始 …227
    - **1** 申立ての審理手続（227）　**2** 破産手続開始決定（228）

§2 手続機関，破産財団および破産・財団債権
〔廣尾　勝彰〕…234

viii 目　　次

　　　Ⅰ　破産手続の機関 ……………………………………………………234
　　　　　1 裁判所(234)　　*2* 破産管財人(235)　　*3* 保全管理人(238)
　　　　　4 債権者集会(239)　　*5* 債権者委員会(241)　　*6* 代理委
　　　　　員(241)
　　　Ⅱ　破産財団と破産債権・財団債権 ……………………………………242
　　　　　1 破産財団(242)　　*2* 破産債権(244)　　*3* 破産債権の届
　　　　　出・調査・確定(249)　　*4* 財団債権(254)　　*5* 租税債権と
　　　　　労働債権——優先順位の見直し(256)
§3　破産者をめぐる法律関係の調整 ………………〔中島　弘雅〕…259
　　　Ⅰ　序 …………………………………………………………………………259
　　　Ⅱ　実体的法律関係の整理と破産管財人の法的地位 …………………259
　　　Ⅲ　契約関係の処理 …………………………………………………………263
　　　　　1 双務契約の処理に関する破産法の規律(263)　　*2* 賃貸借契
　　　　　約(265)　　*3* ライセンス契約(267)　　*4* 継続的供給契約(268)
　　　　　5 交互計算(269)　　*6* 請負契約(269)　　*7* 使用者の破産——
　　　　　破産と労働関係(272)　　*8* 保険契約(274)　　*9* 委任契約(276)
　　　Ⅳ　係属中の手続法律関係の処理 …………………………………………277
　　　　　1 係属中の訴訟手続(277)　　*2* 係属中の民事執行等(280)
　　　　　3 国税滞納処分等の取扱い(281)
§4　破産財団の法律的変動 …………………………〔佐藤　鉄男〕…282
　　　　　1 変動する破産財団(282)　　*2* 取戻権(283)　　*3* 別除権
　　　　　(285)　　*4* 相殺権(289)　　*5* 否認権(292)
§5　破産手続の進行と終了 …………………………〔田頭　章一〕…301
　　　Ⅰ　破産財団の管理・換価・配当 …………………………………………301
　　　　　1 破産財団の管理(301)　　*2* 破産財団の換価(303)
　　　　　3 配　当(305)
　　　Ⅱ　破産手続の終了 …………………………………………………………309

第3章 再建型倒産手続 〔中島弘雅／倉部真由美〕…312

I 民事再生手続……………………………………312
 1 利用対象者（313） 2 手続の申立て（313） 3 手続機関（315） 4 再生債権の取扱い（319） 5 再生債権以外の債権（322） 6 担保権の取扱い（323） 7 再生計画（325） 8 手続の終結と再生計画の履行確保（329） 9 役員に対する責任追及（330） 10 簡易再生と同意再生（330）

II 会社更生手続……………………………………331
 1 手続の申立て（332） 2 中止命令と保全処分（333） 3 手続機関（333） 4 更生債権等と債権の確定・調査（334） 5 更生計画（335） 6 更生計画の遂行と手続の終了（338） 7 役員に対する責任追及（338）

第4章 個人債務者の倒産手続 〔田頭 章一〕…340

I 個人債務者の多重債務問題とその解決策……………340
 1 多重債務問題とは？（340） 2 多重債務の整理方法（341）

II 破産免責手続……………………………………344
 1 個人破産免責手続の目的（344） 2 個人破産手続の諸特徴（345） 3 免責手続（349） 4 復 権（353）

III 個人再生手続……………………………………354
 1 個人再生手続の概要（354） 2 小規模個人再生手続（355） 3 給与所得者等再生（359） 4 住宅資金貸付債権に関する特則（360）

第5章 行政主導型の倒産処理 〔中村 芳彦〕…363

I はじめに……………………………………363
II 金融危機と破綻処理……………………………………364
III 行政主導型倒産処理と法的整理……………………………………367
IV 行政主導型倒産処理と私的整理……………………………………368

V　まとめ ………………………………………………………………370

第6章　国際倒産処理 ……………………………………〔佐藤　鉄男〕…371
　　　I　企業活動の国際化と倒産処理 …………………………………371
　　　II　国際倒産法の諸相 …………………………………………………373
　　　III　承認援助と並行倒産 ………………………………………………376

第4部　担保権と救済手続

第1章　債権回収と担保 …………………………………〔角　紀代恵〕…381
　　　I　人的担保と物的担保 ………………………………………………381
　　　II　物的担保 ……………………………………………………………382
　　　　　1　典型担保（382）　2　非典型担保（384）

第2章　担保権の実行 ……………………………………〔倉部真由美〕…388
　　　I　序　説 ………………………………………………………………388
　　　　　1　担保権実行手続の特色（388）　2　民事執行法改正の経緯（389）
　　　II　不動産に対する担保権の実行手続 ……………………………389
　　　　　1　平成15年改正と不動産担保権の実行手続（389）　2　担保不
　　　　　動産競売（390）　3　担保不動産収益執行（393）
　　　III　動産に対する担保権の実行手続 ………………………………395
　　　IV　債権に対する担保権の実行手続 ………………………………396
　　　V　救済手続 ……………………………………………………………396

第3章　非典型担保の取扱い ……………………………〔宮川　聡〕…398
　　　I　総　説 ………………………………………………………………398
　　　II　仮登記担保 …………………………………………………………399
　　　III　譲渡担保 ……………………………………………………………402

Ⅳ　所有権留保 …………………………………………………………… *410*
　Ⅴ　ファイナンス・リース ……………………………………………… *412*
判例索引………………………………………………………………………… *414*
事項索引………………………………………………………………………… *420*

―― 執筆者紹介 ――

〔＊印は編者，執筆分担は目次に記載〕

＊井上　治典（いのうえ はるのり）	元立教大学法科大学院教授・弁護士〔故人〕
＊中島　弘雅（なかじま ひろまさ）	慶應義塾大学法科大学院教授
和田　仁孝（わだ よしたか）	早稲田大学法科大学院教授
廣尾　勝彰（ひろお かつあき）	法政大学法科大学院教授
川嶋　四郎（かわしま しろう）	九州大学法科大学院教授
佐藤　彰一（さとう しょういち）	法政大学法科大学院教授・弁護士
中村　芳彦（なかむら よしひこ）	法政大学法科大学院教授・弁護士
西川　佳代（にしかわ かよ）	國學院大学法学部・法科大学院教授
安西　明子（あんざい あきこ）	成蹊大学法学部助教授
田頭　章一（たがしら しょういち）	上智大学法学部・法科大学院教授
佐藤　鉄男（さとう てつお）	同志社大学法学部教授
倉部真由美（くらべ まゆみ）	同志社大学法学部専任講師
角　紀代恵（かど きよえ）	立教大学法学部教授
宮川　聡（みやがわ さとし）	甲南大学法科大学院教授

第1部

民事救済手続総論

第1章　民事救済手続の理念と構造

I　救済の概念と構造

1　救済の概念

二つの救済概念　「救済」には，二つの概念内容がある。
たとえば，AのBに対する金100万円の貸金の返還をめぐる争いを例にとれば，AのBに対する貸金返還請求権を実現したり，Aが悪質な金融業者で不当な取立行為に出ているときに，BがAのそのような取立行為を止めさせる，という意味での救済である。これは，Aに貸金返還請求権がある，あるいはBにAの取立行為を禁止する差止請求権があるということをそれぞれ前提にして，その権利を実現・実行するという意味での救済である。これは，「結果としての救済」と呼ぶことができる。

いま一つは，「過程としての救済」の概念である。これは，貸金の返還をめぐるAB間の，あるいは取立てをめぐるBA間の利害を調整するプロセスに着目し，ABが公正にかかわりあいながら利害調整に向けて関係づけをしていく手続そのものを意味する。債務の存在についてBが改めて争うべきところを争いながら履行条件を模索したり，将来に向けてそれぞれの事情を顕出しながら返済の条件をたてていくなどの調整過程を「救済手続」の発現とみるのである。

それぞれの救済概念は，本書でとりあげる民事執行の手続をどうみるかについても，ニュアンスの違いをもたらす。結果としての救済を重視する立場からは，権利の観念的形成過程と実現過程とを分離し，執行は，すでに形成され確定された実体法上の権利を迅速かつ確実に実現する過程であるとみるのに対し，過程としての救済を重視する立場では，権利の形成過程と実現過

程とは不可分一体的なものと捉えられ，執行過程もまたそこで当事者間の利害の調整，関係づけの再構築が行われている場であって，それは権利の形成過程の一局面であると捉えられる。したがって，結果としての「権利」・「義務」は限定的であるのに対し，プロセスとしての手続はそれぞれの局面において多様なものがありうる。また，前者の救済概念では，執行を主として申立人である権利者の実行方法と捉えるのに対し，後者の救済概念では，申立人は救済手続のイニシアティヴをとっただけであって，基本的に相手方も申立人と同等の利害調整主体としての役割を占めることになる。前者の救済概念では，執行手続は権利実現の手段にとどまるのに対し，後者にあっては，執行手続には両者が関係づけを行う——利益を調整する——場の設定としての意味が与えられる。

　本書では，救済概念がこれまで前者の意味で用いられることが多かったという事実を踏まえながらも，救済手続が現実に社会のなかで果たしている，あるいは果たすべき機能は何かという観点からは，後者の利害調整過程としての役割がますます大きくなるという見通しのもとに，考察を進めることにする。

対象の限定　　救済をめぐる法と手続は，このようにかなり広汎で一般的なものであるが，本書では，民事執行・民事保全と倒産処理の領域をカバーするという目的の制約のために，考察の対象の中心をさしあたりこれらの制度と理論に置くことにする。ただし，執行や倒産処理にかかわる周辺の問題にも視野を拡げたいし(たとえば，第 *1* 部の第 **2** 章「自主的救済」，第 **3** 章「債務名義の簡易作成」など)，救済法の理念や一般的な原理にも，はじめに言及しておく。

2 救済法の一般的理念

救済手続の理念としては，一般的にはつぎの諸点を挙げることができる。

公正（フェアネス）　　主体間に公正な関係づけを行うことは，救済法の基本的な理念である。利害関係人に関与の機会を与え，説明すべき者がその務めを果たし，十分な資料・情報の開示を得て，相手方な

いし他者との間に意見交換を行うことなどがそのあらわれである。いずれの当事者がいかなる行動負担を負うかの公平の観念も，公正（フェアネス）の内容に含まれる。いまそこで何が行われているかを当事者や，利害関係人がよくわかるという，手続の透明性もフェアネスの重要な要請の一つである。

平 等 何をもって平等というかは問題であるが，当事者間または利害関係人間の実質的平等が救済の理念であることにかわりはない。もっとも，実定法が予定している形式的平等の貫徹が，場合によっては真の公平の理念に反することになりかねないことにも留意しておく必要がある（詳細は，→本章Ⅱ参照）。

コスト コストには，制度運用のコストと利用者が負担すべきコストがある。いずれも，単に金銭の問題だけでなく，時間，労力，精神的負担などの要素を含む。また，コストは，制度や手続から出たのちのさまざまな将来的な行動負担をも視野に入れたものでなければならない（たとえば，判決手続で簡易迅速に結論が出されても，その後に続く執行手続や交渉の場で再調整が必要になれば，そのようなコストも算入される）。

救済の社会政策としての側面 現代社会における救済は，従来の私人間の実体的権利義務の手法だけでは十分に対応できない場面が増えてきている。大型の公害事件や薬害事件に顕著にあらわれているように，国や自治体などの行政の体制，地域や職場における恒久的対策，医療の体制，教育面や保険制度の充実など，ひろく社会政策のあり方とのかかわりのなかで，救済の態様が決められ，それが実効性をもつ領域が多い。消費者信用による破産への対応も，消費者教育や破産者の更生を含めて，単なる債務の調整にとどまらない，政策的な問題である。

この面でも，従来の実体法上の権利関係を基軸にした救済の概念は，限界をもつ。

暫定性と将来性 当事者間の関係づけは，現状に対するとりあえずのもので足りるが，過去は過去として踏まえながらも，重点は将来に目を向けたものでなければならない。これから先に向けて，当事者がフェアにかかわりあえるための条件をつくり出すのが，救済の原型である。裁判

所がかかわる手続であるから，終局的な救済措置を講じなければならないと考える必要はなく，当事者間の関係づけの一つの展開点であり，将来問題が生じれば，また争いなおすことができるというように，「開かれた」ものとしてみていく必要がある。

手続の相互連携・重層性　このことは，救済手続の側からみれば，各手続はそれぞれ完結篇ではなく，ある手続から出た後にまた不足の部分を他の手続で処理していくというように，手続は互いに連携しあい，重層的なものでなければならない，ということでもある。民事保全手続と訴訟，執行の領域における救済手続，倒産の領域における私的整理と破産手続などは，手続の重層性と相互の連携のあらわれであるといえる。

もっとも，私的整理と実定法上の破産や民事再生との関係にみられるように，手続の重層構造のあり方，相互連携のあり方が問題である（→第**3**部第**1**章参照）。

3　権利と救済との関係

普遍性と個別性　実体法上の権利にも，自由権というような抽象的なものから，妨害排除請求権のような具体的なものまで，さまざまなものがあるが，概してそれは一般的であり普遍的な性質をもつ。これに対して救済は，具体的事件の特性に応じての柔軟性をもち，本質的に個別的なものである。

「権利→救済」か，「救済→権利」か　一般的に，権利が存在するから救済がはかられるとする「権利→救済」モデルが信奉されている。この立場は，実定実体法はあらゆる状況に対応することができるような権利のカタログをあらかじめ用意しており，具体的事件ではもっともふさわしいカタログのコードを発見してそれを適用すれば結論が得られるという考え方に結びつきやすい。実体法の完結性を前提としたうえで権利は所与のものであり，救済（手続）は，それを保護・実現する手段にすぎない，というのが「権利→救済」の思想である。

これに対して，権利と救済との関係は，歴史的にも原理的にも，現実の社

会に生起する紛争に対する救済の必要性とその手続が先行し，救済手続の積み重ねを通じてしだいに権利なるものが形成されていくという「救済→権利」の観念も根強く存在する。これによれば，実体法規範は個別事件の隅々までを照らし出す解決の基準をもっておらず，適正な手続を通じて個別事件に妥当すべき規範が当事者のかかわりのなかからつくり出されていくものであって，手続は単なる手段ではなくまさに権利を生み出す母体であると観念される。主体間の関係づけのプロセスが重視され，手続が適正・公正であれば，結果も正しいとみなされる。また，現在の実体法規範の中に具体的権利のカタログがなくても，救済手続は発動される基盤をもつ（かつての，日照権に基づく差止めが認められていった経緯を想起されたい）。この立場が，権利や救済を動態的・過程的なものとみるのは必然である。

　　契約・取引過程　　救済過程が，問題が生じたときに，主体間で改めて関係づ
　　と救済との関係　　けを行っていくプロセスであるとすれば，それは契約・取引の過程とまったく別個の局面ではなく，契約・取引の連続的延長である。訴訟過程は，裁判という場を通じて言い分を述べあいながら交渉を行っているプロセスであり（弁論主義は，取引・交渉主義のあらわれである），執行過程も，もっぱら執行機関の強制力の発現のようにみえるものの，実質は，債権者と債務者とが，そのような強制措置を一つの契機にしながら，そこで新たな関係づけを行っているプロセスであると捉えることができる（→第**2**部第**8**章参照）。

4　救済手続の諸類型

　　自主交渉型と　　　当事者または利害関係人の自律的な処理手続である自主交
　　第三者関与型　　　渉型は，関係人のみのエネルギーで手続を進めていく点で，関係人の納得が得られやすく，手続に費やすコストも低い。理論的にも，救済手続の原型であるということができ，実際上も大多数の紛争がこれで処理されている（→第**1**部第**2**章参照）。ただし，当事者間の感情的反発が激化したり，利害が相反する局面では，自分たちだけでは交渉がそれ以上進まないという事態もまま生じる。

第三者が関与する手続では，自主交渉のそのような問題点は緩和され，当事者は第三者の情報や社会的な力を利用できるので，解決が促進されるところもある。また，当事者は第三者の理解と共感を求めようとするのが普通であるので，紛争行動が自己中心的なものからより客観的・普遍的なものへと転化していく可能性を秘める。また，第三者の関与がアド・ホックなものではなく，常設機関によるものである場合には，定型化された手続や機関がもつ社会的信頼がプラスに働くことも多い。

　ただし，第三者関与型にも問題点やデメリットは予想される。第三者主導型になれば，当事者の主体的なエネルギーや自律性が封じ込められたり，手続の定型性・画一性がかえって個別事件の柔軟な解決を妨げたり，手続が大がかりなものになってコストを高めたり，専門性が増幅されて素人のアクセスを阻害する，などの問題点がこれである。

仮暫定型　救済態様には，訴訟をするに先立ってとりあえず財産を差し押さえておいて，あとはおもむろに手を打つという仮型ないし暫定型のものがある（→第*2*部第1章参照）。債権者側の主張だけで債務者に支払いを命じる「支払督促」（督促手続ともいう）もその類である（→第*1*部第3章参照）。このような仮の救済手続では，とりあえず簡易な審理で申し立てられた救済を与えておいて，相手方当事者に異議があれば，その者のイニシアティヴでより慎重な争訟手続に移行する途が用意されている。

個別処理型と集団処理型　執行手続は，一債権者の一債務者に対する要求内容の実現を基軸にしての両者間の利害の調整を原型としている。個別相対型の処理手続である。執行手続に，他の債権者が加入してきて，配当面で調整する必要が生じる場合はあるが，それはあくまでも原型のヴァリエーションであるとみなされる。

　これに対し，倒産処理の手続は，事の性質上多数の債権者を予定しているし，倒産者の従業員や債務者など，倒産者とさまざまなかかわりをもつ人々がいるので，多様な関係者の間の利害を調整する集団型の救済手続である。集団的処理は個別処理に比べて，必然的に手続が複雑になり，さまざまな局面の問題に対応しなければならないので，大がかりなものになるのが普通で

ある。

裁判内型と裁判外型　救済手続は，裁判所内の手続によるものと，裁判所外の手続によるものとに分けられる。倒産処理の場面では，破産や民事再生の手続は裁判内型であるのに対し，いわゆる私的整理は裁判外型の手続である。裁判内型の特徴は，手続の手順や方式が厳正に定められ，画一的に定型化されている面が多いのに対し，裁判外型の特徴は，定型化されていないので関係人が自由に動かしていくことができる点にある。それぞれの特徴は，またそれぞれのデメリットにもなる。裁判内手続は，一般的にいって手続がどうしても大がかりなものになり，定型的であるだけに弾力性を欠き個別事件に柔軟に対応しにくい面があり，裁判外手続は，柔軟であるだけに，運用いかんによっては，手続が不公正で不透明なことになりかねない。また，裁判外手続では，強制の要素が乏しいだけに，利害調整が行きづまったときの打開策を見つけにくい面もある。

　一般的にみて，紛争の処理のみでなく，要求の実現，倒産の処理にしても，裁判手続外での処理が圧倒的な比率を占める。その意味では，裁判内手続は，裁判外手続が行きづまったときの救済策である。したがって，裁判内手続と裁判外手続は，あれかこれかの選択ではなく，両者のよりよき連携が望まれるのであり，裁判外手続を活性化し適正な裁判外での主体間の関係づけをもたらすことができるような裁判手続の利用が理想である。

民事保全・民事執行・倒産処理とその根拠法典　すでに述べたように，救済手続の中でも主として本書でとりあげる領域は，民事保全・民事執行・倒産処理の分野である。民事保全は，当事者間の交渉秩序の不均衡を是正し，これから先に向けて当事者間のかかわりを対等かつ適正にするために，《とりあえずの措置》を講じるための手続である。仮差押え・仮処分といわれる救済がそれである。「民事保全法」（仮差押え・仮処分は，従来「保全処分」と呼ばれていたが，本法によって「民事保全」と改称された）が，そのような救済手続を規制する実定法規である（→第**2**部第**1**章参照）。

　民事執行は，文字どおり，債権者が債務者との関係で強制力をもって要求を実施していく過程を指し，「民事執行法」がそれを取り扱う中心的な実定法

規である（執行の具体的な手続と問題点については，→第2部参照）。

倒産処理は，経済的に破綻した法人や個人について，債権者や契約の相手方，その他多様な関係者との間で利害を調整していく手続であり，裁判外の私的整理，破産手続（破産法），民事再生手続（民事再生法），会社更生手続（会社更生法），および特別清算（会510条以下・879条以下）などの処理類型がある。破産と特別清算は，破産者の全財産を金銭に換えて債権者への配当に充てるのであるから，清算によって事業の解体をもたらし，法人であればやがては消滅する。民事再生，会社更生は，ある程度の財産でもって債権者への部分的弁済をはかりながら，事業の継続，再建をはかるものであり，「再建型」と呼ばれる（詳しくは，→第3部参照）。私的整理は，裁判所外のインフォーマルな倒産処理手続であり，もっともよく利用されているが，その名のとおり規制法規はなく，関係人の間で自由に動かしていくことができる点で融通性に富んだ手続である（→第3部第1章参照）。

5 結果としての救済の態様

救済は，一般に結果として実現される実体法的内容を指すものとして観念される。執行・倒産処理の場面においても，結果としての救済内容の態様に応じて執行の方法や倒産処理の仕方を異にするので，この意味での救済方法の態様を整理しておこう。ここでは，「裁判上の救済」に焦点をあわせる。

債務の本来的内容である給付の実現——原則 契約上の債務については，債権者が債務の本来の内容である給付義務を強制的に実現し，任意に履行されたと同じ結果を債権者に得させるのが原則である（民414条1項）。売買代金や賃金の支払い，売買目的物や賃借家屋などの物の引渡し，これら金銭債務，物の引渡債務を除いたいわゆる「なす債務」（建築請負人が家を建てる債務，工作物を除去する債務などの作為債務），騒音を発してはいけない，あるいは特定の土地内に立ち入ってはいけないなどのいわゆる不作為債務はいずれもこれに属する。

本来の給付にかえての代替的給付 本来の給付が困難または不可能であったり，当事者間の関係から他の給付でもよい特別の事情がある場合に

は，そのような代替的給付も救済の一態様として認めてよい。金銭給付にかえて債務者の所有する現物を給付したり，引渡しが不能のときの代償請求などは，その例である。

原状回復 他人の侵害行為によって生じた違法な結果を事実行為によって取り除き，元の利益状態を回復させる救済の態様である。金銭の賠償による回復は含まれない。①物権的請求権として目的物の返還，妨害の排除が認められる場合，②名誉毀損の場合の「名誉を回復するのに適当な処分」（民723条），特許権等工業所有権侵害の場合の「業務上の信用を回復するのに必要な措置」（特許106条，意匠41条，商標39条など）や不正競争防止や著作権侵害の場合の類似の回復措置（不正競争14条，著115条），③不作為債務における違反の結果の除去（民414条3項），などが現行法上認められている。これ以外にも，物権が侵害された場合には，物権的請求権の内容として原状回復が認められる。

金銭賠償 他人に与えた損害を金銭で塡補させる救済方法が，損害賠償である。債務不履行（民415条）と不法行為（民709条）が，損害賠償が認められる典型例である（その他，自賠3条，国賠1条など，個々の法律で認められている場合も多い）。

法的保護に値する利益が侵害された場合の，もっとも一般的で歴史的にも古くから認められてきた救済方法である。

なお，損害賠償を，受けた被害の補塡という発想をこえて，社会的レベルに降り立っての当事者間の新たな関係づけを達成するための政策的手段と捉えれば，加害者に重大な不正があるときにこれに制裁を加えるためのいわゆる「懲罰的損害賠償」は，わが国でも認められてよい。さらに，将来の損害の賠償も，現状の侵害行為が違法であって相手方側にその防止手段を講じる義務がある以上，認めてよい。

また，人身被害に対する賠償においては，一時金で支払う方法だけでなく，不確定の期間中の定期金の支払いによる方法（定期金賠償＝民689条〜694条）を認めてよい（その変更につき，民訴117条参照）。金銭賠償にあっても，当事者間のこれから先に向けての公平妥当な関係づけを行う必要があるからである。

権利または
法律関係の確認　自己の所有権の確認，相手方に賃借権がないことの確認，親子であることの確認などの権利または法律関係の確認は，当事者間の関係を包括的なところで明確にしておくことによって，現在の不安を取り除き将来に向けて当事者間の関係をあらかじめ整序しておこうとする救済の態様である。確認の訴えはそのための手段である。先に述べた給付型に比べれば，なんら法的な強制方法がないので救済手段としての実効性は弱いが，基本的関係の確認・宣言は，成熟した社会における人と人との関係づけの基礎をなすともいえる。

形成権の行使　自己の意思表示のみで従来の法律関係の変更をもたらすのが，形成権の行使であり，このような方法によって法律関係を新たにつくり出すことも，救済方法の一つである。契約の取消しや解除のように，裁判外で行使できるのがふつうであるが，なかには，訴訟外の意思表示だけでは足りず，訴えを提起して形成権を行使しなければならない場合もある。

　この救済方法は，意思表示または判決によって法律関係を形成するに尽きるから，形成内容を強制的に実現するという考慮をいれる余地はない。

差止め　現に行われている違法な侵害を止めさせるという救済態様である。騒音を△△ホン以上流入させるな，というように不作為を命じるのがふつうであるが，××の仕様の防音壁を設置せよ，というように作為を命じるものもある。

　金銭賠償や原状回復は，すでに行われてしまった侵害に対する事後的な救済方法である。侵害行為が継続的・反復的に行われる場合には，このような事後的な救済ではつねに後追いになるし，そもそも人の生命・身体に対する侵害については，いかに金銭で填補してみても，原状の回復は望めない。救済方法としては，実効性が乏しいのである。

　これに対し，差止めは，現に行われている侵害行為を排除することによって将来の侵害を事前に防止するものであるから，過去志向的ではなく将来志向的であり，救済方法としても実効性がある。

　現行法上は，所有権に基づく妨害排除請求権などの物権的請求権としての

差止め（民198条），著作権・特許権などの無体財産権に基づく差止め（著112条，特許100条），商号の使用差止め（会8条2項），会社法上の取締役の行為の差止め（会360条・385条），新株発行の差止め（会210条）などがある。このほかにも，生命・健康の侵害に対しては，理論上差止めが広く認められている。もっとも，公害の差止めについては，すでに多くの裁判例があるものの現実に差止請求が認容されたケースはきわめて限られている（なお，差止請求の強制的実現方法については議論があるが，これについては，→第**2**部第**7**章Ⅱ参照）。

6 強制の方法

強制とその根拠 　およそ法システムには，好むと好まざるとにかかわらず，強制の要素がともなう。とくに，執行・倒産の裁判所内手続では，強制の要素が大きい。ただし，強制力の行使は，それ自体が法の目的ではなく，主体間の適正な関係づけを達成するための手段であることに留意しなければならない。したがって，強制力の行使が正当化される根拠も，法システムが国家による公権力の発動であるという理由からではなく，私人間の適正な関係づけの必要に求められる。

執行力の概念 　民事執行には執行力という概念がある。これは，確定判決や和解調書などに掲げられた給付内容を強制的に実現する効力である。ただ，強制の根拠が上にみたようなものであるとすれば，執行力も，国家と私人との垂直の関係のみでなく，私人と私人との水平の関係で捉えられるべきであり，当面の当事者間の関係をつくり出す展開点を形成するためにある，といえよう。たとえば，債務者と債権者とがともに関与した手続の結果を示す公証された文書（債務名義という）があれば，債権者はそれに基づいて債務者に，執行に着手することを予告し，差押えなどの行動をとることができるが，それは債務者自身が関与して作成された公の文書があれば，債務者はそれに基づく執行をとりあえずは受忍すべきであり，それを阻止するためには債務者がそのための行動負担をとるべきことを意味し，債権者がさらに換価・配当などの手続を実施できるのは，債務者がそれまでに

自己の負担行動をとらなかったか,とっても効を奏しなかったことによる。これは,すでに確定した権利を一直線に実現するのが執行手続であるとみるのではなく,執行過程も当事者間の紛争（処理）行動が展開される一つの局面でありフォーラムである,という見方を前提にする。

身体に対する強制の制限　かつては,金銭債権の満足をはかるために,債務者を拘禁して,その労働力から,あるいはそれによって債務者や親族・友人に圧迫を加えて,債務の支払いを期する制度もあった。人権の尊重を重視する近代になって,債務者の身体に強制力を加える人的執行はしだいに影をひそめ,債務者の財産を対象とする物的執行が一般的になった。わが国の執行制度も,物的執行を根幹としている。

直接強制,間接強制,代替執行　債務本来の内容を債務者の協力がなくても直接実現する方法が直接強制であり,強制執行の原則とされてきた。金銭の支払い,物の引渡しなどは,この方法による。

代替執行は,家屋の収去義務のように,債務者が自らの手でやらずに代わりの者が行っても目的を達するような,いわゆる代替的作為債務について認められる方法である（民414条2項本文・3項,民執171条）。第三者が代わって行うが,その費用は債務者の負担となる。この方法は,債務者の意思に関係なく強制的に給付内容を実現する点で,直接強制の一変形とみなされる。

間接強制は,《履行しない場合には,一日につき金〇〇円を支払え》というように,債務者に不利益を予告して,心理的圧迫を加え,自ら履行するように仕向ける方法である。不作為債務のように,直接強制ができないときに用いるものと解されてきた。

ところで,これまで,直接強制・代替執行・間接強制という3つの執行方法の関係については,直接強制のできる債務については代替執行や間接強制を禁止し,直接強制・代替執行ができない債務についてのみ間接強制を認める考え方（間接強制の補充性）が前提となっていたが,その後,かかる考え方に疑問を呈する見解が有力となってきた。そこで,平成15年改正民事執行法は,権利実現の実効性を高める観点から,間接強制の適用範囲を拡張することにし,新たに,①不動産の引渡し・明渡しの強制執行（民執168条）,②

動産の引渡しの強制執行（同169条），③目的物を第三者が占有している場合の引渡しの強制執行（同170条），④代替的な作為・不作為債務の強制執行（同171条）についても，本来の執行方法（直接強制や代替執行）のほかに，間接強制の方法によることを認めることにした（同173条1項）（詳しくは，→第**2**部第**7**章参照）。

本来的執行と代償的執行　債権者に帰属すべき内容の給付をそのまま債権者に得させる執行方法が本来的執行である。強制執行は——間接強制・代替的執行であっても——本来的執行の性格をもつ。これに対し，破産手続では，債権者Aの破産者Bに対する物の給付を求める非金銭債権であっても，金銭に評価されて破産者の財産から金銭で支払われるので（破103条2項1号イ），本来的執行ではなく代償的執行の性格を有する。

II　債権者間の平等と衡平

1　債権者平等と実体法の枠組み

一つの設例　債務者に対して多数の債権者が競合し，債権者間の葛藤が渦巻く倒産や執行の場面では，これら債権者間の利害を衡平かつ平等に調整することが指導理念であるのは当然である。では，債権者平等といわれるものの中身は何か。

考察の便宜のために，つぎのような例を設定しよう。

> 債務者A建設会社(代表者甲)に対して，下請会社Bが請負代金1000万円，A企業に融資したC銀行が2000万円，A企業の従業員の車にはねられて傷害を負ったとするDが不法行為債権として800万円，A企業の従業員E_1ら30名が未払賃金債権として合計1000万円，A企業への貸金債権者Fが1500万円，A企業に租税債権を有するとする国Gが600万円，A企業に材料を卸したHが売掛代金債権として100万円を，それぞれ主張している。
> 一方，A会社の積極財産は，土地建物（時価2500万円），建築資材（300万円），Lに対する請負債権（700万円）である。

このような設定は，じつは一定の限界をもつ。債権発生の具体的状態やその後の債務者と債権者とのかかわりを一切捨象しているし，それぞれの債権者が主張する債権に債務者や他の債権者がどのように対応し，いかにして債権の存在や額が決められていくのかのプロセスも抜けている。また，上の例は，ある特定の時点における債権債務状況であるが，事態は静止的ではなく，つねに動いている。3日前に，取引先の債権者Jがいち早く自分だけ弁済を受けてしまったかもしれないし，1か月前にAが都心に所有していたビルを売却していたかもしれないのである。時の経過を加味して，立体的に問題を考える必要があるのである。

ともあれ，上の例を一つの手がかりとして，債権者間の利害調整のあり方をみていくことにしよう。

実体法の枠組みと行動負担 (1) 債権者間の利害調整方法の大枠は，倒産手続や執行手続以外の実体法秩序によってすでに一応は決められている。たとえば，右例で，C銀行がAの土地建物上に抵当権をもっていれば，その売却代金から優先的に支払いを受ける地位が与えられるし(民303条・342条・369条)，国Gの租税債権も優遇されている（税徴8条）。従業員E_1らの賃金債権も，一般の先取特権者として，他の通常の債権者よりも優先して弁済を受ける地位が与えられている（民308条）。

同一ランクの債権――たとえば，優先権のない一般債権者の間（設例のBとD）――については，債権額に応じて機械的に按分配分されるのが一般的ではあるが，実体法自体はその旨を定める直接的な規定を設けてはいない。

(2) 債権者といえども，じっとしていても自動的に弁済を受けられる，というものではない（登記のある抵当権者は別として）。執行や倒産の手続の中で，定められた期間内に配当要求や債権の届出をしなければならない。会社更生手続では，届け出て更生計画に記載してもらわないと，確定的に失権してしまう。権利行使のための行動負担を負うことによって，はじめて債権者としての手続上の地位を確保できるのである。

(3) このことは，実体法上の権利が所与のものとして静止的に存在し，それを実現するのが手続であるとの見方ではなく，主張債権の届出，これに対

する利害関係人（倒産の場合の管財人を含めて）の調整・批判（異議）の機会の保障，異議があった場合の公正なイニシアティヴ分配による訴訟などの調整方法といった一連の関係者のかかわり（手続）を通じて，債権者の地位が形成されていくことを示している。債権者平等は，所与の実体規定によってではなく，関係者相互の公正な関係づけ——すなわち公正な手続——を通じて達成される。

　また，単に額の問題だけではなく，いかなる時期にいかなる方法と条件で支払うかも，債権者平等の問題にはいってくる。

2　実質的平等の理念とその方策

実体法上のプライオリティーとその限界　実体法上のプライオリティー（順位）が，債権者間の利害を調整するための重要な指針であることはまちがいない。しかし，そのプライオリティーそのものがそれほど強固な根拠に支えられているとはいえないものもあり（たとえば，租税債権の優遇は国の財政基盤をたしかなものにするという政策的配慮によるものであり，実質的根拠は乏しい），また，一般的な順位類型では，個別事件のそれぞれの事情や特性を反映できないきらいもある。さらに，同一順位の一般債権者間では，債権の発生原因や債権者と債務者のかかわり，債権者の現時の具体的状況などを一切捨象して，債権額だけに応じて按分に配分するという形式的平等が，真に債権者間の実質的平等を，確保することになるのかどうかも，問題である。たとえば，前例で，Fの債権は「貸金」という形はとってはいるが，実質はAの事業への出資金であったとした場合，Fは，経営悪化に対する責任は一切負うことなく，他の一般債権者と同列で配当にあずかることで実質的平等がはかられるか。あるいは，経営に実質的に関与し倒産原因を与えた従業員E_1の賃金債権と，E_1の指揮下で働いているにすぎないE_2の賃金債権とは，同列に取り扱ってよいのか。さらには，Dの不法行為債権よりも，なぜE_1の賃金債権が優遇されるのか。はたまた，抵当権者Cは，担保権者であるというだけで，なぜ倒産手続に干渉されることなく，抵当権を実行して優先弁済を受けることができるのか。

**実質的平等の
ための諸方策**　要するに，実体法上のプライオリティーは，個別事件の具体的事情を捨象したところで成り立つ一応の指標であり，枠組みであって，同一ランクの中での形式的平等も，他に有効な調整方法がない場合のやむをえない選択である。そこで，法制度のうえでも，実際の運用の面でも，個別事件の特性を反映したさまざまな試みがなされている。

(1)　倒産法制の代表ともいうべき破産手続では，破産管財人と債権者との交渉によって処理される分野が少なくない。債権を届け出てくるかどうかの段階での交渉・説得・和解，あるいは財団の逸出財産の復元をはかる段階での取引上の債権者との交渉などが，その典型である。届出債権に対する異議権や，倒産法上の否認権が，交渉促進のために戦略的に使われる。すでに債権が所与のものとして存在し，債権額に応じて機械的に支払われるということにはならないのである（動産売買の先取特権については，管財人と債権者との間で，6・4で和解するのがルールになっているようである）。担保権者の債権であっても，場合によっては租税債権ですら，交渉の対象になる。

(2)　会社更生手続では，下請中小企業の連鎖倒産を防止するために，その債権の一部または全部を弁済できるし，少額債権も，手続の進行を促進するためとはいえ，他の債権者に先立って弁済できる（会更47条5項）。また，担保権者も，企業更生のためにその権利実現は制約される（会更2条10項～13項・135条。→第**3**部第**3**章Ⅱ参照。なお，ドイツやアメリカの倒産法制でも担保権者は一定の制約を受ける）。また，更生計画案でも，債権の発生や質等に応じて，同一ランクの債権についても，衡平を害しない範囲で差をつけることは許される（会更168条1項但書）。

民事再生手続においても，各債権者は平等でなければならないのが原則であるが（民再155条1項本文），実質的な平等がはかられれば，形式的に一律である必要はない（少額債権の早期弁済など。民再155条1項但書）。

(3)　民事執行の手続での債権者間の分配方法についても，債務者の動産を売却した場合，「債権者間に協議が調ったときは，執行官はその協議に従い配当を実施する」こととされ（民執139条2項），売却財産が不動産である場合には，「配当期日においてすべての債権者間に合意が成立した場合にはそ

の合意により」配当する旨を定めている（民執85条5項）。法自体も実質的平等を確保するために，議論交渉を通じて具体案を形成していくことをモットーとしているのである。

なお，執行過程が債権者・債務者間の交渉による利害調整の一局面であることについては，第**1**部第**2**章および第**2**部第**8**章を参照されたい。

(4) 公式の倒産法制においても，上にみたような制度と運用がなされているのであるから，いわゆる私的整理においては，より弾力的にそれぞれ事件の特性と債権者たちの意向に即した調整がなされている。

事前措置と事後措置　債務者をめぐる債権者間の葛藤は，時の経過とともに刻々と動いていく。とくに債務者の財産状態が悪化した場合には，たとえば，BがAと交渉していち早く自分だけが債権を回収してしまったり，HがAの倉庫にトラックを乗りつけて資材を搬出してしまうなどの，緊迫したつばぜりあいが行われるのが常態である。私的自治，自由競争が取引社会の基本であるといっても，そのような抜けがけ的な行動が，債務者と債権者のかかわり方として，あるいは債権者間の公平の観点から，アンフェアーである場合には，そのような行動を事前に防止したり，すでに行われた行為を無効にして逸出した財産を復元する手当てを用意しておかなければならない。いわゆる民事保全としての仮差押え・仮処分（→第**2**部第**1**章参照），倒産法上の保全処分（→第**3**部第**2**章§１Ｉ**2**参照），危機時期における相殺権の制限（破71条・72条，民再93条・93条の2，会更49条・49条の2参照）などは，そのための事前措置であり，詐害行為取消権（民424条）や倒産法上の否認権（破160条以下，民再127条以下，会更86条以下）は，事後的な是正手段である。もっとも，このうち，詐害行為取消権については，たとえば，AからBに支払われた1000万円につきFが取消権を行使してBに吐き出させたとしても，金銭がBからFに移るだけであるから，債権者間の衡平・平等にどこまで資するかは，問題が残る。

第2章　自主的救済

I　交　渉

**救済の基盤と　　**社会において生起する紛争のほとんどは、フォーマルな法
**しての交渉　　**的手続を経ることなく当事者間の交渉によって処理されて
いる。そこでは、争いの焦点となっているなんらかの利益を契機としながら
も、当事者間ないし当事者をとりまく社会環境内に存在するさまざまな要因
が、きわめて柔軟に取り込まれ、総合的に処理されていく。問題となってい
る利益や価値も、必ずしもフォーマルな法的観点から把握されることなしに、
自然に意味づけられつつ救済が事実上達成されていくのである。もちろん、
そこには不当な結果が生じるリスクがつねにつきまとっているが、同時にそ
の柔軟性ゆえに人々の日常的正義観念に即した創造的で実効的な処理がなさ
れうるというメリットも存在する。

　また、フォーマルな法的手続を経て、いったん法的権利として保護された
社会的利益が現実に実現されていくプロセスにおいても、関係当事者による
相互交渉が果たす役割はきわめて大きい。訴訟を通じて判決上確定された権
利も、公正証書・起訴前の和解等により、あらかじめその存在が明確化され
ている権利も、それが法的観点からみていかに妥当であっても、事実上履行
され実現されるためには、当事者によるなまの社会過程としての調整・交渉
が介在してこざるをえないからである。

　いずれにしても、フォーマルな手続なしに、あるいはフォーマルな手続を
介在させた後に、自律的な救済をもたらすのは交渉という社会過程であり、
その重要性を押さえることなしにさまざまな民事救済制度の機能と意義を論
じることはできない。

本章では，この民事救済の全過程にわたって事実上その基礎をなしているともいえる交渉という営為について，原理的に考えておくことにしたい。

二つの交渉モデル　交渉過程を把握するための枠組みとして，従来，大きく分けて二つのモデルが存在してきた。

第一は，交渉をゼロサム的な結果を導く闘争的・対立的な取引過程とみる見方である。そこでは交渉者は，与えられた状況のなかで最も自己の利益を満足させる合意案を求めて，さまざまな戦略により交渉を展開していくとされる。合意は，まさに両当事者の自己利益計算の結果，到達される妥協点にほかならない。すなわち，ここでは交渉過程とは，一定の利害をめぐる取引的争奪戦にほかならないのである。

第二の交渉モデルは，その協調的側面を強調する。そこでは，交渉過程は，両当事者間の利害の衝突と妥協の問題としてでなく，ともに直面する課題を協調しつつなんとか処理していく，一種の共同的意思決定過程として認識されることになる。もちろん，それぞれの当事者に固有の利害は存在するとしても，合意達成が双方にとって望ましい解決である限り，そこには共通の利害が存在し，ともに解くべき課題が構成されているとみるのである。

これら二つのモデルは，それぞれに交渉というものの一側面を描写するものであり，まさにモデルとしては理論的にも実践的にも一定の妥当性を有している。にもかかわらず，現実の交渉過程を前提に考える限り，いずれも一面的であることは否めないであろう。これらモデルが措定する闘争的要素と協調的要素は，現実の交渉過程において状況ごとに立ち現れる局面を強調して捉えたものにほかならず，実は一つの交渉過程に溶け合わさって共在しているものというべきであろう。ある論点をめぐって闘争的な交渉が行われているようにみえても，そこに争い方をめぐる一定の共通了解が介在していたり，逆に協調的にみえても背後にゼロサム的戦略が潜んでいることは，日常的にも理解できるところである。

交渉と関係的拡がり　さらに，これらモデルに共通する問題点として，それが一定の「問題」を処理する過程としてのみ交渉を捉えている点をあげることができる。もちろん，交渉において一定の「問題」

が焦点となるのは事実である。しかし，現実の交渉はよりダイナミックな性格に満ちており，交渉の「争点」たる「問題」自体が展開や新たな状況に応じて変容したり，ある「問題」を焦点としながらも同時に両当事者間のより長期的な関係のあり方や他の付随的論点が意識され追求されていたりするのである。交渉は表面的な「問題」を手がかりとしながらそれを超えて，より深い関係のあり方が動いていく過程でもあるのである。

　また，この点は，当事者間の関係のみならず，より広い関係の網の目についてもいえる。これらモデルは，主として一主体対一主体の交渉関係を念頭においているように見えるが，現実の交渉はより広い社会的関係の網の目のなかで遂行されるものである。ひとりの債権者と債務者とのあいだの履行をめぐる交渉は，法的には一主体対一主体の関係限りのものであるし，また交渉モデルにおいてもそのように定義されがちである。しかし，表面的にはひとりの債権者と債務者との交渉であっても，それはつねに，当該債務者と第三の債権者，第三の債務者，さらには当該債務者の家族まで，交渉の帰趨は両当事者を超えて幅広く影響を及ぼし，またそれに影響されるものである。社会内でインフォーマルに展開する交渉においては，こうした外部環境との相互影響はより容易かつ活発であり，交渉や自主的救済の特質を理解するうえで，こうした社会的拡がりを押さえておくことがきわめて重要なのである。

交渉と合意　つぎに，交渉の基本的意義を，合意という概念と絡めて検討しておこう。通常，交渉の目標は合意の形成であるとみられている。裁判外の示談交渉においては，支払額や期日をいかに設定するかといった点が問題となるし，フォーマルな法的手続を経たのちの交渉，たとえば判決内容の履行方法について再交渉するような場合にも，やはり合意形成が課題となる。このことは，表面的に見る限り決して間違いではない。しかし，現実には，いったん合意が成立すれば，それで救済が確定的になされるというような単純なものではない。合意は表面的には文言化されて確定してるように見えるが，それを支えているのは両当事者の関係およびその背景環境である。当事者をとりまく環境が変化したときに，その変動は既存の合意の文言を再解釈したり，場合によってはやむをえない事情変更として合意内

容を改訂したりして，当事者間の関係的了解の範囲内で吸収されていく。もちろん，どんな再解釈や改訂でも許されるというわけではなく，それまでの経過を踏まえた具体的な関係・環境のもとで受容されうる変動への枠づけがなされる。

　現実の自主的救済としての交渉過程がこのように動態的なものであるとすれば，交渉の究極目標が合意達成であるという見方は，やや狭いということにならざるをえない。むしろ，合意は背景の関係的な了解と深くつながりながらそれ自体意味が変容する暫定的なものであると同時に，その後の交渉の進展・方向性を制御づける機能を果たす一つの契機として作用するということになる。すなわち，狭い意味で合意は交渉の目標であるとともに，より広い現実的機能からみて，むしろ交渉を制御し促進するきっかけとしても機能するのである。

　交渉と規範　さて，こうした交渉の柔軟性は，当事者に固有のさまざまな事情を取り込み動かしていけるという意味で大きなメリットをもつが，他方，不当な要因が作用するリスクをも有している。この後者のリスクを完全に払拭することは困難であるが，しかしまた，交渉が行われる場はまったく野放図な力関係だけが支配する場ではない。交渉は法の影のもとで行われるといわれるのは，このことを意味している。

　交渉において法規範や法制度がもつ意味は決して小さくない。第一に，交渉の場で当事者が主張を行う場合，通常，法をはじめとする社会規範による正当化が明示的・黙示的に行われている。現代社会では，とりわけ法規範の重要性が認識され，交渉においても有効な戦略的武器として言及されることが多い。こうした法規範の使用は，一つにはそれを主張する側が，当該法規範に見合う形に自らの主張を整序することを意味している。この点で，まず，法が交渉を整序する作用を見出すことができる。

　もちろん，それが相手方にとって事実上説得力ある主張として認識されるかどうかは，その法的主張が場合によって第三者機関を利用し追求できるだけの現実化可能性が，規範的にもコスト的にもあるかどうかにかかっている。この点で裁判外での交渉過程とさまざまな民事救済機関の運用の態様とは，

密接な連携関係にあるといってよい。

　このように自主的救済過程としての交渉は，法の影のもとで展開するものではあるが，他方，それにとどまらず，当事者およびその周囲の関係に妥当する固有の規範が比較的自由に動員されてくる過程でもある。たとえば，過去の交渉の経過のなかでの態度，合意文言なども規範的武器として主張の正当化に動員されてくる。

　交渉過程とは，まさに法や関係固有の多様な規範に基づく主張が，交渉の進展のなかで具体的状況に見合う形で評価され合成されることを通して，救済を実現していく過程にほかならないのである。

II　自主的救済としての示談交渉

　では，こうした交渉についての原理的な理解を踏まえて，民事救済過程における示談交渉の意義について検討していくことにしよう。

　示談交渉　民事救済過程における権利実現へ向けた自主的交渉のうち，最も基礎的であり，あらゆる権利実現行動の基盤をなしているのが裁判外のいわゆる示談交渉である。

　法的に保護されうる社会的利益の大多数は，実際には法的制度や手続にのせられることなく当事者間の自主的調整によって処理・実現されている。これら自主交渉においては，社会的利益の「法的権利」としての側面が必ずしもつねに焦点になるわけではなく，ときにはほとんど意識されることすらない場合もある。また「判決手続（権利の確定）」「執行手続（権利の実現）」といった過程上の区別もなく，混然一体とした形で自律的に権利の処理・実現がなされていく。そこでは，何が実現されるべき利益（＝権利）かを確定した後，改めてその履行をめぐって協議するという明確な手順に従うのではなく，「解決内容が実際に履行される可能性（相手の支払能力等の考慮）」への予測をあらかじめ織り込みつつ，「当該時点において実現が可能と見込まれる利益」の確定を焦点として交渉が行われるのである。

　むろん，背後で，またときには表立って，法の規定内容や裁判手続にのせ

た場合どうなるか、といったことが問題とされることも多いであろう。しかし、その場合でも、当事者の基本的関心は、法や裁判動向に合致した解決そのものというより、相手の態度・支払能力との関係で現実にいくら回収できるか、何をさせうるかという点にあり、法的手続や裁判動向は、交渉の調整可能な大枠の一つとして、また処理内容を有利に導くための道具として参照されているにすぎない。

このように示談交渉においては、法的観点からは削ぎ落とされがちな当該事案に固有のさまざまな社会的・経済的事情、さらには心理的ファクターまで処理内容に反映させうることから、処理結果への当事者のコミットメントも強く、実現への動機づけも強まるのである。その結果、「解決（＝合意内容）」と「実現（＝その履行）」の間にズレが生じることは少ない。

権利確定と権利実現の一体性　これに対し、法的手続は、判決手続と執行手続を明確に区分する。また、当該権利の事実上の実現可能性の程度や、当事者が重要と考える事案固有の背景要因のすべてを余すところなく考慮しつつ、権利の存否を判断していくということは、少なくとも理念上は予定されていない。そこでは、問題の法的側面のみがクローズ・アップされ、当事者の現実の支払能力等の要因がほとんど考慮されないため、「解決」と「実現」の間にギャップが生じがちである。また具体的な履行方法について、細かく設定されることもない。

もちろん、判決手続内部においても、こうした点を補う手立ては準備されている。たとえば、訴訟上の「和解」においては、裁判所の援助のもとで、履行可能性等の事情を織り込みつつ、権利実現過程をもにらんだ柔軟な処理がなされ、履行の時期・方法についても細かに設定しうるのである。民事訴訟の対席事案のかなりの部分が、この「和解」によって終了していることは、「権利確定」と「権利実現」の事実上の相互不可分性・一体性をはからずも反映したものといえるであろう。

このように、権利の実現・救済過程の基底をなす交渉過程にあっては、「権利確定」と「権利実現」が不可分の形で一体化して把握され、調整されているのである。

Ⅲ 履行をめぐる再交渉

問題の流動化と再交渉　素朴な自主交渉が，このように「権利確定」と「権利実現」を一体化した形で進行していくものであるにしても，そこに時間的要素が介在することによって，さらに問題が流動化してくる可能性もある。すなわち，交渉を通じ，いったん問題解決の内容が確定していても，時がたつにつれて事情が変化し，当初どおりの履行が困難になるような場合である。契約に関し争いがなく，ときには公正証書や起訴前の和解等により，債務の存在があらかじめ明確化されているような場合，すなわち，「救済の内容確定」がその「実現」に実質上，かなり先行しているような場合には，この問題がより尖鋭化した形で生じてこよう。

さらに，こうした時間的推移に伴う事情変化とは別に，判決においてしばしばみられるように，内容の履行可能性そのものに，そもそも問題が存する場合が考えられる。これらいずれの場合においても，その履行内容・方法ないし救済の実質的内容・方法について再交渉が必要となってくる。

時間的推移による事情変化　まず時間的要素については，権利義務の履行自体が，社会過程としてみる限り，一瞬にして終了するようなことは少なく，そもそも一定のタイム・ラグを予定している場合が多いことに注意すべきであろう。つまり，トラブルなく履行される場合でも，そこには事実上つねに再交渉の契機が潜んでおり，ある意味では黙示的な交渉過程が潜在的に継続しているともいえるのである。こうしてみる限り，通常の契約履行や権利実現と，トラブルが生じた場合のそれとは，実は交渉過程として本質的に同質の要素を含み，時間軸のなかでの事情変化による交渉の顕在化という点での相違がみられるにすぎない。むろん，この事情変化が重大なものであればあるほど，顕在化した自主交渉のもつ重要性が増すことはいうまでもない。そこでは，しばしば当初の契約や債務の内容をこえて，現時点において考慮しうるさまざまな社会・経済的事情や将来予測を織り込みつつ，新たな処理が模索されていくのである。

公的に確定された　　また判決等にときにみられる、そもそも権利の実現可
権利の実現性の低さ　　能性への配慮が欠けているようなケースでは、時間的
推移による事情変化を待つことなく、当然に自主的再交渉が予定されているといってよい。そこでは、判決内容をそのままいかに履行させるかではなく、判決をテコとしつつも、現実にどの程度履行が確保できるかに応じ、その実質的解決内容と、履行方法のいかんとを自主的に再交渉していくことが必要になってくるのである。その場合、判決等は、再交渉の際に双方の行動を規定する重要だが一つのファクター、いわば交渉のカードとして機能するにほかならない。こうした例は、決してレア・ケースではなく、判決履行の過程上きわめて頻繁にみられる現象であることを強調しておきたい。

　このように、時間的推移による事情変化や、公的に確定された権利の実現性の低さは、しばしば履行をめぐっての再交渉を必要とするのである。この再交渉の場としてフォーマルな執行手続が利用されることもあるが、多くのケースでは、自主的な再交渉・再調整が行われているといってよいであろう。

第3章 債務名義の簡易作成

　債務者が債務を履行しない。そこで債権者は，内容証明郵便（図1参照）等を利用して，再三再四の履行催促を行った。それでも債務者は債務を履行しない。このような場合でも債権者が，任意の債務履行を待つことなく，いわば腕ずくで債権の実現をはかることは，少なくとも法的には，原則として許されない。法の世界では，そうした自力救済は，原則として禁止されているからである。

　もちろん，自力救済を禁止される代わりに債権者は，国家(司法機関)に対して「救済」を求めることができる。強制執行である。しかし，強制執行の実施を求めるためには，債務名義が必要である(民執規21条参照)。強制執行は，執行力のある債務名義の正本に基づいて実施されるからである（民執25条）。

　ところで，債務名義は，一般に，民事訴訟手続を利用すれば入手可能である（民執22条1号と2号の定める債務名義）。しかし，債務名義作成機能を有する手続は，民事訴訟だけではない。また，民事訴訟は，複雑な手続であるし，時間も費用も相当かかる。これに対して他の手続は，簡易・迅速かつ安価なものが少なくない。ここでは，そうした債務名義の簡易作成機能を有する手続の中から，督促手続，公正証書の作成手続，起訴前の和解手続の三つを取り上げ，それぞれについて簡単に説明しておきたい。

I　督促手続

　意義　督促手続は，一定の種類の(給付)請求権につき，債権者に対し，簡易・迅速に債務名義を付与する機能を有する手続で，給付訴訟の代用手続である。比較的少額の金銭債権の回収をはかるため，金融機関等の債権者により，よく利用されている。

図1　内容証明郵便のひな型

（催告書）

私は貴殿に対して平成九年四月一日、金二千万円を貸し渡しました。その弁済期を平成九年四月一日と約定して利息を付しておりましたが、貴殿からのお支払いを遅滞されており、また約定して利息を付した本書面到達後一週間以内に、下記金額の支払いがないときは、法的手続をとります。もし、この本書面到達後一週間以内にお支払いがなく、御承知おき下さい。

京都市北区上賀茂△△町×番地
甲山一郎　印

平成九年五月十日

京都市左京区高野△△町×番地
乙野二郎　殿

内容證明用紙

第○○号
9.5.10
○○郵便局長

この郵便物は、平成九年五月十日差し出したことを証明します
書留内容証明郵便物として

注①　内容証明郵便とは、郵便局（郵政公社）が郵便の内容と発送した日を公証してくれる郵便の形式で、これを配達証明付で行えば、その郵便が相手に配達された日も証明してもらえる。
　　　一般に、相手方に意思表示をしたことを明らかにしておく場合に利用される。
注②　内容証明郵便は、改ざんを防ぐため、タテ書きならば1枚の用紙に1行20字（以内）で26行（以内）に書き、差出人の住所・氏名・捺印、相手方の住所・氏名を記載したものを3通（原本1通と謄本2通）を郵便局に提出する。郵便局は、内容証明文言を付し日付印を押して、1通を原本として保管し、1通を差出人に控えとして返し、内容たる文書は郵便局員立会いのもとに差出人が封入して相手方に郵送する。
　　　なお、この原本は差出局で5年間保存される。

　督促手続では、後述するように、「簡易裁判所の書記官」が、債権者の一方的な申立てに基づき、請求内容の当否を実質的に審理することなく、直ちに債務者に対する「支払督促」を発することができる。しかし、債務者は、争う意思があれば、支払督促に対して「督促異議」を申し立てることができるし、適法な異議申立てがあれば、直ちに通常の訴訟手続に移行する。その意味で、督促手続は、給付訴訟の先駆手続となるにすぎない場合もある。

手続利用の前提条件　督促手続は、請求権の種類が、金銭その他の代替物もしくは有価証券の一定数量の給付を目的とするもので

ある場合に限り，利用できる(民訴382条本文)。その種の請求権については，執行が定型化されていて容易であるし，不当な執行がなされた場合でも，債務者に回復不能な損害を与える可能性が低いからである。

また，「支払督促」が，日本国内で，しかも公示送達によらない方法で，債務者に送達できることも，その利用の前提条件である(民訴382条但書)。これは，債務者に後述の「督促異議」申立ての機会を実質的に保障するためである。

管轄 督促手続は，請求の価額にかかわらず，簡易裁判所の(裁判所書記官の)職分管轄に専属し，その土地管轄は，原則として，債務者の普通裁判籍の所在地によって定まる(民訴383条1項)。しかし，事務所または営業所を有する者に対する請求で，その事務所または営業所に関する業務に関するものについては，当該事務所または営業所の所在地を管轄する簡易裁判所，手形・小切手による金銭の支払請求およびこれに付帯する請求については，支払地の簡易裁判所にも土地管轄が認められる(民訴383条2項)。

支払督促の手続 督促手続は，管轄裁判所の「裁判所書記官」に対し，債権者が，支払督促を申し立てることによって始まる(民訴383条1項。なお，平成16年の民訴法改正によって新たに導入された電子情報処理組織による支払督促の申立てについては，民訴397条・398条参照。また，電子情報処理組織による督促手続における所定の方式の書面による支払督促の申立てについては，民訴402条参照)。この申立てについては，その性質に反しない限り，訴えに関する規定が準用される(民訴384条，民訴規232条)。債権者は，申立てと同時に，申立手数料として，請求の価額に応じて算出される額を，裁判所に納付しなければならない。その額は，通常の訴訟手続の場合の半額である(民訴費3条1項・別表1第10項)。

裁判所書記官は，申立てが一般的に不適法である場合のほかに，管轄違いの場合，督促手続の前提条件を満たしていない場合，申立ての趣旨(および原因)の表示からみて不当な請求であることが明らかな場合には，それを却下する(民訴385条)。しかし，却下事由がない場合には，債務者を審尋することなく(民訴386条1項)，直ちに申立ての趣旨に応じた支払督促(放置する

と仮執行宣言が付される旨を付記したもの。民訴387条参照）を発し，その正本を「債務者」に送達する（民訴388条1項，民訴規234条1項。債権者には，支払督促を発した旨の通知が必要である。民訴規234条2項）。

仮執行宣言の付与　債権者は，債務者への支払督促の送達から2週間を経過した後は，裁判所書記官に対し，支払督促の全部または一部に仮執行宣言の付与を求める申立てができる。しかし，その後30日以内にこの申立てをしないで放置すると，支払督促は失効し，督促手続の係属も消滅する（民訴392条）。

裁判所書記官は，仮執行宣言付与の申立てが不適法である場合，それを却下する。しかし，申立てが適法であり，かつ，債務者から後述の「督促異議」の申立てがなかった場合には，支払督促に督促手続の費用を付記して無条件の仮執行を宣言し，この宣言を支払督促の原本と正本に記載したうえ，その正本を「当事者双方」に送達する（民訴391条1項・2項，民訴規236条1項）。

支払督促に仮執行宣言が付与されると，直ちに執行力を生じ，債務名義となる（民執22条4号）。この債務名義に基づく執行については，その正本に記載された当事者に承継・交替がある場合を除き，執行文を要しない（民執25条但書）。

なお，債務者が，仮執行宣言付支払督促の送達後2週間以内に，後述の「督促異議」を申し立てない場合，または，異議を申し立てたが，それを却下する決定が確定した場合，督促手続は終了し，支払督促は，確定判決と同一の効力を生じる（民訴396条）。

督促異議　(1) 意義　督促手続において債務者に与えられた対抗手段が督促異議である。督促異議には仮執行宣言前のものと宣言後のものがあるが，いずれも，請求の当否について通常訴訟または手形・小切手訴訟による審判を求める申立行為である。しかし，仮執行宣言前に適法な異議申立てがあれば，支払督促はその範囲において失効する（民訴390条）のに対し，宣言後の適法な異議は，支払督促の確定を妨げるが，その執行力を停止しないので，執行を回避するためには執行停止の裁判（民訴398条1項4号）を要することになる。

いずれにしても，適法な異議申立てがあると，請求の価額に従って，支払督促の申立て時に，その簡易裁判所またはその上級の地方裁判所に，訴えの提起があったものとみなされ，督促手続の費用は，その訴訟費用の一部として扱われる（民訴395条）。

(2) 手続　債務者は，支払督促を発した裁判所書記官の所属する簡易裁判所に対し，支払督促の送達後その失効までの間，督促異議を申し立てることができる。しかし，仮執行の宣言があった場合には，その宣言の付された支払督促の送達の日から2週間の不変期間内に，申立てをしなければならない（民訴393条参照）。なお，督促異議の申立てには，理由も手数料も不要である。

督促異議の申立てを受けた簡易裁判所は，異議を不適法とする場合，自ら決定で却下する（民訴394条1項）。しかし，それを適法と認める場合，直ちに，請求が簡易裁判所の管轄に属するときは，訴訟としての口頭弁論期日を指定するし，地方裁判所の管轄に属するときには，管轄裁判所に記録を送付する（民訴395条，民訴規237条）。

II　公正証書の作成手続

意義　公正証書の作成手続は，私人の法律生活上の諸事項を公に証明するという国家作用（公証作用）を，「公証人による公正証書の作成」という方法で実施させる手続で，司法関係手続の一つである。この手続の目的は，私人の法律行為や権利義務に関係する事実の存在につき，明確な証拠を残すことによって，将来の紛争を未然に防止することにある。しかし，この手続を利用すると，強い証明力をもつ証拠が確保できるので（民訴228条2項参照），将来の訴訟に備えることができる。また，公正証書の作成手続は，通常の訴訟手続よりも簡易迅速かつ安価であるし，公証人が作成する公正証書の中には，後述するように，一定の要件を充たせば執行力を認められ，債務名義となるものがあるので，簡易迅速かつ安価な債務名義調達の手段としても，その利用価値は小さくない。

*　**陳述書**　　現在の民事訴訟の実務では，当事者その他の関係人の供述を記載した「陳述書」が幅広く活用されている。そうした陳述書の作成者が，公証人の面前で，その記載内容が真実である旨の宣誓を行ったうえで署名または捺印し，公証人が，それを認証した場合，作成された陳述書は，宣誓認証付私署証書（公証58条ノ2）となり，英米法の「宣誓供述書（Affidavit）」に類似した書面となる。しかし，宣誓認証付私署証書として作成された陳述書であっても，反対尋問の手続を経たうえで作成されるわけではないので，記載されている供述内容について，とくに強い証明力が認められるわけではない。

公正証書　　(1)　**意　義**　　公正証書とは，広義では，公証権限のある公務員が，一定の事項につき，公に証明する目的で作成した一切の文書を指すが，狭義では，公証人が，公証人法その他の法令の定めるところに従い，法律行為その他私権に関する事実について作成した証書をいう。そして，この狭義の公正証書の中で，公証人法の定めるところに従って作成されるものには，法律行為に関する公正証書と，法律行為にあらざる事実で私権に関する事実を証明すべき公正証書とがあるし，さらに前者には，民事執行法上，執行力が認められ，債務名義となりうる公正証書（次述の「執行証書」）と，法律行為に関する証明のみを目的として作成される公正証書とがある。

(2)　**作成手続**　　公正証書は，当事者その他の関係人の嘱託に基づいて作成される。この作成嘱託は，代理人によっても行うことができる。嘱託を受けた公証人は，嘱託人が本人であることを確認するため，嘱託人の氏名を知らずまたは面識のない場合は，印鑑証明書の提出その他これに準ずる確実な方法で，人違いでないことを証明させる必要がある。また，代理人による嘱託の場合は，代理人自身について，上述の方法で人違いでないことを証明させるほか，代理権を証すべき証書などを提出させて，代理権の存在を証明させなければならない。

　公証人が公正証書を作成するには，当事者その他の関係人から直接聴取した陳述，目撃した状況，その他自ら実験した事実を録取し，かつ，その実験の方法を記載する必要がある。したがって，公証人は，まずはじめに，法律行為に関する公正証書を作成する際には，当事者の陳述を聴取し，私権に関する事実についての公正証書の作成に際しては，物の形状その他の事実につ

いて実験しなければならない。

　つぎに，公証人は，その録取した陳述，目撃した状況，その他の実験事実を書面に録取し，かつ，その実験方法を記載しなければならない。この録取事項が公正証書の本旨をなす記載である。しかし，本旨記載事項のほかに，本旨外の記載として，公証人法（36条）所定の事項を記載しなければならない。その記載を欠けば，原則として，公正証書は無効である。

　最後に，公証人は，その作成した証書を列席者に読み聞かせまたは閲覧させたのち，自ら署名捺印し，また，列席者全員に各自署名捺印させなければならない。

執行証書　公証人が作成した法律行為に関する公正証書の中で，執行力が認められ，債務名義となりうる公正証書を，とくに執行証書[*]と呼んでいる（民執22条5号）。公正証書が，執行証書として，債務名義の効力を認められるためには，つぎの三つの要件を充たすことが必要である（民執22条5号）。

　(1)　**公証人がその権限に基づき，成規の方式により，自ら作成した証書であること**　公正証書作成についての一般的要件である。この要件との関係では，たとえば，債権者または債務者の代理人が，公証人に対し，本人と称して作成嘱託したうえ，証書に本人の署名をした場合，そのようにして作成された証書は有効か否かが問題となる（たとえば，最判昭和51・10・21民集30巻9号889頁〔民執保全百選5①事件〕，最判昭和56・3・24民集35巻2号254頁〔民執保全百選5②事件〕参照）。

　(2)　**一定の金額の支払いまたは他の代替物もしくは有価証券の一定の数量の給付を目的とする請求権の特定表示があること**　特定の不動産・動産の引渡請求権，その他の作為・不作為請求権について作成された公正証書は，債務名義としての効力を認められない。また，表示された請求権は，期限付きや条件付きでもよいが，金額や数量が証書自体に明記されているか，算出できることが必要である。なお，請求権の種類がそのように限定されているのは，督促手続利用の前提条件のところで述べたのと同様の趣旨に基づいている。

(3) 債務者が，債務を履行しないときには，直ちに強制執行に服する旨の陳述が，記載されていること　この債務者の陳述の記載を，執行受諾文言または執行約款という。公正証書は，(1)と(2)の要件を充たしていても，この(3)の要件を充たしていなければ，債務名義としての効力を認められない。この要件との関係では，債務者の執行受諾の陳述（意思表示）に，民法の意思表示等に関する諸規定（民20条・95条・96条・108条・109条・110条等）を類推適用することの可否が，とくに問題となる（たとえば，民法95条の適用については，最判昭和44・9・18民集23巻9号1675頁，民法109条の適用については，最判昭和42・7・13判時495号50頁，民法110条の適用については，最判昭和33・5・23民集12巻8号1105頁参照）。

＊　執行証書の問題点　執行証書は，最も簡易かつ迅速に調達できる債務名義として，金融取引の際にはしばしば作成され，その利用度は非常に高い。しかし，執行証書は，金融機関等の債権者と債務者との間の（定型的・大量的な）契約の締結過程のなかで作成される場合が多く，そうした場合には，記載された給付義務の内容や執行受諾の法的な意味を債務者が正しく把握していないにもかかわらず，それが作成される危険性がある。また，債務者は，目先の金融を得るため，債権者の求めに応じ，白紙委任状によって「公正証書」の作成を委任する場合も少なくないが，こうした場合には，債務者の意思に反して「執行証書」が作成され，あるいは，実体的な正当性を欠いた執行証書が勝手に作成される危険が大きい。げんに，執行証書をめぐっては，その記載内容の当否のみならず，その作成の当否それ自体が争われる事件が頻発している。

ところで，債務名義に記載されている執行債権の存否または内容に異議のある債務者は，一般に，請求異議の訴え（民執35条）を提起する必要がある。もっとも，執行証書以外の債務名義（民執22条1号～4号・6号・7号）は，いずれも，民事訴訟をはじめとして，なんらかの裁判上の手続を経て作成されるものであり，そうした債務名義作成手続においては，債権者が，まずはじめの「起訴責任」を負担し，そうして作成された債務名義の執行力の有無が争われる手続においては，債務者が，そのつぎの「起訴責任」を負担するという仕組みになっている。しかし，執行証書については，裁判上の手続をまったく抜きにして作成されるので，そうした仕組みにはなっておらず，執行債権の存否確定等のための「起訴責任」は，はじめから債務者が負担することになる。

このように，執行証書は，金融機関等の債権者にとっては，かなり利用価値の高い債務名義であるが，債務者にとっては，きわめて危険性の大きい債務名義である。

Ⅲ　起訴前の和解手続

意義　起訴前の和解とは，訴えを提起する前に，簡易裁判所に，当事者双方が出頭することによってなされる和解である。通常は1回程度の期日で和解が成立するため，即決和解とも呼ばれる。債権者は，この手続を利用すれば，紛争を訴訟に持ち込む前に，債務者を裁判所に呼び出してもらい，裁判所の仲介で，和解を試みることができる。また，この手続で成立した和解の調書には，後述するように，債務名義としての効力があるので，この手続は，簡易迅速に債務名義を調達する手段として，その利用価値は小さくない。

手続利用の前提条件　起訴前の和解は，訴訟上の和解と同様，当事者間に存在する民事上の争いを，互譲によって解決するための手続である。したがって，その利用の前提として，当事者間に，権利関係についての「争い」が存在している必要がある（民訴275条参照）。問題は，右の「争い」の意義であるが，従来の学説の多くは，それを厳格に解釈し，通常の訴訟手続の場合と同様，原則として，権利関係に関する現在の争いに限定すべきであると説いていた。しかし，判例（下級審）の主流（大阪高判昭24・11・25高民集2巻3号309頁，東京地判昭26・2・12下民集2巻2号187頁，東京地判昭30・8・16下民集6巻8号1633頁，大阪高判昭31・5・22下民集7巻5号1325頁，名古屋高判昭35・1・29高民集13巻1号72頁，東京高判昭35・3・3東高民時報11巻3号81頁，大阪地判昭40・1・21判タ172号149頁，福岡地決昭44・7・8判時589号65頁，東京地判平元・9・26判時1354号120頁，大阪地決平3・5・14訟月38巻1号7頁など）や最近の学説は，それを緩やかに解釈する傾向が強い。

起訴前の和解の対象となる権利関係（請求権）は，訴訟上の和解の場合と同様，通常の訴訟手続において審判されうる範囲のものであれば，なんでもよい。したがって，起訴前の和解手続を利用すれば，金銭その他の代替物の給付請求権，特定の動産・不動産の引渡請求権，その他の作為・不作為の請

求権など，あらゆる請求権につき，簡易迅速に債務名義を調達することが可能である（実際には，とくに「非金銭債権」につき，紛争発生前あるいは紛争発生後，簡易に債務名義を入手するため，よく利用されている）。

手続　(1)　**申立ての手続**　起訴前の和解の申立ては，その対象である権利関係（請求権）の価額にかかわらず，相手方の普通裁判籍所在地の簡易裁判所に対し，書面または口頭で，当事者（および法定代理人），請求の趣旨および原因のほか，争いの実情を表示してなされる必要がある（民訴275条1項）。争いの実情を表示させるのは，裁判所が事案の実態を知り，和解の勧告をするのに便宜であるからである。なお，申立て時に納付すべき申立手数料は，一律1500円である（民訴費3条1項・別表1第9項）。

(2)　**申立て後の手続**　裁判所は，起訴前の和解の申立てが不適法である場合，それを却下する。しかし，申立てが適法である場合，まず，期日を定めて申立人と相手方を呼び出し，和解を試みる。また，申立ての当日，当事者双方が任意に出頭して和解を申し立てれば，直ちに期日を開くことも可能である。

つぎに，期日で和解が成立すれば，和解条項が調書に記載される（民訴規169条）。この和解調書は，訴訟上の和解調書と同様，確定判決と同一の効力を有するので（民訴267条参照），執行力を有し，債務名義となる（民執22条7号参照）。

なお，期日に当事者の一方または双方が欠席した場合，裁判所は，新期日を定めることもできるが，和解成立の見込みがないとするときは，和解不調として，手続を終了することができる（民訴275条3項）。また，当事者双方が出頭したが，和解が成立しなかった場合，双方の申立てがあるときは，裁判所は，ただちに訴訟としての弁論を命ずることができる（民訴275条2項前段）。この場合には，起訴前の和解の申立てをした者は，その申立てをしたときに訴えを提起したものとみなされ，和解の手続費用は，その後の訴訟費用の一部として扱われる（民訴275条2項後段）。

第4章　ADRと少額救済

I　ADR

1　意義と課題

現代における紛争処理の領域では，紛争当事者が法的な救済を獲得するための手続として，民事裁判以外の多くの手続が脚光を浴びている。そして，その法的な救済の成果も明らかにされてきた。これは，価値観の多様化に伴い社会が複雑化するなかで，多様な紛争が日々生起していることを背景として，紛争処理に対する当事者の多様なニーズが，救済手続のあり方にまで及んでいることに由来する。このような裁判外紛争処理は，ADR（Alternative Dispute Resolution）と呼ばれるが，ADRの盛んな利用は，現在，わが国のみならず世界的な傾向ともなっている。これは，訴訟手続が，紛争当事者の多様なニーズを必ずしも全面的には満足できないことの顕著な例証でもある。近時の司法制度改革の文脈でも，ADRは，その拡充が強力に推進され，この領域は，大きな変革を経験した。

　本章で，ADRは，民事訴訟以外のすべての民事紛争処理手続を意味するが，裁判所内での民事紛争処理手続以外の民事手続を指す場合もある。前者の立場で考えた場合に，具体的には，たとえば，相対交渉，相談，苦情処理，あっせん（斡旋），和解，調停および仲裁等を挙げることができる。現在，ADRは，民間団体（例，交通事故紛争処理センター，PLセンター，各種仲裁センター等），行政機関（例，労働委員会，公害等調整委員会，建築工事紛争審査会，国民生活センター，消費生活センター等），および，裁判所（例，簡易裁判所，家庭裁判所等）等によって，担われている。

（欄外：裁判外紛争処理）

「司法ネット」　ところで，近時における利用者のニーズと紛争処理手続の
の構築　　　　多様化とに伴い，紛争当事者が，いかに満足のいくかたち
で民事手続に関する情報を獲得することができるかが，重要な課題となる。そのために，司法制度改革の一環として，現在構築され実践に移されつつあるのが，いわゆる「司法ネット」である。

　これは，国民が，ADRを含め，全国どこでも法的なトラブルの解決に必要な情報やサービスの提供を身近に受けられる仕組みとして構想された新たなシステムである。平成15（2003）年における「総合法律支援法」の制定を通じて，たとえば，民事事件については，相談窓口（アクセス・ポイント）の整備，民事法律扶助，および，いわゆる司法過疎対策等の諸施策が，実現されることになった。それに伴い，日本の全国各地に，その諸施策の実施を担う「日本司法支援センター（愛称「法テラス」）」が創設された。

　これは，その具体的な運用次第で，紛争当事者の紛争処理活動をサポートし，市民に最適な紛争処理手続との出会いの場を提供し，かつ，コスト面での補助を実現するものとして注目に値する。

「ADR基本法」　近時の司法制度改革の過程では，ADRを民事訴訟と並
の制定　　　　ぶ魅力的な選択肢とすべく，議論が重ねられた結果，平
成16（2004）年におけるいわゆる「ADR基本法（ADR促進法）」への結実をみた。

　この法律は，裁判外紛争解決手続の機能を充実させることによって，紛争当事者が解決を図るのにふさわしい手続を選択することを容易にし，国民の権利利益の適切な実現に資することを目的とする。そして，具体的に，裁判外紛争解決手続の基本理念を定め，裁判外紛争解決手続に関する国等の責務を定め，裁判外紛争解決手続のうち，民間事業者の行う和解の仲介（調停，あっせん）の業務について，その業務の適正さを確保するための一定の要件に適合していることを法務大臣が認証する制度を設けることが，規定されている。そして，その認証を受けた民間事業者による和解の仲介の業務については，たとえば，時効の中断や，訴訟手続の中止等の効果が，付与されることになった。

認証制度については，国家によるADRに対する過度の介入として批判的な見解も少なくない。しかし，その認証を通じて，裁判所附設のADRや行政的ADRとの間で，よき競争関係（あるいは「競走関係」）が育まれ，民間等ADRが育成・展開されることにより，市民のための公正かつ充実した紛争解決の選択肢が，より増加することが望まれる。

基本的評価と位置づけ　さて，この国におけるADRの評価は多様である。現在，ADRは，民事訴訟における法廷というオープンな場で議論することの不得手な日本人の国民性が反映したものであり，その隆盛は好ましいことではないとの評価を受けたり，また，国民の訴訟離れの反面として本来的に訴訟で処理されるべき事件が，ADRへ流入しているので活況を呈しているにすぎないなどとの現状認識が，行われたりしている。

しかしながら，そのような一般論もさることながら，問題は手続利用者自身が個々のADRからどの程度の満足を得ることができるかであり，個別事件の具体的な当事者の視点から，訴訟利用の場合と比較されるべきである。多様なADRの生成と展開には，歴史とそれなりの理由がある。一般的かつ形式的なADRの蔑視は的外れであり，訴訟手続自体の改善努力を怠る結果をも招きかねない。目指すべきは，訴訟とADRとの切磋琢磨であり，相互に緊張関係を保ちしかも刺激しあいながら，手続改善に努力することである。

ADRと訴訟の位置づけとして，一方で，訴訟を紛争処理制度の中核に据え，訴訟を法的基準による裁断として，ADRとは異質の手続と見つつ，紛争処理の全体像を統一的に把握する見解が主張されている（これは，いわば「富士山型の位置づけ」である）。これに対して，他方で，基本的には訴訟とADRとを同列に置き，ともに対論的な手続として統一的に把握し，両者の隔壁を流動化したうえで相互交流と共存共栄を図るべきとする見解も主張されている（これは，いわば「八ヶ岳型の位置づけ」である）。

ただ，上述の観点から，民事訴訟における手続の多様化とその相互関係および手続利用者との距離のあり方を考えると，つぎのように考えるべきであろう。すなわち，「八ヶ岳型の位置づけ」の基本趣旨を生かしながら，諸種の訴訟手続という山嶺の周囲を，多様なADRがあたかも高低様々な外輪山

のように取り囲み，その内側にも外側にも多くの人々が住まい身近に手続を利用できる，いわば「阿蘇型の位置づけ」が，基本的には妥当であると考える。ただ，これからの具体的課題は，その具体的なあり方である。

ADRと訴訟 ADRの手続的な多様さと訴訟の手続的な柔軟化傾向（例，旧法下の弁論兼和解と現行民事訴訟法下の弁論準備手続，訴訟内における和解の盛行と現行民事訴訟法におけるいわゆる書面和解・裁判官仲裁制度等の創設など）は，訴訟とADRとの単純な比較を困難にするが，一応，つぎのようにいうことができる。

まず，訴訟は，必要的口頭弁論という原則的な審理方式をもち（そこには双方審尋主義，公開主義，口頭主義，直接主義が妥当し），厳格な証拠調手続を有しており，不服申立手続等も加えてみた場合に，最も手続保障の充実した公正で可視的な紛争処理手続である。しかし，他面で，訴訟は，法的三段論法（判決三段論法）を基礎とする争点中心審理主義を採用し，要件効果論から外れる争点以外のものを切り捨てる傾向にあり，判決では一刀両断的に黒白がつけられるので，人間の気持ちにも配慮したデリケートな救済内容を形成しにくいうらみがある。

これに対して，ADRは，訴訟が打ち捨てるものをも拾い上げることができ，人間関係の再調整を可能にする。訴訟より手続が多様，柔軟かつ機動的であり，紛争当事者はより手軽に手続を利用でき，簡易，迅速かつ低廉な紛争処理が可能となる。非公開であるのでプライバシーや企業秘密も保護される。専門技術的な紛争に関し専門家も判断主体に加わりやすい。当事者本人の積極的な関与も可能であり，実体法にとらわれず事案に即した救済形成が可能となり，さらに，勝ち負けを超えた将来関係の調整方法も，救済内容に盛り込むことができる。

ADRの課題 ただ，ADRの利点の裏返しが，そのまま欠点にもなりかねない。

たとえば，ADRは，手続保障の充実度の点で訴訟に劣り，また，応訴強制のある訴訟に対してADRには手続強制がないので，当事者に話合いの意思がなければ手続は進められない。ADRの救済形成手続は，対話と合意を

基本とするが，交互面接方式の手続や「強制された合意」等のように，理想と現実との食違いも少なからず存在するからである。

しかし，手続保障の内実は，形式的な手続完備の度合いからだけではなく，手続利用者の関与の仕方や実質的な満足度からも，評価されるべきである。ADR はラフ・ジャスティスでありセカンド・ジャスティスであるとの批判も囁かれるが，手続形式をみた一般論ではなく，具体的な事件における個別当事者の手続満足度からの精査も不可避である。ADR の活性化は，当事者の十分な主張証明の欠如や厳格な法的判断の回避ゆえに法の不確実性につながるとの指摘もあるが，現代社会で法がどれだけ確実であり訴訟が法の確実性の担保となりえているかについても，同時に問われなければならない。訴訟による判決は，強制的要素が最も強いものであるが，最も権力的なものが最も首尾よい成果を得られるとも限らない。ADR に手続強制はないが，逆に当事者本人の出席確保などのために，さまざまな工夫が可能となる。一般に自主的に処理された紛争の方が，その後の当事者間の生活関係を円滑にし，救済内容の任意の履行率も高く，その後の事情の変更による修正も行いやすくなるのである。ただ，調停等において「強制された合意」や「幻想としての合意」といった現実が指摘されている今日，ADR の具体的な手続のあり方自体も，また再考すべきであろう。

一般に，手続規整が少なく当事者間で手続を創造しやすい ADR は，手続の実験室なのである。それゆえに，紛争当事者が，ADR の手続内容を十分に比較し理解したうえで手続選択や手続形成を可能にできる環境が，整備されるべきである。その成果は，一方で，訴訟手続の改善に役立てるべきであり，他方で紛争当事者を食い物にする示談屋等の駆逐に貢献すべきである。ADR は，事件をそつなく処理する効率主義を排し，個別事件の具体的文脈に応じた当事者自治の再生フォーラムとして，不断に手続改善を行うことが望まれる。

このような動向を後押ししたのが，平成13（2001）年に公表された『司法制度改革審議会意見書』である。そこでは，ADR が，国民にとって裁判と並ぶ魅力的な選択肢となるように，その拡充・活性化を図るべきこと，およ

び，多様な ADR について，それぞれの特長を生かしつつ，その育成，充実を図っていくため，関係機関等の連携を強化し，共通的な制度基盤を整備すべきことが，提言されていたのである。

　なお，ごく最近，訴訟では長期化傾向の著しい境界紛争を簡易迅速に解決することを目的として，「筆界特定手続」という ADR が創設された。これは，所有権登記名義人等の申請によって，登記官が土地の筆界を特定する手続である（不動産登記法123条2号参照）。ただ，筆界確定訴訟の提起は排除・禁止されず，その種の訴訟が提起された場合には，その訴訟において，境界特定手続で得られた資料の利用が可能となった（同法147条）。また，それに伴い，筆界特定手続およびその審査手続，さらには民間紛争解決手続に，代理業務での司法書士および土地家屋調査士が，参入を認められた。

　以下では，簡易に債務名義等を獲得できる手続として，訴訟上の和解，調停および仲裁について言及したい。さらに，その後，近時著しい展開がみられる倒産 ADR について，言及したい。

2　和解，調停，仲裁

和　解　民事紛争を処理するものとしての和解は，裁判外の和解（私法上の和解。民695条）と裁判上の和解に分類され，後者は，訴え提起前の和解（即決和解。民訴275条。→第*1*部第3章Ⅲ参照。刑事訴訟を連想しかねない「『起訴』前の和解」という用語は，使用すべきではない）と訴訟上の和解とからなる。訴訟上の和解は，訴訟中に当事者双方が和解をして争いを終結する制度である。現在，地方裁判所に提起された訴えの約3分の1は訴訟上の和解で終了しているが，その実態は，当事者主導のものから裁判所主導のものまで多様である。

　裁判所等は，訴訟がいかなる程度にあるかを問わず訴訟上の和解を試みることができる（民訴89条）が，旧民事訴訟法上は，両当事者が出廷して，訴訟係属中にその主張を互いに譲歩（互譲）し期日において訴訟を終了させる旨を合意するという和解の制度が，認められていたにすぎなかった。これに加えて，現行法は，和解条項案の書面による受諾の制度（書面和解制度。民

訴264条，民訴規163条）と裁判所等が和解条項を定める制度（裁判官仲裁制度。民訴265条，民訴規164条）を創設し，現行規則は，裁判所外における和解の制度（現地和解。民訴規32条2項）を創設した。和解内容が調書に記載されたときは，確定判決と同一の効力が生じ（民訴267条），債務名義となる（民執22条7号）。その点で，裁判上の和解は，簡易に債務名義を形成するものではあるが，この手続のねらいはそれにとどまるものではなく，当事者間における将来関係の再調整をも含む簡易かつ自主的な法的救済の形成にある。近時，訴訟上の和解は，判決と並ぶ紛争処理手続として脚光を浴びており，和解の技法や公正な和解形成手続のあり方に関する議論が，盛んになりつつある。

なお，和解は，ここで述べた民事訴訟においてだけではなく，民事保全，民事執行および倒産処理の過程等においても，現在，重要な役割を果たしている。

調 停　調停には，裁判所での調停と裁判所外の機関で行われるものとがある。前者には，民事調停と家事調停とがあり，後者には，労働委員会による調停（労組20条）や公害等調整委員会等によるもの（公害紛争3条・14条・31条以下）等がある。以下，紙幅の関係から，前者について述べる。

まず，民事紛争について，当事者の互譲により，条理にかない実情に即した紛争処理を図ることを目的とした民事調停の制度が存在する（民調1条）。調停は，当事者間の合意に基づいて成立する（民調16条）。調停は，後述する仲裁のように第三者の判断が当事者を拘束するのではなく，調停委員会が調停案を示しても単なる勧告にすぎず，当事者の受入れが必要となる。原則として，裁判官1名と民間人2名以上で構成される調停委員会により行われる（民調5条・6条）が，陪審・参審制度のないわが国では，司法への市民参加という意義もあり，適切な人材を得られるか否かも，調停成否の一つの鍵となる。

調停は，裁判所の指定した期日に裁判所で行われる（裁判所外の「現地調停」も可能。民調規9条・20条）。そこでは，主張，事実の調査，証拠調べ，あっせん，調停条項の作成や指示とこれに対する意見の交換などが，非公開

（民調規10条）の交互面接方式で行われる。手続原則は，職権探知主義である（民調規12条1項）。期日には原則として当事者自らが出席しなければならないので（民調規8条1項本文），直接主義・口頭主義が保障された話合いの場ともなりうる（利害関係人の手続参加については，民調11条参照）。手続進行について厳格な定めはなく，判断基準は実定法化された実体法に忠実である必要もないので，第三者をも巻き込んだかたちで，当事者による手続形成や実体形成の可能性が広がる。調停が成立しその内容が調書に記載されれば，裁判上の和解と同一の効力を有するものとなり（民調16条），調停調書は債務名義となる（民執22条7号）。

　現行の調停制度は，複雑化し多様化した現代の社会状況に即応して，調停委員会が，紛争実態の的確な把握と公正な法的判断を形成し，それに基づき，条理と実情に即した説得により合意を調達することを目的としている。しかし，近時，調停委員の強引な「押しつけ調停」や「まあまあ調停」，あるいは，当事者の意向や紛争実態を直視しない「折半調停」などの弊害も，指摘されている。また，民間人の調停関与は，事実上調停主任である裁判官の負担軽減に貢献しており，裁判官の実質的な調停関与の確保や適切な調停委員の確保，さらには調停手続における弁護士関与のあり方をどう考えるのかの問題なども存在する。調停手続が，紛争実態や両当事者の気持ちについてのきめ細かな分析と配慮に基づき，専門家および当事者の仲間である市民が，両当事者の合意による救済形成をさまざまの角度からサポートし個別事件の具体的文脈に即した最適な救済を考案できるための手続となるように，細やかな手続整備が行われ，かつ，調停の技法がより洗練されるべきである（特定調停については，→本章Ⅰ**3**参照）。

　以上の民事調停に対して，家庭裁判所が人事に関する訴訟事件その他一般に家庭に関する事件について行う調停が，家事調停である（家審17条）。手続的には，民事調停と共通する部分が多いが，家庭に関する争いは財産上の争いとは異なる側面をもつので，民事調停とは異なる手続的特質が存在する。たとえば，まず，調停前置主義が採用されている。家事調停の対象となる事件であって訴訟をすることができる事件については，提訴前にまず調停を申

し立てなければならない（家審18条1項）。つぎに，家庭裁判所の手続には，家庭裁判所調査官や医師である裁判所技官の関与が制度化されている（家審規7条の2・7条の4・7条の6・7条の7，裁61条・61条の2）。また，履行確保の制度（家審25条の2・28条1項，家審規第4章）が設けられており，履行勧告，履行命令および金銭の寄託等の制度が存在する（民事執行における近時の改革として，民執167条の15・167条の16を参照）。

なお，現行の家事調停は，先に述べた民事調停と同様な課題を有しているが，近時，旧来の交互面接方式による手続進行を改め，両当事者同席の上で手続を行う「対席調停（同席調停）」の効用と成果が報告され，関心を集めている。

なお，平成15（2003）年における民事調停法，特定調停法および家事審判法の改正によって，5年以上の経験を有する弁護士から任命される民事調停官および家事調停官が，民事および家事の調停事件を取り扱う，いわゆる「非常勤裁判官制度」が，新たに導入された。これは，弁護士のもつ多様で専門的な知見を調停手続で活用し，手続の機能強化を図り，弁護士の裁判官への任官（いわゆる弁護士任官）を促進する目的を有している。これを機に，調停官の調停過程における献身的かつ積極的な関与が実現されることが望まれる。

また，付調停の制度（民調20条1項）は，近時，専門的知見を有する調停委員の活用のためにも利用され，一定の成果をあげている。

仲裁 仲裁は，両当事者が，すでに生じた紛争または将来生じるおそれのある紛争について，裁判官以外の第三者（仲裁人）に処理を委ねる合意（仲裁契約。仲裁13条・14条参照）をし，これに基づき仲裁人が行う手続である。これは，いわば「私的裁判」が，仲裁法によって，公的に認められたものと，いうことができる。この仲裁法は，昭和60（1985）年にUNCITRALの国際商事仲裁モデル法の採択等を経て，同モデル法を参考にし，平成15（2003）年に，新たに制定されたものである。仲裁の基本的な考え方は，当事者が，本来的に自主的な処理を行うことができる争いについては，国家も，その処理を尊重し助力するのが望ましいとの考慮に基づく。したがっ

て，仲裁は，民事訴訟による紛争処理を排除する効力をもち，当該事件について提訴されても，被告が仲裁契約の抗弁を提出すれば，訴えは却下されることになる（仲裁14条1項）。

一般に，欧米では，仲裁が広く利用されているが，わが国では，和解・調停に比べて，これまでわずかしか利用されてこなかった。しかし，特定の法分野すなわち建設工事紛争や国際取引紛争の分野等では，比較的よく利用されている。また，近時，各地の弁護士会が設けた仲裁センターも利用されている。仲裁は，仲裁判断の内容に不満があっても，原則として従うことを強制される点で，和解・調停の場合とは異なる。また，私的裁判という意味で，裁判内ADRである和解・調停とも異なるが，裁判所との連携関係は確保されている（仲裁35条参照）。当事者間の手続への合意に基礎を置き，自由な手続で専門分野における事情や商慣習に精通した仲裁人により的確かつ迅速な判断が得られる利点もある。

仲裁法は，仲裁合意の要件，仲裁手続，仲裁判断の取消しおよび執行を許可する裁判その他の基本となる事項について，法整備を行い，かつ，国際的な標準にも合致した規律を設けている。なお，消費者と事業者，労働者と使用者との間の仲裁合意については，情報力や交渉力の格差が存在することを考慮して，特則（仲裁法附則3条・4条）が定められている。

仲裁の種類としては，内国仲裁と渉外的要素をもつ国際仲裁とが区別されたり，仲裁機関や手続が制度的に定められた制度仲裁と紛争ごとに個別的に仲裁人が選任され手続が決められるアド・ホック仲裁（個別仲裁）とが区別されたりする。常設的な仲裁機関としては，わが国には，たとえば，日本商事仲裁協会，日本海運集会所，建設工事紛争審査会，公害等調整委員会，都道府県公害審査会，弁護士会の仲裁センター等があり，海外には，たとえば，アメリカ仲裁協会，ロンドン仲裁裁判所，パリの国際商業会議所などがある。通常企業間の国際取引契約には仲裁条項が含まれており，国際条約や国際連合の国際商取引委員会（UNCITRAL）の仲裁規則の制定による仲裁法規の統一への動きが，近時顕著になりつつある。

3 倒産 ADR

近時，ADR の普及と拡充が目覚ましい領域として，倒産 ADR の分野を挙げることができる。

私的整理 私的整理とは，第三者の介入なしに裁判所外において，債権者債務者間の話合いを通じた合意により，倒産事件の処理を行う手続をいう。第三者の不介入の点で，厳密な意味では ADR と区別され得るが，裁判所外での合意を基調とした自治的な倒産処理手続として，以下では，倒産 ADR の一亜種と位置づけたい。

もとより，社会に生じる倒産事件を，すべて法的手続で処理することは不可能であり，倒産事件を，簡易，迅速，低廉，かつ秘密が保持されたかたちで自治的に処理すべき要請は，法定手続によらない倒産処理，すなわち私的整理を生み出した。しかし，私的整理を担当する債権者は多様であり，また，その種の事件も，たとえば，その分野に精通した練達の弁護士が関わる事件から，「整理屋」が食い物にしかねない事件まで，多様である。

ともすれば不透明さや不公平さが支配しかねない私的整理について，かつては，集団的な和解契約として法律構成する見解が一般的であった。しかし，近時，そのように合意の結果のみに着目するのではなく，合意に至るプロセスの公正さを担保するために，信託説（債務者を委託者，手続の主催者である債権者委員長を受託者，私的整理によって利益を受ける債権者を受益者とする見解）が，有力となりつつある。この構成によれば，債権者委員長は，善管注意義務（信託20条）と忠実義務を負うことになり，基本的に妥当である（私的整理についてさらに詳しくは，→第**3**部第1章Ⅲ参照）。

私的整理の種類として，大きく分けて，「消費者のための私的整理」と「企業のための私的整理」とが存在する。前者は，多重債務者の債務が，弁護士・司法書士などによる整理に委ねられたものであり，後者については，平成13（2001）年に，金融機関の不良債権処理と企業の過剰債務問題をともに解決するために，『私的整理に関するガイドライン』が定められた。このガイドラインは，いくつかのケースで利用されたが，その実効性には未知数の面も少なくない（私的整理ガイドラインについては，→第**3**部第5章Ⅳ参照）。

特定調停 　経済的に破綻するおそれのある者が経済的な再生を図るために債務の調整を求める手続として，平成11 (1999) 年に，特定調停法（特定債務等の調整の促進のための特定調停に関する法律）が制定された。この手続では，従来の債務弁済協定調停（経済的に破綻した債務者が複数の債権者を相手方として申し立てた金銭債務の弁済に係る紛争に関する調停事件）の手続を，より実効的なものにするために，多数の関係者の集団的な処理を可能にし，調停委員会の職権による調査権限を強化するなど，いわゆる多重債務者のために，倒産処理手続に類した手続処方が規定されている。

　これは，多重債務者のための倒産ADRであり，より正確には，自然人か法人かの別なく利用できる手続である。民事調停の特則であり，「特定債務者（特調3条1項・2項）」の負担する多重債務を，一括的かつ集団的に処理することが，企図されている。

　その目的を実現するために，個別執行が比較的広く停止でき（特調7条），この種の事案処理能力を有する調停委員が，事件を担当し（特調8条），事件に関係のある文書・物件提出を求めることができ（特調12条），さらに，調停条項も，「特定債務者の経済的再生に資するとの観点から，公正かつ妥当で経済合理性を有する内容のもの」でなければならないとされている（特調15条）。多重債務者のための特定調停では，調停条項案を作成する前提として，利息制限法による制限利息を超えた部分の弁済額を元本に充当して残債権額を計算し直す「利息引直し計算」が行われ，それにより，場合によっては，債務者に過払いがあることさえ明らかになる。「調停に代わる決定（特調20条）」の制度も存在し，そこでは，債権者から異議が申し立てられることもほとんどないといわれている。

　近時，特定調停の利用は急増しているが，債権者の対応も多様であり，より実効的な手続形成が望まれる。また，この手続への債務者更生メカニズムの組込みも，今後の課題となる。

クレジット・カウンセリング 　この制度は，アメリカなどで発展したものであるが，日本では，昭和62 (1987) 年に日本クレジット産業協会を中心に財団法人日本クレジット・カウンセリング協会が設立され，クレジット・

カウンセリング事業が開始された。当初は、クレジットを利用する債務者に限定されていたが、近時では、消費者金融等の利用者も、この手続を利用できるようになった。また、現在では、日本の主要都市で行われるようになっている。

このカウンセリングの条件としては、債務者本人が自発的に債務返済の意思を有し、本人の収入によっておおむね3年以内に債務の返済が可能であり、債務が企業経営等から生じたものではないことである。手続は、無料であり、その内容としては、依頼者の作成した債権者一覧表や家計簿に基づいて、法律上の助言、弁済計画の策定、債権者との間での弁済計画の交渉や合意に基づく和解契約の締結、そして、生活家計相談等が行われている。たとえば、担当の弁護士は、債務者に対して法的なアドバイスを行い、また、消費生活アドバイザーは生活や家計の相談を行っている。

クレジット・カウンセリングは、債務者の経済的な破綻処理の側面だけではなく、(再度の)破綻の防止や、そのための教育的な側面をも有する注目すべき制度である。それゆえに、今後、より一層の普及と、その手続の透明性および公平性の確保が望まれる。

II 少額救済

1 意 義

創設と拡大の意義　市民間の少額紛争を処理するための民事手続にはさまざまなものがあるが、簡易な訴訟手続によりそれを実現するため、平成8 (1996) 年の民事訴訟法の全面改正で新たに設けられたのが、少額訴訟手続である。これは、その改革の主要な柱の一つであり、民事訴訟を国民に利用しやすく分りやすいものとするための切札でもあった。この手続は、一般市民が、訴額に見合った負担で、迅速かつ効果的な紛争処理を裁判上可能にすることを目的として設けられたものであり、少額裁判所は、少額救済の場として、弁護士等の法専門家の手を借りることなく市民が自らの手による手軽な救済を確保できるフォーラムとなることが、期待されていた

のである。

 その後，少額訴訟手続は，簡易迅速な手続として，利用者の間で比較的高い評価を受けた。そこで，地方裁判所の負担軽減とも相まって，平成15(2003)年の民事訴訟法改正で，この手続を利用することができる訴額の上限額が，30万円から60万円に引き上げられた。また，平成16（2004）年の改正では，後述する少額債権執行制度が設けられ，この領域では，市民に利用しやすい制度にするための改革が，不断に続けられているのである。

訴訟的側面とADR的側面 　少額訴訟手続は，れっきとした判決手続であり，口頭弁論により審理判断され，簡易に債務名義を作成する手続である。この手続は，簡易裁判所の手続として地方裁判所の手続の特則という意味で手続が簡略化されているだけでなく，簡裁手続の特則という意味もある。訴訟的側面としては，現行制度上最も簡易化された判決手続としての意味をもつ。

 これに対して，少額訴訟手続は，被告もこの手続の利用に納得をしなければ手続が進まない点（仲裁的な側面），獲得される結果的救済の面でも支払猶予判決等のいわゆる和解的判決が可能である点（和解・調停的な側面），および過程としての救済の面でも両当事者の救済形成にさいし自由闊達な議論が不可避である点（合意をも重視する側面）で，緩やかな手続強制を伴い両当事者の対席が保障されたADR的な側面をも有する。しかも，簡易裁判所の通常の訴訟手続と競合する手続として，制度化された裁判所附設のADR的な性格をも有する。少額訴訟手続は，いわばADRと訴訟との連結点として，相互の技法や手続成果を生かしフィードバックするための実験室的な意味をもつのである。

2　救済過程

 一般に簡易裁判所の訴訟手続には，その特則（民事訴訟法第2編第8章）が適用されるが，さらに，少額訴訟手続については，民事訴訟法第6編に特則が置かれ，通常の訴訟手続にはないさまざまな規律をみることができる。

少額訴訟を利用できる場合　この手続は、訴訟の目的の価額（訴額）が60万円以下の金銭の支払請求を目的とする訴えに限られる（民訴368条1項本文。請求適格の要件とも呼ばれる）。訴額は、元本を基準に定められる（民訴9条2項参照）。同一の原告は、同一の簡易裁判所において同一の年（暦年〔1月1日から12月31日まで〕）に、10回を超えて少額訴訟による審理・裁判を求めることができない（民訴368条1項但書、民訴規223条）。これは、少額訴訟手続が、消費者金融会社や信販会社等の特定の業者に独占され、一般市民が利用しにくくなることを防止する趣旨である。この利用回数を確認できるように、原告は、提訴時に、その年の利用回数を届け出る義務を課され（民訴368条2項・3項）、虚偽の届出に対する制裁（10万円以下の過料）の規定が設けられている（民訴381条。過料の裁判の執行については、民訴189条参照）。

手続の教示　当事者が自己の紛争を適切に処理する手続として少額訴訟手続を選択できるためには、手続の情報を事前に入手しておく必要がある。当事者が、手続過程を通観でき、その手続選択の誤りをなくし、かつ、自ら採るべき手続を選択し、期日の準備を十分に行うことを可能とするために、二段階の手続教示（手続説明）の制度（民訴規222条）が設けられた。第一段階として、裁判所書記官は、当事者に対し少額訴訟における最初にすべき口頭弁論期日の呼出しのさいに、少額訴訟による審理・裁判の手続内容を説明した書面を交付しなければならない。第二段階として、裁判官が、最初にすべき口頭弁論期日の冒頭で、証拠制限、被告の通常訴訟への移行申述権および判決に対する異議申立権等につき、口頭で説明しなければならない。

通常手続との関係　原告は、訴額60万円以下の金銭支払請求訴訟の提訴にさいして、少額訴訟手続と簡易裁判所の通常手続のいずれかを選択することができる。そこで、原告が少額訴訟手続を選択する場合には、訴え提起のさいに、少額訴訟による審理・裁判を求める旨の申述をしなければならない（民訴368条2項）。ただ、原告が少額訴訟を選択しても、被告は、訴訟を通常の手続に移行させる旨の申述をすることができる（民訴373条1項本文、民訴規228条1項。民訴373条1項但書も参照）。原告が少額訴訟を

選択した場合でも，被告の意向にかかわらず，裁判所が職権で訴訟を通常の手続により審理・裁判する旨の移行決定をしなければならない場合も，規定されている（民訴373条3項1号～4号，民訴規228条3項）。

審理手続 　少額訴訟の審理は口頭弁論で行われ，特別の事情がある場合を除き，最初にすべき口頭弁論の期日（現実に弁論がなされる最初の期日）に，審理を完了しなければならない（民訴370条1項）。このために，その期日前またはその期日に，すべての攻撃防御方法を提出しなければならない（同条2項本文）。これを一期日審理の原則という。当事者は，十分に準備のうえで裁判所に足を運び，1回の正式な審理で主張立証を尽くすだけで，救済を得られることを原則とすることにより，市民の主体的関与に基づく魅力的な手続となることが，意図されたものである。

この原則の背景には，当事者の集中した議論と手作りの救済を可能とするために，裁判官が専門家的視点から援助すべき行為規範が含まれていると解すべきである（民訴規224条も参照）。一期日審理はあくまで原則であり，期日の続行はありうる。この場合に，当事者は，続行期日においても攻撃防御方法を提出することができる（民訴370条2項但書）。少額訴訟では，審理の簡易化のためにいくつかの手続的制約がある。第一に，被告は反訴を提起することができない（民訴369条）。第二に，証拠調べは即時に取り調べることができる証拠に限り行うことができる（民訴371条）。第三に，証人等の尋問についても，通常の訴訟手続における方式性や形式性を緩和し柔軟で利用しやすい手続とするための規定を，いくつか設けている。すなわち，尋問事項書の不要化（民訴規225条），証人宣誓の不要化（民訴372条1項），尋問順序の裁量化（同条2項），電話会議システムによる証人尋問（同条3項），証人等の陳述の調書記載の省略（民訴規227条1項）などが，それである。

少額訴訟判決 　訴訟が裁判をするのに熟せば，口頭弁論を終結して終局判決を言い渡すことになる。この判決言渡しは，相当でないと認める場合を除き，口頭弁論の終結後直ちに行われる（即日判決の原則。民訴374条1項）。判決の言渡しは，判決原本に基づかないですることができる旨が規定された（調書判決の制度。民訴374条2項）。

一般に通常の民事訴訟（例，貸金返還請求訴訟，損害賠償請求訴訟等）における請求認容判決は，特に原告の分割払いの申立てがない以上一括払判決が原則である。しかし，被告に十分な資力がない場合等には強制執行によるのではなく債務者の自発的な支払努力に依拠する方が，原告は効率的な満足が可能になる。被告も議論に参加して支払方法などを定めた方が，結果的にみて任意履行のインセンティヴを生み出しやすく実効的な判決となりうる。そこで，裁判所は，請求の全部または一部を認容する判決をする場合には，被告の資力その他の事情を考慮して特に必要があると認めるときは，判決の言渡しの日から3年を超えない範囲内で認容額の支払いの猶予を行うことができる旨の規定（民訴375条1項）が置かれた。

この「支払猶予判決」の内容としては，①一括払いをするとしても支払期限を定めること，②分割払いの定めをすること，③支払期限の猶予（①と②）と併せて，それらの定めを遵守して支払ったときには訴え提起後の遅延損害金の支払義務を免除する旨の定めをすることの三種の判決形態が，原告，被告および裁判官の間での議論の指針として，規定されている（分割払いの定めをするときは，併せて被告が支払いを怠った場合における期限の利益喪失についての定めをしなければならない。同条2項）。これは，和解や調停などで，債務者の任意履行を可能とするために頻繁に用いられる救済手法が，判決手続に取り入れられたものである。

この判決は，少額訴訟判決と表示される（民訴規229条1項）。また，実体権の変更を裁判所が行うこの種の和解的判決を正当化する根拠も問題となるが，それは，両当事者が救済形成過程に十分関与し個別具体的な救済に関する議論が十分に尽くされることに求めるべきであり，原告の手続選択を和解的判決を甘受する黙示の意思表示とみたり，また，少額訴訟手続を実質的仲裁と位置づけるような形式論では，正当化としては不十分である。

なお，少額救済の形成手法として，近時の法改正で導入された「和解に代わる決定」（民訴275条の2）も注目される。

少額訴訟判決の執行 執行の局面でも，判決内容に見合った負担で迅速に処理するために，原告の負担を軽減し早期の執行を可能

とすることが望ましいと考えられた結果，仮執行宣言を必要的とし（民訴376条），単純執行文を不要（民執25条但書）とした（仮執行宣言，単純執行文については，→第**2**部第**2**章Ⅱ参照）。

少額債権執行　平成16（2004）年の民事執行法の一部改正で，少額債権執行の手続が新設された。従来，たとえ少額訴訟過程を通じて，債権者は，簡易迅速に債務名義を取得することができても，債務者が任意に履行しない場合に強制執行を行うためには，地方裁判所に出向いて通常の強制執行手続をとる必要が存在した。そのような不便さを克服するために，簡易な少額執行制度の創設が，切望されていたのである。

そこで，今次の法改正によって，少額訴訟手続の利便性と実効性をより高め，市民にとって利用しやすい制度にするために，簡易裁判所における少額債権執行手続（民執167条の2以下）が導入されたのである。

これにより，少額訴訟判決（債務名義）を有する債権者は，執行裁判所としての簡易裁判所において，金銭債権に対する債権執行手続を利用できることになった。手続は，簡易裁判所書記官の管轄であり，その執行処分として，裁判所処分によって開始される。ただ，換価方法としては，差押債権者の取立てが許されるにすぎない。債権者は，他の方法で債権回収を図りたい場合には，地方裁判所に事件が移行されることになる。

不服申立ての制限　少額訴訟手続の不服申立てとしては，控訴を禁止し（民訴377条），その判決をした簡易裁判所に対する異議申立てのみを認めている（民訴378条1項，民訴規230条参照）。

異議とは，一般に同一審級内の不服申立方法であり，証拠制限のない通常の手続に事件を移行させ，請求の当否について再審理を求めるものであるが，ここでは，少額訴訟の特則を生かした柔軟な訴訟運営を可能にしている。異議審では，通常同一の裁判官が改めて事件を担当することとされているが，不服申立てという事柄の本質からして，異議前の裁判官と異議後の裁判官とは異なることが不可避的に要請され，弁論の更新が実質的に行われるべきであるとするのが妥当であろう（地方の簡易裁判所では，簡裁判事の増員なども望まれる）。

この異議審の判決（少額異議判決。民訴規231条1項）に対しては控訴ができない（民訴380条）ので，少額訴訟は，いわば一審限りの集中審理手続ということができる。この意味で，通常の民事訴訟手続の原型的な存在といえる。

ただ，憲法違反が問題となる場合には，憲法81条の要請から，異議審の終局判決に対しても，特別上告が認められている（民訴380条2項・327条）。少額裁判は，制度上，最高裁に一番近い民事第一審手続なのであり，計画審理が規範的に貫徹され一定の成果を収めている審理手続なのであり，計画審理が規範的に貫徹され一定の成果を収めている審理手続なのである。

3 課 題

このように，少額訴訟手続は，市民が自らの手で救済を形成するための手続過程となることが期待されているが，課題も少なからず存在する。

第一に，迅速かつ効率的な事件処理の名のもとで，事件がそつなく機械的に処理されることにより当事者の手続保障を通じた充実した手続の保障が看過されてはならない。当事者の手続参加と救済形成に裏打ちされ，当事者に満足をもたらす実質的な手続保障を確保すべき要請が存在するからである。第二に，立法担当者は，少額訴訟は訴訟に関する知識経験に乏しい一般市民を利用者として想定している旨を繰り返し強調し，少額訴訟と通常訴訟との差別化を意図しているようにも思われるが，少額手続で培われたノウ・ハウは，通常訴訟でも生かされるべきであろう。第三に，積極的な事前準備の促しと一期日審理の要請，さらには裁判官の期日前の心証形成の可能性は，手続を書面中心審理化するおそれも生じさせるが，しかし，その運用次第では，期日における当事者の口頭によるいきいきとしたやりとりを活性化させ自己の手で救済を形成できるような手続環境を展開させる契機ともなり得る。この点で集中審理の原型・理念型となることが要請されているのである。つまりは，ADRも少額訴訟も，さらには通常の訴訟も，当事者間の役割分担を踏まえたうえで，手作りの救済を創ることを通じて当事者関係を再調整するフォーラムなのである。第四に，請求を認容する少額訴訟判決も結果的には債務名義となるが，この手続のねらいは，簡易な債務名義の形成にとどまる

ものではなく，当事者間における将来関係の再形成をも含んだ簡易な法的救済を獲得できるものなければならない。第五に，職をもった一般市民にとって，平日の昼間に裁判所に出かけることは，相当の負担となるので，休日(民訴93条2項参照)や夜間にも手続を利用できるようにし，かつ，事件の掘り起しにも努めるべきであろう。さらには，少額訴訟制度に対する弁護士会の支援，一定の要件で簡裁代理権が認められた司法書士の積極的な関与，調停等の手続との相互連携，被告が多重債務者の場合の継続的なカウンセリングの問題などもある。第六に，少額債権執行手続は導入されたが，その執行手続は限定されており，今後その拡充が期待される。

　なお，少額訴訟手続に関する法文の位置の見直しや，手形訴訟手続に関する規定の準用など手続のわかりやすさを阻害する要因も，速やかに除去すべきであろう。

第5章　救済手続の不当利用

　救済に「結果としての救済」と「過程としての救済」という二つの内容があるとの本書の立場からすると，その手続の「不当利用」にも，結果の不当と過程の不当という二つのものが観念しうる。こうした観念は法手続のあらゆる領域で問題になるが，以下では執行・保全を中心に解説する。またこの議論領域では，専門家の関与も大きなウエイトを占める。関与専門家の責任もあわせて解説する。

I　結果としての救済から見た不当利用・不当実施

　序　説　借りた金をきちんと全額返済しているのに差押えを受けた，債務があることは債務者も認めていて返済資金もあるのに，資産隠しや手続の引き伸ばしをする。このように救済すべき実体権（既存の権利）が存在しないにもかかわらず，その権利の実現・救済が進められた場合や，逆に権利が存在するにもかかわらず，その救済が妨害された場合を人々は「不当」と呼ぶ。民事手続法学の伝統の中では，不当執行の議論がこの問題を扱い，執行請求権との関連で位置づけていた。抽象的執行請求権と具体的執行請求権との間の歴史的な論争を経て，現在の通説的な理解では，実体権に裏打ちされない執行権の行使は「不当」であり救済手続から排除されなければならないが，執行権行使を正当化するための実体権の存在は債務名義の存在によって確認されているのであって執行力を行使する司法機関としては，債務名義（および執行文）の存在を調査すれば執行権行使の実体的前提の審理として充分である（これを執行の実体的正当化の要件と呼ぶ）とする。それでもなお債務名義と実体権の状態に齟齬がある場合の債務者の救済は，債務者側でイニシアティヴをとって実体権の状態を再確認すべきであり，請求異議

や第三者異議の訴えは、そうした債務者側の手続提起の機会を制度化したものと理解されているのである（これについては、→第**2**部第**8**章に詳説されている）。手続妨害については、しかし、この見解でも充分に位置づけることができない。

また、不当執行と異別な概念として違法執行という概念があるが、これは実体権の存否との関連ではなく、執行手続を進めていく上で執行機関が違法な行為をした場合の執行のことである。極端な例をあげれば、有効な債務名義が存在するのに強制執行の申立てを却下する場合などである。この違法執行に対する救済としては、執行抗告、執行異議という不服申立手続が執行法の中に制度化されている（その詳細についても、→第**2**部第**8**章参照）。

以上のことは執行手続だけでなく、仮執行や保全処分、あるいは担保権実行についても類似の議論がある。しかし、そうした制度的手当てを施した上でもなお、実体権のない執行が存在すること、違法状態が残る場合があることは、否定できない。そうした違法・不当執行に対する救済を以下で考えてみる。

強制執行　　不当執行であっても、債務名義と執行文の存在その他、執行手続が適法に完結すれば、強制執行それ自体の効果に影響はない。それゆえ、不当利得や不法行為を根拠とする損害賠償請求の問題が残るのみである。

強制執行は、執行機関が国家権力を行使して私人の私的請求権を実現する手続であるから、執行機関自体が故意・過失によって違法な執行をなし、債権者、債務者、第三者に損害を与えた場合には、国家賠償の責めを負うことになる。こうした執行機関の違法行為を理由にする国家賠償請求は、数多くみられるところである。

たとえば、不動産執行において競売の準備にあたる執行官が現況調査報告書を作成する際、誤って執行対象物件の隣の物件を調査したうえで報告書を作成し、この報告書の記載を信じて競落人が、本来の執行対象物件の隣に家屋を建築して居住したところ、当該土地の所有者から明渡しを求められた事例で、最高裁は執行官の調査義務違反を認めて、競落人からの国家賠償請

求を認めている（最判平 9 ・ 7 ・15民集51巻 6 号2645頁〔民執保全百選30事件〕）。しかし，立木収去・土地明渡の代替執行事例で，執行官が立木を引き抜き積み重ねただけで放置していたため枯れさせてしまったことは，執行官の違法行為とはみなされていない（最判昭41・ 9 ・22民集20巻 7 号1367頁〔民執保全百選88事件〕）。

　執行機関の違法行為については，執行手続に内在的に制度化されている救済手段をとるのが原則で，関係者がそうした手続をとらずに実体権の状態と異なった執行を受けて損害を被ったとしても「執行機関がみずから是正すべき特別の事情がある場合は別にして」国家賠償請求を認めないのが，最高裁の先例である（最判昭57・ 2 ・23民集36巻 2 号154頁〔民執保全百選 3 事件〕）。執行法に定める救済手段をとらない場合には，事後的な国家賠償請求の提起が一般的に遮断されるとの趣旨であれば，手続利用の要求が厳しすぎる判断だといえよう。

民事保全　民事保全手続は，基礎となる実体権が確証されていない段階で執行手続の発動を行うので，不当執行の潜在的可能性が高くなる。本案の訴訟で債権者が敗訴すれば，結果的には先行する保全手続が「不当な手続」であったということになる。そこで本案敗訴の場合には，保全手続の利用によって債務者に与えた損害につき申立債権者に無過失損害賠償責任を認めようという考えもある。しかし，判例はあくまで過失責任の原則を維持しており，ただ本案敗訴の結果によって過失を推認し，過失がなかったことにつき申立債権者側に立証責任を負担させている（最判昭43・12・24民集22巻13号3428頁，最判平 2 ・ 1 ・22判時1340号100頁〔民執保全百選124事件〕）。この損害賠償の中身について，調査不足の違法な不動産仮差押えがなされた場合に，債務者が被った精神的損害の慰謝料と弁護士費用を認めた例もある（神戸地判平元・10・31判時1371号127頁）。

仮執行　仮執行宣言付判決に基づき原告が仮執行を行った後に，上級審で当該判決が取り消された場合は，民訴260条第 2 項が，原告に給付の返還責任と損害賠償責任を定めている。これも結果的に「実体権に基づかない」不当執行に位置づけられうる。通説・判例は，同項の定める損害賠

償責任を無過失賠償責任と位置づけ，かつ仮執行行為と相当因果関係にあるすべての損害につき賠償責任があると考えている。しかし，これに対しては学説上有力な批判がある。

担保権実行　担保権に基づく競売申立てがあったが，担保権が不存在であった場合も結果からみて不当執行である。しかし，担保権実行の場合は強制執行の場合と異なり，債務名義の制度を採用していないので，請求異議，第三者異議の制度が存在しない。またこれとの関連で，不当担保権実行の場合は，競落人の所有権取得が競売の効果としては生じないというのが旧法上の扱いであった。しかし，新法は，不動産競売と債権等の担保権実行において競売の実体的効果を維持する規定をおいた（民執184条・193条2項）。

なにゆえにそうした実体的変動が生じるのかは一個の理論的問題であるが，この立法的手当てを前提にして，最高裁は不当担保権実行によって所有権を喪失したものから，弁済金の交付を受けた債権者に対する不当利得返還請求を肯定している（最判昭63・7・1民集42巻6号477頁〔民執保全百選92事件〕）。不当担保権実行をとめるための手段としては，競売終了前であれば，実行停止の仮処分および担保権不存在確認の訴えを提起する方法が旧来からとられているが，これに加えて，執行異議の手段をとることもできる（民執182条）。しかし，そうした手続をとる実質的チャンスが所有者にないまま，競売手続が進行した場合には，民事執行法184条の効果を最高裁は否定している（最判平5・12・17民集47巻10号5508頁〔民執保全百選93事件〕）。

II　過程としての救済と不当利用

実体権と手続　不当・違法執行の扱いは，静止的な実体権の存否およびそれを争う手続の保障という観念のみでは，十分に理解できないものを含む。たとえば，不当保全事例をみればわかるように，そこで扱われる事例は既存の実体権の救済という側面もあるが，他方であらたな実体権を生み出すような事例も含まれる。そしてなによりも民事保全は，そうし

た実体権それ自体が十分に公証されていない段階での救済なのである。仮執行事例もそうである。本案の実体的結果から振り返って保全利用の当・不当を問う思考そのものが、制度本来の趣旨にそぐわないのである。

国家的説明 救済手続、とりわけ執行手続は、すぐれて国家的営為である。債務者の意思を問うことなくその所有財産を売却したり、その活動圏に立ち入って一定の行為を強制する。なにゆえに国家にそうした権限があるのか。これに応えようとしたのが前述の執行請求権をめぐる歴史的議論である。それは実体私権と執行手続との接合を図ろうとするきわめて抽象的な議論であったが、同時に、国家的営為としての執行権力行使の基礎を根拠づけようとする実践的議論でもあった。ただ、これは、判決手続における訴権論と同じく、実体私権と結びつけても切り離しても、現実の執行手続のありようを十分に説明できない点で、現実性のない議論である。したがって、そうした基礎的問題があることは認識する必要があるが、この議論に多くを期待することはできない。

社会的説明 救済手続は、同時にすぐれて社会制度である。国家機関がその制度を排他的に担うべきかどうかは別にして、社会の中に債権回収その他の手続が必要なことは疑いがない。そうした社会的必要性を国家の司法機関が担った場合には、その必要性（社会需要に応える正当性というべきか）を満たす論理が要求される。それは、制度維持の論理であって、個々の具体的ケースでの不当・違法を全体的な制度の問題へ還元することをさけなければならない。右の国家的営為としての説明では、個別の事件で不当な救済手続があった場合は、それは、国家的営為としても不当であるが、社会制度としての説明では、個々的な不当・違法は、制度全体の違法・不当に直接響かない。しかし、個別的な救済は、もちろん必要であるから、それを手続的に処理しようとすることになる。制度としては慎重に設計されているが、個別ケースでその制度本来の仕様とは違う運用がなされることがある。それは、しかし、関係者が手続的に関与し、かつ不服の制度をもうけることで対処しなければならないということである。社会制度の法的説明としてバランスの取れた説明であろう。結果としての救済の中身は、こうした論理を

さしている。

関係者間自治　しかし，判決手続もそうであるが，民事司法は，基本的には私的紛争の処理に関わるものである。社会的な制度の論理は，私的紛争の処理に好ましい影響を与えて初めて評価されるものである。好ましい影響とは「関係者の間の自治」の実現である。この関係者間自治を実現する手続の提供，これが「過程としての救済」である。抽象的な私的実体権の侵害とその救済という思考とは異なるものといわなければならない。

関係者間自治の観点からは，国家的説明や社会的説明とは異なり，執行請求権，手続的正当化，合意，などの観念による制度的構築の論理だけでなく，救済手続の個別運用をも含めた関係者の個別救済を，手続に関与するものは念頭におく必要がある。個別手続に関わる関係者の利己的な動きと制度の論理の緊張関係の中で，いかに自治を実現できるか，関係者の手続構築と解釈・運用のセンスが問われていくことになる。こうした観念は国家や制度の理論とは直接の関連をもたないがゆえに，要件・効果という枠組みをもって議論されるものではないが，人々の意識の中に厳然としてあるものとして，時折，垣間見ることができる。たとえば，裁判外で和解を成立させながら訴えを維持し，債務名義を取得して強制執行した場合の債権者の不法行為責任を認める例（最判昭44・7・8民集23巻8号1407頁〔民執百選4事件〕），仮執行宣言付判決を債務名義とする執行に対して免脱担保の提供をしているにもかかわらず強制執行が行われた場合の不法行為の成否など（東京地判平4・6・17判時1435号27頁〔旧民執百選5事件〕）などが参考になろう。

Ⅲ　執 行 妨 害

債務者が執行を逃れるために責任財産をほかへ移動する，第三者が自らの利益を得るために手続の進行を妨害するなど，救済手続の適正な進行を妨げる行為を執行妨害という。後者の第三者として競売屋，占有屋，抗告屋などが知られている。

昭和54（1979）年に現行民事執行法が制定されるときの立法目的のひとつ

は，競売屋の排除であった。競売場を事実上占拠して競売屋だけの談合により，不動産の落札価格を極端に低くし転売利益を得る行為は，債権者・債務者双方にとって手続の意味を失わせる行為であるため執行制度そのものの社会的信頼を失わせるものであった。民事執行法の制定は，この競売屋排除に関しては効果を発揮したと評価されている。占有屋に対しては，売却のための保全処分（民執55条）と引渡命令（同77条）で対処しようとしたが，「占有者」に関する平成8（1996）年の改正（債務者以外の占有者への発令）および平成15年・平成16年の改正（改善法・続改善法）で占有者を特定しない発令が認められるに及んでいる。また平成10（1998）年には抗告屋に対処するための執行抗告の改正が行われている。実体法上の問題としての短期賃借権は平成15年に制度それ自体が廃止された。執行妨害に関与するこうした不正の第三者に関しては，平成5（1993）年に成立した「暴力団員による不当な行為の防止等に関する法律」（いわゆる暴対法）も役に立っている。

　上に見たような執行妨害対策に対抗する新手の執行妨害がさらに登場することは十分に考えられることであるし，そのつど執行妨害対策の改善が続けられることが必要である。本書においてもそのつど，改訂版が発行されるであろう。同時に，この種の問題は，債権者・債務者本人それぞれの法手続利用からみた場合，その利用の正当性をいずこに求めるのかという本章の基本問題に関わっている。債権者側，債務者側の手続主張が，結局，不当執行をもたらしたり，執行妨害を招来する事態でしか推移しないのであれば，既存の法手続自体の枠組みに改革の目を向ける方向があってもよい。執行などの法手続においてもADR的処理の試みが考えられる。改正の動きの中でこの観点から注目されるものは，間接強制の拡大（民執173条・167条の15）であり，担保不動産収益執行の創設（同180条以下），明渡しの催告の明文化（同168条の2）である。

　最後に，競売屋，占有屋，抗告屋などの第三者，あるいは倒産処理における整理屋などの介入が問題視されるのは，この種の職業集団が関係者自治を崩壊させ，自らの利益のみを獲得して，関係者の誰にも利益をもたらなさいからである。であるとするならば，こうした職業集団ではなくて，法専門家

が関与した場合であっても，同じことを行ったとすれば，法専門家であるがゆえにより厳しい社会的評価をうけることになろう。加えて執行・倒産法の専門研究者には，改正法の後追い作業に安住するだけでなく，不当・違法執行と執行妨害という二つのストーリが生み出される社会関係に目をむけ，関係者間自治を実現する学理的な提言を期待したい。

第2部

民事執行・保全

第1章　民事保全手続

I　民事保全の制度

民事保全の存在理由　訴えを提起してから，仮執行宣言付判決あるいは確定判決を得るまでには，多くの手続と時間を要する。しかし，その間に債務者の財産状態や係争物をめぐる権利関係に変化や変動が生じてしまうと，せっかく勝訴判決を得て強制執行をしようとしても，不能または困難な事態が生じ，権利者は著しい損害を被り，訴訟は目的を達しないことになる。そこで，このような判決が得られるまでの時間の経過によって権利の実現が不能または困難になる危険から権利者を保護するために，その主張者に暫定的に一定の権能や地位を認めるのが民事保全制度である。

民事保全の特質　民事保全の存在理由から，その内容や手続にはつぎの特質がある。

(1) **緊急性（迅速性）**　仮差押えや仮処分は速やかにしなければその目的を達しえないものであるから，緊急性（迅速性）は，民事保全の存在理由からの当然の要請である＊。

保全命令が口頭弁論を経ずに発することができ（民保3条），申立事件に関する立証が証明でなく疎明で足りるとされていること（民保13条2項），保全執行も迅速になされる必要があるため，原則として執行文の付与は不要であり，執行期間は2週間と定められ，保全命令の送達前でも執行することができること（民保43条）などがこの例である。

> ＊　**密行性**　民事保全の特質として密行性を挙げる見解もあるが，密行性は緊急性（迅速性）を裏づける理由の一つであり，また，仮の地位を定める仮処分はもちろん係争物に関する仮処分であっても債務者の主張を聴くことが妥当なものもあるので，密行

性自体を民事保全の特質として挙げることには消極的な見解も多い。

(2) 暫定性(仮定性)　民事保全は，本案訴訟において権利が終局的に確定され，実現されるまでの仮の措置を定めるものであるから，暫定的(仮定的)に一定の権能ないし地位を認めるものである。

(3) 付随性　民事保全は本案訴訟とは別個独立の手続であるが，本案訴訟を前提とするものであり，本案訴訟に付随する。したがって，本案が提起されないときは債務者の申立て(起訴命令の申立て)により取り消されることになる(民保37条)。

民事保全の種類　民事保全には，その目的と方法によって，仮差押えと仮処分があり，仮処分には，係争物に関する仮処分と仮の地位を定める仮処分の二種類がある(民保1条)。

(1) 仮差押え(民保20条)　金銭の支払いを目的とする債権(金銭債権)の支払いを保全するために，執行の目的たる債務者の責任財産のうち債権額に相応する適当な財産を選択してその現状を維持し，将来の強制執行を確保することを目的とする。

(2) 係争物に関する仮処分(民保23条1項)　特定物についての給付請求権につき，当該特定物(係争物)の現状を維持して，将来の強制執行による権利実行などを保全することを目的とする。

(3) 仮の地位を定める仮処分(民保23条2項)　争いがある権利関係について，債権者に生ずる著しい損害または急迫の危険を避けるために，暫定的な法律上の地位を定めるものである。権利の種類を問わず，また，強制執行の保全を目的としていない点で前二者と異なる。

民事保全の構造　民事保全の手続は，保全命令の申立ての当否を審理し保全命令を発すべきか否かを判断する裁判手続と，発せられた保全命令に基づきその内容を実現する執行手続の二つに分けられる。

(1) 保全命令に関する手続　保全命令(仮差押命令または仮処分命令)の発令手続および保全命令に対する不服申立ての手続(保全異議，保全取消し，保全抗告)からなり，通常の判決手続に対応する。判決手続において作成される債務名義に相当するのが保全命令(保全名義)である。

その特徴は，オール決定主義の採用（民保3条）など審理の迅速および適正化のための諸方策が採られていることである。

* **審理の迅速および適正化方策**　審理の迅速化を図るため，保全命令に関する手続は，事案の内容に応じて，書面審理のほか任意的口頭弁論（民訴87条1項但書）または審尋（民訴87条2項）のいずれの方法でも柔軟に選択することができる。

　他方，保全命令の発令により重大な影響を受ける債務者の手続保障のために，仮の地位を定める仮処分の発令に当たっては原則として口頭弁論または債務者が立ち会うことのできる審尋の期日を経なければならず（民保23条4項），また，保全異議・保全取消しの手続では口頭弁論または当事者双方が立ち会うことのできる審尋の期日を経なければ決定をすることができない（民保29条・40条1項）など不服申立手続が整備されている。その他，釈明処分の特例（民保9条）が設けられるなど審理の充実と迅速化がはかられている。

(2)　**保全執行に関する手続**　保全命令の内容を実現する手続であり，強制執行手続に対応する。しかし，判決手続と強制執行手続の関係に比べ保全命令手続と保全執行手続はより緊密に連係している。すなわち，保全執行は申立てにより裁判所または執行官が行う（民保2条2項）が，保全命令の発令裁判所が保全執行裁判所となる保全執行にあっては，保全命令の申立てと別個独立の申立てを待つまでもなく，保全命令の申立てがあれば保全執行の申立てがあるものとしてその執行が行われる（民保規31条但書）。また，保全命令は告知によって直ちに執行力を生じ，執行文の付与は原則として不要である（民保43条1項）。保全執行は，債権者に保全命令が送達された日から2週間を経過したときはこれをすることができない（民保43条2項）。これは，保全命令が緊急の必要から発せられるものであり，保全命令の内容，担保の額も発令時の状況を基準にして決定され，日時の経過によって事情が変化し不当な執行となる可能性が高いからである。なお，保全執行は，迅速性の要請から，保全命令が債務者に送達される前であってもすることができる（民保43条3項）。

Ⅱ 保全命令に関する手続

1 発令手続の特徴

保全命令の発令手続は，通常訴訟における第一審手続に相当する。しかし，保全命令の発令は迅速に行われなければならず，その効力も本案訴訟において権利が確定されるまでの暫定的なものにすぎない。したがって，通常訴訟とは異なる特徴がある。その主要な相違点は，①発令には被保全権利のほか，保全の必要性が存在しなければならないこと（民保20条・23条1項・2項・3項），②被保全権利と保全の必要性の存在については証明でなく疎明で足りること（民保13条2項），③本案訴訟で債権者の権利が否定されれば保全命令の執行によって債務者の被った損害を賠償しなければならないため，発令に際しては，債権者に対する担保を提供させることができること（民保14条1項），④申立ての審理については口頭弁論を経る必要はなく（民保3条），裁判は決定の方式でなされることなどである。

2 発令手続の開始

管轄裁判所 保全命令の申立ては，本案の管轄裁判所または仮に差し押さえるべき物もしくは係争物の所在地を管轄する地方裁判所にしなければならない（民保12条1項）。迅速性，審理の便宜などのため，専属管轄である（民保6条）。したがって，合意管轄の規定の適用はないが，本案の管轄につき合意がある場合には，その合意により合意管轄（民訴11条）が本案につき生じることにより民事保全の管轄も認められる。

本案の管轄裁判所とは，これから本案訴訟を提起するときはその裁判所であり，本案訴訟がすでに係属しているときはその第一審裁判所である。本案が控訴審に係属しているときは，控訴審裁判所が管轄裁判所になる（民保12条3項）。複数の裁判所が本案の管轄裁判所として競合するときには，債権者はその選択した裁判所に申立てをすることができる。

仮に差し押さえるべき物もしくは係争物の所在地を管轄する地方裁判所に

ついては，民事保全法12条4項ないし6項に定められている。

申立て　保全命令の申立ては，(1)当事者の表示，(2)申立ての趣旨，(3)申立ての理由（保全すべき権利または法律関係および保全の必要性）を明らかにして（民保13条，民保規13条），書面でしなければならない（民保規1条）。

(1) **当事者の表示**　当事者，すなわち債権者および債務者の記載は，訴状におけるのと同様に特定してしなければならない。ただし，不動産を対象とする占有移転禁止の仮処分命令については，その執行前に債務者を特定することを困難とする特別の事情があるときは，債務者を特定しないで申立てをすることができる（民保25条の2第1項）。

(2) **申立ての趣旨**　いかなる種類，態様の保全命令を求めるかの結論の記載であり，通常訴訟における請求の趣旨に対応するものである。

(a) 仮差押命令の申立ての趣旨は，動産に対する場合を除き，目的物を特定して記載しなければならない（民保21条，民保規19条1項）。

(b) 仮処分命令申立ての場合は，具体的事件の性質・内容に応じて異なる。申立ての趣旨に目的物を記載する必要はない（民保規23条参照）。仮処分の方法を記載すべきかについては，仮処分の方法は裁判所がその裁量によって定めることができる（民保24条）こととの関係で議論の余地があるが，実務上は，どのような内容の仮処分を求めるかの記載は必要だとされている。仮処分命令の発令手続にも処分権主義（民訴246条）が妥当する以上，債権者の申立ての範囲を超える仮処分命令を発令するのは適当でないという理由からである。

(3) **申立ての理由**　申立ての理由は，申立ての趣旨記載の請求が生ずる原因を明らかにするもので，通常訴訟における請求の原因に対応するものである。「保全すべき権利または法律関係」と「保全の必要性」からなり，被保全権利と保全の必要性に該当する事項を具体的に特定し，これを理由づける事実を記載しなければならない。

(a) 保全すべき権利または法律関係（被保全権利）　仮差押えまたは係争物に関する仮処分においては保全すべき権利を，仮の地位を定める仮処分

においては保全すべき権利関係を，それぞれ発生原因たる事実を記載して明らかにするが，裁判所が紛争の実体や争点を正しく把握するために，重要な間接事実や予想される抗弁に対する反論も記載する。

① 仮差押えにおける被保全権利は，金銭の支払いを目的とする債権（金銭債権）であることを要し（民保20条1項），この権利は条件付きまたは期限付きのものでもよい（民保20条2項）。

② 係争物に関する仮処分の被保全権利は，金銭債権以外の物または権利に関する給付を目的とする請求権（民保23条1項）である。係争物を対象とする給付請求権であれば，物権的請求権（例，所有権に基づく目的物引渡請求権）であると債権的請求権（例，売買に基づく目的物引渡請求権）であると，また作為請求権（例，不動産の明渡請求権）であると不作為請求権（例，不動産の譲渡・処分禁止を求める請求権）であるとを問わない。条件付きまたは期限付きの請求権も被保全権利たりうる（民保23条3項）。

③ 仮の地位を定める仮処分の被保全権利は，争いある権利関係であればすべて含まれる（民保23条2項）。

(b) 保全の必要性　　保全命令は，本案訴訟の判決がなされる前に暫定的な措置を講ずることを必要とする事情がなければ発令されない。そのような事情を保全の必要性という。

① 仮差押えにおける保全の必要性は，債務者の責任財産の減少により金銭債権の強制執行が不能または著しく困難になるおそれのあるとき（民保20条1項）に認められる。債務者の責任財産が濫費，廉売，毀損，隠匿，過大な担保権設定などによって量的，質的に財産価値の減少をきたすおそれがある場合などがこれにあたる。

② 係争物に関する仮処分における保全の必要性は，係争物の現状の変更により給付請求権を執行することが不能または著しく困難になるおそれのあるとき（民保23条1項）に認められる。債務者が係争物について譲渡，毀損，隠匿，占有移転，担保権設定をするおそれのある場合などがこれにあたる。

③ 仮の地位を定める仮処分における保全の必要性は，権利関係に争いがあることによって債権者が著しい損害を被りまたは急迫の危険に直面してい

るため，本案の確定判決をまたずに暫定的に権利関係または法的地位を形成する必要のあるとき（民保23条2項）に認められる。

申立ての審理　(1) 審理の方法　保全命令の申立てについての審理は，つねに決定手続で行われ（オール決定主義），当事者が提出した主張書面，添付書類および書証（疎明資料）によって判断する書面審理のほか，審尋*または任意的口頭弁論を行うことができる（民保3条，民訴87条1項・2項）。これらは，事案に応じ，密行性の存否，緊急性の程度，法律上および事実認定上の難易度，保全命令により債務者の受けるべき損害の大きさなどを総合判断したうえでの裁判所の裁量に委ねられている。

*　**審尋**　審尋とは，裁判所が当事者に対して書面または口頭で意見陳述の機会を与える無方式の手続であり，口頭で行った場合も口頭弁論ではないので公開する必要はない。東京地裁，大阪地裁など保全担当の専門部が置かれている裁判所では，保全命令申立て事件の全件について裁判官が債権者（代理人）に面接しているが，これは審尋の一種であり，釈明，証拠原本の提示，担保の金額について意見を求められる。
　① 仮差押えまたは係争物に関する仮処分においては，審尋を行わず疎明資料のみの書面審理によって保全命令を発令することも可能である。審尋を行う場合にも債権者の一方的な審尋で足りる。密行性を必要とすることが多いためである。
　② 仮の地位を定める仮処分においては，密行性の要請は必ずしも強くなく，他方で保全命令の発令によって債務者に重大な影響を及ぼす場合が多い。したがって，原則として口頭弁論または債務者が立ち会うことができる審尋の期日を経なければこれをすることができない（民保23条4項本文）。ただし，これらの期日を経ることにより仮処分命令の申立ての目的を達することができない事情があるときは債務者の言い分を聴くことなく発令することができる（民保23条4項但書）。とくに緊急性，密行性が高い場合等がこれにあたるが，債務者の言い分を聴かずに仮処分命令を発するためには，被保全権利および保全の必要性についての疎明が十分であることが必要であろう。

(2) 審理の対象　保全命令の申立てについての審理には，特別の定めがある場合を除き，民事訴訟法および民事訴訟規則の規定が準用される（民保7条，民保規6条）。したがって，通常の訴訟事件に準じ，訴訟要件の具備を保全命令発令の前提とする。管轄，当事者能力，法定代理権などの訴訟要件の存否は職権調査事項であるが，その存在については債権者が証明することを要し，疎明では足りない（民保13条2項参照）。

保全命令が発令されるためには，訴訟要件を具備したうえで，保全命令の実体的要件を満たす必要がある。実体的要件は被保全権利の存在および保全の必要性であり，両者は疎明することを要する（民保13条2項）。疎明においては，一般に裁判所の心証の程度は証明よりも低いといわれている。また，疎明における証拠方法については，即時に取り調べることができるものに限るという制限がある（民保7条，民訴188条）。したがって，即時に取り調べうる文書や証拠物が原則となる。また，任意的口頭弁論を開けば証人尋問は可能であるが，即時性に反する証人呼出しはできないので，在廷させる必要がある。

担保　(1) 担保の意義　保全命令は，担保を立てさせて，または立てさせないで発令することができる。また，担保を立てさせずに保全命令を発令するが，相当と認める一定の期間内に担保を立てることを保全執行の実施の条件とすることもできる（民保14条1項）。保全命令の発令に際しては，被保全権利の存在および保全の必要性について判断したうえで，担保を立てさせるか否か，立てさせる場合には担保の額をいくらにするかについても審理しなければならない。ここでいう担保とは，違法な保全命令または保全執行によって債務者に損害が生じた場合に債務者の損害賠償請求権を担保するものである。

(2) 担保提供の方法　担保の提供は，当事者間に特別の契約がある場合を除き，金銭もしくは担保の提供を命じた裁判所が相当と認める有価証券を供託する方法，または支払保証委託契約を締結する方法による（民保4条，民保規2条）。

金銭または有価証券の供託場所は，原則として担保を立てるべきことを命じた裁判所または保全執行裁判所の所在地を管轄する地方裁判所の管轄区域内の供託所である（民保4条1項・14条1項）が，遅滞なく原則的な供託所に供託することが困難な事由があるときは例外が認められる（民保14条2項）。

支払保証委託契約を締結する方法により担保を提供する場合には，担保を立てるべきことを命じた裁判所の許可を得なければならない（民保規2条）。

(3) 担保の取消し・取戻し　債務者は，違法な保全命令または保全執行

の結果，債権者に対して有することとなる損害賠償請求権に関して，供託された金銭または有価証券について，他の債権者に先立ち弁済を受ける権利を有する（民保4条2項，民訴77条）。しかし，実務上は債務者が権利行使をすることは稀であり，多くの場合は，担保物は担保提供者（債権者または第三者）に返還されている。担保提供者が返還を受けるためには，保全命令を発令した裁判所の担保取消決定（民保4条2項，民訴79条）を得る方法とより簡易な担保取戻しの許可（民保規17条）を受ける方法とがある。

申立てについての決定　保全命令の申立てについての裁判は，口頭弁論を経た場合であっても決定でなされる（民保16条参照）。決定は原則として決定書を作成してしなければならない（民保規9条1項）。

(1) **申立てを認容する決定**　(a) 保全命令の申立てを認容する場合には保全命令（仮差押命令または仮処分命令）を発令する。急迫の事情がある場合に限り，裁判長が発令することができる（民保15条）。決定には理由を付さなければならない。ただし，口頭弁論を経ないで決定する場合には理由の要旨を示せば足りる（民保16条）。

(b) **主　文**　仮差押命令は，主文において債務者所有の財産を仮に差し押さえる旨を宣言する。目的財産は，動産の場合を除き，特定して表示しなければならない（民保21条）。仮差押えは命令と執行が緊密に結びついているので執行の方法・機関によって区分する必要があり，超過差押えの有無の判断や担保額の決定にも必要なので，目的物の特定が定められている。

仮処分命令は，主文において仮処分の方法として，その目的達成に必要な処分を命じることができる（民保24条）。命じられる仮処分の内容は，被保全権利を表示しなくても仮処分の方法自体によって特定される。目的財産の表示は，係争物に関する仮処分では表示されるが，仮の地位を定める仮処分では仮処分命令の内容自体が目的財産を掲げる必要のないものがある。

(c) **解放金**　仮差押命令においては，仮差押解放金額を定めなければならない（民保22条1項）。仮差押解放金とは，仮差押えの執行の停止またはすでにした仮差押えの執行の取消しを得るために債務者が供託すべき金銭である。仮差押えは金銭債権の執行を保全するものであるから，被保全債権に相

当する金銭を債務者が供託すれば，仮差押えの執行を開始または継続する必要はない。これによって，債務者はその所有する財産に対する不必要な執行を回避することができる。

仮処分命令においては，保全すべき権利（係争物に関する仮処分の被保全権利）が金銭の支払いを受けることをもってその行使の目的を達することができるものであるときに限り，裁判所は債権者の意見を聴いて，仮処分の執行の停止を得るため，またはすでにした仮処分の執行の取消しを得るために債務者が供託すべき金銭の額を仮処分命令において定めることができる（民保25条1項）。

(d) 保全命令を発する決定は，当事者に確実に了知させることが必要なので，送達することとされている（民保17条）。なお，保全命令の執行は，緊急性の要請から送達前でもすることができる（民保43条3項）。

(2) 申立てを却下する決定　訴訟要件を満たしていない場合，または保全命令の実体的要件（被保全権利または保全の必要性）を欠いているには，申立てを却下する決定がなされる。申立てを却下する決定およびこれに対する即時抗告を却下する決定については，債務者に対し口頭弁論または審尋期日の呼出しがされた場合を除いては債務者に告知することを要しない（民保規16条1項）。この場合には，債務者は申立ての存在自体を知らないものであり，密行性を保つためにも相当でないからである。

不服申立手続　(1) 保全命令申立てを却下する裁判に対する不服申立て——即時抗告　債権者は，保全命令の申立てを却下する裁判（申立てが形式的に不適法な場合だけでなく，申立てに実質的な理由がない場合も含む）に対しては，その告知を受けた日から2週間以内に即時抗告をすることができる（民保19条1項）。即時抗告についての決定には，必ず「理由」を明示しなければならない（民保19条3項・16条本文）。即時抗告につき，これを却下する裁判に対しては再抗告は許されない（民保19条2項）が，抗告裁判所が原裁判を取り消して保全命令を発した場合には，債務者は同じ審級で保全異議の申立て（民保26条）または保全取消しの申立て（民保37条～39条）をすることができる。

(2) 保全命令に対する不服申立て——保全異議・保全取消し　(a) 保全異議　① 概　説　保全命令に対して不服のある債務者は，その命令を発した裁判所に保全異議を申し立てることができる（民保26条）。保全異議は，保全命令の審理がとくに迅速性を要求し，その審理も十分に行われる保障がないので，同一審級の裁判所において保全命令の発令直前の状態に戻し，被保全権利および保全の必要性の有無を審理し直すことにより，債務者に攻撃防御の機会を与えるものである。申立ては書面でしなければならない（民保規1条3号）。

② 保全異議は，すでに保全命令が発令され，一般に保全執行も終了しており密行性の要請はないから，当事者の手続保障をはかるため口頭弁論または当事者双方が立ち会うことのできる審尋期日を少なくとも一回経ないと決定することができない（民保29条）。

③ 保全異議の申立てに対して，裁判所は保全命令を認可し，変更し，または取り消す決定をする（民保32条1項）。認可または変更の決定をする場合，裁判所は相当と認める一定の期間内に債権者が新たに担保を立てること，または保全命令の発令に際して立てた担保の額を増加したうえ，相当と認める一定の期間内に債権者がその増加額につき担保を立てることを保全執行の実施または続行の条件とする旨を定めることができる（民保32条2項）。保全命令を取り消す決定について，裁判所は，債務者が担保を立てることを条件とすることができる（民保32条3項）。

④ 保全命令を取り消す決定の効力　取消決定の効力は告知によって直ちに生ずるのが原則である（民保7条，民訴119条）。しかし，この原則を貫くと取消決定により保全執行は直ちに停止および取消しを免れないこととなり（民保46条，民執39条1項1号・40条），債務者が執行処分の取消しや原状回復を受けてしまう結果，債権者が保全抗告に伴って保全命令を取り消す決定の効力停止の裁判（民保42条）を得る意味がなくなってしまうことがありうる。そこで，取消決定の効力を直ちに生じさせることが相当でない場合には，裁判所は，取消決定の送達を受けた日から2週間を超えない範囲内で相当と認める期間が経過しなければ，取消しの効力が生じないものと宣言する

ことができる（民保34条本文）。したがって，債権者が保全抗告をすることができない場合は，この宣言は許されない（同条但書）。

⑤ 原状回復の裁判　　仮の地位を定める仮処分命令のなかには，債務者に対して一定の給付を命じるものがあり，これを債務名義として保全執行をすることも認められている（民保52条2項）。債権者が物の引渡しや明渡しを命ずる仮処分もしくは金銭仮払いの仮処分に基づいて，すでに物の給付や金銭の支払いを受けているときは，それらを返還させることが必要となるが，仮処分命令の取消決定と執行処分の取消しだけでは元の状態に戻すことはできないので，そのための債務名義が別に必要となる。

そこで，裁判所は，仮処分命令に基づき債権者が物の引渡しもしくは明渡しもしくは金銭の支払いを受け，または物の使用もしくは保管をしているときは，債務者の申立てにより，仮処分命令の取消決定において，債権者に対し，債務者が引渡しもしくは明け渡した物の返還，債務者が支払った金銭の返還または債権者が使用もしくは保管している物の返還を命ずることができる（民保33条）。原状回復の裁判は，仮処分の取消決定において命じられる付随的な裁判であり，独立して不服申立てをすることができず，原状回復裁判を含む仮処分命令の取消決定に対し保全抗告をする（民保41条1項）。

⑥ 保全執行の停止の裁判等　　民事保全は，権利または権利関係の保全を目的とする緊急かつ暫定的な裁判であり，一転してその執行を暫定的に停止する裁判を認めることは，暫定に暫定を重ねることとなり望ましいことではないので，保全執行は当然には停止されない。しかし，保全異議等の不服申立てをしても執行停止がまったく認められないとすると，不服申立て自体が無意味となる場合も考えられる。

そこで，債務者が，保全命令の取消しとなる明らかな事情および保全執行により償うことができない損害を生ずるおそれがあることにつき疎明したときに限り，裁判所は，担保を立てさせてまたは担保を立てることを条件として，保全執行の停止またはすでにした執行処分の取消しを命ずることができる（民保27条1項）。執行停止等の裁判がされているときは，裁判所は，保全異議の申立てについての決定において，すでにした上記の執行停止・取消し

の裁判について，必ずそれを取り消し，変更し，または認可する旨の裁判をしなければならない（民保27条3項）。

(b) 保全取消し　① 概　説　保全取消しの制度は，保全命令自体の当否を争わず，保全命令の存在を前提とし，発令後の事情変更，特別事情その他の事由により命令の取消しを求めるものである。保全命令が暫定的・仮定的性質を有し，保全手続において債権者優位の傾向を免れないことから認められた債務者の救済制度である。民事保全法は，以下の三種を定める。保全取消しの申立手続には，保全異議の規定が準用される（民保40条，民保規29条）。

② 本案の不提起等による保全取消し——起訴命令　保全命令は，被保全権利の最終的な確定を本案訴訟に留保したうえで発せられる。そこで，保全命令の発令後に債権者が自ら進んで本案の訴えを提起しない場合には，債務者は保全命令を発した裁判所に対し起訴命令の申立てをすることができる。この申立てがあったときは，裁判所は債権者に対し，2週間以上の相当と認める一定の期間内に，本案の訴えを提起するとともにその提起を証する書面を提出すべきこと，すでに本案の訴えを提起しているときはその係属を証する書面を提出すべきことを命ずる（民保37条1項・2項）。

本案の訴えとして認められるためには，保全命令の被保全権利と本案の訴訟物との間に請求の基礎の同一性があればよいとされている（最判昭26・10・18民集5巻11号600頁）。被保全権利の存否が確定されるものであれば足り，給付の訴えのほか，確認の訴えを含む。

上記の期間内に債権者が所定の書面を提出しなかったときは，裁判所は債務者の申立てにより，保全命令を取り消さなければならない（民保37条3項）。また所定の書面が提出された後に，本案の訴えが取り下げられ，または却下された場合には，債権者は書面を提出しなかったものとみなされて，保全命令は取り消される（民保37条4項）。

③ 事情変更による保全取消し　保全命令は，被保全権利および保全の必要性が存在することを前提として発せられる。保全命令の発令後にこれらの要件が消滅したことが明らかになった場合にもなお保全命令を存続させる

ことは不適当である。事情変更による保全取消しは，このような場合に債務者の申立てに基づいて保全命令を取り消す制度である（民保38条）。

事情の変更とは，民事保全の要件たる被保全権利または保全の必要性に関し，発令当時と異なる事情が生ずるに至ったことをいう。発令後に，弁済，免除，相殺によって被保全権利が消滅したり，債務者の財産状態が好転して保全の必要性が消滅したことがその典型例である。このほか，民事保全の要件が発令後に変動した場合のみならず，発令当時すでにその要件を欠いていたが，発令後に発見された場合も含まれるとされている。

④　特別の事情による保全取消し　　特別の事情による保全取消しは，仮処分命令により債務者に著しい損害を生ずる場合もあることから，債務者が担保を立てることを条件として仮処分命令を取り消すことにより債権者と債務者の利益の調整をはかるためとくに設けられた制度である。特別の事情としては，「仮処分命令により償うことができない損害を生ずるおそれがあるとき」（債務者の異常損害）が挙げられている（民保39条1項）が，これに限らず，債権者が金銭補償をもって仮処分の目的を達することができる事情があるとき（金銭補償の可能性）も含まれよう。しかし，金銭補償の可能性を広く解すれば，すべての権利は金銭賠償をもって満足を得られる性格を有しているともいえるから特別事情を要求した意味がなくなってしまうといえる。被保全権利が詐害行為取消権や遺留分減殺請求権等のように金銭的価値の把握が目標とされているような場合には，金銭的補償の可能性が高いといえる。

(3)　保全異議・保全取消しの申立てに対する裁判に対する不服申立て──保全抗告　　(a)　保全抗告　　保全異議または保全取消しの申立てについての裁判に対して不服のある債権者または債務者は，その送達を受けた日から2週間の不変期間内に保全抗告をすることができる（民保41条1項本文）。保全抗告ができる裁判とは，保全異議または保全取消しの申立てを認容(認可)，棄却または却下する裁判である。これには，原状回復の裁判（民保33条・40条1項）も含まれる（民保41条1項本文かっこ書）が，抗告裁判所が発した保全命令に対する保全異議申立てについての裁判は除かれる（民保41条1項但

書)。保全抗告についての裁判に対しては，迅速性の要請から，さらに抗告することができない（民保41条3項）。

(b) **保全命令を取り消す決定の効力停止の裁判**　保全異議または保全取消しの申立てに関し保全命令を取り消す決定がなされた場合，保全抗告をしても，原決定の効力は当然には停止されない。したがって，抗告裁判所は，原決定の取消しの原因となることが明らかな事情およびその命令の取消しにより償うことができない損害が生ずるおそれがあることにつき疎明があったときに限り，申立てにより，保全抗告についての裁判をするまでの間，保全命令を取り消す決定の効力の停止を命ずることができる（民保42条1項）。

Ⅲ　保全執行に関する手続

1　概　説

保全執行に関する手続には，民事執行法の規定の大部分が準用される（民保46条）。しかし，主として保全執行の迅速性（緊急性）の要請から，以下のような手続の特徴がある。

執行文付与に関する特則　保全執行は迅速に行われる必要があるので，原則として執行文が付されなくても保全命令の正本に基づいて実施することができる（民保43条1項本文）。執行文の付与を必要とするのは，保全命令に表示された当事者以外の者に対し，またはその者のためにする保全執行に限られる（民保43条1項但書）。

執行期間　保全執行は，保全命令が債権者に送達された日から2週間を経過したときは，その執行をなしえなくなる（民保43条2項）。保全命令は緊急の必要から発せられるものであり，また，保全命令の適否・担保額などはもともと発令時を基準として決定されているのであって，日時の経過に伴い事情変更が生じ保全執行の必要がなくなる場合もあるためである。債権者は，この期間内に執行に着手しなければならないが，執行の完了は期間経過後であっても差し支えない。

保全命令の送達　保全執行は，保全命令が債務者に送達される前であっても
前の保全執行　　実施することができる（民保43条3項）。これにより，保全
執行を迅速に実施することができ，債務者の執行妨害を防ぐこともできる。

保全執行の申立て　　保全命令を発した裁判所が同時に保全執行裁判所である
場合（民保47条2項・48条2項・50条2項・52条1項）に
は，保全執行の申立ては，保全命令の申立てとともに保全命令の発令を停止
条件としてなされているものと扱われるため，執行申立書の提出は不要とさ
れることがある（民保規31条但書）。

2　仮差押えの執行

仮差押えの　　仮差押えは，金銭債権の執行保全を目的とするから，その執
執行の方法　　行は原則として差押えの段階にとどまり，換価手続には進ま
ない。対象財産ごとの執行方法は，以下のとおりである。

(1)　不動産に対する仮差押えの執行　　仮差押えの登記をする方法または
強制管理の方法により行い，これらの方法は併用することができる（民保47
条1項）。仮差押えの登記をする方法による場合は，仮差押命令を発した裁
判所が保全執行裁判所として管轄し，裁判所書記官が登記所に仮差押登記を
嘱託する（民保47条2項・3項）。強制管理の方法による場合は，不動産の所
在地を管轄する地方裁判所が保全執行裁判所として管轄する（民保47条5項，
民執44条）。基本的には民事執行法の定める強制管理と同様であるが，仮差
押手続であるため配当がないので，管理人は配当等にあてるべき金銭を供託
し，その事情を保全執行裁判所に届け出なければならない（民保47条4項）。
なお，不動産仮差押の申立ての段階で，強制管理の方法により執行する旨を
明示していないときは，仮差押えの登記をする方法による執行しか認められ
ない（民保規32条2項）。

(2)　船舶に対する仮差押えの執行　　仮差押えの登記をする方法または執
行官に対し船舶国籍証書等を取り上げて保全執行裁判所に提出すべきことを
命ずる方法により行い，これらの方法は併用することができる（民保48条1
項）。仮差押えの登記をする方法による場合は，仮差押命令を発した裁判所

が保全執行裁判所として管轄し，船舶国籍証書等の取上げを命ずる方法による場合は，船舶の所在地を管轄する地方裁判所が保全執行裁判所として管轄する（民保48条2項）。

(3) 動産に対する仮差押えの執行　　執行官が目的物を占有する方法により行う（民保49条1項）。動産仮差押執行のため執行官には強制立入権が認められ，また，目的物を債務者に保管させることができる（民保49条4項，民執123条2項・3項）。金銭，仮差押えした手形等を提示して支払いを受けた金銭は供託しなければならない（民保49条2項）。本執行と異なり，配当ができないからである。目的物が保管に適しないときは，執行官は民事執行法の規定による動産執行の売却手続により売却し，その売得金を供託する（民保49条3項）。

(4) 債権およびその他の財産権に対する仮差押えの執行　　保全執行裁判所が第三債務者に対して債務者への弁済を禁止する命令を発する方法により行う（民保50条1項・4項）。この場合の保全執行裁判所は，仮差押命令を発した裁判所である（民保50条2項）。弁済禁止命令は，第三債務者に送達しなければならず，送達により執行は完了する（民保50条5項，民執145条3項・4項）。

(5) 航空機・自動車・建設機械に対する仮差押えの執行　　航空機に対する仮差押えの執行は，仮差押えの登記をする方法，または執行官に対し航空機登録証明書等を取り上げて保全執行裁判所に提出すべきことを命ずる方法，またはこれらの併用により行う（民保規34条，民保48条，民保規33条）。

自動車や建設機械については，仮差押えの登録をする方法または執行官に対し自動車や建設機械を取り上げて保管すべきことを命ずる方法，またはこれらの併用により行う（民保規35条・39条）。

仮差押えの執行の効力　　(1) 処分の制限　　債務者は，仮差押えの目的物につき，売買・贈与等の譲渡行為，質権・抵当権等の担保設定行為その他一切の処分をすることが制限される。しかし，この処分の制限は，仮差押命令に反してなされた債務者の行為を絶対的に無効とするのではなく，仮差押債権者には対抗できないが，その当事者間では有効であり（手続相対効，

民執59条2項・87条1項4号・2項・3項)、仮差押えが申立ての取下げや取消しによって失効したときは完全な効力を有することになる。

(2) **本執行への移行** 仮差押えの執行後に本執行を実施する場合には、仮差押えの処分制限の効力は本執行に引き継がれる。なお、仮差押えが本執行に移行するためには、本案の債務名義が存在し、保全執行と本執行の当事者が同一で、被保全権利と執行債権の同一性が認められることが必要である。本執行へ移行するには、債権者から改めて本執行の申立てをする。

3 仮処分の執行

仮処分の執行方法 仮処分命令の内容は、仮差押えのように単純でなく複雑多岐にわたるため、その執行方法も多様である。民事保全法は、特別の定めがある場合(民保52条2項・53条～57条)を除き、仮差押えの執行または強制執行の例による(民保52条1項)と定めている。

(1) **物の給付その他の作為または不作為を命ずる仮処分の執行** (a) 金銭の給付および物の給付を命ずる仮処分の執行は強制執行と同様の手続で行う。金銭の給付を命ずる仮処分は、一般の金銭債権の強制執行の方法(民執43条以下)による。不動産の明渡しの仮処分は、執行官が債務者の目的物に対する占有を解いて債権者に占有を取得させる方法(民執168条1項)による。動産の引渡しの仮処分は、執行官が債務者から目的物を取り上げて債権者に引き渡す方法(民執169条1項)による。

(b) 作為または不作為を命ずる仮処分の執行は、強制執行の例により、代替執行(民執171条)または間接強制(民執172条)の方法による。

(2) **占有移転禁止の仮処分の執行** 物の引渡請求権・明渡請求権の執行の保全を目的として、①債務者に対し目的物の占有の移転を禁止し、②目的物の占有を解いて執行官に引き渡すべきことを命じるとともに、③執行官にその物の保管をさせ、④債務者がその物の占有の移転を禁止されていること、および執行官がその物を保管していることを執行官に公示させることを内容とする(民保25条の2第1項)。債務者の占有を解く執行は、執行官が民事執行法168条に準じて債務者の目的物に対する占有を解き、執行官としてこれ

を保管することとなる。目的物の使用を債務者または債権者に許すか否かによって，執行官保管型，執行官保管・債務者使用許可型，執行官保管・債権者使用許可型に分かれる。

　不動産を対象とする占有移転禁止の仮処分命令が債務者を特定せずに発せられた場合には，当該仮処分命令の執行は，目的不動産の占有を解く際にその占有者を特定することができなければすることができない（民保54条の２）。占有者として特定された者が執行によって目的不動産の占有を解かれたときは，以後その者が債務者となる（民保25条の２第２項）。

　(3)　処分禁止の仮処分の執行　　(a)　不動産に関する権利についての登記（仮登記を除く）請求権を保全するための処分禁止の仮処分　　処分禁止の登記をする方法（民保53条１項）による。所有権に関する登記請求権はすべて，また所有権以外の権利については，権利の移転または消滅の場合にはこの方法による。

　(b)　不動産に関する所有権以外の権利の保存，設定または変更についての登記請求権を保全するための処分禁止の仮処分　　処分禁止の登記とともに保全仮登記をする方法（民保53条２項）による。

　(c)　不動産に関する権利以外の権利で，その処分の制限につき登記または登録を対抗要件または効力発生要件とするものについての登記（仮登記を除く）または登録（仮登録を除く）請求権を保全するための処分禁止の仮処分　　①②に準ずる（民保54条・53条）。

　(d)　建物の収去およびその敷地の明渡しの請求権を保全するための建物の処分禁止の仮処分　　処分禁止の登記をする方法（民保55条１項）による。

　(4)　職務執行停止・代行者選任の仮処分　　法人の代表者その他法人の役員として登記された者について，その職務の執行を停止し，本案訴訟の確定に至るまでその職務を代行する者を選任する仮の地位を定める仮処分である。会社の内紛，会社の支配権をめぐる争いに関連して申し立てられることが多い。この仮処分またはその仮処分を変更しもしくは取り消す決定がされた場合は裁判所書記官が登記の嘱託をする（民保56条本文）。ただし，仮処分の登記が，当該法人に関する法律において要求されていない場合には登記の

嘱託は必要ではない（民保56条但書）。

仮処分執行の効力　(1)　当事者恒定機能　民事訴訟法および民事執行法は，訴訟承継主義を原則とし，口頭弁論終結後の承継人に限り確定判決の効力が及ぶ（民訴115条1項，民執23条1項3号）として当事者の恒定を認めるにすぎない。訴え提起後口頭弁論終結までに，被告が訴訟の目的物を第三者に譲渡した場合には，原告はその第三者に訴訟を承継させるか（民訴50条1項）または別訴を提起せざるをえない。民事保全法は，処分禁止仮処分と占有移転禁止仮処分について，その要件と効力を明定し，訴訟承継主義の問題点に対処している。

(2)　処分禁止仮処分執行の効力　(a)　処分禁止の登記のみをした処分禁止の仮処分の場合　処分禁止の登記をすることにより執行され（民保53条1項），処分禁止の登記の後にされた登記に係る第三者の権利は，保全すべき登記請求権と抵触する限りにおいて，仮処分債権者に対抗できない（民保58条1項）。この場合に，仮処分債権者は，処分禁止の登記に後れる登記を抹消することができる（民保58条2項）。仮処分債権者が第三者の登記を抹消するためには，あらかじめその登記の権利者に対し，その旨を通知しなければならない（民保59条）。

(b)　処分禁止の登記とともに保全仮登記をした仮処分の場合　仮処分債権者が保全仮登記に基づく本登記をする方法によって保全すべき登記請求権に係る登記をすれば（民保58条3項），処分禁止の登記後にされた登記に係る第三者の権利は，保全すべき登記請求権と抵触する限りにおいて，仮処分債権者に対抗できない（民保58条1項）。保全すべき登記請求権が不動産の使用・収益をする権利（所有権を除く）またはその権利を目的とする権利の取得に関する登記であって処分禁止の登記に後れるものを抹消することができる（民保58条4項）。この場合，あらかじめ，その登記の権利者に対しその旨を通知して（民保59条1項），後順位登記を抹消することになる（民保58条4項）。

(c)　船舶，自動車，特許権，著作権等の登記・登録請求権を保全するための処分禁止の仮処分の場合　その効力は，(a)(b)に準ずる（民保61条）。

(d)　建物収去土地明渡請求権を保全するための建物の処分禁止の仮処分の

場合　処分禁止の登記がされたときは，債権者は債務者に対する本案の債務名義に基づき，その登記がされた後に建物を譲り受けた者に対し，建物の収去およびその敷地の明渡しの強制執行をすることができる（民保64条）。(a)の仮処分と区別するため，仮処分命令および登記には，被保全権利が建物収去土地明渡請求権であることが記載される（民保規22条3項）。

(3)　占有移転禁止の仮処分の場合　この仮処分の執行後に目的物の占有を取得した第三者に対して，債権者は，債務者に対する本案の勝訴判決を債務名義として，目的物の引渡し・明渡しの強制執行をすることができる（民保62条1項本文）。強制執行をするにあたっては，第三者に対する承継執行文（民執27条2項）を受けなければならない。

ここでいう第三者には，①仮処分執行後に債務者の占有を承継した者（承継占有者）と，②仮処分執行後に承継によらずに占有を取得した者（非承継占有者）とがある。善意の承継占有者には，悪意占有者の場合と同様の効力が認められる（民保62条1項2号）。ただし，承継占有者が実体法上債権者に対抗できる権原を有している場合（例，民192条）には，それを執行文の付与に対する異議の申立てにおいて主張することにより，強制執行を排除することができる（民保63条）。非承継占有者に対しては，悪意である場合に限り当事者恒定効が及ぶ（民保62条1項1号）が，仮処分執行後に占有を取得した者には悪意の推定がなされていることから（民保62条2項），善意であるのは例外的な場合に限定される。善意の非承継占有者であることは執行文の付与に対する異議の申立てにおいて主張することができる（民保63条）。

(4)　法人役員の職務執行停止・代行者選任の仮処分の場合　職務執行停止・代行者選任の仮処分の効力は仮処分命令自体によって形成的に生じる。それにもかかわらず，登記の嘱託を執行方法としているのはこの仮処分の効力が第三者に対しても及び，しかも仮処分命令に違反してなされた行為が絶対的に無効と解されていることにある。

第2章　民事執行法総説

Ⅰ　序　　説

総説　民事執行法には，強制執行，担保権実行としての競売，形式的競売（民法・商法その他の法律の規定による換価のための競売），そして債務者の財産開示の四つの手続が規定されている（民執1条）。形式的競売を除いてはいずれも対立する二当事者の間に存在する権利・請求権について，その実現が阻まれている状況にある場合に，国家権力によってその強制的実現をはかるための手続である。

強制執行は，その執行のもととなる権利・請求権の種類によって，金銭の支払いを目的とする金銭執行と，金銭以外のものを目的とする非金銭執行に分けられる。たとえば，AがBに対する訴訟によって勝ち取った1000万円の貸金返還請求権を執行手続によって実現する場合は金銭執行であり，AのBに対する家屋の明渡請求権の実現であれば非金銭執行である。

金銭執行は，執行機関が債務者の財産を差し押さえ，それを金銭に換えて債権者にその金銭を与えること（差押え→換価→満足の三段階）を基本とする直接強制の方法で行われる。非金銭執行はその請求権の内容ごとに異なる執行方法で実現される。たとえば，特定物の引渡しを目的とする請求権の執行は執行機関が債務者から目的物を取り上げて債権者に渡す直接強制のほか，遅延の間に金銭の支払いを命じて引き渡しを促す間接強制の方法を使うこともできる。また，建物の建築や収去などの代替的作為義務の執行であれば第三者にその作為をなすことを授権し，それにかかる費用を債務者に負担させる代替執行という方法がある（→**第2**部第7章参照）。

また，金銭執行は，執行の目的とする債務者の財産によって手続が異なり，

大きく分けて不動産執行，動産執行，債権執行がある（自動車，船舶，建設機械など，民法上は動産と扱われるが，登録の制度があるものについては不動産執行の手続によるため，準不動産執行と呼ばれる）。

本章では，とくに理論的に中心的位置を占める強制執行のうちとくに不動産・動産執行について解説する（債権執行については，→第2部第6章，非金銭執行については，→第2部第7章参照）。

執行をめぐる利害対立状況と執行法の理念　強制執行はすでに債務名義（→本章Ⅱ参照）で公証された権利を実現する手続であるから，さほど問題はなく機械的に進むと考えるかもしれないが，実際はそうではない。執行過程においては，いよいよ債務者の生活空間に国家機関である執行機関が介入してくることからさまざまな状況がありうる。

まず，執行を受ける債務者が，執行の当否を争う場合がある。たとえば，そもそも公正証書の成立過程に問題があって公正証書自体が無効であるとか，債務名義成立後に債務が消滅していることを理由とする場合もある。また，手続法規に違反した執行処分がなされる可能性もあるほか，債務者の責任財産ではない第三者の財産に対して執行がなされることもありうる。

また，債務者所有の不動産に執行する場合が典型例であるが，執行債権者との間で債務を確定する手続においてあらわれなかった抵当権者等の担保権や利用権，占有権をもつ者，同じ不動産を引当てにして債権回収をはかろうとする他の一般債権者などとの関係を考慮する必要が出てくる。さらに，ときにはそれらが執行妨害の様相を呈することもあり，民事執行法の近時の改正の多くは執行妨害に対する対策ともいえる。

このように，執行過程では，債権者と債務者だけで請求権の存否を争う判決手続などの請求権の確定手続にくらべて，さまざまな利害をもった関係者が対峙しあうのが普通である。

これらを考えるうえでの民事執行法の理念としては，つぎのようなものがある。

まず，執行手続は債権者の権利の実現を目的とするのであるから，債権者のためには「迅速かつ効率的な執行」が要請される。他方，執行を受ける債

務者については，たとえ債務の履行がなく債権者を害するからといって，苛酷な執行を許すことは憲法の要請からも許されないし，そもそも理由のない執行を受けるいわれはない。したがって債務者とされる側からは，「適正かつ正当な執行」が要請される。また，今日ではそれだけではなく，執行機関が債権者側の事情と債務者側の事情との双方を衡量して，どのように権利の実現をはかるのが正義にかなうかを個別の事件ごとに判断し，それに従って「最適の執行」を実施するべきであると指摘されている。本書における「救済」概念のように，両当事者自身による関係調整を行う場として執行過程をとらえる立場からは，調整のフォーラムをどちらの当事者の負担で設定すべきかという点が執行過程をみる視点となる。

II 債務名義・執行文と執行の基本構造

総説 国家は自力救済を禁止する代わりに強制執行制度を用意している。債権者は権利の実現を求めるに際して一定の要件を充たした場合には，国家に対して債務者への強制執行を求める権利，すなわち執行請求権を有する。国家が執行を行うにさいしては手続法的にはもちろん，実体法上も正当であることが期待される。

しかしながら，強制執行に際して国家が一つひとつ実体権の存在を確認して執行手続に着手しなければならないとすると，執行には大変な時間とコストがかかる。

そこで，現行の日本の執行制度においては，そのような実体権の存在の確認手続を執行手続から切り離して別の機関に担当させ，その機関が実体権の存在を公証した場合に執行機関はその実体権の存在を疑うことなく執行に専念するということにしている。このように，確認機関が作成した強制執行のもととなる実体権の存在および範囲を公証する文書のことを債務名義という。強制執行を申し立てるにはこの債務名義が必要であり，また，執行機関は債務名義があれば実体権の存在や内容を審理せずに執行に着手しなければならない。

ところで，債務名義上の表示と実際の実体的状態がくいちがう，つまり，債務名義上の請求権が当初から存在しない，あるいは事後的に弁済等によって消滅していることもありうる。このような債務名義による執行は，実体的には不当である「不当執行」であるが，債務名義が有効に存在している限り，執行機関は執行することができるので手続的な違法はない（手続的に違法な執行のことを「違法執行」と呼び，執行異議など簡易な救済手続が用意されている）。

不当執行の場合，執行の不当を主張する債務者が，請求異議の訴えという判決手続によって執行の不許を求め，その勝訴判決（反対名義）を執行機関に提出することによってのみ執行を取り消すことができる（不服申立手続については，→第*2*部第**8**章参照）。この反対名義が提出されるまでは，執行機関はその執行を正当なものとして進める。

このように，執行の迅速性と正当性のかねあいは，この実体権の確認機関と執行機関の分離，および債務名義と反対名義の作成・提出責任によって調整されているのである。

債務名義の種類　債務名義となるのは，民事執行法22条に掲げられているものに限られる。

(1) 確定判決（民執22条1号）　終局判決のうち給付を内容とする判決で，確定したもの。

(2) 仮執行宣言付判決（同条2号）　仮執行宣言（民訴259条以下）が付された判決は，まだ上訴審で覆される可能性があるものだが，これによる執行は，他の債務名義と同様に執行の最終段階である満足段階まで行われる。上訴審で判決が取消し・変更されると，債権者は執行によって得た財産を債務者に返還し，また，執行によって生じた損害を債務者に賠償しなければならない。

(3) 抗告によらなければ不服を申し立てることができない裁判（民執22条3号）　債務者に給付を命ずる決定・命令は債務名義となる。たとえば，民事執行法における不動産等の保全処分や引渡命令（民執55条・77条・83条など）がこれにあたる。決定・命令は告知によってその効力を生じるが（民

訴119条)，確定しなければ効力を生じないとされている裁判 (民執83条5項など) の場合には，確定したものに限り債務名義となる。

(4) 仮執行宣言付支払督促 (民訴22条4号)　督促手続 (民訴382条以下) において書記官が発した支払督促に対して，送達後2週間以内に債務者が督促異議を申し立てないときには，債権者は仮執行宣言を申し立てることができる。仮執行宣言が付されると支払督促は債務名義となる。この場合も，手続は執行の最終段階である満足段階まで進行する。

(5) 訴訟費用額・執行費用額などを定める書記官の処分 (民執22条4号の2)　旧民事訴訟法においては費用の負担額は裁判所が確定するものとされていたが，現在は裁判所書記官が定め (民訴71条1項・民執14条1項)，本号により債務名義となる。なお，訴訟費用は告知により効力を生ずるが (民訴71条3項)，執行費用については確定しなければ効力を生じない (民執14条3項)。

(6) 執行証書 (民執22条5号)　執行証書とは債権者債務者双方が公証役場に出頭し公証人に作成してもらう公正証書のうち，以下でみる要件を充たしているものをいう。執行証書は作成方法が簡便なものであるがゆえに，取引において多く利用されている。他面，他の債務名義と異なり，紛争の発生以前に将来の紛争の予防のために作成されることから，作成時の代理関係などその存立自体が問題とされることが多い。

執行証書の要件としては，①公証人が作成したこと，②一定金額の支払いまたは他の代替物もしくは有価証券の一定数量の給付を目的とする請求の表示があること，③債務者が直ちに (訴訟等の裁判手続を経ずすぐに，という意味) 強制執行に服する旨の陳述が記載されていることである。

(7) 確定した執行判決のある外国裁判所の判決 (民執22条6号)　外国裁判所の判決は，国内の裁判所で日本の民事訴訟法上の一定の要件 (民訴118条) を充たしていることが判決手続によって認められた場合に (＝執行判決。民執24条) 債務名義となる。

(8) 確定した執行決定のある仲裁判断 (民執22条6号の2)　仲裁合意に基づいて仲裁人が下す仲裁判断は，当事者間において確定判決と同一の効力

を有する（仲裁法45条1項）。しかし仲裁判断には，判断取消事由が広範に認められていることから，あらかじめこれらの取消事由がないことを確かめたうえで（執行決定。仲裁46条），強制執行を許すこととされている。

(9) **確定判決と同一の効力を有するもの（民執22条7号）**　裁判上の和解調書（民訴267条・275条），請求の認諾調書（民訴267条），家事調停調書（家審21条）など，法律に「確定判決と同一の効力を有する」とされているもので，強制執行に親しむ請求権を表示するものは，本号により債務名義となる。また，民事調停における調停調書（民調16条・31条）は「裁判上の和解と同一の効力を有」し，和解は「確定判決と同一の効力を有する」ことから本号により債務名義となる。

(10) そのほか，家事審判（家審15条）や過料についての裁判官の執行命令（民調36条），過料についての検察官の執行命令（民訴189条）など，「執行力ある債務名義と同一の効力を有する」と規定されている文書がある。

執行文　以上のような債務名義の存在は強制執行の根幹であるが，執行の開始にあたってその債務名義が債務名義としての要件を備えているか（たとえば判決が確定しているか），また，債務名義としての効力を失っていないか（たとえば上訴審で取り消されていないか）など，執行力の現存を調査・公証させたうえで，執行機関が強制執行に着手するという仕組みにより迅速性を確保している。

このように，債務名義の執行力の現存を公証する文書を執行文（とくに後にみる特殊執行文に対比して，単純執行文）といい，強制執行は，執行文の付された債務名義の正本に基づいて実施される（民執25条）。具体的には債務名義の末尾に「債権者は債務者に対し，この債務名義により強制執行をすることができる」といったかたちで付与される。

この執行文の付与は，執行機関に行わせると執行の迅速性を阻害するため別の機関で行われる。すなわち，債務名義が執行証書である場合には，その原本を保存する公証人が，また，それ以外の債務名義については事件の記録の存する裁判所の裁判所書記官が付与機関である（民執26条1項）。

執行文の種類としては，債務名義の執行力をそのまま公証する単純執行文

（つまり執行力の範囲についても執行当事者の範囲についての変更がない場合）と，債務名義の内容である請求権が債権者の証明すべき事実の到来に係る場合において，その事実の到来が証明され執行力が発生したことを証する補充執行文（民執27条1項。条件成就執行文とも呼ばれる），債務名義に表示された当事者以外の者を債権者または債務者とする執行において用いられる承継執行文（民執27条2項），平成15（2003）年改正によって新設された相手方不特定の執行文がある。以下，単純執行文以外の執行文（特殊執行文と総称される）をみてみよう。

(1) **補充執行文（条件成就執行文）**　債務名義上に「甲は乙に対し，平成○年○月○日までに移転料として金○○円を支払うこと，乙は甲に対し，右の金員を受けたときから○日以内に本件建物を明け渡すこと」（つまり甲の移転料の支払いは，乙の明渡義務の停止条件となっている）というような形で示されている場合である。和解調書や調停調書に多い。このような停止条件の成就や不確定期限の到来は債権者が証明責任を負う事実であるから，債権者はこれを証する文書を執行文付与機関に提出し，執行文の付与を受けることになる*（民執27条1項。文書の提出ができない場合には，執行文付与の訴え（民執33条）→第2部第8章Ⅲ2参照。なお，確定期限の場合は強制執行開始要件については，→本章Ⅲ参照）。

> *　**失権約款（過怠約款）の場合**　「乙は甲に対し，割賦金の支払いを1回でも怠るときは，期限の利益を失い即時に残債務額を支払うこと」といった条項が債務名義に記載されている場合があるが，このような場合の「割賦金の支払いの過怠」は債権者の証明責任事項ではなく，「割賦金の支払いの過怠がないこと」について債務者が証明責任を負うと考えられている。そうであるとすれば債権者は支払いの過怠を証明せずに執行文の付与を受け執行申立てができ，債務者が請求異議の訴えを提起して支払いの証明をせねばならないことになる。仮に債務者がきちんとその支払いをしていると想定すると，債務者は不意に強制執行を受け，自分のイニシアティヴで訴訟を提起する負担を負うことになり，誠実な債務者には酷な事態となることが予測される。
> そこで，この支払いの過怠を債権者に証明させるべきであるという見解がある。この立場は，執行文付与手続のように債権者にのみ証明の機会が与えられ債務者にその機会が与えられない手続において，証明責任の原則を持ち出して債務者の証明責任を負う事項については証明を要しないというのは不当であると主張する。しかし他方で

債権者に割賦金の支払いの過怠を証明させることはその証明が非常に困難であることを考えると（ある事実が「ないこと」を証明するのはきわめて困難であろう）行き過ぎという感も否めない。これらの点を鑑みて，民事執行法174条3項の類推を認め，執行文付与の申立てを受けた付与機関は，債務者に対し一定期間を定めて支払いを証明する文書の提出を催告し，債務者がその期間内にその文書を提出しない場合などに限り，執行文を付すべきとする見解が有力である。

(2) **承継執行文**　民事執行法は，債務名義成立後の執行当事者の変更を明確にするため，強制執行をすることができる当事者の範囲を法定している（民執23条）。すなわち執行証書以外の債務名義については債務名義に表示された当事者が第三者のために訴訟担当をした場合の利益帰属主体，債務名義成立後の承継人，当事者等のために請求の目的物を所持する者，執行証書については証書作成後の承継人である。

これらの者について承継の事実あるいは訴訟担当の事実が執行文付与機関に明白であるか，債権者がこれを証する文書を提出してきたときに，その者のためにまたはその者に対して執行文を付与する（民執27条2項。明白でなく，文書の提出ができない場合には，執行文付与の訴え）。

> **＊＊　債務者側の承継があった場合の承継執行文**　承継執行文の制度はそもそも債権者が承継人に対して起こす給付の訴えに代わって認められたものである。つまり承継が生じるたびに債権者がその承継人を相手取って給付の訴えを提起することは，債権者に酷であるという理由から執行文にそれに代わる機能が期待されることとなったのである。ただ，執行文の付与機関は裁判官ではなく，書記官・公証人であるため，執行文付与の要件の立証も付与機関に明白である場合か，債権者が文書で証明した場合という制限が付けられている。しかも付与手続は債権者の言い分だけを聞いて，承継人の言い分を聞くようにはなっていない。そこでたとえば動産引渡請求権の強制執行において，承継人が目的物を即時取得（民192条）した事実など，承継人が主張・証明責任を負うような事実をどのように取り扱うか——債権者はこれらの事実の不存在を主張・立証する必要はなく執行文付与を受けることができるか，あるいは債権者に主張・立証させるべきか——が問題となっている。民事執行法174条3項の類推によって承継人に一定期間を与え主張立証の機会を与えるべきという有力な見解もあるが，執行文については不服申立手続が充実していることを考えると（執行文付与をめぐる不服申立手続については，→第**2**部第**8**章参照），いったん執行文を付与し，それに不服がある承継人に異議ないし訴えを提起させることも妥当と考えられよう。執行文付与によって起訴責任転換を認めることがこれまでの当事者の関係および今後の関係

において衡平といえるかどうかが問題となる。

(3) 相手方不特定の執行文　　不動産の引渡し・明渡しを求める執行では，不動産を現実に占有する者を相手方としなければならない。そのため，債務名義成立後に占有者が変更した場合には，新占有者を承継執行文に表示することになる。しかしながら昨今では，占有を次々に交代するという形での執行妨害が散見され，このような事態に対処するため，債権者には占有移転禁止の仮処分（民保25条の2）や執行法上の保全処分（民執55条の2・77条の2・187条）が認められている。これらの保全処分が執行された場合には，その後に不動産を占有した者に対しても，不動産引渡しの強制執行が可能である（民執83条の2・187条5項）。ただしこの場合においても不動産占有者の氏名・住所を明らかにしなければならないが，執行文付与段階でそれが困難なときに「執行時の占有者」という程度の記載で承継執行文の付与が許される（民執27条3項1号・2号）。この執行文による強制執行は，不動産の明渡執行のときも，不動産引渡命令に基づく執行の場合でも，執行文が申立人に付与されてから4週間を経過する前に執行に着手し，占有を解く際に占有者の特定ができる場合に限り許される（民執27条4項）。

執行機関　　民事執行を担当する国家機関を執行機関といい，民事執行法においては「執行官」と「執行裁判所」が，それぞれその特色をいかして執行機関となる二元的構成をとっている（民執2条・3条）*。すなわち，複雑な権利関係につき高度の法律的判断を必要とする観念的執行処分を主とする執行（不動産執行や債権その他の執行，目的物を第三者が占有している場合の引渡請求権の執行，作為・不作為請求権の執行，財産開示手続など）については執行裁判所が担当し，現実的執行処分を主とする執行（動産執行，物の引渡し・明渡しを求める請求権の執行）については，機動性にとみ随所に臨場して実力行使をする執行官が担当する。このように分担することによって，執行の実効性・迅速性を確保しようとするものであるが，このような構成では同一債務者に対する同一債権に基づく執行が重複することもあり，相互の調整も困難であるため，債務者に必要以上に過酷な経済的・精神的打撃を与えるおそれもある。このような調整が可能な執行機関の構成としては，一つ

の機関がすべてを担当する一元的構成があるが，今度は執行の迅速性が追求できないという短所がある。

なお，両者の職分管轄は専属的であり，それぞれは独立した機関であって，主従関係にあるわけではない。

* **執行機関としての書記官** 平成16年改正において新設された少額訴訟債権執行においては，民執2条にかかわらず，裁判所書記官が行うとされた（民執167条の2）。

(1) **執行裁判所** 執行裁判所は，原則として地方裁判所である（裁25条・26条1項）。ただ例外的に，代替執行や間接強制などについては債務名義の区分に応じて管轄が決まるので，和解や調停が簡易裁判所や家庭裁判所で成立した場合にはその裁判所が執行裁判所となる（民執171条2項・172条6項。上訴審で和解が成立した場合には，第1審裁判所が執行裁判所となる）。

執行裁判所が行う執行手続は，強制競売開始決定，差押命令，転付命令など原則として裁判の形で行われる。口頭弁論を経る必要はなく（民執4条。裁判の形式は決定），判断資料を必要とする場合には，当事者のみならず利害関係人その他参考人の審尋が認められており（民執5条），とくに債務者以外の占有者に引渡命令を出す場合のように審尋が必要的である場合がある（民執83条3項）。他方，執行の実効性を確保するため審尋が禁止されている場合もある（民執161条2項・171条3項など）。執行裁判所（執行官も同様）は民事執行のために必要がある場合には，官庁または公署に対し必要な援助請求ができ，土地が執行の目的財産である場合には，その土地だけではなくその上の建物についての（逆も同様）租税・公課について，所管の官庁または公署に対し，必要な証明書の交付請求ができる。迅速な現況調査等を可能とするための方策である。

そのほか，執行裁判所は執行官の行う執行処分の補助・監督を行う。たとえば執行官が休日・夜間に執行をする場合の許可（民執8条1項）や，動産執行における差押禁止動産の範囲変更（民執132条）などがある。

執行裁判所の裁判に対する不服申立手段としては，執行異議，執行抗告がある（→第**2**部第**8**章参照）。

(2) **執行官** 執行官は，各地方裁判所におかれ，裁判の執行・裁判所の

発する文書の送達その他の事務を行う独立かつ単独性の司法機関である（裁62条）。執行過程における職分としては，執行機関として執行処分を行う場合（動産に対する金銭執行や物の引渡し・明渡し〔第三者が占有している場合を除く〕を求める請求権の強制執行を行う）や，執行裁判所が執行機関として行う執行手続に関連して執行官が権限をもつ場合（不動産執行における現況調査・内覧・売却，債権執行における債権証書の取上げなど）がある。

　執行官は自己の責任と判断においてその権限を行使するが，執行処分にさいして執行裁判所の許可を要する場合もある。執行官の執行処分およびその遅滞に対しては，執行異議（民執10条）を申し立てることができ，その場合には執行裁判所が審理判断する。執行官の行為がその職務履行にさいして注意義務に違反し損害を与えた場合には，国家賠償の対象となる（ただし，注意義務の内容に関しては職務内容ともかかわる。現況調査については，最判平9・7・15民集51巻6号2645頁〔民執保全百選30事件〕）。

　執行官の執行処分においては，多くの場合，債務者等の現実の生活関係に直接かつ強制的に介入する。そのため，さまざまな形での債務者の抵抗を受けることがある。そこで，執行官の職務執行においては，債務者あるいは第三者による抵抗を排除するための実力行使が認められ，また，警察上の援助を求めることができる（民執6条1項。ただし，同64条の2第5項に基づく執行〔内覧実施〕の場合を除く）。たとえば，明渡執行の場合の座り込みのような抵抗の場合には，その者に手をかけて連れ出すなどの措置をとることが可能だろうが，寝たきりの病人がいて動かすと病状が悪化し生命に危険を及ぼすような場合には執行は難しいと考えられる。

　なお，執行官が人の住居に立ち入って職務執行する場合にその住居主などに出会わないときには，市町村の職員，警察官その他証人として相当と認められる者の立会が要求される（民執7条）。職務の適正を担保し，後日の証拠を残しておくためである。また，住居の平穏を保護するために，休日または夜間の執行を行うためには執行裁判所の許可を必要とする（民執8条。なお，職務執行にさいしては身分証明書等を携帯する。同9条）。

Ⅲ　強制執行の開始要件

　強制執行は，執行文の付された債務名義の正本（執行正本）に基づいて実施する。ただし，少額訴訟判決や仮執行宣言付支払督促を債務名義とする執行の場合には単純執行文の付与は要しない（民執25条）。

　強制執行の開始のためには，債務名義および執行文のほか，以下の要件を充たす必要がある。

　執行正本等の送達　　執行を開始するためには債務名義，または確定することによって債務名義となる裁判の正本または謄本が，あらかじめ，または同時に，債務者に送達されていなければならない（民執29条前段）。また，民執法27条の規定により条件成就執行文や承継執行文が付与された場合には，そのさいに債権者が提出した文書の謄本があらかじめ，または同時に債務者に送達されなければならない（民執29条後段）。

　いずれも，債務者に強制執行の根拠や，条件成就，承継等の事実が認定されて執行文が付与されたことおよびその根拠となった資料を知らせ，防御の手段を講ずる機会を保障するためである。この送達なしに執行が開始された場合には，債務者は執行異議を申し立て，執行の取消しを求めることができる。

　期限の到来・担保提供の証明　　請求が確定期限の到来にかかるとき，その期限の到来したことの認定は執行機関によってなされる（民執30条1項）。これに対して不確定期限の到来については，執行文付与の場面で裁判所書記官あるいは公証人の判断に委ねられる。確定期限の到来については判断が容易であるため執行機関に認定を委ねているのである。

　また，担保提供が執行実施の条件となっている債務名義（典型的には担保を供することを条件として仮執行をすることを許す判決）については，その担保を提供することが執行開始の要件となる。担保提供の方法は法によって定型化されているため（民執15条），担保提供の有無の判断は容易であり，さらにその証明を文書に限ることによって執行の開始要件としたものである（民

執30条)。

反対給付の履行・他の給付の不履行　債務名義上「債権者が100万円支払うのと引換えに，別紙目録記載の建物を明け渡せ」というように，債務者の給付が反対給付と引換えにすべきものである場合においては，強制執行は債権者が反対給付またはその提供のあったことを証明したときに限り，開始することができる（民執31条1項）。このような場合債務者が反対給付の受領を拒否する場合もあるため，履行提供を債権者が証明すれば執行開始の要件を具備することとしたのである。また，この債権者の給付は債務者の給付と引換えであるため，執行文付与段階ではなく，執行開始の段階で執行機関に証明することになる。執行文付与段階で給付を行わねばならないのであれば，引換給付ではなく先給付を強いられる形となるからである。

「乙は甲に対し，○○を引き渡せ。その執行が目的を達しないときには，これに代えて100万円を支払え」という債務名義の場合，本来的請求の執行不能が代償請求を認めるための条件となる。執行不能は執行記録において明らかであり，執行機関に容易に判断できることから執行開始の要件とされている。

執行開始の消極要件　執行開始の要件が具備されていても，一定の事由が存在するために執行の開始や続行ができない場合がある。そのような事由を執行障害と呼ぶ。たとえば債務者の破産，民事再生の開始等があった場合には，強制執行を開始または続行することができない。[*][**]

* **執行債権の差押え**　執行債権者のもつ執行債権が差し押さえられたとき，その債権に基づく執行ができるかについては争いがある。差押えによる取立て・弁済禁止効は，現実の取立ておよび満足を禁止するものにとどまるから，執行障害には該当しないと考えられよう。また，執行停止を命じる文書の提出（民執39条）を執行障害とする考え方もあるが，執行停止の態様の一つとして執行開始が妨げられるにすぎないので執行障害とはいえないであろう。
** **執行制限契約**　債権者と債務者の間で，特定の債務名義については執行しない，一定の時期までは執行しない，あるいは特定の財産については執行しないといった合意が成立することがある（執行制限契約）。このような合意の法的性質については古くから争いがある。問題はこのような契約が締結されたにもかかわらず，債権者がそれに反して執行を申し立てたとき，あるいは執行申立てを取り下げない場合に債務者

はどのような救済手段をとりうるかということである。債務者は債権者に対し債務不履行による損害賠償請求をすることが可能であろうし、執行制限契約を表示する書面が執行停止文書にあたるときは執行異議を申し立てることができよう。

Ⅳ 執行の停止と取消し

意 義 　執行機関は、執行開始の要件が具備されていると執行を開始しなければならず、いったん手続が開始されたならば、手続は執行機関が職権によって進めていく。とくに民事執行の手続においては、執行の正当性・適正性の要請と迅速性・効率性の要請のバランスをとるため、正当性・適正性の判断を執行機関とは別個の機関に委ねている。このため執行機関が執行の当否を判断して自ら執行の停止・取消しを行うことはない。執行開始後に債務名義の執行力に変動がある場合も、執行機関は自らこれを調査する権限を有しない。

つまり執行機関が執行を停止・取消ししなければならないのは、判断機関による執行を停止する、または取り消す旨の判断結果など法定の文書（債務名義に対して反対名義と呼ばれる）を債務者が執行機関に提出した場合のみである（民執39条・40条）。

取消文書と停止文書 　その文書の提出によって執行機関がすでに行った執行処分の取消しをしなければならないものを、執行取消文書という。債務名義もしくは仮執行宣言を取り消す旨または強制執行を許さない旨を記載した執行力ある裁判の正本（民執39条1号。たとえば債務名義が判決であるときに、上訴・再審などによって取り消された場合や、請求異議の訴えや執行文付与に対する異議の訴えによって強制執行を許さないとされた場合などがこれにあたる）、債務名義である和解、認諾、調停または労働審判の効力がないことを宣言する確定判決の正本（同2号。和解無効確認の訴えの請求認容判決などがこれにあたる）、訴えの取下げ等により債務名義が効力を失ったことを証する調書など（同3号）、不執行の合意がなされている和解・調停調書や労働審判書・労働審判調書（同4号）、強制執行免脱担保を供した

ことを証明する文書（同5号。仮執行宣言付判決に仮執行免脱宣言が付されている場合にその担保を供したことを証明する文書），執行の停止および執行処分の取消しを命ずる裁判の正本（同6号。請求異議の訴えなどが提起されたときになされる仮の処分など。民執36条）が，取消文書である（民執40条1項）。

また，執行が停止されるにすぎない文書を執行停止文書という。執行の一時停止を命ずる旨を記載した裁判の正本（民執39条7号。6号と同様，請求異議の訴えなどが提起されたときになされる仮の処分だが，停止だけが命じられている場合。実務上最もその例が多い），債権者が債務名義成立後に弁済を受け，または弁済の猶予を承諾した旨を記載した文書（同8号。弁済受領の場合，債務者は請求異議の訴えを起こして執行の不許を求めるのが本筋であり，それまでの時間的余裕を与えるために一時的に執行を停止する）が停止文書である。

なお，弁済受領文書による執行の停止は4週間に限られ，また弁済猶予文書による停止も2回に限りかつ通じて6か月を超えることはできない（民執39条2項・3項）。これは，債権者が停止と続行を反復することで債務者に圧力をかけつつ独占的に分割弁済を得る手段として執行手続が利用されることを防ぐためである。

第**3**章　執行の着手

I　執行の開始——差押え

　金銭債権の満足を目的とする強制執行（金銭執行）は，差押えによって開始し，換価，満足へとすすむ。つまり差押えは執行の着手を意味する。その後，執行機関は執行の対象物である債務者の財産を換価し，その対価を債権者に渡す（債権者が複数の場合は配当する）ことにより，あたかも債務者が任意に履行したのと同じ状態を作り出す。この手続の流れは執行の対象とされる債務者の財産が何か——不動産か，船舶か，動産か，債権か——によってかわらない。[＊]

　差押えはこの金銭執行の第一段階として，執行機関が債務者に対して目的物の処分を禁止し，その処分権を奪うことに意義がある。当然，債務者や他の関係者の法律行為に大きな影響を与えるので，いかなる財産が差し押さえられたかは公示される。

　　＊　**財産開示手続の創設**　　個別執行である民事執行手続においては，債務者のどの財産を執行の目的とするかは，執行を申し立てるさいに債権者が任意に選ぶことになる。不動産や動産など目に見えるものは比較的その発見が容易であり執行の申立てにおいても特定しやすいが（動産執行の場合は動産の所在場所の特定で足り，個別的特定を要しない），債務者の債権やその他の財産権など目に見えないものについて執行を可能にするほど特定するのは難しい（原則として第三債務者や被差押債権の種類・額などを明らかにする必要がある）。そのため，債権者が債務者の財産に関して十分な情報を有しない場合には，たとえ債務名義を得たとしても執行を申し立てること自体が難しい。そこで平成15（2003）年改正では，一定の要件のもとに債務者に自己の財産について陳述させる財産開示手続を創設した（民執196条以下）。

Ⅱ　差押えの方法

　差押えの方法は，執行の目的物によって異なる。ここでは主に不動産および動産の差押えについて説明する（債権その他の財産権に対する執行については，→第2部第6章参照）。

外観主義と第三者異議の訴え　差押えの対象となるのは，執行開始時に債務者に属する財産である。これを責任財産という。しかし差押えにあたって，執行機関が当該財産が本当に債務者の責任財産かどうかをいちいち調査・判断することは，手続の迅速性の要請から好ましくない。また，責任財産かどうかという実体関係にかかわる問題について，決定手続を原則とする執行法上の手続によって判断すべきでもない。

　そこで執行制度としては，差押えにあたっては，債務者の財産であるという一定の外観を備えていれば，執行機関が責任財産かどうかを調査判断することなく差し押さえるという外観主義の立場をとっている。つまり，不動産であれば債権者が提出した登記事項証明書などがあれば差し押さえてよいし，動産であれば債務者が占有する物や，債務者の財産として債権者が占有する物，あるいは第三者が占有するが任意に提出する物は差し押さえることができる。

　このため，第三者の所有物が差し押さえられるという不当執行が生じる可能性は否定しがたく，たまたま債務者に貸与していた第三者の動産が差し押さえられるなどの事態が生じる。しかしこのような執行は，執行法上は適法である。そのため差し押さえられた財産が債務者の責任財産ではなく不当な執行であると主張する者には，債権者に対してその執行の排除を求める第三者異議の訴え（民執38条）という救済手段が与えられ，判決手続において当該財産の帰属を争うことになる。このように，執行法は外観主義と第三者異議の訴えをあわせて，差押段階における迅速性の要請と正当性の要請の調整をはかっている。

不動産の差押え　(1) 執行方法・管轄　不動産に対する強制執行には，差し押さえた不動産を売却してその代金を債権の満足にあてる強制競売と，差し押さえた不動産を管理してそこから得られる収益をもって債権の満足にあてる強制管理の二種類があり，債権者はいずれを選んでもよく，また併用してもよい（民執43条1項）。

不動産には，担保権や用益権が付着していることが多く，利害関係人も多いと考えられ，執行にあたって判断や調整の難しい法律問題を生じることが予想される。そこで，原則として不動産所在地を管轄する地方裁判所が執行裁判所となる**（民執44条1項）。

* **強制管理**　強制管理は，執行の対象となる債務者の責任財産に属する不動産が貸ビル，貸マンションのように収益性の高いものである場合，あるいは売却しても優先する抵当権者に弁済すれば剰余のない場合などに利用される。強制管理は収益執行であるから，債務者が収益権を有しない場合や，収益を生じる見込みのない不動産に対しての申立ては許されない（札幌高決昭57・12・7判タ486号92頁〔民執保全百選52事件〕）。

　強制管理の申立書には，収益の給付義務を負う第三者を表示し，給付義務の内容を記載しなければならない（民執63条）。強制管理の申立てを認めるときは，執行裁判所は強制管理決定をし，そこにおいて債権者のために差し押える旨を宣言するとともに，債務者に対して収益の処分を禁止し，収益の給付義務を負う第三者に対しては収益を管理人に給付すべき旨を命じる（民執93条1項）。

　管理人は執行裁判所によって選任され，執行裁判所の補助機関として収益を受け取る（民執95条1項）。配当は執行裁判所の定める期間ごとに行われる。

　債務者の居住建物について強制管理が開始されたときは，債務者が他に居住すべき場所を得ることができない場合にはその建物の使用を許すことができるし（民執97条），強制管理によって債務者の生活手段が奪われるようであれば，執行裁判所は管理人に収益の一部を債務者に分与することを命じる（民執98条）。

** **船舶・航空機等の差押え**　船舶・航空機・自動車および建設機械は民法上は動産とされるが（民86条2項），登記・登録制度が備わっていることから，執行法上は不動産に準じて扱われ，執行方法は強制競売に限られる（民執112条）。

　対象となる船舶は，総トン数20トン以上のもので，登記のなされているものである。20トン未満の船や，建造中の船舶（登記されていない）は動産執行の対象となる。また発航の準備を終えた船舶に対しては，原則として差押えをすることができない（商689条）。

　執行裁判所は強制競売開始決定時に船舶の所在地を管轄する地方裁判所である（民

執113条)。執行裁判所は強制競売の申立てを認めるときは,差押宣言をなし,債務者への送達,登記の嘱託をするほか,債務者に対して出航を禁止しかつ執行官に対し「船舶国籍証書」を取り上げて裁判所に提出するように命じる(民執114条)。

航空機・自動車・建設機械の差押えも,船舶に準じて行われるが,その性質によって差異がある(民執規84条・86条・98条)。

(2) **申立て** 強制競売,強制管理とも債権者の書面による申立てによって開始する。強制競売の申立てには,債権者,債務者,債務名義および対象不動産を表示した申立書のほか,執行正本,対象不動産の登記事項証明書,公課証明などの書面を添付して執行裁判所に提出しなければならない(民執規23条)。不動産執行の場合には超過差押えの禁止規定は存在しないので(→第2部第3章Ⅲ参照),不動産価額に比して少額な債権に基づいて競売を求めることも可能である。

(3) **開始決定** 執行裁判所は適法な強制競売の申立てがあったときは,強制競売の開始決定をし,その開始決定において債権者のために不動産を差し押さえる旨を宣言しなければならない(差押宣言。民執45条1項)。開始決定は債務者に送達され(同条2項),申立債権者に告知される。差押えの効力は,債務者への送達時か登記時のいずれか早いほうに生じるが(民執46条),実務では登記後に送達をするようである。

執行申立てを却下する裁判に対しては執行抗告をすることができるが(民執45条3項),開始決定に対しては執行異議が可能である。

開始決定に付随する処分として,裁判所書記官は差押えの登記の嘱託をし(民執48条),配当要求の終期を定めてこれを公告する(民執49条1項・2項)。また,配当要求をしなくとも配当を受けることができる仮差押債権者・担保権者・租税庁などには,債権の存否,額,原因について債権届出の催告がなされ(民執49条2項),催告を受けた者は届出をする義務を負う(民執50条)。これらの者に手続参加の機会を与えるとともに,債権額を把握して無剰余の判断の参考にするためであり,故意過失により届出を怠ったり,不実の届出をした場合には,それによって生じた損害を賠償する責任を負う。なお,裁判所書記官は,とくに必要があると認めるときは配当要求の終期を延長する

ことができるし，それをした場合は公告しなければならない。

これらの書記官の処分については，執行裁判所に異議を申し立てることができる。

強制開始決定のあった不動産に，他の債権者からさらに競売申立てがなされた場合には，重ねて開始決定，差押宣言をなし，その登記をする（民執47条1項）。これを二重開始決定という。先行する手続の取消しや執行申立ての取下げがあった場合にも，二重開始決定があれば，その決定に従って手続が当然に続行されることになる（民執47条2項）。ここに配当要求とは異なるメリットがある。

動産の差押え (1) 動産執行の対象　動産執行の対象となるのは，土地およびその定着物以外の有体物（民86条2項。上述の船舶・航空機等を除く）のほか，土地の定着物で登記できない物（庭木，庭石，石灯籠，建築中の建物，ガソリンスタンドの地上給油設備など），土地から分離する前の天然果実で1か月以内の収穫が確実な物（収穫期には固有の取引価値が備わるため分離前でも動産と扱う），有価証券（商品券などの無記名証券，手形，小切手，貨物引換証などの指図証券で裏書きを禁ずる旨の記載のないものなど）などである（民執122条1項）。

(2) 差押えの方法　動産執行の申立ては，債権者が動産所在地の執行官に対して行う。そのさい，動産の所在場所を特定することで足り，動産の個別的特定は不要である。執行官は適法な申立てがあれば，速やかに差押えの日時を定め，それを申立人に通知し，その日時に申立書記載の場所に臨む。そこに債務者がいる場合には，執行官は債務者に執行債権および執行費用の弁済を催告し，その弁済があればそれを受領する（民執122条2項）。

執行官は，差押えにさいしては，債務者の占有または債権者・第三者の提出という外観に基づいて着手する。債務者の住居内にある家財道具などの占有関係はしばしば問題となるが，債務者が夫である場合，鏡台，女物の衣類，装身具や子供の学習机など，債務者以外の家族の占有と考えられる品をのぞいて，家族の共同使用品にも債務者の単独占有を認めて差押えを行うのが実情とされる。共同占有とみて差押えを否定すると，動産執行が不毛に帰すた

めであるが，差押え後も債務者に保管・使用させる措置をとり，また，できるだけ換価を控えて和解的執行を試みるなどの運用上の工夫が期待されている*。

　執行官は，動産に対して債務者の占有を排除し，自らそれを占有して差押えを行う（民執123条1項）。このとき，執行官は強制的に債務者の住居に立ち入り，対象となる動産を捜索し，必要があれば閉鎖された戸や容器を開くための処分ができる（同2項）。債務者の抵抗を受けるときは威力を用い，警察上の援助を求めることもできる（民執6条）。どの動産を差し押さえるかは執行官の裁量に属するが，債権者の利益を害さない限り，債務者の利益を考慮すべきものとされている（民執規100条）。

　このようにして差し押さえた物の保管は執行官が行うのが本筋であるが，保管にも費用がかかるなどの事情から，相当と認めるときは（現金，有価証券などの費消されやすい財産を除けば債務者に保管・使用を許すのが通例である），差押債権者や，第三者・債務者に保管させることができる（民執規104条1項，民執123条3項・4項）。この場合は封印等によって差押えの表示をし，かつ，差押物の処分・表示の損壊等に対する法律上の制裁を保管者に告げる（民執規104条2項・3項）。

　動産の差押えでは，二重差押えは許されず（民執125条1項），他の債権者から重ねて差押えの申立てがあったときには，執行官はまだ差し押さえていない動産を探索し差し押さえ，あらたな差押物がないときはその旨を明らかにしたうえで，先行する事件と併合する（同条2項）。**手続が併合されたときは，後の事件で追加差押えされた動産は先の事件で差し押さえられたものとみなされる（同条3項）。***

　　＊　**第三者が提出を拒む場合**　債務者の動産を第三者が所持する場合には，第三者が提出を拒まないときにのみ差押えが可能である（民執124条）。第三者が提出を拒む場合には，債務者が第三者に対して有する返還・引渡請求権を差し押さえるという債権執行の方法によるしかない（民執163条）。
　　　また，差押え後に第三者が差押物を占有することになった場合には，差押債権者の申立てにより，執行裁判所は第三者に対して差押物を執行官に引き渡すべき旨を命じる（民執127条1項）。この申立ては差押物の第三者占有を知った日から1週間以内に

しなければならない（同2項）。差押えの表示が有効になされていれば，第三者は即時取得を主張することはできないが，その他の理由がある場合には，差押物引渡命令の裁判に対して執行抗告をすることができる。差押物引渡命令は債務名義としての効力が認められ執行が可能であるが，決定が債権者に告知された日から2週間を経過すると執行できない（民執127条4項・55条7項・8項）。

** 事件の併合　動産の差押えは，執行官が目的物を占有して行うことになっているため（民執122条・123条），すでに差し押さえられている動産を，他の債権者のために重ねて差し押さえることは適当ではない。そこで，すでに差押えまたは仮差押えのなされた動産に対する二重差押えは禁止されている（同125条1項）。その代わりに，すでに動産執行の差押えを受けている債務者に対して，他の債権者から重ねて同じ場所での動産執行が申し立てられたときには，執行官は，まだ差し押さえられていない動産があればそれを差し押さえ，それがないときにはその旨を明らかにして，当該執行事件と先行の執行事件とを併合する手続をとることになっている（同条2項前段）。この事件併合があると，後行事件での追加差押物は，併合のときに先行事件で差し押さえられたものとみなされ（差押拡張効），後行事件の申立ては，先行事件における配当要求の効力を有する（同条3項前段）。

***　動産執行の機能　動産執行は最も身近で手軽な執行手段であるが，現代社会においては骨董品や貴金属を除いて通常の動産は取引価値の低下が早いのが実情である。そのため，客観的価値を把握してその換価代金によって執行の満足にいたるというよりは，債務者にとってその動産のもつ主観的価値（買換えの手間や物への愛着）にのみその把握の意味があるという場合が少なくない。とりわけ消費者信用の増大による個人債務者は動産執行が念頭に置く債務者の典型であるにもかかわらず，そこに見出される動産の大部分は通常の動産であり，しかも生存権の保障のために差押禁止とされる物も少なくない。また，仮に差押可能なものがあるにしても，公的な競売場所の欠如や搬出保管費用の負担などから，差し押さえられた動産は一般人が立ち入りがたい債務者の住居内で競売されるのがふつうであり，道具屋などの業者がそれを買い受け，債務者の親類等に買戻しを強要するという軒下競売がしばしばみられていた。これらから，差押債権者は動産執行自体による満足ではなく，執行によって間接強制的効果を得て手続外での分割弁済などを求めようとする。このような利用に執行制度としては肯定的な態度をとってはいないが，むしろ動産執行に求められている機能を売却による満足に限定せず，広く債権者と債務者の交渉の場として捉え，そこでの調整を活性化させるべきではなかろうか。また，動産執行の場面の執行官には，和解をのぞめないような多重債務者について破産等に誘導することやクレジット・カウンセラー的役割などが運用上期待される。

III 差押えの禁止

一般的な差押禁止　金銭執行は債権者の金銭債権の満足をはかることを目的とする。そのため，それに必要な範囲を超えて差押えをすることは，債務者に不当な処分制限を加え苦痛を与えることになる。そこで，法は差押えは債権の満足と執行費用の弁済に必要な範囲を超えてはならないとしている。これを超過差押えの禁止と呼ぶ（動産執行については，民執128条）。もっとも，不動産執行については，差押段階での超過は明確に禁止されておらず，むしろ売却段階で超過売却になる場合の措置を定めている（民執73条）。これは，わが国の場合，差押債権者に優先的地位を与えていないことから，他の債権者が配当要求してくることを考慮しなければならないためである。すなわち，不動産執行については，差押段階では不動産の価額や配当要求債権がどの程度になるか不明であるため，超過となるか否かの判断がつかない。そこで，手続が進行して売却基準価額が定まり，配当要求債権者らの債権額が明らかになった段階で，複数の不動産のうち一部の不動産の売却代金で各債権者の債権および執行費用の全部を弁済できる見込みがある場合には，他の不動産についての売却許可決定を留保し，債務者に生じる不利益を防ぐことになる。

　また，差押目的物の価額が低く，換価によって手続費用を超える剰余を引き出す見込みがない場合には手続を進めても債務者にいたずらに苦痛を与えるだけであるため，このような差押えも禁止される。これを無剰余差押えの禁止と呼ぶ（動産執行については，民執129条）。ただ，差押債権者にとっては時効中断の目的がある場合もあり，あるいは和解的執行を試みるうえでは，このような差押えも無駄ではないこともある。債権者が執行費用の負担を覚悟してあえて差押えを望む場合には，厳格に差押禁止を貫く必要はなく，とりあえず差押えを実施・継続して債務者の対応をまつ運用も考えられる。

個別的な差押禁止　債務者およびその家族の生活保障，生業の維持，職業活動の保障，宗教的精神的活動の保護などの理由から，債

務者の有する一定の動産および債権の差押えが禁止されている（民執131条・152条。なお，差押禁止債権については，→第**2**部第**6**章参照）。平成15（2003）年の改正によって，民執131条2号の債務者等の生活に必要な食料および燃料についての差押禁止は，それまでの2月分から1月分に減らされた。昨今の生活事情においては，食料や燃料を多く蓄えている場合が少ないことによる。他方，同3号の標準的な世帯の必要生計費を勘案した金銭の差押禁止については，1月分から2月分に引き上げられ，また，民事執行法施行令の改正により66万円とされた（民執法施行令1条）。

なお，差押えが禁止される動産の範囲は，債務者および債権者の生活状況やその他の事情を考慮して，申立てにより執行裁判所が変更することができる（民執132条）。これにより具体的な当事者間の事情による調整をはかることが期待される。

Ⅳ 差押えの効力

相対的無効　　差押えの効力は，対象物についての債務者の処分を禁止することにある（処分禁止効）。つまり，金銭執行においては，差押物を売却しその代金をもって債権者の満足にあてるものであるから，差押えによって債務者の財産を確保することにその主眼がある。このため，債務者の処分が禁止され，所有権の移転や，抵当権などの担保権の設定，賃借権の設定等が差押えに抵触する行為として無効とされるのである。

しかし，差押えによる処分の制限は執行の目的を達成するのに必要な限度で確保されればよく，これ以上に債務者に対して処分禁止を要求できないはずである。つまり差押えの目的の範囲外では債務者の処分行為は許されてもよく，また，差押えがなされたとしても後にそれが取り下げられたり取り消されたりすることもある。このような事情から，差押えがなされた場合に，目的物に対する債務者の一切の処分を禁止し，債務者の処分を絶対的に無効とすることは適当ではない。執行手続においては，差押債権者との関係で債務者の処分行為を無効とするだけでよいと考えられる。このような考え方を，

相対的無効という。

この考え方によれば，債務者の所有する土地が差し押さえられ，その登記がなされた後でも，債務者はこの土地を第三者に売却することができ，その登記をすることができる。債務者と第三者の間ではこの売買は有効である。しかし，その後，手続が進行し差押えに基づいて強制競売がなされると，債務者の処分行為は差押債権者に対抗できず，第三者の登記は抹消される。これに対して，差押債権者が強制競売の申立てを取り下げ，あるいは差押えが取り消される場合には，債務者の処分行為は有効であり第三者は完全な所有権を取得することになる。

手続相対効

(1) **平等主義** 差押えの目的は債務者の財産処分を禁止することにあるが，他の一般債権者に対する関係では，差押え債権者にはなんら優先的な地位は与えられない。他の債権者はこの手続に参加して二重差押えを求めたり，あるいは配当要求をして手続に便乗することができる。立法例としては，ドイツのように差押債権者に差押質権を認め，差押えの前後により配当に与る債権者間の優先劣後を決する優先主義という立場もあるが，わが国では，差押債権者の開始した手続に便乗する債権者にも原則として差押債権者と同等の地位を与えている。これを平等主義という。

この平等主義のもとでは，一般債権者が差押債権者の行う手続に二重差押えや配当要求という形で参加し，売却代金よりそれぞれ自己の債権額に応じて按分に配当を受けることができる（配当を受ける債権者の範囲については，→第2部第5章参照）。

(2) **手続相対効** 相対的無効の考え方においては，差押後の債務者の処分は差押え債権者に対しては対抗できないが，それではその処分後に二重差押えや配当要求をしてきた債権者との関係ではどうなるのであろうか。

たとえば，差押債権者をX_1，債務者をY，二重差押えをした債権者をX_2として考えてみよう。まずX_1がY所有の不動産を差し押さえた後に，Yはその不動産にZのために抵当権を設定し，その後，X_2が二重差押えをしたとする。

この場合，つぎの二つの考え方が可能となる。一つは，Yの抵当権設定は

差押債権者であるX_1には対抗できないが，X_2の差押えには先行しているので，X_1の強制競売によって剰余が生じたときは，抵当権者ZはX_2に優先権を主張できる。つまり，差押えと処分行為をそれぞれ別個に検討してその効力を判断するもので，このような考え方を個別相対効説という。

これに対して，X_1の差押えの効力はその執行手続が続行されている限り存続しているから，その差押え後の抵当権の設定は，処分後に二重差押えをしたX_2にも対抗できないとする考え方もある。つまりZはX_2に対してもその存在を主張できず，X_1の強制競売による売却代金はZを無視してX_2に配当される。このように，X_1の差押えの効力はそれに基づく競売手続全体に効力を有し，Yの処分はこの手続に対して効力を生じないとする考え方を手続相対効説という。民事執行法が制定される前はこの二つの考え方が激しく対立していた。

個別相対効説によると，ZはX_1には劣後しつつX_2には優先することになるが（$X_1 > Z > X_2$），他方でX_1とX_2はどちらも一般債権者として平等主義が妥当するので（$X_1 = X_2$），配当関係に矛盾が生じることになる。また，実務上も処理が複雑となるし，債務者が第三者と共謀して抵当権を設定することによって，他の債権者の追求をかわす妨害行為が可能となってしまう。

そこで新法は手続相対効説を採用し，差押え後の権利取得はすべて売却によってその効力を失い（民執59条2項），差押え後に設定された担保権は配当から排除され（民執87条1項4号），配当後の剰余金は差押え後の譲受人ではなくつねに債務者に交付されるとした（民執84条2項）。ただ，差押え後の譲受人の債権者ないし差押え後に設定された担保権者が競売を申し立ててきたときは問題となるが，開始決定のみを行い手続を事実上停止して，先行手続の帰趨を待つことになるであろう。

第4章 売　　却

　金銭債権を満足させるためには金銭が必要であるから，差し押さえた債務者の財産（差押物）が金銭以外のものであるときは，これを金銭に換えなければならない。差押物を金銭化する国家の処分行為を換価という。換価は，差押えに続く執行の第二段階である。
　換価の方法は，差し押さえた財産の種類によってさまざまであるが，差押物を売却して対価を取得するのが，典型的な換価方法である。不動産や動産はもちろんのこと，債権その他の財産権についても売却によって換価がなされることがある（民執161条・167条。→第*2*部第6章Ⅲ参照）。しかし，本章では，不動産と動産の売却手続について解説する。
　不動産に対する強制執行の方法には，強制競売，すなわち差し押さえた不動産を売却し，その代金を債権の満足にあてる方法と，強制管理，すなわち不動産を賃貸等に付して収益を上げる方法とがある（民執43条以下）。このうち，強制競売については，一般に裁判所で行われている不動産の競売事件のうち，最終的に配当まで進んで実際に債権者が債権を回収できるのは，その大部分が担保権実行としての競売（不動産競売）事件（→第*4*部第2章参照）であり，強制競売事件のほとんどは取下げないし取消しで終了しているという点に注意する必要がある。これは，執行の対象となるような不動産にはたいてい担保価値いっぱいの担保権が設定されており，無担保債権者が配当にあずかる余地がないことによる。しかし，民事執行法は強制競売について詳細な規定を置いた後に，その多くを不動産競売に準用しているので（民執188条），強制競売手続について理解しておく意義は大きい。これに対し，強制管理は，これまであまり利用されてこなかった。しかし，相当の収益の見込める賃貸用建物などに対しては，今後，活用の可能性もありうる（→第*2*部第3章Ⅰ参照）。

なお，平成16（2004）年の民事執行法の改正では，売却段階においてこれまで執行裁判所の職務とされていたものの多くが，裁判所書記官に移されている。

I 不動産の売却

1 売却の準備

不動産の現況調査 (1) 意　義　不動産は重要な資産であるから，その売却にさいしては，その意思に反して財産を処分される債務者，目的不動産のできるだけ高額での売却を希望する債権者，そして正確な物件情報を期待している買受希望者などの利益を保護するためにも，目的不動産の現状や不動産上の権利関係の内容を正しく把握することが必要である。目的不動産の現状が登記簿上の記載と同じかどうか，目的不動産を債務者以外の者が占有していないかどうか，占有しているとしたらそれはどのような占有権原に基づくものであるかがはっきりしないと，最低売却価額その他の売却条件を定めることはできないし，また，買受人に不測の損害を与えるおそれもあるからである。そこで，執行裁判所は，強制競売開始決定に続いて，執行官に対し，不動産の形状・占有関係その他の現況について調査を命じなければならない（民執57条1項）。これを不動産の現況調査という。

もっとも，いわゆる特定債権者（預金保険機構，整理回収機構など）が申し立てた競売手続（特定競売手続）については，「特定競売手続における現況調査および評価等の特例に関する臨時措置法」（特定競売法）により，執行裁判所が相当と認めるときは，現況調査を省略することもできる（同法3条）。

(2) 執行官の権限　現況調査を行うさいに，執行官には，不動産への強制立入権・強制開扉権，債務者・占有者に対する質問権・文書提示請求権等が認められている（民執57条2項・3項。そのさい，抵抗を受けたときは，執行官は，官庁または公署に援助請求をすることができる。民執18条1項）。債務者や占有者が正当な理由もなく，陳述拒否，文書の提示拒否，虚偽の陳述，あるいは虚偽文書の提示をすると，6か月以下の懲役または50万円以下の罰金

に処せられる（民執205条1項2号）。さらに，執行官は，目的物件に課される租税その他の公課について所管の官庁・官署に対し必要な証明書の交付を請求する権限が認められている（民執18条2項）ほか，執行官は，現況調査のために必要な場合には，市町村（東京23区の場合は都）に対して，固定資産税に関して保有する図面その他の資料の写しの交付を請求でき（同57条4項），また，電気・ガス・水道水の供給等を行う公益事業者に対して，必要な事項の報告を求めることもできる（同条5項）。これは，執行妨害目的の占有がなされている場合や債務者の協力が得られない場合にも，執行官が的確かつ迅速な現況調査を行うことができるよう配慮したものである。現況調査を命じられた執行官は，調査の結果について現況調査報告書（その記載内容については，民執規29条参照）を作成して，執行裁判所に提出しなければならない（執行官が執行対象物件を誤って現況調査報告書を作成した結果，競落人が損害を被った場合には，国家賠償責任が認められる。→第**1**部第**5**章Ⅰ参照）。また，その写しは買受けを希望する者のために評価書や物件明細書とともに裁判所に備え置かれまたはインターネットの利用により一般の閲覧に供される（民執規31条2項・3項）。さらに，以上の執行官による現況調査だけでは事実関係が十分に把握できない場合には，執行裁判所は，自ら債務者，不動産の占有者，その他参考人（隣接地の居住者など）に対して，一種の証拠調べである審尋を行うこともできる（民執5条）。

* **売却条件** 不動産競売においては，後述のように，入札によって広く買受人を募集する関係上，売却に関する条件を通常の売買のように売主と買主の自由な交渉に委ねることはできないため，あらかじめ，どのような条件で買受申出を許すのか，また，買受人がどのような条件で不動産を取得するのかを定型的に定め，買受希望者がそれに応じて行動できるようにしておく必要がある。このような売却の成立・効力に関する条件を，売却条件という。これには，法律自身が定めている法定売却条件と，利害関係人間の合意によって定められる特別売却条件とがある。売却方法のいかんを問わず，すべての売却方法に共通する法定売却条件の主なものを挙げると，最低売却価額以下での売却禁止，不動産上の担保権・用益権等の処遇，法定地上権の発生（民執81条），個別売却の原則と一括売却の制限的許容（同61条参照），債務者は買受人になれないこと（同68条），買受申出人の保証提供義務（同66条），売却許可決定によって買受人になること（同69条），売却不許可事由があるときは売却が許可されないこと（同

71条），代金納付・不納付の効果（同79条・80条・82条・83条等）などである。

不動産の評価　　不動産の売却を適正に行うためには，その前提として，価額が適正に評価されることが不可欠である。そこで，執行裁判所は，相当と認める者（資格の限定はないが，多くは不動産鑑定士）を評価人に選任して，不動産の評価を命ずる（評価命令。民執58条1項）。評価人は，専門家としての立場から意見を供するにとどまり，公権力を行使するものではない。しかし，評価のために必要があると認めるときは，現況調査の場合と同様に，不動産に立ち入り，債務者や占有者に質問をしたり賃貸借契約書等の文書の提示を求めることができる（民執58条4項・57条2項）ほか，目的物件に対する租税その他の公課について所管の官庁・公署に対して必要な証明書の交付を請求できる。また，現況調査における執行官と同様に，市町村に対し固定資産税に関して保有する図面その他の資料の写しの交付を請求でき，また，電気・ガス・水道水の供給等を行う公益事業者に対して必要な事項の報告を求めることもできる（同58条4項・18条2項・57条・4項・5項）。評価人が職務を行うにさいして抵抗を受けたときは，裁判所の許可を得て，執行官に援助を求めることができる（民執58条2項）。のみならず，評価人には，特段の事情がない限り，不動産に立ち入って現況をつぶさに見分するとともに，必要に応じて債務者や占有者に対し質問をしたり文書の提示を求める職務上の義務がある（福岡高決平元・2・14高民集42巻1号25頁〔民執保全百選33事件〕。反対，東京高決平8・11・1判夕933号273頁）。債務者が現況調査に非協力的であったために調査に過誤をきたした場合には，債務者からの，評価額の不当を理由とする売却許可決定に対する執行抗告が許されないことがある（仙台高決昭62・1・14判夕631号229頁参照）。

評価の方法については，評価人の判断に任されているが，平成16（2004）年改正民事執行法58条2項は，評価人は，不動産の評価をするさい，近傍同種の不動産の取引価格，不動産から生ずべき収益，不動産の原価その他の不動産の価格形成上の事情を適切に勘案して，遅滞なく，評価をしなければならないと規定している。また，民事執行規則29条の2も，評価人は，評価をするにさいして，不動産の所在する場所の環境，その種類・規模，構造等に

応じ，取引事例比較法，収益還元法，原価法その他の評価方法を適切に用いなければならないと規定している。ただ，競売市場の特殊性（アフターケアがない点，占有を直ちに取得できないことがある点など）から，その評価額は，一般市場における取引価格（実勢価格）よりは安く，おおむね卸売価格程度になるといわれている。そして，不動産の評価を終えた評価人は，所定の日までに，評価の算定過程などを記載した評価書（民執規30条参照）を作成して執行裁判所に提出しなければならず，その写しは買受希望者のために裁判所に備え置かれまたはインターネットの利用により一般の閲覧に供される（民執規31条3項）。

不動産の評価に関しても，特定競売法に特則があり，特定競売手続については，特定債権者から不動産の評価を記載した特定評価書（特競規2条）の提出がある場合には，執行裁判所は，相当と認めるときは，評価人を選任することなく，特定評価書に記載された評価に基づいて最低売却価額を定めることができる（特競法2条・4条）。

売却基準価額　**(1) 売却基準価額の決定**　平成16（2004）年改正前の民事執行法では，執行裁判所は，評価人の評価に基づいて，不動産の最低売却価額を定めなければならないと規定されていた（民執旧60条1項）。最低売却価額は，売却が許される最低限度額であり，競売不動産の不当に安価での売却を防止し，不動産の所有者や債権者の利益をはかるためのものであった。しかし，一方で，実勢価格を上回る最低売却価額が定められたために売却されない競売不動産が存在するとの指摘もなされていた。しかし，他方で，最低売却価額制度を廃止してしまうと，暴力団等が不動産を占有するなどして一般の買受希望者があらわれにくい状況を作り出すことで，自らきわめて安い価格で不動産を買い受けることが可能となり，執行妨害を助長するおそれがある。そこで，平成16年改正民事執行法は，最低売却価額制度の機能を維持しつつ，より買受けをしやすい制度として，従来の最低売却価額制度に代えて，新たに売却基準価額（不動産の売却の基準となる価額）制度を創設するとともに，買受けの申出額は，売却基準価額より20％下回る価額（買受可能価額）以上でなければならないことにした（民執60条1項・

3項)。この売却基準価額は，評価人の評価額を基準にして定められる。

(2) **売却基準価額の変更** いったん執行裁判所が決めた売却基準価額は，裁判所が必要と認めた場合に限り，変更されることがある（民執60条2項)。したがって，新競売となっても当然に価額の変更が行われるわけではない。変更の必要が認められる場合としては，一般的な経済事情の変動により当初の売却基準価額のままでは社会通念上不相当となった場合や，評価の前提となった重要な事項に変更があった場合，評価に誤りがあったのにそれを見過ごして売却基準価額が決められた場合のほか，当初の売却基準価額が高すぎた場合などが考えられる。

物件明細書の作成 裁判所書記官は，以上の手続が終わると，目的不動産の表示その他所定の売却条件を記載した物件明細書を作成し，その写しを裁判所に備え置いたりインターネットで利用できるようにするなどして一般の閲覧に供しなければならない(民執62条，民執規31条1項)。現況調査報告書と評価書の写しについても同様である（民執規31条3項)。その趣旨は，現況調査や関係者の審尋（民執5条）等で明らかとなった不動産の権利関係や買受人に引き受けられるべき負担を買受希望者に開示して，正しい情報に従った適正な売却をはかる点にある。もっとも，物件明細書の記載にはいわゆる公信力はなく，記載の有無・内容にかかわらず，存続すべき権利は存続し，消滅すべき権利は消滅することに注意する必要がある。したがって，買受人の保護・執行制度の信頼という点からは，なお問題がないわけではない。

物件明細書の法定記載事項は，不動産の表示，売却後買受人が引き受けることになる負担，法定地上権の存在（その概要）である（民執62条)。しかし，それ以外に何を記載すべきかが実務上大きな問題となっている。とくに問題とされているのは，引渡命令（民執83条。詳細は，→第**2**部第**5**章Ⅳ「引渡命令」の項参照）の成否の記載である。仮に目的不動産上の負担が消滅するとしても，いちいち明渡訴訟を起こさねばならないのと，引渡命令が出るのとでは実際上買受人にとって大きな違いがあるため，買受希望者としてはぜひとも欲しい情報である。しかし，引渡命令も裁判の一種である以上，それを

事前に開示すべきではないという考え方も裁判官の間に根強いため，実務では，物件明細書にこの点を直接は記載しない取扱いが一般的である。

売却基準価額で剰余を生ずる見込みのない場合の措置　平成16（2004）年改正前の民事執行法では，差押債権者に優先する債権者がいる場合など，最低売却価額で競売不動産を売却しても差押債権者に弁済されるべき剰余を生ずる見込みがない場合には，不動産を売却することにより優先債権者が自己の債権の全部の弁済を受けられないのに担保権が抹消されるという不利益を被るので，原則として，不動産競売手続を取り消すことにしていた（民執旧63条1項・2項）。そして，その趣旨については，一般に，無益な換価の防止を目的とした制度であると解されてきた。しかし，仮に剰余を生ずる見込みがない場合であっても，不動産が売却されれば，差押債権者は，売却の実施の手続までに支出した手続費用について不動産の売却代金から弁済を受けることができるし，債務者も自己の総債務が減少することになるので，必ずしも無益な換価とはいえない。そのため，最近ではむしろ，この制度は優先債権者の換価時期の選択権を保障するためのものであるとする見解が有力となっていた（最判昭43・7・9判タ224号146頁，東京高決平7・1・23高民集48巻1号127頁）。そこで，平成16年改正民事執行法は，不動産の売却をできるだけ進めるために，剰余主義を修正し，前述の買受可能価額が手続費用および優先債権の見込額と同額のときはもちろんのこと（民執63条1項），仮に買受可能価額が手続費用および優先債権の見込額の合計額に満たない場合であっても，それが手続費用の見込額を超え，かつ，すべての優先債権者の同意を得たことの証明があれば，不動産の売却手続を続行できることにした（同条2項）。

不動産の価値の保全　強制競売の開始決定（差押え）は，債務者に対し目的不動産について譲渡その他の処分行為を禁止するだけであり，債務者は，通常の用法に従う限り，その利用，収益権能を奪われるわけではない（民執46条2項）。しかし，売却に至るまでに，自暴自棄となった債務者が不動産の交換価値を保全する措置を懈怠したり，さらには積極的に交換価値を減少させる行為に出ることがある。そこで，民事執行法は，そ

れらを予防し不動産の交換価値を維持したままで売却を行うために，売却のための保全処分の制度と地代などの代払いの制度を置いている。

売却のための保全処分　**(1) 意 義**　売却のための保全処分について，平成8（1996）年改正前の民事執行法55条は，債務者が，不動産の価格を著しく減少する行為をするかそのおそれがあるときは，執行裁判所は，差押債権者の申立てにより，買受人が代金を納付するまでの間，債務者に対して価値減少行為を禁じたり，価値の減少を防止・回復するための一定の行為を命ずることができると定めていた（民執旧55条1項）。したがって，法文上は，債務者以外の第三者に対して保全処分を発令することは想定されていないかのごとくであった。しかし，バブル経済崩壊後，不動産の強制競売や不動産競売における執行妨害事件が急増するなかで，東京地裁では，債務者（担保権実行の場合は所有者）以外の第三者を相手方とする保全処分が相ついで発令されるようになった（東京地決平3・8・7判時1419号88頁ほか）。それによると，債務者（所有者）以外の第三者であっても，①債務者（所有者）の関与の下に，②執行妨害の目的をもって，差押え後に占有を開始した者は，債務者（所有者）の「占有補助者」として売却のための保全処分の相手方となりうるとされていた。もっとも，こうした東京地裁の解釈・運用に対する上級審の対応は必ずしも一様ではなく，より積極的に，執行妨害や占有による不当な利益を得る目的がある場合には，債務者（所有者）の関与は不要であるとするもの（東京高決平4・12・28判時1445号150頁〔旧民執百選31事件〕）がある一方で，債務者と占有者との共謀を要求するもの（大阪地決平5・10・18判時1476号137頁）や，占有補助者理論をまったく否定するもの（高松高決平6・1・24金判948号20頁）もあった。

しかるに，平成8（1996）年に，暴力団関係者やいわゆる占有屋による悪質な執行妨害行為に対処するため，議員立法により民事執行法の一部改正がなされた。そのさい，平成8年改正法は，「売却のための保全処分」（民執55条）について，より効果的に執行妨害行為に対処できるよう，従来からの「債務者」（担保権実行の場合は所有者）に加え，「不動産の占有者」が不動産の価格を著しく減少させたりそのおそれのある行為をするときは，差押債権者の

申立てにより，それらの者に対して，価格減少行為を禁じたり，価格の減少を防止・回復するための一定の行為を命じるように改めた（同条1項）。また，かかる1項所定の命令違反がなくても，「不動産の価格の著しい減少を防止することができないと認める特別の事情があるとき」には，直ちに不動産の執行官保管命令を発令できるように改める（平成8年改正後民執55条2項）などの改正を行い，悪質な執行妨害行為に対して一定の効果を上げてきた。しかし，平成15（2003）年改正法は，売却のための保全処分において命じる内容に充実させるとともに，発令要件をさらに緩和した。

(2) **価格減少行為** 従来，売却のための保全処分を発令するためには，不動産の価格の減少の程度が「著しい」ものであることが必要であったが，平成15年改正法は，この「著しい」という要件を外した。ところで，民事執行法55条1項にいう価格減少行為に，不動産の物理的な損傷行為が含まれることはいうまでもないが，不動産の交換価値を減少させるような付加的変更行為（差し押さえられた更地上に建物を建てる行為につき，前掲東京高決平4・12・28ほか。さらに，東京高決平8・8・9金判1011号21頁は，更地に対する差押えの直前に建物を建てる行為も保全処分の対象になるとする）のほか，管理の懈怠のような消極的な行為もそれに含まれる（福岡地裁小倉支決平11・2・12金法1339号40頁参照）。また，第三者に賃貸する行為も，それが交換価値の著しい下落につながるようなとき（暴力団関係者への賃貸等）は，この保全処分の対象となる（東京地決平4・7・3判時1424号86頁〔民執保全百選29事件〕ほか）。

(3) **保全処分の内容** 平成15年改正法は，売却のための保全処分において命じる内容について，従来からある①価格減少行為の禁止や価格の減少を防止・回復するための一定の行為（民執55条1項1号），②執行官保管（同2号）に加え，③不動産の占有移転禁止の保全処分および公示保全処分を発令できることにした（同3号。買受人等のための保全処分についても，同様である。同77条1項）。ここに公示保全処分とは，執行官に当該保全処分の内容を不動産の所在場所に公示書その他の標識によって公示させることを内容とする保全処分のことであり，従来，実務運用で行われていたものに明文の根拠

を与えたものである。もっとも，②または③の保全処分は，債務者のほか，その占有権限を差押債権者等に対抗できない不動産占有者に対してしか発令できない（民執55条2項）。なお，公示保全処分の執行は，滅失・破損しにくい方法により標識を掲示してしなければならない（民執規27条の3）。また，公示書その他の標識を壊した者は，1年以下の懲役または100万円以下の罰金に処せられる（民執204条1号）。

(4) 保全処分の発令手続　執行裁判所が，売却のための保全処分を債務者以外の第三者に対して発令する場合において，必要があると認めるときは，その者を審尋しなければならない（民執55条3項）。正当な権原に基づく不動産の使用収益を不当に害することのないよう，相手方に権利主張の機会を認めたものである。もっとも，審尋によって執行妨害が行われる懸念もあるため，審尋は必要的なものとはされていない。保全処分の発令にさいして，執行裁判所が担保提供を命じるか否かは裁量に委ねられるのが原則であるが，執行官保管命令については，占有者に対する影響が大きいので，担保提供を保全処分発令の要件とすることができる（同条4項）。保全処分の発令後に事情の変更があったときは，執行裁判所は，申立てにより，保全処分の変更や取消しができる（同条5項）。保全処分の申立てについての裁判に対しては，即時抗告ができる（同条6項）。なお，保全処分の申立てや保全処分の執行に要した費用（不動産の保管に要した費用を含む）は，債権者全体の利益になるので，共益費用として優先的に弁済が受けられる（同条10項）。

(5) 占有移転禁止の保全処分への当事者恒定効の付与　平成8年改正法により，売却のための保全処分は，「不動産の占有者」と認められる限り，その者に対しても発令できることになったが，ちょうどその頃から，多数の占有者を次から次に入れ替えることで，占有者を特定できないようにして保全処分の発令を事実上妨げるタイプの新しい執行妨害事案が増えてきた。そこで，平成15年改正法は，売却のための保全処分（および民執77条の買受人等のための保全処分）の内容として，不動産の占有移転禁止の保全処分が発令され，その命令が執行されている場合には，引渡命令（民執83条）に基づいて，当該執行がなされたことを知って当該不動産を占有した者や，当該命令

の執行後に当該執行がされたことを知って占有した者に対して、不動産の引渡しを命じることができることにし（同83条の2第1項）、占有移転禁止の保全処分に引渡命令との関係でいわゆる当事者恒定効を付与した。

(6) **相手方を特定しないで発令する保全処分の導入**　占有者を次々と入れ替える方法で執行妨害を行っている場合に、保全処分の発令要件として債務者の特定を不可欠のものとすると、保全処分は事実上発令できなくなる。そこで、平成15年改正法は、売却のための保全処分（および民執77条の買受人等のための保全処分）の内容として、前記②執行官保管命令と③不動産の占有移転禁止および公示の保全処分を発令する場合において、その決定の執行前に相手方の特定が困難な特別の事情があるときは、執行裁判所は、相手方を特定しないで保全処分命令を発令できることにした（民執55条の2第1項・77条2項）。この種の保全処分が発令されたときは、その執行として執行官が不動産の占有を解くさいに占有者を特定し、その者が当該保全処分の相手方となる（同条3項・77条2項）。もっとも、この段階でなお占有者を特定できないときは執行不能となる（同条2項・77条2項）。

地代などの代払いの許可　建物に対する強制競売において、当該建物の所有を目的とする借地権の地代や賃料を債務者が支払わないときに、差押債権者からの申立てがあると、執行裁判所は、差押債権者に、不払いの地代・賃料の代払いを許可することができる（民執56条1項）。この制度も、差押えを受け自らの建物の存立に無関心となった債務者が地代などの支払いを怠り、借地権の消滅ひいては建物の交換価値の下落を予防しようとする趣旨である。ただ、そうした代払いについては、民法474条に基づく代位弁済およびその費用の民法307条による先取特権化によってすでに優先権が与えられているので、この制度の意義は、代払人の配当要求を不要とし、手続的な優先権を与える点にある。なお、代払許可の申立権者は、法文上は差押債権者とされているが、配当を受けるべき他の債権者も借地権の存続に重大な利害関係を有しているので、申立権を認めるべきであろう。

2 売却と不動産上の権利

消除主義と引受主義 　不動産には種々の担保権や用益権が付着している。そこで，不動産の強制競売（担保権実行としての不動産競売についても同じ）による売却にあたって，それらの権利をどのように取り扱うかが問題となる。この点については，立法政策上，消除主義と引受主義という基本的な考え方の対立がある。消除主義は，不動産上の負担を原則として売却によって消滅させ，買受人に負担のない不動産を取得させるという考え方であり（ただし，それだけ買受価格は高くなる），引受主義は，不動産上の負担を原則としてすべてそのまま買受人に引き受けさせるという考え方である（ただし，それだけ価格は安くなる）。前者によれば，買受人の地位が安定し，高額による売却をはかれるというメリットがあるのに対して，後者によれば，担保権者や用益権者が自らの欲しない時期にその地位を奪われることはないというメリットがある。民事執行法は，権利の性質に応じてこの両者の考え方を使い分けているが，基本的には，売却の円滑化を配慮して，消除主義を原則としている。

担保権・用益権等の処遇 　(1) **抵当権・先取特権・使用収益権のない質権** 　これらの権利については，消除主義が適用され，差押債権者の権利に優先するものも劣後するものも，つねに売却によって消滅する（民執59条1項。仮登記担保権も同様である。仮登記担保16条）。もっとも，不動産の強制競売では，前述のように無剰余換価禁止の原則（剰余主義）がとられているので，以上の権利者のうち差押債権者に優先する者（その権利が差押えの登記前に登記されている者）には，不動産の売却代金から被担保債権額の全額（ただし，民375条・341条参照）について，優先的に配当がなされる。

(2) **留置権・使用収益権のある質権** 　これらの権利については，引受主義が適用され，買受人が被担保債務を弁済する責めを負う（民執59条4項）。不動産上の留置権が引受けとされたのは，これが売却によって消除されるとすると，実体法上優先弁済請求権がないために（民295条参照），実際上弁済が受けられなくなるからである。しかし，土地が競売に付された場合に，建物に対する留置権に基づき土地（敷地）に対して留置権を主張することが許

されるかどうかは問題であり，とくに建物に対する留置権の存在が執行妨害の道具となっている昨今の実情を考慮すると，この点は否定的に解すべきであろう（東京地判平7・1・19判タ894号250頁，大阪高決平7・10・9判時1560号98頁など。反対，仙台高判平6・2・28判時1552号62頁）。使用収益権のある不動産質権が引受けとなっているのは，使用収益という債権回収方法を執行手続のうえでも尊重したからである。もっとも，使用収益権のある不動産質権であっても，差押債権者や仮差押債権者に対抗できないもの（たとえば，差押登記後に登記された不動産質権）はもちろん，対抗できても先順位に抵当権など売却により消滅する担保権があるときには，これに劣後する不動産質権も売却により消滅する（民執59条2項）。

(3) 用益権　差押債権者（仮差押債権者を含む）に対抗できる用益権は買受人に引き受けられ，対抗できない権利は売却により消滅する（民執59条2項）。対抗できるかどうかは，民法上の原則（基本的には登記の前後関係）による。また，差押債権者に対抗できる用益権でも，さらに先順位に売却により消滅する抵当権・先取特権等がある場合（いわゆる中間の用益権の場合）には，抵当権等が消滅するとそれらの用益権も消滅する（同項）。これは，担保権設定による不動産の交換価値の把握を十分な形で維持するためには，後続の用益権の存在を容認しえないことによる。

(4) 短期賃借権　平成15（2003）年改正前民法395条は，短期の賃貸借については，抵当権の登記後に設定されたものでも，抵当権に対抗できるとしていたので（民旧395条本文），(3)で述べた原則によると，買受人に引き受けられることになっていた。しかし，この短期賃貸借制度は，執行妨害の道具として濫用されることが多かった。そこで，平成15年改正民法は，短期賃貸借制度を廃止し，抵当権設定後の賃貸借は，抵当権者が賃貸借の登記前にそれに同意し，かつ，その同意の登記があるときだけ，抵当権者に対抗できることにした（民387条）。したがって，抵当設定後の賃借権は，かかる登記のある場合にだけ，買受人に引き受けられることになる。

(5) 差押え・仮差押え・仮処分　不動産の強制競売によって目的不動産が売却されると，競売不動産上の差押えおよび仮差押えの執行は，効力を失

う（民執59条3項）。これらは，目的不動産の換価代金から弁済を受けることを目的とするものであるから，不動産の売却により，その執行が効力を失うのは当然である。これに対し，目的不動産上の仮処分（処分禁止の仮処分など）の執行は，必ずしも当該不動産の売却によって効力は消滅しない。しかし，売却によって消滅する担保権，差押債権者または仮差押債権者に対抗できない仮処分の執行（担保権設定登記，差押えまたは仮差押えの登記に後になされたもの）は，売却によって効力を失う（民執59条3項）。

法定地上権　(1) 意　義　土地およびその上の建物がともに債務者の所有物である場合に，土地または建物についてその一方または双方が差し押さえられ，売却の結果それぞれ所有者を異にするにいたったときは，建物について地上権が設定されたものとみなされる（民執81条）。法律の擬制によって成立するこの地上権を法定地上権という。したがって，たとえば，土地についてのみ強制競売がなされ，買受人が土地の所有権を取得しても，土地の買受人は，建物の所有者（債務者）に対して，所有権に基づき建物収去・土地明渡しを求めることはできない。また，反対に，建物についてのみ強制競売がなされた場合にも，建物の買受人のために，その土地の上に地上権が発生する。民法388条は，債務者所有の土地または建物について抵当権が実行された場合（不動産競売）について同様の規定を置いているが，その趣旨を強制競売の場合に拡張したものである。なお，土地または建物の双方が共有の場合において，土地についての共有持分が売却された場合には，土地の他の共有者の利益を保護する必要があるため，法定地上権は発生しないとした判例がある（最判平6・4・7民集48巻3号889頁〔民執保全百選43事件〕）。

(2) 建物の存在・所有者の同一性の判断の基準時　この判断の基準時は差押え時である。したがって，土地の差押え後に建物が建てられても法定地上権は発生しない。しかし，差押え後に建物が滅失したが，売却前に再築された場合に，新しい建物のために法定地上権が成立するか否かについては，争いがある。新しい建物のために旧建物を基準として法定地上権が成立すると解する見解（個別価値考慮説）がこれまでの判例・通説の立場であったが

（大判昭13・5・25民集17巻1100頁，東京高判平3・9・19判時1410号66頁〔民執百選45事件〕など)，これに対しては，土地・建物の両者につき同一人が差押えをしている場合には，その者は土地・建物の総体の価値を把握しているにもかかわらず，土地または建物の競売の場合に，新しい建物のために法定地上権の成立が認められることになると，差押債権者は法定地上権の負担のある土地の売却代金からしか弁済が受けられなくなるので，かかるケースでは，法定地上権の成立を否定すべきであるとする見解（全体価値考慮説）が近時は有力となっている（たとえば，東京地執行処分平4・6・8判タ785号198頁)。最高裁も，最近，後者の見解をとることを明らかにした(最判平9・2・14民集51巻2号375頁)。

3 売却の実施

売却方法　(1) 種　類　不動産の売却方法は，裁判所書記官が決めるが（民執64条1項)，その種類には，期間入札，期日入札，競り売り，特別売却の四つがある（同条2項，民執規34条・51条)。期間入札は，所定の入札期間内に入札をさせて，開札期日に執行官が入札書を開札して，最高価買受申出人を決定するものであり，期日入札は，所定の入札期日に入札させた後，執行官が入札書を開札して最高価買受申出人を決定するものである。また，競り売りは，所定の競り売り期日に買受けの申出額を互いに競り上げさせて，最高価買受申出人を決定するものである。特別売却は，入札または競り売りが不成功に終わった場合に執行官により実施される売却方法であり，実施方法についてはとくに定めはない（民執規35条〜51条参照)。

旧強制執行法下では，競り売りが売却方法の中心であったが，競売場は実際には悪質な競売ブローカーによって占拠されており，そこでは実質的な競争は行われず，競売の公正は著しく害されていた。そこで，民事執行法下では，民事執行規則において新たに期間入札の方法を設け（民執規34条)，買受希望者がブローカーなどの他の希望者と顔を合わせることなく秘密裡に入札に参加できるよう配慮して，善良な不動産業者や素人が競売手続に参加しやすくしている。そして，実際にも，現在では，ほとんどの裁判所が期間入札

を原則的な売却方法としている。もっとも，人的・物的な施設を欠く一部の支部の裁判所では，期日入札の方法も採用されているが，いずれにせよ，競り売りによっている裁判所はないようである。そこで，本書では，期間入札と特別売却についてのみ説明する。

(2) 期間入札　裁判所書記官は，入札期間，開札期日および売却決定期日を定めて（民執規46条），執行官に売却を実施させる（民執64条3項）。売却決定期日は，裁判所書記官が，売却を実施させる旨の処分と同時に指定する（同条4項）。つづいて，裁判所書記官は，不動産の表示，売却価額，売却期間，開札期日などを公告する（同条5項）。公告の方法としては，裁判所内の掲示（民執規4条1項）だけでは広く買受希望者を募ることは困難なので，日刊新聞紙や住宅情報雑誌などへの掲載による公示の方法もあわせて活用されている（同条3項）。入札は，入札書を入れた封筒を執行官に差し出す方法（差出入札）か，その封筒をさらに別な封筒に入れ執行官に信書便で送付する方法（送付入札）による（民執規47条）。開札期日は，差押債権者や債務者などの関係者に通知して開催され（同49条・37条），開札に際しては公正を担保するため，入札者を立ち会わせる（同49条・41条2項）。そして，最高価買受申出人，場合によってはさらに次順位買受申出人を決定する（同49条・41条3項・42条）。なお，民事執行法は，入札妨害や談合を行う悪質なブローカー等を売却場所から排除するために，執行官に売却場所の秩序維持のための特別の権限を与えている（民執65条）。

(3) 特別売却　特別売却は，補充的な売却方法であり，入札（または競り売り）を少なくとも1回は実施したが，適法な買受申出がなかったことを要件とする（民執規51条1項）。また，裁判所書記官が特別売却を実施するさいにはあらかじめ差押債権者の意見を聴かなければならない（同条2項）。もっとも，実務上，競売申立ての段階ですでに同意が取りつけられていることもある。特別売却を入札とどのように組み合わせるかについては，裁判所ごとに一定の基準（ローテーション）が立てられているようである。買受希望者を募る方法にはいろいろなものがあるが，住宅情報誌などへの物件の掲載，不動産業者団体への情報の供与，差押債権者への買受希望者の探索依頼

などが考えられる。特別売却は，全体的に相当の実績を上げているが，それは，売却基準価額どおりの価格で，しかも早い者順に買受人が決まるという買受希望者側の期待にそっているからである。ただ，自由競争による適正売却価額の形成という競売制度の本来的趣旨からすると，特別売却を過度に多用することには疑問もないではない。

一括売却　差押不動産は個別に売却するのが原則であるが，執行裁判所が，相互の利用上不動産を他の不動産と一括して同一の買受人に買い受けさせることが相当であると認めるときは，それらの不動産を一括して売却することができる（民執61条）。その趣旨は，個別に売却するよりも一括して売却した方が高価に売れるのであれば，その方が債務者・債権者双方のためにもなるし，また，利用の牽連性を考えると買受人の利便にも資する点にあり，実務上もよく使われている。利用上の牽連性があると解される場合としては，敷地と敷地上の建物，宅地と私道，隣接地同士などが典型例である。こうした要件を充たせば，一括売却にするか個別売却にするかは裁判所の裁量に任されるが，ただ，ある不動産の買受可能価額で全債権額および執行費用を弁済できるのに，なお，一括売却を実施するには，債務者の同意を得る必要がある（民執61条但書）。もっとも，実務では，一方の不動産のみの売却により，他方の不動産の経済的効用が著しく害される場合には，例外的に債務者の同意がなくても一括売却が行われることもあるようである（東京地判平5・2・9判時1462号132頁参照）。

不動産の内覧　(1)　**趣　旨**　従来の不動産の競売手続では，買受希望者が競売不動産の内部を見ることができず，そのことが競争による合理的な価格の形成を阻害しているとの批判があった。かかる批判に応えて，平成15（2003）年改正民事執行法は，執行裁判所の内覧実施命令に基づき，執行官が，買受希望者に対して事前に競売不動産の内部を見せることができるようにする制度（競売不動産の内覧制度）を創設した。ここにいう内覧とは，「不動産の買受けを希望する者をこれに立ち入らせて見学させる」ことである（民執64条の2）。

(2)　**内覧実施命令**　執行裁判所は，差押債権者から内覧実施の申立てが

あるときは，原則として，執行官に対し内覧実施命令を発しなければならない（内覧実施命令。民執64条の2第1項本文）。内覧実施の申立ては，執行裁判所が売却実施を命ずる時（民執64条3項参照）までにしなければならない（民執64条の2第2項，民執規51条の2第2項）。差押債権者から申立てがあると，内覧実施命令が発令されるのが原則であるが，不動産の占有者が差押債権者などに対抗できる占有権限（対抗権限）を有している場合には，その占有者の同意がないと，執行裁判所は，内覧実施の命令を出すことができない（民執64条の2第1項但書）。対抗権原を有する者は，競売手続による一切の影響を受けないのが原則だからである。内覧実施命令は，知れている占有者に通知される（民執規51条の2第4項）。

(3) 内覧の実施　内覧実施命令を受けた執行官は，売却の実施時までに，内覧への参加を申し出た者（内覧参加者）のために，内覧を実施しなければならない（民執64条の2第3項）。不動産の買受資格・能力を欠く者（民執72条2号参照）は，内覧に参加することができない。内覧の実施にあたり，執行官は，自ら不動産に立ち入るとともに，内覧参加者を不動産に立ち入らせることができる（民執64条の2第5項）。正当な理由なく不動産への立入りを妨げる行為をした占有者に対しては30万円以下の罰金を科す（民執205条2項）一方，執行官が威力を用いたり警察の援助を求めてその抵抗を排除することは認められていない（民執6条1項但書）。内覧は，現況調査における不動産への立入りと異なり，物理的強制によって抵抗を排除してでもその実現をはかることが適正な手続遂行に不可欠であるとまではいえないからである。

他方で，内覧実施のさいには，内覧参加者の行為により占有者の住居の平穏が妨げられたり，買受希望者が顔を合わせることで，公正な売却の実現が妨げられるおそれもある。そこで，執行官は，内覧の円滑な実施を妨げる行為をする者に対して，その場で不動産への立入りを制限し，または不動産から退去させることができる（民執64条の2第6項）。さらに，内覧の実施が困難であることが明らかである場合には，執行裁判所は，内覧実施命令を取り消すことができる（民執64条の2第4項）。

買受の申出

(1) **買受申出資格** 買受申出資格には一般に制限はないが（ただし、農地などにつき民執規33条参照）、債務者には申出資格はない（民執68条）。債務者が不動産を買い受ける資金を有しているのであれば、むしろ債務の弁済に充てるのが筋であり、買受の結果、消除主義の恩典を債務者に与えることは債権者との関係で不当だからである。したがって、債務者に類する者であっても、そうした考慮が必要でない者、たとえば、物上保証人、連帯保証人（東京高決昭59・6・13判時1122号121頁）、負担部分のない連帯債務者、限定承認をした相続人などには、買受資格が認められる。また、債務者を代表取締役とする株式会社についても、法人格が否定されるようなケースでない限り、買受資格が認められる（大阪高決昭61・10・27判タ634号243頁）。

(2) **買受申出の保証** 買受の申出をする者は、執行裁判所が定める額・方法による保証を提供しなければならない（民執66条）。売却代金を納付しなかったときに保証金を没収することにして（同80条1項）、買受代金の不納付を防止するのが目的である。保証の額は、入札の場合には売却基準価額の2割が原則であるが（民執規39条）、特別売却の場合には裁判所の裁量による（同51条3項）。保証の提供方法としては、金融機関の振込証明書によることが多い。

(3) **最高価買受申出人と次順位買受申出人** 開札期日において、執行官は、開札の後最高価買受申出人を決定し、その者の氏名または名称・入札価額を開札に立会った者に告げた後、期日の終了を宣言して、売却手続を終了させる（民執規41条3項）。そのさい、最高価買受申出人につぐ高額の買受申出をした者は、その申出額が、最低売却価額以上で、かつ、最高価買受申出額から買受申出保証額（最低売却価額の2割）を控除した額以上である場合には、開札期日の終了宣言までに、執行官に対し、次順位買受の申出（最高価買受申出人が代金を支払わない等のために売却許可決定が失効した場合には自分に売却を許可されたい旨の申出）をすることができる（民執67条）。最高価買受申出人が代金を納付しなかったときにも、売却の実効性を確保し、再売却を防止しながら、なおかつ配当財源を維持するのが主たる目的である。

買受申出をした差押債権者のための保全処分　買受申出をした差押債権者のための保全処分の制度（民執68条の2）は，平成10（1998）年の民事執行法改正のさいに新設されたものであるが，その後，平成15（2003）年および16（2004）年の改正のさいに，保全処分の内容の充実がはかられている。この保全処分は，裁判所書記官が売却を実施させても買受けの申出がなかった場合において，債務者または不動産の占有者が不動産の売却を困難にする行為をし，またはそのおそれがあるときに，差押債権者の申立てにより，執行裁判所が，占有者に対し，その占有を解いて，執行官または申立人（差押債権者）に引き渡しを命じ，その保管をさせる保全処分および公示保全処分を発令できるというものである（民執68条の2第1項）。ただし，不動産の地位を不当に害さないようにするため，差押債権者がこの保全処分を申し立てるには，買受可能価額（前述）以上の額（申出額）を定めて，つぎの売却の実施において買受けの申出がない場合には，自ら申出額で不動産を買い受ける旨の申出をし，かつ，申出額に相当する保証の提供をすることが必要である（同条2項）。この保全処分も，売却のための保全処分と同様に，債務者を特定しないで発令することができる（同条3項・55条の2）。いずれにせよ，この保全処分は，売却の実施前に，差押債権者本人が目的不動産の占有を確保できるという点にその特徴がある。

売却の見込みがない場合の措置　これも平成10（1998）年の民事執行法の改正で導入されたものである。すなわち，執行裁判所は，裁判所書記官が入札による売却を3回実施させても，買受けの申出がなかった場合において，不動産の形状，用途，法令による利用の制限その他の事情を考慮すると，さらに売却を実施させても売却の見込みがないと認めるときは（たとえば，原野，崖地，袋地，借地権付建物の敷地，不動産の共有持分など），競売手続を停止することができる（民執68条の3第1項）。差押債権者に対して，買受人を探す努力をする機会を与える趣旨である。そのうえで，差押債権者が，競売手続停止の通知を受けた日から3か月以内に，買受申出人があることを理由として，売却を実施させるべき旨を申し出たときは，売却を実施させることにする一方で，差押債権者が右の期間内に売却実施の申出をしないとき，ま

たは，申出に基づいて売却を実施したにもかかわらず買受の申出がなかったときは，競売手続を取り消すことができることにしている（同条第2項）。これは，以上のような競売手続の停止，取消し等の措置を定めることにより，競売不動産の円滑な売却を促進しようとするものにほかならない。

買受申出人の保護 (1) 買受申出人の期待保護　買受申出人が決定すると，その者には買受けに対する期待が生じるので，それ以後は，申立債権者が競売の申立てを取り下げるには，最高価および次順位買受申出人の同意が必要である（民執76条1項）。同様に，執行手続を停止すべき事由が発生したときにも，買受申出人の期待保護との調整が必要になる。このうち，手続を停止のうえ執行処分を取り消すべき場合（同39条1項1号～6号・40条）には，債務者の利益を優先させて手続を停止する。しかし，債務者から，いわゆる弁済文書や猶予文書（同39条1項8号）が提出されたにすぎない場合には，手続は当然には停止しない（同72条2項）。もっとも，執行の一時停止を命じる裁判の正本（同39条1項7号）が提出されたときは，執行手続は停止するが，その場合，不安定な地位に置かれる最高価および次順位買受申出人は，買受けの申出を取り消すことができる（同72条1項）。

(2) 最高価買受申出人のための保全処分　最高価買受申出人（買受人についても同じ）は，債務者または不動産の占有者が，自らが買受けを希望している不動産の価格を減少させたり，引渡しを困難にする行為をしたり，そのおそれがあるときには，買受申出額を納付して，債務者や占有者に対して，売却のための保全処分（民執55条）と同様の内容の保全処分（価格減少行為の禁止，執行官保管，占有移転禁止，公示保全処分）の発令を求めることができる（民執77条1項）。この保全処分も，債務者を特定しないで発令することができる（同条2項・55条の2）。最高価買受申出人のための保全処分についても，平成8（1996）年，15（2003）年そして16（2004）年の民事執行法の改正によって，内容の充実がはかられている。

4 売却許否決定

売却決定期日と売却不許可事由 売却が実施され，最高価買受申出人が決まっても，その者に直ちに売却してしまうのではなく，執行裁判所は，改めて売却決定期日を開いて，売却の許可または不許可の決定を言い渡さなければならない（民執69条）。執行裁判所は，以下の七つの売却不許可事由のうちのいずれかがあると認めるときは，売却不許可決定をしなければならない（同71条）。

(1) **強制競売手続の開始・続行を妨げる事情の存在**（民執71条1号）　執行開始要件の欠缺や執行申立ての取下げなどが看過されたような場合である。また，執行異議に伴う執行停止の申立てがあるのに，それについて判断しないまま売却許可決定をすることは許されない（東京高決平元・10・5金法1255号30頁参照）。

(2) **最高価買受申出人の買受無資格・無能力，代理人の無権限または買受申出人の背後にある者の無資格**（民執71条2号・3号）　買受申出のさいの意思表示の瑕疵（とくに錯誤）も，これらに準じて売却不許可事由になりうる（東京高決昭57・11・30判タ489号60頁）。

(3) **売却場所の秩序を乱した者による買受の申出またはその者が背後にいる買受の申出**（民執71条4号イ・ハ）　これらの者は本来売却の実施のさいに排除されるべきであるが（民執65条参照），そこで仮に漏れていても，ここでチェックされることになる。

(4) **その競売手続において買受人になったにもかかわらず代金を納付しなかった者による買受の申出またはその者が背後にいる買受の申出**（民執71条4号ロ）　代金を納付しなかった者に対する制裁の意味をもつとともに，再度不納付をおかす蓋然性が高い点を配慮した不許可事由である。

(5) **不動産の損傷による最高価買受申出人の不許可の申出**（民執71条5号）　買受申出後に天災その他自己の責めに帰することのできない事由により不動産が損傷した場合には，その損傷が軽微なときを除き，最高価買受申出人は，執行裁判所に売却不許可の申出をすることができる（民執75条1項1文）。また，かかる場合には，売却許可決定後であっても，買受人は，代金納付ま

では，売却許可の取消しを求めることができる（同項2文）。損傷前の不動産の状態に基づく売却基準価額での売却は不当だからである。ただ，最近の裁判例は，右の趣旨をさらに拡張して，買受申出前にすでに損傷が生じていた場合（申出前の火災による一部燃損につき，名古屋高裁金沢支決昭62・1・22判タ630号213頁）や物理的損傷以外の価値下落原因（以前建物内で殺人事件があったことが判明した場合につき，仙台地決昭61・8・1判時1207号107頁，同様に建物内で自殺があったことが判明した場合につき，福岡地決平2・10・2判タ737号239頁）についても，不許可の申出を認めているが，買受人保護の観点からは妥当といえよう。

(6) 売却基準価額もしくは一括売却の決定，物件明細書の作成またはそれらの手続に重大な誤りがあること（民執71条6号）　適正な価額による売却が歪められたことが不許可の根拠である（実例として，名古屋高決昭57・11・11判時1069号87頁，仙台高決平元・10・6判タ719号196頁）。したがって，事後的に売却基準価額の算定の基礎等が変更した場合も，本号に準じて不許可事由となろう。しかし，売却基準価額が市場価格に比べて低いというだけでは手続に重大な誤りがあるとはいえない。また，仮に売却基準価額の決定に重大な誤りがあっても，最高価買受申出人の申出額が不動産の適正な価額に達しているときには，その瑕疵は治癒される（名古屋高決平7・8・14判時1567号109頁参照）。

(7) その他売却手続に重大な誤りがあること（民執71条7号）　売却実施期日などの指定・公告・通知の不備・欠缺，物件明細書などの備え置きの不備・欠缺，売却実施期日における手続の違法，特別売却の要件違背などが考えられる。ただ，裁判所実務（とくに控訴審レベル）では，買受人の利益を考慮して，誤りの重大性について慎重な解釈をとるものも多い。たとえば，入札の公告期間が法定期間より1日足らなかった場合（東京高決昭60・5・16判時1157号122頁），入札書の保証欄に入札価額を記入した場合（仙台高決昭61・9・30判時1211号63頁），3500万円と記載すべき入札価額を3億5000万円と誤記入した場合（東京高決昭60・10・25判時1181号104頁），保証額が400円不足していた場合（仙台高決平2・1・10金判841号19頁）などでは，いずれも

原審における売却不許可決定が取り消されている（もっとも、最決平15・11・11民集57巻10号1524頁は、入札価額欄の千万から十までの各位にはそれぞれ数字が記載されていたが、一の位が空白であった場合につき、入札は無効であるとしている）。

売却許可・不許可の決定　(1)　以上の売却不許可事由がない限り、執行裁判所は、売却許可決定をなすべきであり、裁判所に裁量権はない。しかし、数個の不動産を売却した場合で、その内のあるものの買受申出額で全債権および執行費用を弁済できるときは、他の不動産についての売却許可決定を留保しなければならない（売却許可の留保。民執73条1項）。不動産の強制競売では、動産執行や債権執行と異なり、差押段階で超過差押を禁止していないので、複数の不動産が差し押さえられ、それぞれについて売却（超過売却）がなされうる点を考慮したものである。

売却許可決定に対しては、これにより自己の権利を害されると主張する者から執行抗告ができる（民執74条1項）。抗告理由は、再審事由のほか、売却不許可事由および売却許可手続の重大な誤りに限られる（同条2項。賃借人が自己の権利が物件明細書に記載されていないことを理由に執行抗告を認めた裁判例として、仙台高決平元・10・12判タ722号271頁）。抗告権者には、自らが真の最高価買受申出人である旨を主張する買受申出人も含まれると解すべきである（福岡高決昭62・1・14判タ626号213頁、大阪高決昭62・7・17判時1247号96頁。反対、東京高決昭62・6・30判時1244号83頁ほか）。なお、売却許可決定は、確定してはじめて効力を生じる（同条4項）。

(2)　売却不許可事由があれば、当然に売却は不許可とされる。売却不許可決定に対しては、許可決定と同様に、自己の権利を害されると主張する者から執行抗告ができる（民執74条1項）。売却不許可決定が確定すると、競売手続の開始・続行が許されない場合（同71条1号・5号。この場合には、原則として競売手続が取り消される）を除き、再度、売却手続が行われることになる。

II　動産の売却

売却の準備　差押動産の換価(売却)は、執行官の責任で行う。執行官は、差押物(金銭を除く)を適正価格で売却するために、事前にそれを評価するが(民執規102条2項)、とくに高価な動産(宝石・貴金属製品、書画骨董品、精密機械など)については、適切な評価人を選任して、その者に評価させる(同111条)。執行官が売却にさいし、最低いくらの価額なら売却するかの判断をするときの参考にすることを主たる目的とする。執行官は、差押物の価値が減少しないように、差押物の点検・保存に努めなければならない(民執規108条。執行官の点検義務違反を認めた裁判例として、名古屋地判平4・6・24判時1456号118頁)。たとえば、手形であれば、白地の場合には債務者に補充を催告し(同103条2項)、所定の始期が到来したときには、債務者に代わって手形の呈示などをしなければならない(民執136条)。これによって金銭が支払われた場合には、それを受領・保管する必要もある(同139条1項参照)。また、著しい価格減少のおそれのある差押物(生鮮食料品など)や不相応な保管費用を要する差押物(家畜など)については、執行停止中であっても、それを緊急換価して、売得金を供託することができる(同137条)。

売却に関する通則　売却の方法は、競り売り、入札、特別売却・委託売却のいずれかによる(民執134条、民執規121条・122条)。動産執行では、不動産の強制競売における売却基準価額のような制度がないため、執行官や評価人の評価額より低額での売却も認められるが、不相当に低額での売却は許されない(民執規116条1項但書・120条3項)。なお、株式などの取引所の相場のある有価証券は、その日の相場以上の価額で、また貴金属またはその加工品は、地金としての価額以上の価額で、それぞれ売却しなければならない(同123条・124条)。各動産ごとの個別売却が原則であるが、動産の種類・数量等の考慮により、数個の動産を一括売却することもできる(同113条)。

債務者自身が買受人になれないのは、不動産の強制競売の場合と同様であ

るが（民執135条・68条），鉄砲・刀剣類，火薬品，毒物・劇物など，その所持が法令上制約されている動産については，買受申出人を有資格者に限定して売却することができる（民執規132条・33条）。相当な方法で売却を実施してもなお売却の見込みのない動産については，差押えの維持は無用の負担であり，執行官は差押えを取り消すことができる（民執130条）。売却が実施され，一部の動産で全債権および執行費用を弁済できる見込みがあるときは，他の動産の売却は留保し（民執規116条2項），それが確実となった時点で他の動産の差押えを取り消さなければならない（民執128条2項）。なお，有価証券を売却したときは，執行官は，債務者に代わって，買受人のために裏書または名義書換えに必要な行為をすることができる（同138条）。

売却方法 動産の売却方法には，前記四種類の方法があるが，入札はほとんど行われていないので，他の三つについて説明する。

(1) **競り売り** 執行官は，競り売りを実施する場合，やむをえない事由がある場合を除き，差押えの日から1週間以上1か月以内の日を売却期日と定め，その日時・場所を各債権者・債務者に通知し（売却期日通知），その他必要事項とともに公告する（民執規115条）。そのうえで適当な場所で立会人の立会いのもとに競り売りを行うことができる。ただ，多くの場合，競り売りは，一般人には立ち入りがたい債務者の住居内（差押場所）で行われることが多く（いわゆる軒下競売），このような閉鎖的な競売は，適正価額による売却を阻害するとともに，動産執行のイメージを暗いものにしているが，改善の途は遠い。

売却期日において，執行官は，買受申出額を競り上げる方法で競り売りを実施し，最高の買受申出額を3回呼び上げる間に，より高額の申出がないときは，その最高額申出人に買受を許可する（民執規116条1項。ただし，同項但書参照）。買受申出を許可された者は，直ちに代金を支払うのが原則であるが（同118条1項），当該動産が高額であるため，別に支払日が定められている場合は，とりあえず当該動産の評価額の2割程度の保証を提供すれば足りる（同条3項）。

(2) **特別売却・委託売却** 執行官は，動産の種類・数量等を考慮して相

当と認めるときは，あらかじめ差押債権者の意見を聴いたうえ，執行裁判所の許可を受けて，競り売り・入札以外の方法で差押物を売却したり，執行官以外の者に売却を実施させることができる（民執規121条・122条）。前者を特別売却といい，後者を委託売却という。特別売却は，たとえば所持禁制品や特殊機械を個別交渉で有資格者や利用希望者に売却する場合である。また，委託売却は，たとえば食料品の売却を市場に委託したり，書画骨董品の売却を美術商に委託する場合である。いずれの方法も積極的活用が期待されている。なお，取引所の相場のある有価証券については，売却日の相場以上である限り，差押債権者への意見聴取や裁判所の許可がなくても，これらの方法で証券会社などに売却したり，売却委託をすることができる（同123条）。

第5章　配当と買受人の地位

　差押えを受けた債務者の財産（差押物）が売却され，買受申出人から代金が支払われると，買受申出人が支払った代金（売得金）は，債権者に満足を得させるために交付または配当される。もっとも，債権者が1人の場合や，2人以上いても売得金で全債権者の債権および執行費用の全部を弁済できるときは，格別問題は生じない。売得金をそのまま債権者に交付すればよいからである（民執84条2項・139条1項）。しかし，売得金で全債権者の債権および執行費用の全部を弁済できないときには，それを債権者間に平等に配分する手続が必要になる（同84条1項・139条2項）。前者を弁済金の交付といい，後者を配当というが，弁済金の交付が行われる場合は稀である。

　また，買受申出人は，代金を支払うと，売却物件について買受人の地位を取得するが，買受人の地位をめぐっては，買受人はいつの時点で売却物件の所有権を取得するのかといった問題や，買い受けた物件が実は債務者の所有物でなかったときに，買受人は所有権を取得できるのかといった問題があるほか，さらには，買い受けた不動産に占有者がいたり，占有者が不動産の交換価値を減少させるような行為をし，またはそのおそれがあるときに，買受人としてはどのような手段がとれるのかといった問題もある。

　本章では，以上述べたような不動産・動産の売却実施後に行われる配当手続と買受人の地位をめぐる問題について概説する。

I　配当要求

　債務者のある責任財産に対して多数の金銭債権が競合し，その売得金ではすべての債権を満足させることができない場合に，売得金をどのように配分するかについては，優先主義（差押えの先後により，債権者間の優劣を決める

いき方）と平等主義（債権者間の公平に配慮し，二重差押えや配当要求などを通じて手続に参加した債権者のすべてに公平に配当を与えるいき方）という考え方の対立があるが（→第**2**部第**3**章Ⅳ参照），旧強制執行法は，債務名義を有しない債権者にも配当要求を認める徹底した平等主義をとっていた。そのため，配当要求が虚偽・架空の債権に基づいてなされる弊害があった。そこで，民事執行法は，平等主義を原則としながらも，執行手続の適正・迅速化をはかる見地から，平等主義に一定の制限を加えている。

配当要求権者 民事執行法は，以上の趣旨にそって，配当要求権者を，執行対象財産の種類に応じて，つぎのように規定している。

(1) 不動産の強制競売の場合　不動産の強制競売において配当要求できるのは，執行力のある債務名義の正本（執行正本）を有する債権者と，差押えの登記後に登記された仮差押債権者（差押えの登記後に仮差押の申立てをなし，執行をした債権者）および一般の先取特権の存在を証明した債権者に限られる（民執51条1項）。このうち，一般の先取特権者に無名義の配当要求が認められたのは，主として労働債権保護の見地によるものである。なお，差押えの登記前に登記をした仮差押債権者および抵当権者や使用収益権のない質権者は，それらの権利につき消除主義がとられている結果（民執59条1項・3項。→第**2**部第**4**章Ⅰ**2**参照），配当要求をしなくても，当然に配当にあずかることができる（民執87条1項3号・4号）。

(2) 動産執行の場合　動産執行において配当要求できるのは，その権利を証明する文書を提出した先取特権者および質権者（優先的債権者）に限られる（民執133条）。したがって，一般債権者は，そのままでは配当要求ができない。これは，配当要求があっても差押えの範囲が拡張されないことと，動産執行では超過差押禁止の原則（同128条）が貫かれていることから，一般債権者による単純な配当要求を認めると，差押債権者の利益が害されるからである。一般債権者が配当にあずかるためには，自ら二重執行の申立てをし，執行官により事件併合の手続がとられる必要がある（同125条2項〜4項。→第**2**部第**3**章Ⅱ参照）。ただ，実体法上の優先権を有する者にまで配当要求を認めないという原則を貫くことには問題があるので，先取特権者および質

権者には配当要求を認めている。

配当要求の方式・通知と終期　配当要求権者は，配当要求の終期までに配当要求をしなければ，配当にあずかれない。配当要求は，債権（利息その他附帯の債権を含む）の原因および額を記載した書面（配当要求書）によって行い（民執規26条・132条），配当要求があったことは，裁判所書記官により，差押債権者および債務者に通知される（同27条・132条）。債権の一部に基づき配当要求をした債権者は，配当要求の終期までであれば，残部について配当要求をすることができる（大阪高決昭62・10・22判タ657号247頁）。配当要求は，債権者による明確な権利主張行為であるから，差押えに準じるものとして（民147条2号参照），債権の消滅時効を中断する効力を有する（最判平11・4・27民集53巻4号840頁）。

なお，租税等の請求権（国税徴収法およびその例により徴収することができる請求権）を有する者が，強制競売手続で配当を受けるためには，交付要求が必要とされる（滞納強制調整10条3項，税徴82条1項など）。問題は，交付要求の終期であるが，判例・通説は，国税徴収権者であっても，民事執行法上の競売手続に便乗するものにすぎないから，特段の法令の定めがない限りは，配当要求に関する民事執行法の規定が類推適用されるべきであるとして，執行裁判所の定めた配当要求の終期（民執49条・52条）までに交付要求がなされなければ配当を受け取ることができないと解している（最判平2・6・28民集44巻4号785頁〔民執保全百選27事件〕）。

配当要求の終期は，執行対象財産の種類に応じて異なる。

(1) **不動産の強制競売の場合**　旧強制執行法下では，配当要求は競落期日の終わりまでできるとされていたため（旧民訴646条2項），買受申出後に一般先取特権者等から配当要求があると，無剰余となって執行手続が取り消されてしまうなどの不都合があった。そこで，民事執行法は，不動産の売却手続が上記のような偶発的な事情によって取り消されないように，剰余の有無（民執63条参照）を売却手続の前に確定することにし，そのために，執行裁判所の定めた配当要求の終期までに配当要求をしなかった債権者は配当にあずかれないことにしている（同49条1項）。

この配当要求の終期は，二重開始決定があった場合を除き（民執47条3項参照），執行裁判所が，強制競売開始決定の付随処分として，物件明細書の作成までに要する期間を考慮して定めるが（同49条1項），大体，登記官から登記事項証明書の送付があった時（同48条2項）から1か月ないし3か月のあたりで定めている。ただ，この配当要求の終期後，長い間差押不動産の売却が行われないと，配当要求権者および配当要求できない他の債権者の利益を害するので，上記終期から3か月以内に売却許可決定がなされないとき，または，いったんなされた売却許可決定が効力を失ったときは，配当要求の終期は，もとの終期から3か月を経過した日に自動的に変更されることになっている（民執52条）。

(2) 動産執行の場合　動産執行の場合の配当要求の終期は，差押物が売却された場合には，執行官が売得金の交付を受ける時（通常は売却時）である。もっとも，執行手続の停止中に差押動産が売却され売得金が供託された場合（民執37条1項）および仮差押えの執行にかかる動産が売却され売得金が供託された場合（民保49条3項）には，動産執行が続行される時が配当要求の終期となる（民執140条）。なお，差押物が金銭であるため換価が不要のときは，その差押え時が，また，執行官が差し押さえた手形等を呈示してその支払いを受けたときは，その支払いを受ける時が，それぞれ配当要求の終期となる（同140条）。

II　配当手続

配当を受けるべき債権者　配当にあずかれるのは，差押債権者だけに限られない。それ以外にも，さまざまな債権者が配当にあずかることができる。その中には，債務者に対する金銭債権を主張して配当にあずかる者（一般債権者）と，担保権を主張して配当にあずかる者（担保権者）とが含まれる。

(1) 不動産の強制競売の場合　不動産の強制競売において配当にあずかれるのは，差押債権者のほか，配当要求の終期までに強制競売の申立てまたは一般先取特権の実行としての競売の申立てをした債権者（民執87条1項1

号)，執行力のある債務名義の正本（執行正本）を有し，配当要求の終期までに配当要求をした債権者，差押えの登記後に登記された仮差押債権者で，配当要求の終期までに配当要求をした債権者，配当要求の終期までに一般先取特権の存在を証明した一般先取債権者（以上につき，同51条1項・87条1項2号)，差押えの登記前に登記された仮差押債権者（同87条1項3号)，差押えの登記前に登記された先取特権者（ただし，同項1号・2号の一般先取特権者を除く)，および，差押えによって消滅する質権または抵当権を有する債権者（同項4号）である。

(2) 動産執行の場合　動産執行において配当にあずかれるのは，差押債権者のほか，配当要求の終期までに，配当要求をした質権者・動産先取特権者（民執133条参照)，および，自ら二重執行の申立てをし，事件併合の手続を経た一般債権者（同125条2項～4項参照）である（同140条)。

配当表の作成　配当は，配当表と呼ばれる書面に基づいて実施される（民執84条1項)。配当表を作成するのは，どの債権者にどの程度の配当ができるかを明らかにするためである。

配当表は，配当を受けるべき各債権者から提出された債権計算書に基づいて，配当期日に執行裁判所によって作成されるが（民執85条1項，民執規60条。なお，最判平15・7・3判時1835号72頁〔民執保百選95事件〕は，不動産競売申立てをした担保債権者が，申立書記載の請求債権額を，債権計算書により拡張することを肯定した)，配当期日は，原則として代金納付日から1か月以内に執行裁判所によって開かれることになっている（民執規59条。もっとも，実際には2か月程度先になることが多い)。配当期日には，配当を受けるべき債権者および債務者が呼び出され（民執85条3項。なお，配当期日の呼出状の送達手続につき，同条7項参照)，執行裁判所は，配当表の作成に関して，それらの利害関係人を審尋したり，書証を取り調べることができる（同条4項)。

配当表の記載事項は，目的物の売却代金の額，各債権者の債権額，執行費用の額および配当の順位・額である（民執85条6項)。このうち，配当の順位・額については，原則として，民法，商法その他の法律（国税徴収法など）に従うが（民執85条2項)，全債権者の間で合意が成立すればそれによる（民執

85条1項但書)。もっとも，実際には，そうした合意が成立することはほとんどなく，裁判所書記官があらかじめ作成した配当表の原案がそのまま配当表とされているようである。ちなみに，最近では，この原案の作成に，コンピューターが使われている。

配当の実施　(1) **不動産の強制競売の場合**　執行裁判所が配当実施機関である。執行裁判所は，債権者が1人である場合または2人以上であっても売却代金をもって各債権者の債権および執行費用を弁済できる場合には，売却代金から執行費用を控除した後，債権者に弁済金を交付し，残余があればさらに債務者に交付するが（交付手続。民執84条2項)，それ以外の場合には，配当表に基づいて配当を実施する（同条1項)。

しかし，後述の配当異議が出された債権については，配当を実施することはできない（民執89条2項)。また，売却代金の納付後に執行取消文書（同39条1項1号~6号）が提出されたときは，差押債権者に対して配当は行わないが，他に配当を受けるべき債権者がいれば，それらの者のために配当が実施される（同84条3項)。なお，執行処分の取消しを伴わない一時的な執行停止文書（同39条1項7号・8号）が提出されても，これを無視して配当が実施される（同84条4項)。

配当を受けるべき債権者が出頭しなかった場合，および配当を受けるべき債権者の権利が不確定な状態にある場合（たとえば，停止条件付ないし不確定期限付債権，仮差押えにかかる債権，担保権実行禁止の仮処分が出されている債権，配当異議訴訟が提起されている債権など）には，それらの者に配当すべき額に相当する金銭が供託されるが（民執91条1項各号)，供託事由（配当を留保する事由）が消滅したとき（たとえば，仮差押えの本案訴訟で原告の勝訴が確定したとき，配当異議訴訟で被告の勝訴が確定したときなど）は，執行裁判所は配当を実施しなければならない（同92条1項)。また，それらの者につき確定的に配当が実施できなくなった場合には，追加配当をするために配当表を変更する必要があるので（同条2項)，再度，配当期日が開かれる。

(2) **動産執行の場合**　配当実施機関は，第一次的には執行官であり（民執139条)，第二次的に執行裁判所が配当実施機関となる（同142条)。

執行官は，債権者が1人の場合または2人以上であっても各債権者の債権および執行費用の全部を弁済することができる場合には，債権者に弁済金を交付する手続をとるが（民執139条1項），仮に売得金や支払金で全債権者に弁済することができない場合でも，債権者間で配当について協議が整ったときは，執行官がその協議に従って配当を実施する（同条2項）。しかし，債権者間で配当協議が整わなかったときは，執行官は，その事情を執行裁判所に届け出なければならない（事情届。同条3項）。また，執行官が配当を実施すべき場合でも，配当を受けるべき債権者の中に，その権利が不確定な状態の者がいる場合（停止条件付ないし不確定期限付債権，仮差押えにかかる債権，質権・先取特権実行禁止の仮処分が出されている債権，配当異議訴訟が提起されている債権など）には，執行官は，それらの者に配当すべき額に相当する金銭を供託し，やはりその事情を執行裁判所に届け出なければならない（民執141条1項1号～4号）。そして，執行裁判所は，前者の場合には，直ちに，また，後者の場合には，その供託事由が消滅したときに，それぞれ配当を実施しなければならない（同142条1項）。なお，配当異議が出された債権の取扱い，執行取消文書・執行停止文書が提出された場合の取扱いは，(1)の不動産の強制競売の場合と同様である（同139条4項・142条2項参照）。

Ⅲ　配当に対する不服申立て

　民事執行法は，不動産の強制競売に関して，配当に対する不服申立てについての詳細な規定を置き，それを他の執行手続で配当が実施される場合に準用している（民執142条2項・166条2項など）。したがって，以下の説明は，動産執行や債権執行などにおいて配当が実施される場合にもあてはまる。

配当表に対する不服　配当表の作成手続に関する不服は，執行異議によって申し立てられるが（民執11条），配当表に記載された債権の存否，配当の順位，配当額の多少など配当表の内容に関する不服は，配当期日における配当異議の申出によってなされる（同89条1項）。配当異議の申出権者は，自ら配当を受けるべき旨を主張する債権者（最判昭35・7・

27民集14巻10号1894頁参照）か，債務者である（なお，最判平 6・7・14民集48巻 5 号1109頁〔民執保全百選50事件〕は，配当表に記載されていない債権者は，執行異議によってまず配当表の是正を求めるべきであり，配当異議の申出および配当異議訴訟の提起はできないとする）。

　この配当異議の申出は，訴えによって貫徹される必要があり（民執90条 1 項・5 項），配当期日から 1 週間以内に執行裁判所に対して起訴の証明がなされないと（起訴の証明方法につき，最判平 6・12・6 判タ870号109頁参照），異議の申出は取り下げられたものとみなされる（同条 6 項）。その訴えとは，債権者が異議を述べる場合と，債務者が無名義債権者に対して異議を述べる場合は，配当異議の訴えであり（民執90条 1 項），債務者が有名義債権者に対して異議を述べる場合は，請求異議の訴え（同35条）である（同90条 5 項）。この訴えについて起訴の証明がなされると，その債権者に配当すべき額に相当する金銭は供託され（同91条 1 項 7 号），訴訟の結果を待って配当が実施される（同92条）。

配当異議の訴え　　（1）　**訴訟手続**　　配当異議の訴えの管轄裁判所は，執行裁判所である（民執90条 2 項）。原告は，配当異議を申し出た者であり，被告は，その異議の相手方債権者である。配当異議訴訟では，配当異議の申出の当否，すなわち，債権の存否，配当の順位，配当額の多少などに関する原告の異議の当否が審理される。もっとも，異議事由は，必ずしも配当期日における異議申出の事由には拘束されず，相手方の配当受領資格の欠缺に関する一切の主張（たとえば，売却許可決定後の相手方の債権の消滅）を請求原因とすることができる（最判平元・6・1 判時1321号126頁〔民執百選53事件〕）。

　訴訟手続は，基本的には通常の訴訟手続と同じであるが，ただ，特則として，原告が最初の口頭弁論期日に欠席すると，その責めに帰することのできない事由がない限り，訴えは直ちに却下される（民執90条 3 項）。濫用的な配当異議を予防して，迅速な配当の実施をめざす趣旨である。したがって，原告・被告双方が出頭しない場合についても，訴え取下げの擬制に関する民事訴訟法263条（旧民訴238条）ではなく，民事執行法90条 3 項が適用され，訴

えは直ちに却下される（横浜地判昭59・5・28判タ537号165頁）。

(2) **判決の効力**　裁判所は，原告の請求を認容するときは，その判決において配当表上の被告への配当額を取り消すとともに，その取り消した配当額をどの債権者にどれだけ再配分するかを決めなければならない（民執90条4項）。そのさい，原告が債権者であるときは，認容判決が確定しても配当額の再配分は被告債権者との間でだけ行われ，他の債権者の配当額には影響を及ぼさない（認容判決の相対効。最判昭40・4・30民集19巻3号782頁〔民執保全百選51事件〕）。これに対して，原告が債務者であるときは，被告債権者の債権の不存在は他の債権者の配当額にも影響を及ぼすので（認容判決の絶対効），全債権者のために配当表が変更されることになる（民執92条2項）。

　配当異議を申し出なかったり，申し出ても異議の訴えを提起しなかった債権者が，配当実施後に，他の債権者に対して権利の不存在を理由に不当利得返還請求権を行使できるかどうかについては，学説上争いがある。判例は，一般債権者による不当利得返還請求につき，一般債権者は特定の執行目的物から優先弁済を受けるべき権利を有していないことを理由に，これを否定している（最判平10・3・26民集52巻2号513頁〔民執保全百選49事件〕）。これに対し，抵当権者による不当利得返還請求については，抵当権の効力として売却代金から優先弁済を受ける権利を有していることを理由に，不当利得返還請求を肯定している（最判平3・3・22民集45巻3号322頁）。なお，配当異議を述べなかった債務者については，もともと配当関係の外にあるので，配当異議の申出の有無に関係なく，不当利得の返還を請求できると解されている（最判昭63・7・1民集42巻6号477頁〔民執保全百選92事件〕ほか）。

IV　買受人の地位

1　不動産の強制競売の場合

代金の納付　(1)　売却許可決定が確定すると，最高価買受申出人は買受人となり，執行裁判所が定める代金納付期限（民執規56条は，代金納付期限を売却許可決定確定後1か月としているが，実際には買受人の資金

調達の便宜等を考慮して2か月先あたりに定められることが多い）までに目的不動産の代金を納付しなければならない（民執78条1項）。もっとも、買受人がすでに提供している保証は代金に充当されるので（同条2項）、買受人としては残額を支払えばよい。また、配当を受けるべき債権者が買受人となったときは、売却許可決定が確定するまでに執行裁判所に申し出て、自らが受けるべき配当額を控除して代金を納付することができる（いわゆる差額納付。同条4項）。

　代金納付の方法は、つねに一括払いであり、分割払いは認められない。そこで、一般消費者の競売手続への参入を容易にするために、これまでも、買受人の代金の納付を金融機関が資金的に援助し、代わりに競売物件について金融機関が一番抵当の登記ができるよう裁判所が配慮するという方法（いわゆる横浜ローン方式）が、一部の裁判所で実施されていたが、平成10（1998）年の民事執行法の一部改正は、この方法に法的な裏づけを与えるにいたった。すなわち、民事執行法82条1項は、買受人の代金納付に伴う裁判所書記官の登記嘱託を定めているが、平成10年に新たに設けられた同条2項は、競売物件の買受人と同人から当該物件について抵当権の設定を受けようとする者（金融機関）が、共同して、司法書士または弁護士を指定して申出をすれば、裁判所書記官は、指定された司法書士または弁護士に嘱託書を交付して登記所に提出する方法で所有権移転登記等の嘱託をする旨を定めている。この方式は、大いに活用されるものと思われる。

　(2)　反対に、買受人が納付期限までに代金を納付しないと、売却許可決定は効力を失い、買受人が提供していた保証は没収される（民執80条1項）。この場合に、次順位買受申出人がいるときは、執行裁判所はその申出について売却決定期日を開き、売却許否の決定をしなければならない（民執80条2項）。最終的に代金の納付がないときは、再度通常の売却を行うことになるが（売却の再施）、その場合、代金不納付によって失権した者はもはや買受人になることはできず（民執71条4号ロ）、その者が前の売却のさいに提供した保証は後の売却代金に上積みされる（同86条1項3号）。

買受人のため
の保全処分　競売不動産の買受人も，最高価買受申出人と同様に，債務者または不動産の占有者が，自らが買受けを希望している不動産の価格を減少させたり，引渡しを困難にする行為をしたり，そのおそれがあるときには，買受申出額を納付して，債務者や占有者に対して，売却のための保全処分（民執55条）と同様の内容の保全処分（価格減少行為の禁止，執行官保管，占有移転禁止，公示保全処分）の発令を求めることができる（民執77条1項）。この保全処分も，債務者を特定しないで発令することができる（同条2項・55条の2）。この保全処分は，売却のための保全処分（民執55条）と比べ，申立件数は必ずしも多くないが，執行妨害の一態様として，売却後に物件の引渡しを困難にし，買受人に立退料やいわゆる解決金を要求する等の行為が見受けられるようになっていることから，近時，増加傾向にある。

買受人による
所有権取得　(1)　買受人が代金を納付すると，納付の時から目的不動産の所有権を取得するのが原則であるが（民執79条），買受人が所有権を取得するためには，その前提として，強制競売が有効な債務名義に基づいて行われ，かつ目的不動産が債務者の所有に属していることが必要である。したがって，債務名義が無効であるとき（たとえば，偽造執行証書による競売申立ての場合）は，競売は無効であり，買受人は代金を納付しても所有権を取得できない（最判昭43・2・27民集22巻2号316頁〔民執保全百選10事件〕，最判昭50・7・25民集29巻6号1170頁）。ただ，債務者が競売開始決定の送達（民執45条2項）により，競売の開始を知っていながら，なんらの措置もとることなく競売手続を進行させて，売却許可決定の確定・代金の納付にまでいたらせたときは，無権利者の処分行為の追完（黙示の追完）の法理により，後日競売の無効を主張しえないと解する余地があろう。これに対し，債務名義が有効であれば，執行債権が実体法上不存在であっても，買受人による所有権の取得は妨げられない（最判昭54・2・22民集33巻1号79頁〔民執保全百選41事件〕）。

(2)　目的不動産が競売開始決定時から第三者の所有に属していたときも，買受人は，代金を納付しても不動産の所有権を取得できない（大判昭14・9・

8民集18巻1059頁)。この場合，買受人が真実の所有者から追奪されたときは，民法568条1項・2項に基づいて，追奪担保責任を債務者，または債務者が無資力の場合は配当を受けた債権者に追及できるにすぎない。もっとも，真実の所有者が虚偽の登記の現出に加功したときは，民法94条2項の類推適用により，善意の買受人に対して登記が虚偽であったことを主張できず，買受人は所有権を取得できると解される（最判昭48・6・21民集27巻6号712頁〔民執保全百選9事件〕）。同様にまた，たとえば借地権が存在することが前提とされる建物に対する強制競売において，実際には借地権が存在しなかったため，買受人が建物買受の目的を達成できなかった場合には，買受人は，民法568条1項・2項，同566条1項・2項の類推適用により，強制競売による建物の売買契約を解除のうえ，債務者，または債務者無資力のときは配当を受けた債権者に代金の返還を請求することができると解される（最判平8・1・26民集50巻1号155頁〔民執保全百選42事件〕）。

買受人が代金納付により目的不動産の所有権を取得すると，目的不動産の滅失・損傷についての危険負担も，代金納付の時から買受人に移転する（民執75条参照）。

引渡命令 (1) **趣 旨** 買受人が代金を納付して目的不動産の所有権を取得すれば，引受けとならない不動産の占有者に対しては，実体法上，引渡しを請求できることになる。しかし，そのためにつねに引渡請求訴訟を提起しなければならないとすると，費用と時間の関係で，買受希望者を広く募ることは実際上困難であろう。そこで，民事執行法は，買受人が簡略な手続で不動産の引渡しを受けられるように，引渡命令の制度を置いている（民執83条。不動産引渡命令の合憲性につき，最決昭63・10・6判時1298号118頁参照）。

(2) **引渡命令の相手方と平成8年民事執行法改正** ところで，平成8(1996)年改正前の民事執行法83条1項は，引渡命令の相手方について，「債務者」のほか，「事件の記録上差押えの効力発生前から権原により占有している者でないと認められる不動産の占有者」と規定していた。もともと，この部分は，民事執行法制定のさいの立法原案では，引渡命令の相手方は，買

受人に対抗できないすべての不動産占有者となっていたが，国会において，労働組合が生産管理などで工場を占拠しているときに，引渡命令によって簡単に労働者が排除され，強制競売が争議つぶしに使われては困るとの理由で修正され，前記のような規定になったという経緯がある。しかし，かかる規定の下では，法文上は，①債務者，②占有権原のない差押え前の占有者，③買受人に対抗できない差押え後の占有者のみが，引渡命令の相手方となり，対抗要件を備えない賃借人や，差押え後に更新された短期賃借人（民旧395条）のように，債務者との関係で適法な占有権原のある差押え前の占有者に対しては，引渡命令は発令できないものと解されていた。そのため，そうした占有者が執行妨害を意図して任意に不動産を明け渡さない場合には，買受人は明渡訴訟を提起しなければならず，実務上しばしばそのことが不動産の競売手続の円滑な遂行の支障となっていた。そこで，判例や学説では，さまざまな法解釈を駆使して引渡命令の相手方の拡大に努めてきたが，そこには自ずと一定の限界もあった。そこで，悪質な執行妨害行為に対処するための平成8（1996）年の民事執行法の一部改正の一環として，引渡命令の相手方は，「債務者」のほか，「事件の記録上買受人に対抗することができる権原により占有していると認められる者」を除く「不動産の占有者」に改められた（民執83条1項）。その結果，いわゆる濫用的短期賃借権者に対して引渡命令が出せるのはもちろんのこと，差押え前からの占有者でも，対抗要件を備えない賃借人や，差押え後に賃貸借期間の満了した短期賃借人（民旧395条）に対しても，当然に引渡命令が発令できることになった。もっとも，平成8年改正民事執行法によっても，適法な短期賃借権者に対しては，なお引渡命令は発令できなかったが，前述のように，平成15年の民法改正によって，短期賃貸借制度自体が廃止されたので，この問題は解決した。

(3) 発令の手続　　引渡命令の申立権者は代金を納付した買受人である（民執83条1項）。買受人が第三者に所有権を移転した場合でも，買受人になお売主として第三者に不動産を移転する義務がある限り，引渡命令の申立権を有する（最判昭63・2・25判時1284号66頁〔民執保全百選47事件〕）。引渡命令は，執行手続に付随して買受人に対してなされるいわばサービスであるので，

その申立期間は，代金納付から6か月以内に限られている（同条2項）。引渡命令は占有者から占有を剥奪するという重大な効果を有することから，民事執行法83条3項は，債務者以外の占有者を対象とする場合には，原則としてその者を審尋すべきものとしている。しかし，同時に，同条項は，審尋を要しない例外的場合として，すでにその者を審尋している場合のほか，「事件の記録上その者が買受人に対抗することができる権原により占有している者でないことが明らかである」場合を挙げている（同条3項）。これは，悪質な占有者の偽装工作を防止するとともに，事件記録のみの審査で引渡命令を発令できることにして裁判所の負担軽減をはかったものである。

なお，先に述べた売却のための保全処分（民執55条）または最高価買受申出人・買受人のための保全処分（民執77条）のうち，占有移転禁止の保全処分および公示保全処分がなされた場合において，引渡命令が発令されたときは，民事保全法上の占有移転禁止の保全処分と同様の当事者恒定効が生じ，悪意の占有者や善意の承継人に対しても，引渡命令の執行力が及ぶ，したがって，買受人は，それらの者に対しても不動産引渡しの強制執行をすることができる（民執83条の2第1項）。

＊　**民事執行法旧83条の「占有権原」の解釈をめぐる学説**　債務者以外の占有者が具体的にどのような「権原」に基づいて不動産を占有していれば引渡命令の相手方とされないのか，平成8年改正前民事執行法83条にいう「権原」の解釈をめぐっては，学説上，対立があった。①債務者に対する関係において占有権原（たとえば賃借権，使用借権）があれば足りるとする適法権原説，②買受人に対抗できる占有権原である必要があるとする対抗権原説，③事件の記録上認められる諸般の事情を総合して認定される正当な権原を意味すると解する正当権原説などがそれである。この内，対抗権原説は平成8年改正前民事執行法83条の法文にそぐわないという欠点があり，また，適法権原説にも，債務者に対する関係で占有権原を有するからといって，濫用的な賃借権や執行妨害を目的とした賃借権を保護する必要はないとの批判があり，最近では，正当権原説が有力となっていた。しかし，現行民事執行法83条は，対抗権原説の立場で立法されている。

2　動産執行の場合

売却に付された動産の買受けの申出をした者は，執行官が買受けを許す旨を告知した時に，買受人の地位を取得し，私法上の売買契約が成立したのと

同じことになる。また，危険負担もこの告知の時から買受人に移転する（民534条1項）。所有権の移転時期については規定はないが，買受人が執行官に代金を支払った時と解される（民執79条参照）。

　差押えが無効であるときは，売却も無効であり，買受人は代金を支払っても当該動産の所有権を取得できない。しかし，売却手続に関する規定の違背があっても，売却手続が終了すれば，売却の効力に影響は生じない。目的物が第三者の所有に属するときは，即時取得の要件（民192条）を備えた場合に限り，買受人は所有権を取得できる（もっとも，通常はこの要件を備えているであろう）。これに対して，即時取得の要件を備えていないために買受人が目的物の所有権を取得できない場合や，目的物について売却条件に示されたところと数量・品質に食い違いがある場合には，買受人は債務者に，また債務者が無資力のときは配当を受けた債権者に対して担保責任を追及できる（民568条）。しかし，目的物に隠れた瑕疵があっても，担保責任は追及できない（同570条但書）。

　なお，有価証券が売却されたときには，執行官は，債務者に代わって，買受人のために裏書または名義書換に必要な行為をしなければならない（民執138条）。

第6章　債権執行の特色

　債権執行は，債務者が第三者に対して有する債権に対する執行であり，権利という無形の財産を執行対象とするため，不動産執行や動産執行とはさまざまな点で異なる。その大きな特色は，執行機関の関与程度が低く，債権者の積極的な手続追行や執行外の活動に依存すること，通常の執行当事者である債権者と債務者以外に第三債務者が執行の場に引き出され，重要な役割を担うことである。債権執行は金銭債権に対する執行と動産・船舶の引渡請求権に対する執行とに分けられるが，以下では前者について概説する。

I　差押手続

債権差押命令　　(1)　**申立て**　　債権執行の執行機関は執行裁判所であり，執行裁判所の差押命令によって手続が開始する（民執143条）。債権執行の申立ては，原則として債務者の普通裁判籍所在地の地方裁判所に（民執144条），債権差押命令の申立書を提出して行う。申立書には債権者，債務者，債務名義のほかに，第三債務者と債権の種類および額などの差し押さえるべき債権を特定するために必要な事項を記載しなければならない（民執規133条・21条）。ここで債権の特定をあまり厳格に要求すると，債権者に困難を強いることになる（→第2部第3章I参照）。しかし，逆に特定の程度を緩和すると，債務者の第三債務者に対する債権が複数あるようなときは，債務者も第三債務者もどの債権が差し押さえられたのかわからずに処置に窮する。したがって，どの程度の特定が必要かは，具体的事件における利害関係人の衡平の観点から判断されることとなる。通常は債権の種類（売買代金債権，貸金債権，給料債権など），発生時期，発生原因によって特定される。

(a) 預金債権の特定　　銀行預金については，債権者が債務者の預金の種類や口座番号まで把握して特定することは期待できず，預金者の信用保持のため金融機関の協力も得られない。そこで実務では数種，数口の預金債権があることを想定して，たとえば「債務者が第三債務者（〇〇支店扱い）に対する預金債権のうち以下の順序に従って請求金額に満つるまで」とし，差押えの順序を「(1)先行の差押え・仮差押えのないものから，(2)定期預金，定期積金，通知預金，貯蓄預金，納税準備預金，普通預金，別段預金，当座預金の順序で，(3)口座番号の若いものから」とする特定方法がとられている。債権者の特定の困難を緩和するとともに，第三債務者（銀行）の事務処理上の負担とのバランスも考慮した実務の工夫である（なお，同一銀行の3支店に順序を付した申立てを適法とした東京高決平8・9・25判時1585号32頁〔民執保全百選60②事件〕）。

(b) 将来債権の差押え　　将来生ずべき債権であっても，差押えの対象となりうる。債権者がその債権を特定できる限り，独立の財産的価値を有するものとして譲渡などが可能であるし，第三債務者としても処置に窮しないからである。そこで将来債権が被差押適格をもつかどうかは，債権者のチャンスと第三債務者の迷惑との利益衡量によるとされる（→次述「差押えの効力」(2)(a)も参照）。

(2) 発令手続　　執行裁判所は差押命令の発令にさいして，申立てが適式かどうか，差押禁止債権でないか，超過差押えまたは無益差押えでないか（→第2部第3章Ⅲ参照）などの形式的審査だけを行う。ここでは，債務者が差押えを察知して債権を処分することのないように，債務者や第三債務者を審尋しない（民執145条2項）。差押命令は債務者および第三債務者に送達され（同条3項），第三債務者への送達があったときに差押えの効力が生ずる（同条4項）。差押命令をめぐる不服申立てとしては執行抗告が用意されている（同条5項）。

差押えの効力　　(1) 関係人の地位　　(a) 債務者に対する効力　　差押命令により，債務者は債権の取立てと弁済の受領だけでなく，債権の譲渡や免除などの一切の処分を禁止される（民執145条1項）。もし債

務者がこれに違反する処分行為をしても，執行手続が続行する限り，差押債権者と手続に参加するすべての債権者に対して対抗できない（手続相対効につき，→第2部第3章Ⅳ参照。なお，差押えの処分禁止効を理由に，建物の賃料債権に対する一般債権者の差押えが，その後に建物の抵当権設定登記を経由した物上代位権者による同一債権の差押えに優先するとした最判平10・3・26民集52巻2号483頁〔民執保全百選100事件〕参照）。

また，被差押債権に関して契約書や預金証書などの債権証書があるときは，差押債権者に引き渡さなければならない（民執148条）。これにより処分禁止の実効性を確保することができ，差押債権者が後に第三債務者に対して行う取立てにも役立つ。

(b) 第三債務者に対する効力　差押命令が送達されると，その時点で第三債務者は突如執行手続に巻き込まれ，債務者に対する弁済を禁止される（民執145条1項）。これに反して債務者に弁済しても，差押債権者から取立てを受ければ二重に弁済しなければならない（民481条）。同様に，差押発効後に取得した債務者に対する反対債権をもって相殺しても，差押債権者に対抗できない（民511条）。[*]

また，差押債権者の申立てがあった場合には，差押命令の送達から2週間以内に債権の存否・種類・額，弁済の意思の有無などの事項について陳述すべき旨の催告を受ける（民執147条1項，民執規135条）。差押命令は事前に利害関係人の審尋を行わずに出されるため，差押債権者は，この段階で執行機関の仲介により第三債務者からの応答を引き出し，新たに第三債務者との執行関係の契機とすることができる（なお，第三債務者の陳述の法的性質につき，最判昭55・5・12判時968号105頁〔民執保全百選64事件〕参照）。第三債務者が故意または過失によりこの陳述義務に違反した場合には，それによって生じた損害を賠償しなければならない（民執147条2項）。

* **差押えと相殺**　これに対して，第三債務者が差押え前から有していた債権ならば，被差押債権との相殺が許されるかどうかについては見解が分かれる。判例は，両債権の弁済期が未到来でも自働債権の弁済期が先に到来する場合には相殺を認めるいわゆる制限説（最大判昭39・12・23民集18巻10号2217頁）をとっていたが，現在は，両債

権の弁済期の先後を問わず相殺適状に達しさえすれば差押え後の相殺を債権者に対抗しうるとする無制限説をとる（最大判昭45・6・24民集24巻6号587頁〔民執保全百選65事件〕，最判昭54・7・10民集33巻5号533頁〔民執保全百選78事件〕）。この見解は，受働債権をたまたま差し押さえた債権者に対する関係では，第三債務者の相殺に対する期待権（相殺の担保的機能）を優先すべきとする衡平観に裏づけられている。

(c) 債権者に対する効力　　差押債権者は，債務者に差押命令が送達された日から1週間を経過すると，差押債権の取立権を取得する（民執155条1項）。

(2) 差押えの効力の客観的範囲　　債権者は，執行債権の額を超える債権でも，その全部を差し押さえることができる。ただし，執行債権と執行費用には一つの債権で十分であるのに，他の債権まで差し押さえることはできない（民執146条。緩やかな超過差押えの禁止）。

(a) 継続的給付債権の差押え　　給料債権や賃料債権のように継続的給付に係る債権については，執行債権と執行費用の額を限度として，1回の差押えが差押え後の給付にも及ぶ（民執151条）。これにより，債務者や第三債務者に特別な負担をかけることなく，差押債権者は各支払期ごとに現実化する債権を個別に差し押さえる手続的負担を回避でき，支払期ごとに債務者に債権を処分されたり，他の債権者に執行を完了されたりする心配もなくなる＊。上記の趣旨を生かして，継続的給付債権をあまり限定せず，支払期や額が一定しないような場合にも，近い将来の一定期間を区切ったうえで差押えを認めるという柔軟な処理も可能である（最判昭53・12・15判時916号25頁，札幌高決昭60・10・16判タ586号82頁〔民執保全百選61事件〕など。将来の債権の差押えにつき前出「債権差押命令」(1)(b)）。なお退職前の差押えの効力は，同一勤務先（第三債務者）への再雇用後の給料債権までは及ばないとされているが（最判昭55・1・18判時956号59頁〔民執保全百選62事件〕），債権者には債務者の再就職先を追跡する手段がなく，債務者の執行潜脱を許すこととなりかねないので問題とされる。

(b) 差押禁止範囲の変更　　民事執行法は債務者の生活を維持する目的で差押禁止債権の規定を置くとともに（民執152条，民執令2条。→第**2**部第**3**章Ⅲ参照），差押禁止の範囲を申立てにより変更することを認め，債権者と

債務者双方の具体的事情に対応できるよう配慮している（民執153条。具体例として，札幌高決昭60・1・21判タ554号209頁〔民執保全百選67事件〕）。なお，本来差押えが禁止されるべき給料債権が，口座振込みで支払われ預金債権となっている場合には，債権者にいったん差押えを許したうえで，債務者側に民事執行法153条による差押命令の取消しを求める負担を課すのが，両者の衡平にかなう（東京高決平4・2・5判タ788号270頁〔民執保全百選66事件〕）。

* **扶養義務などの定期金債権に関する特則**　継続的給付債権を差し押さえる場合で，執行債権が扶養義務などの定期金債権であるときには，つぎのような特則がある。たとえば離婚後に月々の養育費を執行債権として，元配偶者の給料を差し押さえるとき，①不履行を確かめた後に毎月差押えをしなくても，すでに一部でも履行されてないときは将来の養育費の分まで一度に差押えを申し立てることができ（民執151条の2），②通常の差押禁止範囲（民執152条1項・2項。→第**2**部第**3**章Ⅲ参照）を超えて，給料の2分の1まで差し押さえることができる（民執152条3項）。さらに，③債権執行（直接強制）以外に，不履行の場合には遅延1日につき金○○円を支払えなどと強制金を課す決定をする間接強制の方法（→第**2**部第**7**章Ⅱ，とくに＊参照）も選択することができる（民執167条の15第1項本文）。直接強制の方法により給料を差し押さえられると，債務者が勤務先に居づらくなって辞職するなどといった問題が生じるため，間接強制の選択肢を加えたのである。①②は平成15（2003）年，③は平成16（2004）年改正による。

Ⅱ　債権者の競合

二重差押え　すでに差押命令の出された債権でも，他の債権者が重ねて差押命令を得ることができる（民執144条3項・149条・156条2項・165条）。他の債権者が二重差押えのできる終期については配当要求の場合と同じであるので後述する。二重差押えがなされると，第三債務者は一人の債権者に弁済することは許されず，供託しなければ債務を免れない（民執156条2項。→後述「義務供託」参照）。

配当要求　(1) **配当要求権者**　配当要求ができるのは，執行正本を有する債権者と文書により先取特権を有することを証明した債権者である（民執154条1項）。不動産執行と異なり，債権執行において債権質権者が配当要求権者から除外されているのは，当該債権が他の債権者によって

差し押さえられても債権質権者は影響を受けず，直接の取立てができるからである（民367条1項）。無名義債権者は，仮差押えの執行をすれば，裁判所にその存在が明らかであるから，配当要求をしなくとも配当を受けることができる（民執165条）。

(2) 手続・効力　配当要求は債権の原因・額を記載した配当要求書を執行裁判所に提出してする。配当要求をした債権者は，低廉かつ簡易に執行に参加できる代わりに，単に配当にあずかる地位しか有していない。したがって後の換価手続において，差押債権者が取立ての努力をしないときにも自ら取立てを実施できないし，差押債権者が債権執行の申立を取り下げたり執行手続が取り消されたりすれば，配当を受けられない。なお，配当要求を却下する裁判に対しては執行抗告ができる（民執154条3項）。

適法な配当要求がなされると，執行裁判所は配当要求があった旨を記載した配当要求通知書を第三債務者に送達する。これにより，二重差押えの場合と同じく第三債務者には供託義務が発生する（民執156条2項。→後述「義務供託」参照）。

配当要求の終期は，不動産執行のように執行裁判所が定めるのでなく，差押債権者と第三債務者の行動によって決まる（民執155条2項・159条3項・165条。→本章Ⅳ参照）。これは，債権執行では自らの労力で執行を進める差押債権者の利益が考慮されるためである。そこで差押債権者は取立てや取立訴訟の提起，転付命令の申立てを迅速に行うことにより，執行手続から他の債権者を排除し，事実上独占的に満足を受けることも可能である。

Ⅲ　換価手続

債権執行では，不動産や動産のように執行対象を売却するという方法（→後述の売却命令）は例外的で，原則は差押債権者が債権を取り立てるという方法である。そして，これとならんで，一定の金銭債権については，支払いに代えて差押債権を代物弁済的に債権者に移転する独特の換価方法（転付命令）がある。

図3

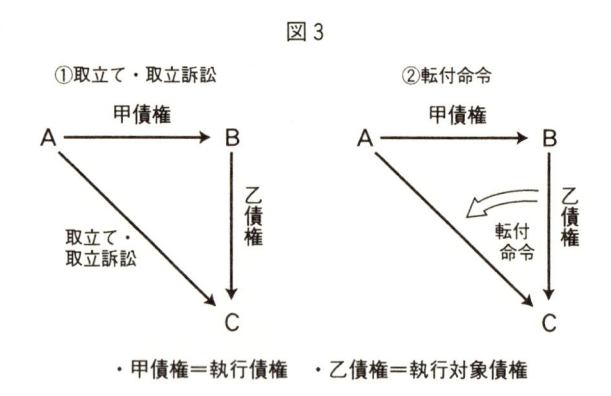

①取立て・取立訴訟

```
A ──甲債権──→ B
 ＼          │
  ＼取立て・   │乙債権
   ＼取立訴訟  │
    ＼       ↓
     ＼ ──→ C
```

②転付命令

```
A ──甲債権──→ B
              │
      転付    │乙債権
      命令    │
              ↓
              C
```

・甲債権＝執行債権　　・乙債権＝執行対象債権

　債権執行における換価方法には債権者が単独の場合と競合する場合とで差異がある。とくに大きな違いは，債権者が競合すると転付命令と譲渡命令による換価が認められないこと，第三債務者に供託義務が生じることである。

　また，換価段階では，執行裁判所が後景に退き，差押命令を得た債権者自身が，それを用いて第三債務者に対し積極的に取立活動をする必要がある（図3参照）。

**差押債権者に　　**差押債権者は，債務者に差押命令が送達された日から1週
**よる取立て　　**間を経過すると，差押債権を取り立てることができる（民執155条1項）。取立権の発生時期を知らせるため，債権者には，債務者への差押命令送達日が裁判所書記官より通知される（民執規134条）。他方，債務者は差押命令送達から取立権発生までの1週間の間に差押命令に対する執行抗告（民執145条5項・10条）ができる。しかし，執行抗告だけでは取立権は消滅しないので，取立てを停止させるには執行停止命令（民執10条6項）が必要である。

　差押債権者は，債権者が競合している場合には第三債務者に供託の方法による支払いを請求することになるが，他に債権者がない場合には自己への直接の支払いを求めることができる。差押債権者が第三債務者から支払いを受けると，その限度で差押債権者の債権および執行費用は弁済されたものとみなされる（民執155条2項）。このときは差押債権者は支払いを受けた旨を執

行裁判所に届け出なければならない（同条3項）。なお，差押債権者は債務者に対して，取立権の行使を怠ったことにより生じた損害につき賠償責任を負う（民執158条）。

第三債務者による供託　(1) **権利供託**　債権者が取立てを怠っているときや，差押命令の執行が停止されているときなどには，第三債務者が，債務者にも差押債権者にも支払うことができないまま，遅延損害金まで支払わされては困る。そこで，民事執行法は，債権者が単独でも，第三債務者は差押債権を供託し，またそれが一部差押えの場合にも全額を供託して，債務を免れることができるようにし，第三債務者の保護をはかっている（民執156条1項）。なお，供託をしたときは，第三債務者はその事情を執行裁判所に届け出なければならない（同条3項）。これはつぎの義務供託の場合も同じである。

(2) **義務供託**　債権者が競合する場合には第三債務者としてはどの差押債権者に弁済したらよいかわからない。そのうち1人の債権者に弁済すると債権者平等に反する。そこで，民事執行法は，債権者が競合する場合には第三債務者に供託義務を課し，取立てに応じて1人の債権者に弁済しても他の債権者との関係では免責されないものとした（民執156条2項）。

取立訴訟　(1) **総　説**　第三債務者が任意に取立てに応じず供託もしない場合には，差押債権者は取立権の行使として，自ら第三債務者を被告とする差押債権の給付を求める訴え（取立訴訟，民執157条）を提起することができる。これに対して，第三債務者は差押え前に生じた債務者に対する抗弁（差押債権についての弁済，免除，相殺など）を提出して本格的に争うことになる（取立訴訟においては執行債権の存否やその執行自体の正当性を争うことはできない。最判昭45・6・11民集24巻6号509頁〔民執保全百選72事件〕）。

取立訴訟の訴状が第三債務者に送達される前に債権者が競合した場合には（民執165条2号），後行の差押債権者は別に取立訴訟を提起できず，係属する訴訟に共同訴訟人として参加しうるにとどまる（民訴52条）。配当要求した債権者は共同訴訟的補助参加しかできない。また，債権者が競合する場合の請求認容判決は，債権者が単独の場合には単純な給付判決であるのと異な

り，供託の方法で支払うべき旨を命ずる供託判決である（民執157条4項）。

(2) 参加命令　債権者が競合する場合には，第三債務者の申立てにより，受訴裁判所は他の競合する差押債権者に対して共同訴訟人として原告側に参加すべきことを命ずることができる（民執157条1項）。参加命令を受けた債権者は実際に参加しなくてもよいが，判決の効力は命令を受けながら参加しなかった者にも及ぶ（同条3項）。したがって，第三債務者としてはあらかじめ参加命令の申立てをすることによって他の差押債権者をまとめて相手にしておくことができ，後にその債権者から取立訴訟を提起されて再度同一債務の不存在を主張して防御する負担を回避できる。

(3) 判決の効力　取立訴訟の判決の効力は，実際に参加した債権者を含む当事者に及ぶのはもちろん，参加命令を受けた差押債権者にも及ぶ（民執157条3項）が，参加命令を受けず参加もしなかった債権者には及ばない。

判決効が債務者に及ぶかどうかについては争いがあり，債務者への判決効の拡張を肯定する見解（通説）と否定する見解のほか，取立債権者が勝訴した場合には判決効が及ぶが敗訴の場合は及ばないとする見解がある。判決効肯定説は，判決効を認めないと，取立訴訟が差押債権の不存在を理由に棄却された後に，債務者が再び第三債務者を相手どって当該債権につき給付訴訟を提起できることになり，不当であるとする。その根本には，他人間の紛争に巻き込まれてしまった第三債務者の利益を，債務名義により財産圏への介入を甘受すべき立場にある債務者に対して優先させるべきであるという利益衡量がある。しかし，取立債権者はあくまで自己の執行債権の満足のために取立訴訟を提起するのであって債務者のために原告となる（民訴115条1項2号）のではないし，取立訴訟の提起につき債務者に告知するわけでもない点からしても，判決効が当然に債務者に及ぶとは考えにくい。したがって，否定説の立場から，既存の当事者との衡平をはかりつつ，債務者に実質的な手続保障を与えるための手段をさらに検討する必要がある。

転付命令　(1) 総説　差押債権が一定の名目額（券面額）をもつ金銭債権である場合には，差押債権者は，その債権を執行債権および執行費用の支払いに代えて自己に移転する旨の裁判（転付命令）を執行裁

判所に申し立てることができる（民執159条1項）。転付命令が効力を生じると、それが第三債務者に送達されたときに、その券面額で債務者の債務は弁済されたものとみなされる（民執160条）。このように転付命令は差押債権による代物弁済的な効果を生じるから、第三債務者が無資力の場合には債権を回収できないという危険を伴う反面、瞬時に執行手続を終了させ、他の債権者に優先して独占的な満足を受けることができるという魅力をもつ。差押債権者が転付命令を得るには、差押命令の申立てとは別に転付命令の申立てが必要であるが、差押命令の申立てと併合して行っておくことが多い。そうすれば両方が同時に発令かつ送達されて、他の債権者が競合する時間的余裕を与えずに執行を完了することができるからである。

(2) 要　件　転付命令が効力を生ずるための要件として、つぎのものが挙げられる。①有効な差押えがなされていること。差押命令と転付命令の発令が同時であってもよい。②差押債権が券面額を有すること。転付命令は差押債権の券面額で執行債権が弁済されたものと扱うためである。券面額がある金銭債権であっても、将来の債権や停止条件付債権など、即時に決済できないものには被転付適格がないとされる。しかし他人の優先権の目的となっている債権については、優先権者の地位を害しない限り、被転付適格が認められる（最決平12・4・7民集54巻4号1355頁〔民執保全百選75事件〕参照。なお、最判昭56・3・24民集35巻2号271頁〔民執保全百選74事件〕参照）。③差押債権が譲渡性を有すること。転付は債権の譲渡という換価方法であるから、法律上譲渡が禁止されている債権は被転付適格を有しない。当事者間の特約によって譲渡が禁止されている債権については争いがあったが、最高裁は差押債権者が特約の存在につき善意であるかどうかを問わず、転付命令を有効とした（最判昭45・4・10民集24巻4号240頁〔民執保全百選73事件〕）。法律上の相殺禁止は、必ずしも転付命令を妨げない（大判昭6・11・11民集10巻951頁）。債権者が債務名義形成から差押えという手続的負担を経て得る転付命令は、相殺とは同視できないからである（相殺禁止の趣旨を潜脱する結果となるときは被転付適格を有しない。最判昭54・3・8民集33巻2号187頁〔民執保全百選76事件〕）。④債権者が競合していないこと。転付命令は債権者平等の例

外として債権者に独占的満足を与えるものであるから，転付命令が第三債務者に送達されるときまでに他の債権者が差押え，仮差押えの執行または配当要求をしたときは効力を生じない（民執159条3項）。ただし，転付を受ける債権者が実体法上競合する債権者に優先する権利者である場合には転付命令が可能である（最判昭60・7・19民集39巻5号1326頁〔民執保全百選69事件〕）。

(3) 転付命令に対する不服申立て　転付命令，または転付命令申立てを却下する決定に対しては執行抗告ができる（民執159条4項）。転付命令のように強力な裁判について，第三者に送達されると同時に効力が生じて執行手続は終了することになると，不服申立ての余地がなくなってしまい，著しく手続保障に欠けるためである。転付命令は確定したときに効力を生じ（民執159条5項），弁済の効果の発生時点は第三債務者への送達時に遡る（民執160条）。

特別換価命令　差押債権が条件付，期限付であるなどの理由で取立てが困難であり，転付にも適さない場合には，特別な換価方法として，譲渡命令，売却命令，管理命令，その他相当な方法による換価命令が用意されている（民執161条1項）。これらの換価方法については，債権者，債務者はとくに重大な利害関係を有しているから，債権者の申立てが必要であり（民執161条1項），執行裁判所は決定前に債務者を審尋しなければならない（同条2項）。また，この決定に対しては執行抗告をすることができ（同条3項），決定は確定しなければ効力を生じない（同条4項）。

譲渡命令には，転付命令の規定が準用され（民執161条6項・159条2項・3項・6項等）売却命令には，不動産の強制競売の規定が（民執161条6項・65条等），管理命令には，不動産の強制管理に関する規定が準用される（民執161条6項・94条2項等）。管理命令に適した事例としては，特許権，工業所有権に対する執行などが考えられる。

Ⅳ　配当手続

金銭債権に対する執行では，債権者が差押債権を取り立てて第三債務者か

ら支払いを受けたとき，転付命令や譲渡命令が確定した場合には第三債務者に送達されたときに，弁済の効力を生じ(民執155条2項・160条・161条6項)，弁済金交付や配当の手続を実施するまでもなく執行手続が終了する。そこで，金銭債権に対する執行で配当等の手続が必要となるのは，差押債権の換価金が執行機関，供託機関の下に置かれる場合である（民執166条1項）。配当等を受けるべき債権者は，①第三債務者が供託をしたとき，②取立訴訟の訴状が第三債務者に送達されたとき，③売却命令により執行官が売得金の交付を受けたときまでに，差押え，仮差押えの執行，配当要求をした債権者である（民執165条。→本章Ⅱ参照）。配当等の手続には，不動産強制競売における配当等の手続に関する規定が準用される(民執166条2項。→第**2**部第**5**章参照)。

Ⅴ 少額訴訟債権執行

平成16（2004）年改正により，少額訴訟（→第**1**部第**4**章Ⅱ参照）で得られた債務名義については，地方裁判所でなく，その債務名義を作成した簡易裁判所の書記官が執行を担当することとなった（民執167条の2第1項ないし3項）。利用者の便宜のため，少額事件の債務名義作成と執行の窓口を統一し，裁判官ではなく書記官が手続を行うこととしたのである。裁判所書記官の処分に対する執行異議（民執167条の4第2項。執行異議については，→第**2**部第**8**章Ⅳ**2**参照）や差押禁止範囲の変更（民執167条の8第1項・第2項）は，書記官の所属する簡易裁判所が担当する（民執167条の3）。手続の簡易・迅速の要請から，転付命令等の換価命令や配当手続を行うことはできない（民執167条の11第3項）。そこで，執行裁判所は，債権者が転付命令等の発令を望む場合には申立てにより，配当手続が必要な場合には職権により，事件を地方裁判所における債権執行の手続に移行させなければならず（民執167条の10・167条の11），そのほか，事件の内容等に応じて，裁量により移行させることもできる（民執167条の12）。

第7章　作為・不作為, 意思表示請求権などの執行

　非金銭執行に関する規定はわずか8か条しかないが, 直接強制・代替執行・間接強制の三つの執行方法すべてにわたる (→第*2*部第2章Ⅰ参照)。これまで, 直接強制ができるときは代替執行・間接強制を許さず, 直接強制・代替執行ともに不可能なときのみ間接強制を認めるという考え方を基本とし, 三つの執行方法は請求権の内容によって, つぎのように配分されてきた。

　①　請求権が物の引渡し (現実的支配の移転) を目的とする場合には, 執行官がその物を債務者から取り上げて債権者に渡す直接強制による (民執168条以下)。

　②　債務者に対して「～せよ」あるいは「～してはならない」とする作為・不作為請求権の場合, それが債務者以外の者が行っても目的を達するもの (代替的作為請求権) はかかった費用を債務者に負担させる代替執行により (民執171条), 代替性のないもの (不代替的作為請求権・不作為請求権) は債務者の不履行に強制金を課す間接強制による (民執172条)。

　③　債務者に一定の意思表示を求める場合には, 債務名義が成立したり執行文が付与された時点で意思表示がなされたものと擬制とする (民執174条)。

　しかし, 以下にみるように, これまでも上記の配分ではわりきれない問題が認識されていたし, 近時の法改正により, 直接強制あるいは代替執行しか認められなかった一定の領域で, 間接強制も選択できることになった (民執173条)。

　以下では, 上記①から③の分類に一応そって (以下ⅠからⅢ), 非金銭執行の執行の手続, その過程で執行債権者と執行債務者をはじめとする関係者の利害がどのように調整されているかを概観する。

I　物の引渡・明渡請求権の執行

直接強制
(明渡しの断行)
　金銭以外の有体物の引渡し（現実的支配の移転）の執行には，従来から直接強制が認められている。すなわち，不動産（土地建物，人の居住する船舶）であれば，執行官がそれに対する債務者の占有を解いて債権者に占有を取得させ（民執168条1項），動産であれば執行官が債務者からそれを取り上げて債権者に引き渡す（民執169条1項）。不動産の場合には，執行官は，占有者を特定するため，不動産等にいる者にその場で質問をしたり文書提示を求めたりでき，電気・ガス・水道などライフラインにつき調査することもできる（民執168条2項・9項）。さらに，執行官は不動産に立ち入るため，必要ならば閉鎖した戸を開く処分ができる（民執168条4項）。執行の目的でない動産は，これを取り除いて債務者側に引き渡す（民執168条4項・5項・169条2項）。目的外動産を債務者に引き渡すことができないとき，かつてはこれらを保管しておかなければならず，費用がかさみ，物が紛失したとするトラブルが起こるなど，問題があった。そこで平成15（2003）年の改正により，明渡しの断行日にすぐ売却し，売得金を供託することも認められるようになっている（民執168条5項ないし8項・169条2項。この即日売却の準備として，実務では，後述の明渡催告時に売却期日の指定などをしておく）。

明渡しの催告
　一方，不動産の明渡し（内部にいる人の退去，物の撤去を含む）の執行実務では，上記のように執行官が実力で明け渡させる方法（明渡断行）よりも，断行予定日を執行官が債務者に告げ，任意の明渡しを促す方法（明渡催告）が広く行われていた。後者によれば，債務者の抵抗に備えて扉の解錠や荷物運搬の業者を頼むなどの負担が省け，債務者も苛酷な執行を免れる。そこで，平成15（2003）年の法改正ではこの実務を明文化し，原則的に1か月後を期限として（期限の延長につき，168条の2第2項）債務者に明渡しを催告することとした。

　さらに，引渡期限および占有移転の禁止を当該不動産に公示し（民執168

条の2第1項・2項・3項)、この催告後に債務者以外の者が不動産を占有しても、催告を知って占有したものと推定して(民執168条の2第8項)、債権者は承継執行文(→第2部第2章Ⅱ執行文(2)参照)をとることなく、占有者に対して明渡しを断行できるようにした(民執168条の2第6項)。これまでは、明渡しを催告した後に不動産占有者が入れ替わると、債権者はその者に対して承継執行文の付与を受けねばならず、承継執行文を得られないときには改めて新占有者を相手方とする債務名義を取得しなければならなかった。そこで、明渡催告により債権者との関係では相手方を固定し、その入替りを問題としないことにして(当事者恒定効)、債権者の承継執行文を得る手続負担を、占有者に転換したのである(なお、同じく不動産占有者の入替りへの対抗策である、民事保全法上の占有移転禁止仮処分、民事執行法上の保全処分について、→第2部第1章、第4章Ⅰ3も参照)。占有者の不服申立てについては後の項目で述べる。

間接強制 さらに、平成15 (2003) 年改正により、不動産の引渡し・明渡しおよび動産の引渡しの執行には、直接強制のほかに間接強制の方法も選択できるようになった(民執173条。→本章Ⅱ、とくに(2)*参照)。債権者は、債務名義についての執行文付与の訴えの管轄裁判所に申立て、「債務者が当該物件を債権者に引き渡さない間、債務者は債権者に対し、一日当たり○○円を支払え」などの決定を得ることができる。これは、所在を隠しやすい動産や多数の占有者がいて実際上その排除が困難な不動産の場合などに効果的と考えられている。

また、とくに規定はないが、従来から、直接強制(動産の規定を準用して執行官が取り上げる)のほかに間接強制が認められてきた類型として、幼児の引渡請求権の執行がある(札幌地決平6・7・8家月47巻4号71頁〔民執保全百選84事件〕)。幼児の人格を尊重し、引渡請求権を、債権者の引き取りを妨害しないことを債務者に求める不作為請求権と捉え直すことにより、間接強制を導くのである。しかし、請求権の把握の仕方はどうあれ、幼児の成長程度や債務者の抵抗状況といった個別の当事者関係から、執行方法が選択されているとみられる。

**明渡催告後の不動産占有者
による不服申立て**　執行一般の不服申立手続（→第2部第8章参照）とは別に，明渡催告後の不動産占有者にはつぎの二つの手続がとくに用意されている。まず，明渡催告があったことにつき善意で，かつ債務者の占有を承継していないことを理由に，強制執行の不許を求める訴えを提起することができる（民執168条の2第7項）。明渡催告後の占有者は，自己を債務者とする承継執行文が付与されていないため，承継執行文付与に対する異議の訴え（民執34条）を提起できない。第三者異議の訴え（民執38条）を提起できるかどうかにも疑いがあるので，特別の訴えが設けられているのである。

　また，明渡催告後，明渡しが執行されたときは，占有者は，債権者に対抗することができる権原により占有していること，または明渡催告があったことにつき善意で，かつ債務者の承継人でないことを理由として，執行異議の申立てをすることができる（民執168条の2第9項）。承継執行文の付与を必要としないため，不動産を占有する第三者は，執行文付与に対する異議の申立て（民執32条）ができないから，これと同様に簡易な代替手続を置いて，これらの実体的事由を主張できるようにしているのである。

　これらは，前述のとおり，明渡催告の効果として，承継執行文をとる債権者の手続負担を占有者側に負わせる仕組みである（起訴責任転換）。

II　作為・不作為請求権の執行

**代替執行と
間接強制**　「なす債務」としての作為・不作為請求権については直接強制は不可能であり，代替執行か間接強制のどちらか，あるいは双方による。ここでは，まず二つの執行方法についてまとめておく。

　代替執行とは，債務者のなすべき作為を第三者に代行させ，その費用を債務者に支払わせる執行方法である（民414条2項本文，民執171条）。債権者はまず，裁判所に申し立てて，債務者の費用で債務内容を第三者に実施させる権限を債権者に授ける決定（授権決定）をもらう（民執171条1項）。これに基づいて，第三者（債権者自身でもよい）に実行させることになる。この決定

をするには事前に債務者を審尋しなければならない（民執171条3項）。裁判所は，債権者の申立てにより，債務者に所要費用をあらかじめ支払うように命じることもできる（民執171条4項）。授権決定と費用前払決定，それぞれの申立ての却下決定に対しては執行抗告ができる（民執171条5項）。

間接強制とは，債務者に強制金を課す執行方法である（民執172条）。債権者の申立てにより，裁判所が，遅延の期間に応じ（たとえば遅延1日につき金何万円の割合で），または一定期間内に履行しないときは直ちに，一定額の金銭を支払えと命ずる裁判（強制金決定）をする（違反行為以前でも決定できることにつき，東京高決平3・5・29判時1397号24頁〔民執保全百選86事件〕）。強制金は法定の違約金の性質をもち，その金額は，現実の賠償額に限定されず，債務者を心理的に強制する目的に応じて決定される。強制金決定は債務名義となり，債務者の履行がないときは，債権者は執行文の付与を受けて強制執行することになる。事情の変更があったときは，申立てにより，強制金決定を変更することもできる（民執172条2項）。強制金決定とその変更決定にさいしては債務者を審尋しなければならず（民執172条3項），これらの決定またはその申立却下決定に対しては執行抗告ができる（民執172条5項）。

なお，従来，間接強制は債務者の意思を圧迫する執行方法であるから，ほかの執行方法が機能しないときにのみ認められる，とされてきた（間接強制の補充性）。

執行方法の配分とその相対化　(1) **請求権の内容による配分**　上記二つの執行方法は，これまで，請求権の内容によってどちらか一方が配分されてきた。その概略は，つぎのとおりである。

作為請求権について，たとえば「建物を建築（修理・収去）せよ」など，債務者以外の者が行っても支障がない代替的作為請求権は，代替執行による。芸能人の劇場出演義務など債務者自身が行う必要のある不代替的作為請求権は間接強制によるが，債務者の意思を抑圧して強制しても本来の履行が期待できない場合（芸術家の創作義務）や履行を強制することが社会的・文化的に認められない場合（夫婦の同居義務）などは，強制執行できない（したがって，不履行に対する損害賠償請求しかできない）。

不作為請求権については，たとえば「通行を妨げてはならない」，「建築してはならない」など，不作為自体の実現は間接強制により，違反による物的状態（義務に違反して作られた柵や建物など）の除去は代替執行による。また，たとえば汚水や騒音を隣地に流しているなど，反復的・継続的な不作為義務の違反がある場合，将来の違反を予防する観点から，「将来のための適当な処分」（排水溝や防音装置の設置，将来の損害に対する担保提供など）をして，その内容に応じて，代替執行・間接強制によって執行を行う（民414条3項，民執171条1項）。

(2) 執行方法の配分から選択へ　しかし，実際には，上記のような配分では割り切れない。

(a) まず，代替的作為請求権か不代替的作為請求権かの判別はそう単純ではない。名誉毀損の謝罪広告の執行では，謝罪という側面でみれば不代替的であるから，間接強制が妥当すると考えられる。しかし，債務者の思想および良心の自由（憲19条）を侵すから執行自体許されないとする学説もあるところ，判例は，広告掲載と捉えて代替執行を認めている（最大判昭31・7・4民集10巻7号785頁〔民執保全百選87事件〕）。

また，より一般的に，たとえば債務者と同等の技術を要求するのが困難な工事債務など，代替執行の実施が実際上相当でないときは間接強制が許されるとする学説があったところ，平成15（2003）年の法改正により，代替執行の認められる場合に間接強制も選択できるようになった（民執173条)[*]。

(b) また，不作為義務は，もともと不代替的であるから間接強制しかないはずのところ，前述のように（「汚水を流入させてはならない」を「排水溝を設置せよ」に），作為義務と捉え直して代替執行を配分しているにすぎない。つまり請求権によって執行方法が一つだけ定まるものでもなく，状況に応じて執行方法は選択されてよい。

このことを明確に示したのは，抽象的差止めである。これは，列車の走行により「65ホン以上の騒音，毎秒0.5ミリメートルを超える振動を侵入させてはならない」のように，差し止めるために債務者に対して何をせよというのか，求める措置が具体的でないケースのことである。隣家の騒音差止めな

どと本質的に変わらないが，大規模な公害・環境訴訟などでは差止めの方法，具体的な措置が高度な専門領域に属するなど，その特定が困難なため問題になった。

　従来の判例は，(防音壁を設置せよ，走行速度を何キロにせよ，あるいは具体的にこれこれの防音装置を設置せよなど) 作為義務が特定していないから，間接強制も代替執行も不可能であり，執行不能である以上，訴訟で請求することすらできないとしていた (請求不特定として訴え却下)。しかし，それでは差止めを求める原告が，訴え提起の段階から執行に備えて具体的措置を請求に掲げなければならないことになるが，具体的措置が多数考えられる (あるいはまったくわからない) 状況で原告に選択させるのが公平なのか，かえって被告の選択の自由を奪うのではないかという疑問が生じた。そこで，最近では，抽象的差止めは間接強制によることができるとして，まずは訴訟の審理に入っている (名古屋高判昭60・4・12下民集34巻1～4号461頁〔民執保全百選85事件〕)。

　さらに，有力学説は，債務者が金銭を支払って違反し続けるなど，間接強制が功を奏しないことも考えられるので，「将来のための適当な処分」として授権決定により具体的措置を特定し，代替執行を行うことも認めるべきとする。ただし，そうすると債務名義を作成する判決手続ではなく，債務名義どおり実行すればよいとされてきた執行手続のなかで，具体的な措置を検討する難しい作業をしなければならないが，はたしてそれが可能なのかが問題とされている。
**

　　＊　**間接強制の活用**　　ここで，法改正により，間接強制の補充性が緩和された場面をまとめておこう。新たに間接強制が認められることとなったのは，これまで直接強制だけが認められていた①扶養義務等の債権執行 (民執167条の15第1項本文。→第**2**部第**6**章Ⅰ(2)＊参照) と，②物の引渡・明渡執行 (民執173条。→本章Ⅰ参照)，代替執行だけが認められていた③代替的作為請求権 (民執173条) の三つである。
　　　このうち，①は債権者の生計の維持に不可欠で保護の必要性が高いとして，金銭債権のうちで例外的に間接強制が許されることとなった。ただし，債務者の生活が著しく急迫するときは間接強制の決定ができないものとされている (民執167条の15第1項但書)。また，間接強制決定をするさい，強制金の額が適正に定められるよう，債務不履行により債権者が受ける不利益や債務者の資力，従前の債務の履行状態をとく

に考慮しなければならないこととされ（民執167条の15第2項），いったん決定がなされた後も，事情の変更があったときは，債務者の申立てにより，遡って間接強制の決定を取り消すことができることになっている（民執167条の15第3項）。

このような債務者に対する配慮は，②と③ではとくに規定されていない。債権者が間接強制の申立てをするのに，とくに要件は設けられていないので，債権者が申立てのさいに執行方法を自由に選択できる建前となっている。けれども，(3)で述べるとおり，債権者の一方的利益，執行の実効性だけを追求するのではなく，債権者と債務者の関係調整をはかることこそ重要である。そこで，運用にあたっては，債権者の主張に偏らず，審尋などの機会により（民執173条1項による172条3項の準用），債務者の関与を充実させる必要がある。

＊＊ 判断・執行二分論の限界　ここでは，判決（判断）手続と執行手続の二分構造が問題となる。すなわち，民事司法においては，判決手続は実体判断に専念し，履行の現実的可能性（執行段階）は判断要素から除外すると同時に，執行手続は，そうして作成された判断結果の執行，つまり債務名義の実現に専念して実体判断は行わない建前である。そして，その二つの段階をつなぐのが，訴状において特定され，債務名義（判決）に示される請求権であると考えられてきた。

けれども，不作為請求権，とくに抽象的差止めでは，その建前が妥当しない。前述のとおり，原告は，訴え提起の段階から執行の最終局面までを見越した請求を立てる必要はないとされ，訴え提起から判決，執行まで通じて請求を固定するのは静止的で硬直にすぎるという考えが生じている。同時に，判断・執行は分断できず，債務名義を作成する判断手続のなかでは，その後の執行を見すえて話し合う必要があるし，執行段階でも債務名義どおり機械的に執行するのではなく，債務名義作成と同様の判断作業が必要となる。したがってこの場面では，判断過程と執行過程の一体的な把握，二つの過程を通じた当事者間の関係調整が必要であることが明らかになっている。

(3) 執行方法の選択指針　では，このように執行方法が複数ありうる場合に，それらをどう選択したらよいか。法は優先順位や要件をとくに定めてはいない。そこでしばしば掲げられるのは，請求権の実現に最も効果的な方法を選択するという，「執行の実効性」追求の指標である。一般に，執行の目的は債務名義に示された請求権の実現とされ，この目的を迅速かつ効率的に達成することに重点が置かれやすい。けれども，これでは債権者側の利害しか捉えられていないのではないか。債務名義が成立してもなお債務者が任意に履行せず，債権者が執行を申し立てるのは，債権者・債務者間の紛争が継続しているためであるから，債務者の抵抗を一方的に排除して，単に機械的に執行を進めるのでは不十分である。執行過程では，改めて当事者間の関

係を調整する必要があると考えられる（この「執行過程における再調整」の考え方につき，→第2部第8章Ⅰ・Ⅱ参照）。すると，執行方法の選択においても，「当事者間の関係調整」が重要な指標となる。

前述の抽象的差止めの執行でも，単に差止請求権の実現のために効果的だから，間接強制ができるとか，代替執行を認めようというのでは，十分でない。まず，訴訟の入口の段階では，具体的措置の特定を原告（債権者）に要求するのは負担が重すぎ，むしろ被告（債務者）に決めさせるのが公平にかなうという理由から，間接強制が選択されるのである。同様に，間接強制をしても被告（債務者）が何もしない，あるいはその措置が不十分である場合には，つぎの段階の関係調整として，有力説のいうように，具体的措置を定める代替執行を認めるべきであると考えられる。

このように，執行方法の選択には，執行の実効性よりも，債権者・債務者の関係調整，執行過程における当事者間の公平という指標が重要となる。

Ⅲ　意思表示請求権の執行

意思表示請求権の執行方法　意思表示請求権，たとえば土地の所有権登記を移転する意思表示の請求権は，不代替的作為請求権の一種であるから，間接強制によることもできる。しかし，意思表示請求権は意思表示の結果として生じる法律効果（たとえば移転登記）が得られればよく，債務者に意思表示（一緒に登記手続をするなど）を強いるのは迂遠であるし，債務者に無用の負担を与えることになる。そこで，債務名義が成立すると（移転登記を命じる判決の確定など），その発効時点で債務者が意思表示（移転登記申請など）をしたものと擬制するという，特別な執行方法が認められている（民執174条，民414条2項但書）。執行手続を省略して判決だけで債務内容が達せられるので「判決代用」とも呼ばれる。

ここにいう「意思表示」には，法律行為の要素である意思表示だけでなく，準法律行為である観念の通知（債権譲渡の通知など），催告などの意思の通知が含まれる。要式行為である意思表示，公法上の意思表示（官公署に対する

許認可申請，登記申請）などでもよい。しかし，実際に債務者自身の行為を要する意思表示（証券上の署名を要する手形行為など）は，間接強制による。

意思表示が擬制される時点　意志表示をしたと擬制される時点は，原則として，裁判の確定時，和解や調停などではその調書成立の時点である（民執174条1項）。ただし，この擬制時点が後に延ばされる場合が三つある。

①　債務者の意思表示が，債権者に証明責任のある事実の到来にかかる場合には，債権者がその事実を証明した時点。これをしない限り，補充執行文（民執27条1項。→第2部第2章Ⅱ参照）が取得できないのであるから，当然である（民執174条1項但書）。

②　債務者の意思表示が，反対給付との引換えにかかる場合には，債権者が反対給付またはその提供を証する文書を提出して，執行文が付与された時点（民執174条1項但書・2項）。こうしないと，反対給付の履行があったかどうかを執行機関が調査する機会のないまま意思表示が擬制されてしまうためである。債権者としては先給付を強いられることになるが，執行文付与と同時に意思表示が擬制されるので，不公平でない。

③　意思表示が債務者の証明すべき事実のないこと（いわゆる過怠約款における債務不履行）にかかる場合には，つぎのとおり，執行文が付与された時点（民執174条1項但書・3項）。たとえば，一定期日までに支払いがないときは代物弁済の所有権移転登記手続をするという和解がなされ，執行に至った場合，債権者が一方的に支払いがないと主張して，単独で移転登記申請できるとすると，これに対して，支払ったと主張する債務者が争う機会がない。そこで，このような場合には，債権者から執行文付与の申立てがあると，書記官が，債務者に対して一定期間に当該事実の不存在（上記の例では支払い）を証明する文書（受領証など）の提出を催告し，債務者がこれを提出しないときに限り，執行文を付与することにしている。

第8章　執行過程における再調整（不服申立て）

I　紛争の再調整の場としての執行過程

　債権者が執行機関に執行を申し立てるのは，債務者の義務の不履行という債権者・債務者間の紛争が発生したため，あるいは債務名義成立過程から紛争が継続しているためであると考えられる。そして，債務者が債務を履行しない原因としては，たとえば経済的にその履行が困難であるなどの問題（手元不如意）があること，および債務名義自体やその成立に関してなんらかの不服がある（心理的・感情的なものも含む）ということが考えられる。

　このような問題は，往々にして法的紛争処理の枠組みによる構成が不可能であるため，債務名義作成過程やその後の不服申立手続から切り捨てられたり，あるいはたとえ実体法による構成が可能であり請求異議の訴え（民執35条）という手段によって不服を申し立てることが可能であるとしても，判決手続に持ち込む負担そのものが重いということ，あるいは現代社会においては債務不履行状態を継続することによる心理的負担が比較的軽いなどといった諸状況により放置されることが多い。しかも，執行過程上には，もはや債権者と債務者とが互いの権利や利害関係について直接争う場は違法・不当執行であることを理由とする以外に存在せず，その結果，当事者間の紛争調整は執行手続外のインフォーマルな交渉にまかされる形となっているのである。

　しかし，インフォーマルな当事者間交渉といっても，現代社会においては，消費者信用事件に顕著であるように，紛争当事者間の関係がもともと希薄であることも多いうえに，当事者間の交渉力に差があることも多い。また，債務名義作成過程において当事者間にコミュニケーションが成立するとは限ら

ないため(たとえば,欠席判決や支払督促が債務名義である場合など),インフォーマルな当事者間交渉が適正に進められる可能性はきわめて低いといわざるをえないのである。

他方,債権者側としても,執行前に資産状況など債務者を取り巻く状況につき情報を得る手段が少なく(財産開示手続については,→第**2**部第**6**章参照),このような状況を打破するために債権者はとりあえず執行過程に踏み出すのである。これらの点に着目するならば,執行過程は決して「国家機関たる執行機関対執行債務者」という垂直関係を中心として捉えられるべきではなく,「債権者対債務者」という水平関係における紛争の一環として把握されるべきであり,執行法上の不服申立手続もこのような観点から理解されるべきである。

Ⅱ 執行過程における不服申立手続の意義

民事執行制度を国家権力による権利の強制的実現のための制度であると考える立場からは,執行制度はすでに判断機関で確認された権利を実現するだけの制度であり,迅速性,効率性の要求から,原則として債務名義と執行文さえ存在すれば,とくに実体関係を調査することなく執行に着手することができるとされている。このような考え方によれば,執行過程における不服申立手続は,国家の機関である執行機関が執行債務者の生活圏に介入するにあたっての正当性を保障するために,事後的に与えられた手続であると捉えられる。

しかし,前述のように執行過程もまた,債権者と債務者の間に債務名義作成過程から継続する,あるいはその後に発生した紛争を処理する過程であると考える立場からは,不服申立手続も単に執行の正当性を保障する手続にとどまらず,執行当事者や利害関係人の将来的な関係づけを行うフォーマルな再調整の場としての意義を有するのである。とくに債務名義作成過程においては十分なコミュニケーションがとれず,執行過程にいたってはじめて紛争調整の機運が高まることが多いことから,どのような再調整の場を誰の負担

で設定できるのか，そしてそれらをどのように処理することができるのかが問題となってくる。以下では，このような観点から，執行過程における不服申立手続を，執行文付与をめぐる不服申立手続と不当・違法執行に対する不服申立手続に分けて概観する。

Ⅲ 執行文付与をめぐる不服申立手続

執行文の付与をめぐっては，債権者と債務者の双方のために，異議および訴訟による救済手続が認められている。執行文の付与機関が執行文を付与すべきであるのにこれを拒絶した場合は債権者より，あるいは付与すべきでないのにこれを付与したときは債務者より異議の申立てをすることができる（民執32条1項）。また，債権者が執行文の付与を求めるにさいして，民事執行法27条1項および2項に定める文書を提出できないときは，債権者は債務者とすべき者を相手方として執行文付与の訴えを提起することができる（民執33条1項）。債権者が民執法27条の規定により執行文付与を受けた場合，債務者は，条件の成就や承継に異議があれば，その執行正本による強制執行が許されない旨を求めて，債権者を被告として執行文付与に対する異議の訴えを提起することができる（民執34条1項）。

1 執行文付与に関する異議

執行文付与の申立てに関する付与機関の処分に対して，付与を拒絶された債権者が異議を申し立てる場合と，相手方債権者に対する執行文の付与に対し債務者が異議を申し立てる場合とがある。異議の事由は，執行文付与の要件の存否に限られる。

異議の手続 どちらの場合も，不服申立ての対象となる処分が裁判所書記官の処分である場合には，その書記官が所属する裁判所に対して，また，その処分が公証人の処分である場合にはその公証役場の所在地を管轄する地方裁判所に対して異議を申し立てる（民執32条1項）。

執行文の付与に関する異議の申立てがあっても，その執行文の付された債

務名義に基づく強制執行は当然に停止されない。しかし、裁判所は（急迫の事情があるときは裁判長も）異議についての裁判をするまでの間、担保を立てさせ、もしくは立てさせないで強制執行の停止を命じ、または担保を立てさせてその続行を命ずることができる（同2項）。また、執行文付与に関する異議については、口頭弁論を経ることを要せず（同3項）、決定で裁判する。この裁判については、一審限りで不服申立てをすることはできない（民執32条4項）。しかし、特殊執行文（民執27条）付与の要件の存否については、執行文付与の訴えまたは執行文付与に対する異議の訴えで争う余地が残されている。執行文付与に関する異議を申し立てず、直接、執行文付与の訴えや執行文付与に対する異議の訴えを起こすこともできる。

少額訴訟判決、支払督促における正本の再度付与と不服申立て　なお、少額訴訟判決、支払督促は、原則として執行文の付与を必要としないが、判決や支払督促の正本を紛失・損傷した場合などには裁判所書記官がその正本そのものを再度交付することがある（民執28条2項）。これらは裁判所書記官のする執行文の再度付与と共通した性格を有するため、執行文付与に関する異議の規定が準用される（民執32条5項）。

2　執行文付与の訴え

民事執行法27条1項の「債権者が証明すべき事実の到来」や同条2項の承継の事実について証明する文書を債権者が提出できないなどにより、条件成就執行文や承継執行文の付与を受けられない場合、債権者は文書の提出に代えて訴訟においてそれらの事実を主張・立証し、執行文の付与を求めることができる。これが執行文付与の訴えであり（民執33条）、債権者が原告として、債務者とすべき者を被告として訴えを提起する。

この訴えの性質について学説は多岐に分かれているが、この対立は、執行文付与の訴えによって債務名義の執行力の存在の確認をすることをこの訴訟の本質と考えるか（確認訴訟説）、確認に加えて執行文を付与すべき法的状態を形成するとするか（形成訴訟説）、一歩進んで執行文付与機関に対する執行文付与の職務命令の役割をも負わせるか（命令訴訟説）にそのポイントがあ

る。

　条件成就や承継の有無という執行債権の実体にかかわる問題が手続の対象となるので，一般の判決手続によって審理される。管轄裁判所は債務名義の区分によって決まっており，その管轄は専属管轄である（民執33条2項・19条）。執行文付与の訴えを提起する前に，同27条の規定に基づいて執行文の付与を求めることは必ずしも必要ではなく，また，同32条の異議申立てが却下された後でも執行文付与の訴えを提起することができる。債務者がこの訴えにおいて請求異議の事由を抗弁として主張できるかについては争いがある。

> ＊　**請求異議の訴えとの関係**　執行文付与の訴えにおいて，債務者が実体上の請求権の不存在・変更・消滅などの請求異議事由を防御方法として主張することができるかが問題となる。学説は積極説に立つ（なかでも本訴での主張の有無にかかわらず後の請求異議の訴えでの主張を許さない失権肯定説，本訴での主張の有無に関係なく請求異議の訴えでの主張を許す失権否定説，および本訴で一つでも請求異議事由を主張すれば請求異議の後訴を許さないが本訴で主張しなかったときは後訴を許してよいとする折衷説に分かれる）。
> 　しかし，最判昭52・11・24民集31巻6号943頁〔民執保全百選14事件〕は，執行文付与の訴えにおいて被告たる債務者が，原告の債権の放棄，相殺等を主張したのに対し，執行文付与の訴えと請求異議の訴えを別個に認めている法の趣旨からこの訴えの審理の対象は条件の成就または承継の存否に限られているとし，請求異議事由を執行文付与の訴えの抗弁事由とすることはできないとしている（消極説）。

3　執行文付与に対する異議の訴え

　民事執行法27条の執行文の付与があった場合に，その要件たる条件成就・承継などについて異議のある債務者は，執行文付与に対する異議の訴えを提起して，その執行文の付された債務名義の正本に基づく強制執行は許されない旨の判決を求めることができる（民執34条）。この訴えの性質についても，執行文付与の訴えと同様に，諸説の対立がある。

> ＊　**請求異議の訴えとの関係**　執行文付与に対する異議の訴えにおいては，条件成就や承継という実体上の事由が異議事由となることから，請求異議の訴えとの関係が問題となる。両訴の関係については，両訴をそれぞれ独立した訴えと解する訴権競合説，両訴の目的の共通性に着目して執行文付与に対する異議の訴えを限定的な請求異議の訴えと解する法条競合説，別立ての訴訟として主張するかあるいは当該債務名義によ

る執行の不許という広い範囲の訴訟物をもつ訴訟の攻撃方法として利用するかの選択の自由を原告に認める折衷説の三つに分かれる。

判例は両訴が個別独立の制度であることを重視する訴権競合説に立つようである（最判昭55・5・1判時970号156頁〔民執保全百選15事件〕参照）。

訴えの手続　管轄は執行文付与の訴えと同様であり，審理は一般の判決手続による。執行文に表示された債務者が原告であり，債権者が被告である。第三者は，債権者代位権に基づく場合のほかは執行文付与に対する異議の訴えを提起できないと解されているが，債務名義の執行力が自己のためにあり，自ら執行文の付与を受けることができると主張する第三者（たとえば，執行債権の譲渡の無効を主張する譲渡人や自分が真の承継人であると主張する者）については，民事執行法34条を類推適用し訴えの提起を許すべきであると考えられている。

執行文付与に関する異議を申し立て，それを排斥された後であっても執行文付与に対する異議の訴えを提起することができるが，その執行文を付した債務名義の正本による強制執行が完結する前でなければならない。

不服申立手続と起訴責任転換　これらの不服申立手続の存在を基盤としたうえで，執行文の付与には起訴責任の転換をはかる機能がある（とくに紛争主体が変動した場合の承継執行文や執行対象が変動した場合の転換執行文*）。すなわち，まず裁判所書記官等の手続による執行文の付与で，債務名義成立後の実体関係の変化に即してその記載内容を拡張・変更することを簡易に認め，つぎにそのような処分に対し不服のある者がこれらの不服申立手続を利用するイニシアティヴをとることとなる。これにより，当事者間の衡平がはかられる。

　　* **転換執行文による起訴責任転換**　転換執行文とは，同一当事者間において，債務名義表示の請求権が消滅すると同時にこれに代わる新請求権が発生した場合に，その新請求権について付与される執行文であり，一部学説により有力に主張されている。
　　たとえば，Yに対し札幌市内において「東鮨」の商号を使用してはならない旨の執行力ある判決正本を有するXが，その判決後にYが使用を開始した「みその東鮨」なる商号の使用差止めの間接強制を申し立てることができるか（札幌高決昭49・3・27判時744号66頁）。本決定は判決主文の効力は「東鮨」の商号に限定されているのであり，新商号の差止めのためには別途その使用禁止の判決を得て執行すべく，類似性の要件を執行機関が判断するのは職分の逸脱を招くとして間接強制の申立を退けた。

しかし，本決定のように解するならば，XはYが侵害態様を変更するたびに，新訴を提起し債務名義を獲得せねばならず，当事者間の衡平に反するといえよう。このような場合には「東鮨」の商号差止めの判決に，新類似商号の差止めも執行できる旨の執行文（転換執行文）を付与し，それに対して不服があるならば，今度はYの方が執行文付与に対する異議の訴え，あるいは請求異議の訴えを提起し再度紛争調整の場を作る負担を負うとして，両当事者の手続的負担のバランスをとるべきではなかろうか。このような考え方は，債務名義は実体権を表象し，それを実現するのが強制執行であるという考え方からは生まれにくい。

Ⅳ 不当・違法執行をめぐる不服申立手続

不当執行と違法執行 　執行機関が債務名義と執行文の存在のみによって執行に着手できるとするならば，債務名義成立後の請求権の消滅，その態様の変更等，債務名義成立時と執行着手時の実体関係が合致しない場合でも，当該債務名義により執行法上は適法に執行が行われることがあるだろう。これを不当執行といい，このような場合に備えて民事執行法は，債務者や第三者が執行の実体的不当を主張して提起しうる不服申立手続を準備した（請求異議の訴え，第三者異議の訴え）。

また，執行機関は執行のさいには民事執行法などの手続規定を遵守しなければならないが，執行機関が行う現実の執行行為がそれらに反している場合もあるだろう。これを違法執行といい，このような処分によって直接に不利益を受ける者は，執行処分の違法を主張して不服を申し立てることができる（執行異議，執行抗告）。

これらの不服申立手続は，不当執行の場合には実体権についての争いが問題となるため判決手続で慎重に処理されることを要するが，違法執行の場合には執行機関の処分の手続法違背が問題となるため，決定手続による審判により迅速に是正・救済が与えられる。

しかし，違法執行の場合であっても実体権の存否にかかわる事項を執行機関が調査・判断すべきものとされている場合（不動産引渡命令の裁判に対する執行抗告。民執83条4項）や担保権実行の開始決定に対する執行抗告・執行

異議（民執182条）[＊]などでは，決定手続により実体権に関する判断がなされる場合もある。とくに執行抗告では執行手続中の重要事項を対象とすることから，判決手続と決定手続の峻別にかかわらず手続的な配慮が要請されることになろう。

* **担保権実行における実体異議・実体抗告の許容**　担保権実行では執行正本を要件としないため，債務名義や執行文をめぐる救済手続が存在しない。もちろん，一般の確認の訴えなどにより担保権の存在・内容を争うこともできるが，担保権実行の手続開始時の債務者の手続保障が強制執行に比べてうすいことを考慮すると，担保権存否の確定のための起訴責任を一方的に債務者に負わせることは酷であるといえよう。そのため民事執行法は，債務者に担保権の存否を争う簡易な手段（差押処分に対して担保権の不存在・消滅を理由とする執行異議および担保不動産収益執行の開始決定に対する執行抗告。民執182条・188条・189条・191条・193条2項等）を与えて両当事者の手続的負担のバランスをとっている。

1　不当執行に対する不服申立手続

請求異議の訴え　請求異議の訴え（民執35条）は，債務者が当該債務名義上の請求権の存在・内容，または裁判以外の債務名義の成立につき異議を主張して，債権者に対し当該債務名義による強制執行が許されない旨の判断を求めて提起する不服申立手続である。[＊]

* **具体的執行行為からの救済**　一般に，請求異議の訴えは債務名義の執行力の排除を求めるものとされているが，具体的な執行行為の排除（たとえば，特定の財産の差押えの不許）を求める請求異議の訴えは許されるだろうか。学説は消極説，積極説に分かれるが，近時，判例は実務上の必要性からこれを認める傾向にある（東京高判平7・5・29判時1535号85頁）。このような請求異議をどのように解するか（請求異議の「異型」なのか，債務者が直面している執行からの救済なのか）が問題となる。

(1)　**請求異議の訴えの法的性質**　請求異議の訴えの法的性質については，その訴訟物や判決効との関係で諸説が対立している。形成訴訟説，給付訴訟説，確認訴訟説，新形成訴訟説など，伝統的な訴えの三類型に位置づけようとするものや，この三類型による説明にとらわれず，請求異議の訴えの機能的特質から新たに位置づけようとする救済訴訟説，命令訴訟説がある。やはり請求異議の訴えの特質は，実体権の確定というよりは債務者が直面している執行からの救済手続であるという点にあり，既存の訴えの類型にあて

はまらない民事執行法上の特殊な訴えであると考えられる。

(2) **異議の事由**　請求異議の事由としては，債務名義に表示された請求権の存在，内容についての異議（民執35条1項前段），裁判以外の債務名義の成立についての異議（同条後段）がある[*]。また，異議の事由が数個あるときは，債務者は同時にこれを主張しなければならない（異議事由の同時主張強制。民執35条3項・34条2項）。

とくに債務名義が既判力をもつ場合には，異議事由は口頭弁論終結後に生じた事由に限られる（民執35条2項）。この異議事由の時的制限に関してとくに問題となるのは，形成権（取消権，解除権，相殺権，建物買取請求権など）が前訴当時すでに存在し，しかもその行使が可能であったにもかかわらず，既判力の標準時後にそれを行使して，それを請求異議事由として主張することができるかという点である。学説は積極説，消極説，折衷説（形成権の種類に従い積極または消極に解する）に分かれている。近時の判例は折衷説をとっているといえよう（最判昭40・4・2民集19巻3号539頁は相殺について，最判平7・12・15民集49巻10号3051頁〔民執保全百選16事件〕は建物買取請求権について，いずれも積極に解し，また，最判昭55・10・23民集34巻5号747頁は詐欺による取消権行使について消極に解している）。

しかし，これらは時的制限や形成権の種類の問題として一律に考えられるべきではなく，前訴の具体的攻防態様等との関係で，形成権を行使して請求異議の訴えにおいて争うことが当事者間の衡平に合致するかという問題であり，まさに既判力の客観的範囲としての遮断効そのものにかかわる問題であるといえよう。

* **信義則違反・権利濫用を理由とする請求異議の訴え**　これらの事由による請求異議のほか，債務名義成立後に諸般の事情が変更し，その債務名義による執行が信義則違反ないし権利濫用にあたるということを主張して請求異議の訴えを提起することができるとされている。自動車事故により傷害を受けたYは，将来の営業活動が不能であるとして損害賠償を命じた確定判決を得たが，その後快癒して自ら営業を発展させていた。加害者Aが賠償債務を苦にして自殺したため，YはAの父母Xらに対して承継執行文を得て強制執行に出た。最高裁は，Yの行為は信義則に背反し権利濫用のきらいなしとせずと判示して請求異議を認容すべきものとした（最判昭37・5・24民集

16巻5号1157頁)。この結論は，執行過程をすでに確定された権利の実現過程としてではなく，紛争・利害の再調整の場面と解することにより正当化されよう。

(3) 訴えの手続　請求異議の訴えにおいては，債務名義上の実体的権利関係と現実の権利関係との不一致をめぐって争われる。実体関係についての審理が必要とされるため，一般の判決手続による審理が行われる。それゆえに執行を担当している執行機関とは無関係に，債務名義の種類に応じた管轄裁判所に訴えが提起されることとなる（民執35条3項・33条2項）。なお，この訴えは債務名義が成立した後は，執行文付与前，執行開始前であっても申し立てることができる。ただし，本条の訴えが提起されても，その債務名義に基づく強制執行の開始・続行は，当然には妨げられない（原告は強制執行停止などの仮の処分を求めることができる。民執36条）。請求異議訴訟係属中に当該債務名義に基づく執行が完結した場合は，不当利得返還請求や不法行為による損害賠償請求に変更しない限り不適法却下となる。

第三者異議の訴え

(1) 責任財産の調査と第三者異議の訴え　執行手続において執行をなしうる財産は，債務名義上に表示された特定の請求権に対応する義務につき，債務者の責任財産に属する範囲のものに限定されなければならない。ここでも執行機関は執行の実体的当否の精確な調査・判定を行うことはなく，対象が債務者の責任財産に属する外観を備えればそれに対する執行が許されるという形式的処理をなす。このような外観に基づく執行が真実の権利関係と異なり自己の利益を害すると主張する第三者が債権者を被告として，執行の不許を求めて提起する不服申立てが第三者異議の訴え（民執38条）である。

(2) 異議の事由　第三者異議の訴えの異議事由について，民事執行法は執行の目的物についての「所有権その他目的物の譲渡又は引渡を妨げる権利」（民執38条1項）としている。しかし，たとえ所有権を有する第三者であっても，当該執行が所有権を害さないときには，所有権も異議事由にならない場合がある（建物収去土地明渡しの強制執行に対し，その土地の真実の所有者であることを理由に提起された第三者異議につき，土地については単にその占有を引き渡すべきことが強制されるにすぎず，第三者の所有権自体は害されることが

ないとして斥けたのは，東京高判昭52・2・22下民集28巻1〜4号78頁）。すなわち，執行によって侵害されると主張する第三者の実体権の存否・性質が問題となるのではなく，執行手続の維持・続行を受忍する理由の存否，つまり第三者が執行債権者との関係で，すでに開始されている当該目的物に対する執行を排除することができるかどうかということがまさに問題とされねばならない。
*

* **非典型担保と第三者異議の訴え**　非典型担保（仮登記担保，譲渡担保，所有権留保等）の目的財産が，債務者の他の債権者によって差し押さえられた場合，これらの非典型担保の担保権者が第三者異議の訴えを提起して，競売手続を排除することができるか否かについては議論のあるところである。判例は，譲渡担保については最判昭58・2・24判時1078号76頁（民執保全百選20事件），所有権留保については最判昭49・7・18民集28巻5号743頁（民執百選22事件）がそれぞれ第三者異議の訴えを認めている。ここでの指針も，非典型担保自体の法的性質や担保権者の債権回収の可能性というよりも，担保権者と執行債権者の間の具体的な関係や経緯，担保権者の執行排除の必要性との関連で，担保権者が執行手続の維持・続行を受忍すべきか否かという点であろう。

(3)　**訴えの手続**　第三者異議の訴えは，訴訟物の価額に関係なく執行裁判所が管轄する（民執38条3項）。本案の審理は，原告の主張する強制執行を排除すべき異議事由の存否について，一般の判決手続により行い，執行債権の存否自体には及ばない。

2　違法執行に対する不服申立手続

執行抗告
(1)　**執行抗告のできる裁判**　民事執行法上，執行抗告（民執10条）が認められる場合は個別に規定されており，それ以外の場合は執行抗告を提起することはできない。執行抗告ができる場合については，その趣旨から①民事執行手続全体または特定の債権者との関係ないし執行救済を途絶させる裁判（たとえば，執行申立てや配当要求を却下する決定，民執45条3項・51条2項・105条2項・145条5項。民事執行の手続を取り消す旨の決定，同12条1項），②実体関係の変動ないし確定を生ずる裁判（たとえば，売却の許可・不許可の決定，民執74条1項，なお同75条2項。不動産引渡命令の申立てについての裁判，同83条4項），③手続の中間的処分であるが，関係人

に重大な不利益を与えるおそれのある場合（たとえば，売却ないし買受人のための保全処分の申立てについての裁判，民執55条5項・77条2項。強制管理決定・同93条4項）という基準により分類することができる。

(2) 執行抗告の手続　これらの執行抗告のできる裁判によって直接に不利益を受けると主張する者（債権者，債務者，第三者を問わず）は，当該裁判の取消し・変更を求めて，裁判の告知を受けた日から1週間の不変期間内に抗告状を抗告裁判所ではなく原裁判所に提出することを要する（民執10条2項）。抗告の理由については，抗告状に記載するか，その記載を欠く場合には抗告状を提出した日から1週間以内に執行抗告の理由書を原裁判所に提出しなければならない（理由書提出強制。民執10条3項）。これは濫抗告を防止し，抗告審の調査範囲を明示された抗告理由に限定することにより抗告処理，ひいては執行の迅速を確保しようとする趣旨である。なお，抗告理由の記載にあたっては，原裁判の取消し・変更を求める事由を具体的に記載しなければならず，とくにこの事由が法令の違反ならばその法令の条項または内容および法令に違反する事由を，また，事実の誤認ならば原裁判の認定事実のうち誤認されたとする事実を，その他の場合にも事由の内容を特定できる事項を摘示して記載しなければならない（民執10条4項，民執規6条）。抗告状を受理した原裁判所は，それが抗告期間の徒過後になされた執行抗告である場合や，抗告状に抗告理由の記載がなく，かつ，理由書が所定期間内に提出されなかった場合等は，自ら執行抗告を却下しなければならない（民執10条5項[*]）。

原裁判所による処理としては却下のみが規定されているが，これを超えて原裁判所が再度の考案をすることができるかについては争いがある。原審は事件の経過等に通じていること，手続の迅速性の要請等からこれを認めるとする説が多い。却下や再度の考案による原裁判の取消し・変更もない場合，原裁判所は抗告事件記録，あるいはそれに執行記録を添付して抗告裁判所へ送付することになる。抗告審においては，抗告人の不服申立ての限度内で，抗告状または抗告理由書に記載された抗告理由に限り調査・審判されるが（民執10条7項），審理は口頭弁論によることを要せず（同4条），決定によ

り裁判される。しかし、執行抗告は前述のごとく執行手続中の重要事項を対象とすることから、関係人の手続保障が重要となる場合もある。

* **簡易却下制度**　いわゆるバブル経済崩壊後の執行事件の増加に伴い、不動産競売手続において不当な執行妨害行為により手続の遅延が生じているとの現状認識から、平成10（1998）年、「競売手続の円滑化等をはかるための関係法律の整備に関する法律」が公布された。これにより民事執行法10条5項が改正され、手続を不当に遅延させることを目的とする執行抗告の簡易却下制度が新設された。

　不動産競売事件においては、競売目的物件の占有者などが手続を遅れさせるために執行抗告の理由がないことが明らかな事件についても、手続を不当に遅延させることを目的とした執行抗告を提起することが行われているといわれている（いわゆる「抗告屋」など）。これが近年の不良債権問題の迅速な解決を求める社会経済的な動きのなかで、回収が進まない原因の一つとして問題視された。そこで、従来から原裁判所（執行裁判所）で執行抗告を却下しなければならないとされていた事由（改正前から民執10条5項として規定されていた却下事由を1号ないし3号に分けて規定）に加えて、「手続を不当に遅延させることを目的としてされたものであるとき」（民執10条5項4号）という事由が新たに設けられ、このような執行抗告は抗告裁判所の判断を受けずに原審で却下することが可能になった。

　具体的には、事件に即した個別具体的抗告理由を主張せず、定型的な書式に基づいて形式的な抗告理由を主張しているにすぎない場合や、建物の賃借人が売却許可決定に対して執行抗告する場合のように、明らかに抗告の利益を有しない場合などがこれに該当すると考えられている。

執行異議　**(1) 執行異議とは**　執行異議（民執11条）は、執行抗告の認められていない執行裁判所の執行処分（不作為を含む）あるいは執行官の執行処分およびその遅滞に対して不服のある者（債権者、債務者または第三者）について認められる、原則として一審限りの期間の定めのない不服申立方法である。執行裁判所の執行処分につきなされた執行異議は、不服対象たる執行処分をした当の裁判所に対する不服申立てであり、実質的には再度の考案にすぎず、また、それに対する上訴が許されないことから、執行抗告に比べて効力が弱いといわれている。しかし、執行抗告のような提起期間の制限がないことから、処分後の事態の推移に即した不服申立てが可能であるといえよう。

* **裁判所書記官の処分に対する異議**　平成16（2004）年の民事執行法改正では、裁判所書記官の職務の拡大がみられる。たとえば、配当要求の終期を定め、延期する処

分（民執49条），物件明細書の作成およびその備え置き（同62条），そして売却方法等を定め執行官に売却実施を命ずる処分（同64条）などがそれである。これらはいずれも従来執行裁判所の職務であったものが裁判所書記官の職務とされたのであるが，執行異議はそもそも執行裁判所の執行処分で執行抗告ができないものと執行官の執行処分およびその遅滞が対象であるため，書記官の処分の不服を理由として申し立てることができない。そこで，民事執行法は書記官の処分に対して執行裁判所に異議を申し立てることができることをそれぞれ該当する条文において明確にしている（同49条5項・62条3項・64条6項など）。

(2) 執行異議の手続　執行異議の申立ては，書面によるのを原則とするが，執行裁判所が実施する期日（売却決定期日，配当期日，審尋期日等）においては，その場で口頭により異議申立てをすることができる（民執規8条1項）。いずれにしても異議の理由を明らかにすべきであるが（同条2項），執行抗告と異なり，法令の条項または内容，誤認にかかる事実を摘示することは必要ではない。申立期間の定めはないが，原則として執行処分の実施後，これを包含する執行手続が完結する以前に申し立てなければならないと考えられている（なお，札幌高決平4・2・28判時1415号106頁は，根抵当権の実行において，売却許可決定後代金納付前に，極度額に相当する金額の供託による根抵当権消滅を理由として申し立てられた執行異議が信義則に反し許されないとした）。

異議の申立てを受けた執行裁判所は，必ずしも口頭弁論を経なくてもよく（民執4条），決定で裁判をする。

執行異議・執行抗告へ期待されるもの　前述のように執行過程自体が，当事者の紛争処理過程の一環であると捉えられるならば，手続法違背を主張しての不服申立てであり，しかも判決手続に比べて簡易な手続により申し立てることができる執行異議，執行抗告についても，執行機関の行為の客観的違法性だけが本質的な問題というわけではないと考えられる。

ここでも，利害関係人をも含めた当該執行当事者間の紛争過程における執行機関のかかわり方自体や，当事者間の実体関係そのものが問題とされていることもあろう。さらに手続法違背の主張という形で異議，抗告を起こすことにより，執行手続の進行を事実上凍結させる，あるいは手続の進行を促す

ことにより執行手続外での相手方のリアクションを待つなど，相手方や執行機関との関係や現状を変化させるためにさまざまな利用がなされると考えられる。

　これは執行機関と判断機関の分離，実体と手続の峻別によって，執行手続においては実体権にかかわる問題につき当事者間で調整するフォーマルな場がないということによるものと考えられる。また，当事者の有する問題が，請求異議という形で判決手続に持ち込むことが困難であること，あるいは請求異議の提起という手続的負担が重いことによるものであるとも考えられよう。このような点に着目するならば，執行異議，執行抗告の場に出された紛争も，単に客観的に手続法に違背する行為があったかなかったかという点だけではなく，当事者や利害関係人の紛争の文脈のなかで位置づけたうえで，どのように処理していくことができるかが課題となる。

第3部

倒　　産

第1章 倒産法制と私的整理

I　総　説

倒産とは何か

(1) 企業の場合　「倒産」という言葉は，われわれの日常用語としてはかなり定着した言葉といえる。しかし，法律上，これを厳密に定義すること（とくにどの時点を捉えて倒産というか）はきわめて困難である。しかし，その意義を最大公約数的に表現するとすれば，債務者が従来の経済活動や経済生活を維持しながら，弁済期にある債務の大部分を返済することが困難な状況に陥っていることをもって，広く，「倒産」とか「倒産状態」と呼んでいる。より具体的には，企業が銀行取引停止処分の前提となる手形不渡り（支払期日に提示された手形が支払いを受けられなかったこと）を発生させたり，債権者からの取立てを免れるために夜逃げや店じまいをしたり，多数の債権者に弁済の猶予を請う趣旨の通知を出すなど，倒産法上「支払停止」（破15条2項参照）と総称される行為によって，ある企業が倒産したことが世間に知られることになる。また，債務者企業がいまだ支払停止に至っていなくても，債務者企業について，裁判所に対して，後に述べる各種の倒産手続（破産手続，民事再生手続，会社更生手続など）の申立てがなされると，それによって，企業の倒産が公然化することもある。

今日の経済社会のように，信用取引が網の目のように浸透している社会では，ある企業が倒産すると，その債権者が自己の債務の返済資金として予定していた債権の回収ができない結果，倒産に至り，そのまた債権者も同様に倒産に至るいわゆる連鎖倒産という現象が生じる危険性もある。そういった意味で，企業が倒産すると，単に一企業の問題にとどまらず，社会的にも大きな影響が生じる。そのように考えてくると，確かに，企業の倒産という事

態は，関係者にとっては不幸なことではあるが，社会全体という観点からは，そうした事態を契機として，当該企業には不健全な経済活動を止めてもらって企業を清算したり，健全な形での再出発を促すことにより，当該企業の経営破綻による関係者への損害を最小限にくい止めるとともに，総債権者に対して公平かつ最大限の満足を与えるための制度が必要となってくる。これが，株式会社を含む企業ないし事業者が倒産した場合に倒産処理手続が必要とされる理由である。

(2) 個人債務者の場合　これに対して，消費者などの個人債務者の倒産の場合には，むしろ債務者の経済的更生という点がきわめて重要な意味をもってくる。すなわち，法人の場合には，破産手続の終結と同時に法人格が消滅するが，個人債務者の場合には，法人の場合と異なり，破産手続終了後も生き続けていかなければならないから，仮に清算型の破産手続の場合であっても，生存権・幸福追求権（憲25条・13条）などの基本的人権尊重の観点からは，破産者の経済的更生という目的を重視せざるをえない（破産免責制度はまさにそのためにある）。他方，債権者としては，破産した個人債務者の財産は一般に僅少であることが多いため，ほとんど配当を期待できず，しかも，個人債務者の経済的更生を重視することの裏返しとして，将来にわたる債権回収の途を断たれる場合が多い。ここに，個人債務者の倒産とりわけ破産の場合には，債務者の経済的更生という目的が倒産手続の優先的目的とされる理由がある。

　このように，株式会社などの企業の倒産と消費者などの個人債務者の倒産とでは，その手続目的が異なっているので，本書では，主として企業ないし事業者の倒産事例を念頭に置いて論じることを基本にし，個人債務者の倒産手続については，別に章を設けて説明する（→第**3**部第**4**章参照）。もっとも，零細な個人事業者の倒産の場合のように，事業者としての側面と個人債務者としての側面の両方を有している場合もあるので，このような分類は，あくまでも倒産法をわかりやすく説明するための便宜的な分類にすぎないことに注意する必要がある。

倒産処理制度の必要性　債務者（事業者）の倒産という現象は、ある意味で社会にとっていわば必然的に生じるものであることから、その後始末のための制度も古くから社会に自然に備わっているといってよい。債務者が倒産したないししそうな場合に、債権者と債務者が任意に協議して債務者の事業や財産関係を整理する、いわゆる「私的整理」（任意整理ないし内整理ともいう）がそれである。とくに、今日のように再建型の倒産手続が整備されていなかった時代には、多くの倒産事件が私的整理によって処理されてきた（もっとも、法的整理も私的整理もしないで、うやむやのまま放置されている事件の方がもっと多い）。それにもかかわらず、倒産処理のための法的整理手続が設けられているのは、多くの私的整理には、つぎのような点で限界があるからである（以下は、伊藤眞教授の分類による）。

(1)　債権者間の公平の確保　ある債務者（企業）が倒産した、あるいはしそうだという情報が債権者に伝わると、各債権者は、自力救済や強制執行などの個別的な取立てを我先に試みるといった行動をとりがちである。しかし、その結果、情け容赦ない債権者が債務者会社に対して過酷な取立てを敢行する一方で、債務者会社の経営者からの弁済猶予などの懇願に応じた人情味のある債権者が債権の満足を得る機会を逸してしまうというような不公平が債権者間に生じうる。私的整理では、このような場合に、債権者間の公平を確保することが困難である。

(2)　債務者の詐害行為の防止　すべての会社経営者が善良で、会社の財産を債権者への公平な弁済のために提供しようとの姿勢をもっているのであれば、より多くの倒産事件を私的整理に委ねても差し支えないといいうる。しかし、自らの経営する会社が倒産の危機に瀕すると、会社経営者は、往々にしてその財産の廉売・隠匿などの詐害行為（財産減少行為）を企てたり、自分と特別な関係にある特定の債権者に対してのみ優先的な満足を与えるなどの偏頗行為（不公平な弁済・担保提供など）に走ることがままある。しかし、これらの行為を防止したり、あるいは、いったんなされた詐害行為（財産減少行為）や偏頗行為の結果を回復したりすることは、私的整理においては困難であることが多い。

(3) 不正な目的をもった第三者の介入の排除　債権者のうちの1人（たとえば，主取引銀行などの大口債権者）や弁護士が，利害関係人の利益を公平に調整するという純粋な動機から債権者委員長ないしその代理人に就任して私的整理を主宰している場合には比較的問題は少ないが，整理屋・事件屋といわれる人達のような，倒産事件の処理を生業とする第三者が，不正な利益を得る目的で倒産事件に介入してくることがままみられる。こうした場合に，裁判所の監督の及ばない私的整理では，それらの者を排除するには限界があり，そのような不正な目的をもった第三者が介入してくる危険性のある倒産事件や，すでにそうした第三者が介入している事件では，法的な整理の方が適切である。

(4) 大規模な倒産事件の処理　一般に倒産事件の関係者の数が多く，また財産関係も複雑な大規模な企業倒産事件では，さまざまな関係人との交渉や，複雑な法律問題の解決が必要となることが多い。こうした事件を私的整理によって行うには，債権者委員長として適切な人材を得られるか，その者に対する合理的な報酬額をどのように定めるか，といった難問を伴う。また，関係人との交渉にあたっても，明確な基準が立てにくいことが多い。そのため，この種の倒産事件には，一般論としては，法的整理の方が適しているということができる。もっとも，最近では，ダイエーやカネボウのような巨大企業について，裁判所における法的整理ではなく，裁判外の機関である産業再生機構を利用してその事業の再生が行われている。これは，この種の企業について法的整理が用いられると，手続の開始により債権者への弁済が一律に禁止されるため，いわゆる商取引債権について約定どおりの弁済が得られなくなり，その結果として，信用不安による企業価値の毀損が生じるので，それを回避するために，国策会社ともいうべき産業再生機構を利用して，広い意味での私的整理が行われたものである。しかし，産業再生機構による不良債権の買取期限は，2005年3月で終了したため，今後は，このような公的機関による私的整理は期待できない（産業再生機構については，→第**3**部第**5**章Ⅳ・Ⅴ参照）。

(5) 不良債権整理の必要性　債権者たる企業にとって，回収の見込みの

立たない債権（いわゆる不良債権）を貸借対照表に資産として計上し続けることは，その企業の財務内容を不健全なものにする。そのため，不良債権については，回収可能な部分はできるだけ早期に現金化する一方で，回収不可能な部分については損失金として計上することが望ましい。破産や民事再生，会社更生などの法的整理手続では，私的整理とは異なり，回収可能な部分と不可能な部分とが手続上区分され，回収不能の部分については資産評価損の損失金算入が認められるので，法的整理は，こうした目的に役立てることもできる。もっとも，平成17（2005）年度税制改革において，後述の『私的整理に関するガイドライン』（通称，私的整理ガイドライン）を活用した「私的整理」のうち，一定の要件を充たすもの（すなわち，弁護士，公認会計士等の3人以上の専門家アドバイザーによる，再建計画案の経済合理性や実行可能性に関する調査・報告などに基づいて行われた私的整理）については，法的整理と同様に，債権者企業の資産評価損の損失金算入が認められることになった(私的整理ガイドラインについては，→第**3**部第5章Ⅳ参照)。しかし，これ以外の私的整理では，損失金算入は認められていない。

清算型倒産手続と再建型倒産手続　以上みてきたような理由から，私的整理とは別に，法的整理（倒産処理）手続を整備する必要がある。そのため，現在，わが国には，破産，特別清算，民事再生，会社更生という四種類の法的整理手続が，それぞれ破産法，会社法，民事再生法，および会社更生法に規定されている。近時では，これらの倒産に関連する法律を総称して（最近ではさらにこれに私的整理をも含めて），「倒産法」ないし「倒産処理法」と呼んでいる。

　ところで，従来の見解によると，倒産処理手続は，大きく清算型と再建型に分けることができる。清算型手続は，債務者の全財産を換価して（金銭に換え），換価金を総債権者に債権額に応じて分配するというものであり，当然のことながら，債務者会社の事業解体，会社の解散・消滅を導くことになる。これに対して，再建型手続は，一方で，債務者会社の事業の収益力を向上させ，他方で，その債務を，向上させた収益力で支払える範囲に圧縮することによって，その支払能力を回復させ，債務者会社を経済市場に戻すも

のである。そのような視点からすると，破産および特別清算が清算型に分類され，他方，民事再生，会社更生が再建型に分類される。

　企業（会社）の倒産処理手続は，歴史的・比較法的にみると清算型手続から先に生まれてきたが，清算型手続では，債権者間での公平な財産の分配は実現できても，債務者会社の営業譲渡の相手方がうまく見つかるなどの例外的な場合を除くと，債務者会社の事業を解体して売却せざるをえないため，その換価金は著しく低くなり，債権者としては十分な配当を得られないのが一般的である。また，債務者会社の全従業員が失業する，債務者会社の主たる取引先としても新たな取引先を探さなければならない，さらには，主たる取引先も連鎖倒産する，といった弊害が生じる。

　再建型倒産手続は，こうした問題を解決するために作られた手続である。そこでは，事業の解体を招くような総財産の換価は行われず，総債権者に弁済猶予，分割弁済，債務の一部免除などの譲歩を求めるとともに，倒産企業の事業の縮小・整理の方法を明らかにした再建計画が作成されることになる。そして，この再建計画に法定多数の債権者の同意が得られると，倒産企業は，その事業を継続しながら，再建計画に従って将来の収益のなかから総債権者に弁済をしていくことになる。もっとも，再建計画の内容が貧弱であったり，それが一見豊かにみえても債務者企業が倒産に至るまでの経緯や事業の将来性などからみて，再建計画の実行が危ぶまれる場合には，債権者の同意を得るのは容易なことではなく，また，再建型手続を進めてみても，結局は，失敗に帰し，清算に至らざるをえないことが多い。しかし，今すぐ清算型手続を開始しても，低い配当しか見込めないが，ここで譲歩に応じれば将来より高い配当率の弁済が相当程度期待できる場合には，再建型手続の方が債権者に有利であることも少なくない。また，債権者としても取引先を失わなくてすむというメリットもある。再建型倒産手続は，基本的にこのような場合に利用されることを予定している。もっとも，最近では，清算型民事再生のような，清算を目的とした再生計画が裁判所で認可されることも多いが，これは，今直ちに破産手続を開始し，事業を閉鎖すると，取引先，顧客，従業員などが甚大な損害ないし不利益を被るおそれがあるため，それらの者へ

の衝撃を緩和する目的で，当面は事業を継続するが，最終的には債務者企業を解体・清算することを目的とするものである（いわゆるソフトランディング型民事再生）。また，最近の民事再生事件では，再生債務者自体を再建するというよりはむしろ，債務者会社の事業を第三者会社に譲渡することにより，再生債務者の主要な収益部門の事業の継続をはかる事例が増えているが，再生手続のなかで事業譲渡が行われた場合には，残る再生手続は再生債務者の解体・清算手続として機能することになる。しかし，これらも，れっきとした再建型倒産手続なのである。

倒産処理の指導理念としての「公平」　企業（会社）が倒産した場合に，その倒産処理の方法や結果に最も強い利害関係を有しているのは，債務者会社（およびその関係者）を除くと，債権者である。ただ，一口に債権者といっても，その種類は千差万別であり，担保権や相殺権を有する債権者もいれば，無担保債権者もいる。担保権にも，抵当権，質権，特別の先取特権のように特定財産を対象とするものと，一般の先取特権（たとえば，従業員の給料債権）のように債務者の総財産を対象とするものもある。また，担保(権)のなかには，典型担保のほかに，非典型担保（譲渡担保，所有権留保，仮登記担保など）と呼ばれるものもある。無担保債権にも，租税債権のような公益的債権もあれば，公害，交通事故，詐欺的商法などの不法行為に起因する債権や下請業者の債権のように，債権者の保護が社会的に強く要請される債権もある。さらに，一般の取引債権でも，高額な債権もあれば，手続的に煩雑な少額債権もある。また，大企業の債権もあれば，連鎖倒産が危惧される中小企業・個人事業者の債権もある。

　このように，企業倒産の場面には，多種多様な立場にある利害関係人が登場し，それぞれの利害が厳しい対立を示すことも少なくない。倒産処理手続は，それらの者を一堂に集め，広い視野から利害の調整をはかるものであるから，一般法の原則にのみ頼っていたのでは，関係人全体の実質的公平，社会的公平を保つことはできない。そういった意味で，倒産法において達成されるべき「公平」は，それぞれの倒産事件の個別具体的な事情にできるだけ柔軟に対応して，その処理を工夫しなければならない性質のものなのである。

現行法の規定する各倒産処理手続は，こうした「公平」を実現するためのものであるが，倒産処理手続の申立てを行うには，いずれの手続が当該倒産事件に最も相応しいかを見極めなければならず，その見極めを速やかに（事態が悪化しないうちに），かつ，間違いなく行うには，各手続の特徴をよく知っておく必要がある。

II 倒産4法制

破　産　　破産は，債務者の種別（法人か，自然人か）を問わず，広く適用される一般的な清算型倒産手続である。再建型も含めわが国の他のすべての倒産処理手続の原型ともいえる。破産法は，倒産法のなかの基本法であるため，今回の倒産法制の抜本的改正のいわば総仕上げとして破産手続の全般にわたり大改正が行われたが，あわせて各種倒産法に共通する倒産実体法の規定（否認権や相殺権など）についても大きな改正が行われた。新しい破産法（平成16年法律75号）は，平成16（2004）年5月25日に，通常国会で成立し，その後制定された破産規則とともに，平成17（2005）年1月から施行されている。今回改正された事項はきわめて多岐にわたるが，現行破産法が，新しい破産手続を定めるにあたり目指したのは，①破産手続の迅速化・合理化と，②破産手続の公正・実効性の確保である。

破産手続は，破産手続開始決定と同時に裁判所によって選任された破産管財人（破31条1項・74条）が，裁判所の厳格な監督のもとに，破産財団（後述）を管理・処分（換価）して得た金銭を，実体法上の優先順位に従って総債権者に債権額に応じて分配していく管理型の清算手続である。もっとも，換価金を債権者に公平に分配するという破産手続の目的は，企業ないし事業者の破産手続には妥当するが，個人債務者の破産（個人破産）の場合には，実際上，債権者への配当原資となる財産がほとんどなく，債権者に配当がなされるのは稀である。それにもかかわらず，個人債務者について破産手続が行われる主たる目的は，破産者が破産免責を得るためである。そういった意味で，本来，破産手続は，総債権者に公平に満足を与えることを目的とする手続で

あるが，個人債務者の破産の場合には，むしろ債務者の経済的更生をはかることが主たる目的となる。

　破産財団は，破産手続開始時における債務者（破産者）の総財産の観念上の集合（体）のことである。各倒産手続のなかで破産手続にのみ存在する固有の概念である。破産手続開始と同時に，破産財団所属財産についての管理処分権は，債務者（破産者）から破産管財人に移行する（破34条・78条１項・79条）。しかし，破産管財人が，就任の時点で，財団所属財産を完全に把握しているのは稀であり，外観上，破産者の所有と判断できる財産を把握しているにすぎない。かかる意味における破産財団のことを現有財団というが，現有財団は，破産法が本来予定している破産財団（法定財団）とは食い違っているのが普通である。この食い違いを整序しつつ，破産財団に属する財産を換価をし，破産債権者への配当原資を作っていくのが，破産管財人の重要な職務である。この最後の配当原資たる破産財団を，配当財団という。

　ところで，破産債権とは，「破産者に対し破産手続開始前の原因に基づいて生じた財産上の請求権」のことをいうが（破２条５項），破産債権者（同条６項）は，債務者について破産手続が開始すると，破産手続外における権利行使を禁止され，破産手続によらなければ満足を得ることができなくなる（破42条１項・100条１項）。もっとも，相殺の担保的機能は，破産法上も尊重されるので，破産手続開始時に破産者に対して債務を負担する破産債権者（相殺権者）は，一定の制約のもとではあるが，破産手続によることなく，相殺権を行使することが認められている（破67条以下）。

　破産管財人は，破産者が破産手続開始前に締結した双務契約について，手続開始当時，破産者および相手方の双方に未履行部分が残っている場合に，契約を解除するか，それとも自らの側の債務を履行して，相手方の債務の履行を請求するかを選択することができる（破53条１項）。そして，履行が選択された場合には，双方の債務の対価性を重んじ，相手方の債権は財団債権（後述）として最優先扱いを保障している（破148条１項７号）。他方，解除が選択されたことで相手方に損害が発生しても，一般の破産債権として取り扱われるにすぎない（破54条１項。もっとも，同条２項も参照）。また，破産管財人

は，破産財団に属するの財産を管理・処分していく過程で，破産者の総財産を不当に減少させる「詐害行為」（財産の廉売・贈与など）や，特定の債権者に対してのみ優先的な満足を与えるなどの「偏頗行為」（不公平な弁済・担保提供など）が破産手続開始前に行われたことを発見した場合には，民法上の詐害行為取消権（民424条）を拡大強化した否認権を行使して，失われた財産を破産財団に回復することができる（破160条以下）。

　他方，外観上，破産財団に属する財産のように見えても，実際には第三者の財産が破産財団のなかに混入している場合もある。第三者の財産を換価して，破産配当の原資にすることはできないから，かかる第三者には，財団から目的物を取り戻す権利が認められる（破62条）。これを取戻権という。また，破産財団所属の財産に対して担保権を有する者も，破産手続によらないで担保権の行使をすることができる（破65条1項）。これを別除権という。さらに，破産手続の進行に伴って必然的に発生する破産管財人やさまざまな手続費用など，破産債権者の共同の利益のために生じた債権は，破産手続上，財団債権とされ，破産手続によらないで，優先的に随時弁済を受けることができる（破2条7項・151条）。

　破産手続は，このように，別除権者，取戻権者，相殺権者等による権利行使を受けながら，他方で，破産管財人が財団所属財産を換価したり，否認権の行使等を通じて破産配当の原資となる配当財団を作り出し，届出・調査・確定の手続を経た破産債権者に対して債権額に応じて配当を行うことを最終的な目的とする手続である。そして，このような形で破産手続が終了する場合を，配当終結という。しかし，破産手続開始決定の時点ですでに財団所属財産が手続費用にも満たない場合には，破産手続を開始しても債権者への配当は実施できず無益であるから，裁判所は破産手続開始決定と同時に破産手続を廃止する決定をしなければならない（これを同時破産手続廃止という。破216条1項）。しかし，同時破産手続廃止の場合には，破産管財人が選任されないので，破産者の財産の隠匿が見過ごされたり，免責不許可事由に関する調査が不十分なまま免責許可決定がなされるおそれもある。そこで，東京地裁では，旧破産法下において，弁護士が代理人となって申立てをしてくる自

己破産申立事件について，申立ての当日（またはその後3日以内）に裁判官と申立代理人とが面接し，当該事件の問題点や審理のポイントについて率直に議論し，代理人の調査にとくに問題がないと認められる場合には，裁判所が，面接の当日，直ちに破産手続開始決定をする運用が行われていたが（即日面接方式），その際，申立人から20万円程度の予納金の納付があれば，同時破産手続廃止にしないで破産管財人を選任することにし，そうした事件の内容にふさわしいように，破産手続を簡素化・迅速化する運用が行われ，実務上，定着していた（少額管財事件）。そして，現行破産法下でも，かかる実務運用が行われている（詳細については，→第**3**部第4章Ⅱ**2**参照）。

特別清算　特別清算は，すでに解散し清算手続に入っている株式会社（清算株式会社）に適用することを予定した清算型倒産手続である。特別清算は，裁判所の比較的緩い監督のもとに，特別清算人がもっぱら債権者との交渉に基づいて作成する「協定」を軸として進められる特別の清算手続であり，株式会社について行われる一種の「簡易破産」である。内容的には，「協定」に基づき株式会社の清算と債権者への債務の弁済を行うものであり，そこでは，関係人による自治が重視されている。

特別清算手続は，このように，①対象が株式会社であること，および，②すでに清算手続が開始されていることを前提として，協定に基づいて清算を実施するという点にその特徴がある。この特別清算については，平成17（2005）年6月29日に成立した「会社法」（平成17年法律86号）の制定作業の一環として改正のための作業が進められ，会社法510条以下に，新しい特別清算手続が規定されている（平成18〔2006〕年5月1日施行）。倒産法の改正作業が開始された当初は，これら二つの点も見直しの対象とされていたが，株式会社以外の法人一般に適用対象を拡大するためには，種々の類型の法人についての通常清算の手続を統一する必要があること，また，清算手続に入る前の株式会社を特別清算の対象とするためには，この手続と破産手続との関係をどのようなものと考えるかという難しい問題を解決する必要があることなどの理由から，新しい特別清算手続も，基本点には以上二つの特徴を維持している。もっとも，特別清算の機能を高めるため，つぎのような法改正点が行わ

れている。すなわち，①手続開始前の段階における債権者の個別的な権利行使を抑制するため，強制執行等に対する中止命令の規定を整備・強化した(会512条)。②相殺禁止に関する規定を設けたり（会517条），会社役員の責任の免除の取消しができる旨の規定を設ける（会544条）など，清算会社の資産の充実をはかるための措置を講じた。③旧法下における協定の可決要件は，議決権を行使できる出席債権者の過半数および総債権額の4分の3以上とされていたが，厳格すぎるとの声が強かったことから，議決権総額の3分の2以上に改められた（会567条）。また，③とも関連するが，④協定の内容の適正さを担保するために，裁判所が協定を不認可とする要件も新たに規定された（会569条）。

*会社整理　旧商法には，清算型の特別清算のほかに，再建型倒産の会社整理手続についても規定が置かれていた。しかし，もともとそれほど利用されてこなかったうえに，次述の民事再生手続の登場に伴いその利用に対するニーズもなくなったとの理由から，会社法の施行に伴い廃止された。

民事再生　今回の一連の倒産法改正作業のなかで最初に立法されたのが，平成11（1999）年12月14日に成立し（同年12月22日公布），翌平成12（2000）年4月1日から施行されている「民事再生法」（平成11年法律225号）である。

民事再生法は，従来からその著しい手続的不備が指摘されてきた再建型の一般手続である和議手続に代わるものとして新たに創設された，民事再生手続に関する基本法である。民事再生手続は広く活用されており，多いときは年間1000件超える申立てがある（2001年度は1110件，2002年度は1093件，2003年度は941件，2004年度は712件，2005年度は646件の申立てがあった）。もっとも，当初導入された民事再生法は，従来の和議手続のもつ多くの欠陥の克服のため，再生手続のさまざまな局面において規定の整備が入念に行われた結果，中小企業や個人事業者向けの利用しやすい再建型手続を目指すという当初の立法方針に反して，大企業でも十分利用可能なやや重たい手続に仕上がったことは否めなかった（たとえば，資本構成の変更手続の導入など）。それゆえ，「そごう」のような大規模倒産事件が民事再生で処理されたことは，われわ

れの記憶に新しいところである。しかし，他方で，消費者破産の多発という現象のなかで，定期的収入のある個人債務者について，その将来の収入のなかから債権者に弁済を行うことによって，住宅等の資産の清算を回避する手続の必要性もかねてより主張されていた。

そこで，平成12 (2000) 年11月には，「民事再生法等の一部を改正する法律」（平成12年法律128号）が成立し，民事再生手続のなかに，新たに零細な個人事業者やサラリーマンのような個人債務者向けの簡易な再生手続が設けられるに至った。この改正民事再生法は，平成13 (2001) 年4月より施行されている。個人再生手続は，長引く不況のもとで，積極的に活用され，その申立権数は急増している（2002年度は13,498件，2003年度は23,612件，2004年度は26,346件，2005年度は26,048件の申立てがあった）。

(1) **通常再生手続** 個人再生手続ではない通常再生手続では，基本的に，債務者（再生債務者と呼ばれる）自身が業務の遂行および財産の管理処分を継続しながら事業の再建を目指す，いわゆるDIP (Debtor in Passession〔占有継続債務者〕の略）型（自力再建型）が原則とされている（民再38条1項）。しかし，全国的にみて，純粋のDIP型が行われることは少なく，多くの裁判所では，監督委員の監督のもとで再生債務者が事業の再建をはかる後見型が一般的である。また，さらに，再生債務者が法人の場合で，現経営陣にそのまま業務の遂行・財産の管理処分を委ねておくことが不適切な場合には，例外的に，管理型，すなわち，手続開始決定前に保全管理命令を（民再79条），また手続開始決定後に管理命令をそれぞれ発令して（同64条），保全管理人・管財人に再生債務者の業務遂行・財産の管理処分を委ね（同81条・66条），それらの者のもとで事業の再建をはかる方式がとられることもある。

再生手続には，総債権者の保護ないし利害関係人間の公平確保の観点から，手続開始前に再生債務者自身が行った財産減少行為（詐害行為）や偏頗行為を否認できる制度が導入されたが（民再127条以下），否認権を行使するのも，再生債務者ではなく，監督委員（DIP型および後見型の場合）または管財人（管理型の場合）である（同135条）。否認権の行使が債権者の利益になるにもかかわらず，再生債務者が否認権の行使を怠ることを危惧したためである。ま

た，民事再生手続では，再生債権者をもって手続外で任意に組織された債権者委員会が，裁判所から再生手続への関与を承認された場合には，同委員会が，再生手続の進行過程に債権者の意見を反映させるための意見聴取機関ないし意見具申機関として関与するとともに，再生計画の遂行過程において監視ないし監督機関として関与することが認められている（同118条・154条2項，民再規52条-55条）。

(2) **個人再生手続** 消費者信用制度の国民への浸透という構造的要因に加えて，バブル経済崩壊後の長引く景気の低迷などが重なり，個人債務者の破産申立件数が平成10（1998）年にはじめて10万件を突破するなど，個人の多重債務問題は深刻さを増しつつあったが，平成13（2001）年から新たに導入された個人再生手続（個人債務者に特化した再生手続）は，個人債務者が，通常の民事再生手続より簡易・合理化された手続で，破産手続を利用することによる不利益（たとえば，さまざまな資格制限，持家を手放さざるをえないことなど。→第**3**部第**4**章Ⅱ**2**(3)(4)参照）を避けながら，他方で，民事調停など債権者の合意を要件とする手続では得られない強制力のある弁済計画を立てることによって，その経済生活を再生できるようにするために作られた簡易な再生手続である。

個人再生手続には，小規模個人再生手続（民再221条～238条）と給与所得者等再生手続（同239条～245条）とがある。

小規模個人再生手続は，零細事業者を含む個人債務者に対する特別の再生手続であり，他方，給与所得者等再生手続は，利用対象者をさらにサラリーマン，OLなどに絞り込んだ再生手続である。したがって，現行民事再生法によると，民事再生手続はいわば三層に分かれ，①通常再生，②小規模個人再生，③給与所得者等再生の順で手続を利用できる債務者の範囲が狭くなるという関係になる（詳細については，→第**3**部第**4**章Ⅲ参照）。

なお，これらの各再生手続と個人破産の場合の免責手続との関係については，立法過程でも議論がなされたが，法律上は，再生手続を選ぶか破産手続を選ぶかは，利用者たる債務者の選択に委ねられている。

会社更生　会社更生法については、平成9 (1997) 年12月に「倒産法制に関する改正検討事項」が公表された当時は、同法が戦後制定された比較的新しい法律であるうえに、昭和42 (1967) 年に比較的大きな法改正が行われたこともあって、今次の倒産法制の見直しにあたっても、大幅な法改正の必要はないものと考えられていた。

　しかし、再建型倒産手続の基本法たる民事再生法の成立・施行により、同法に存在する制度について、会社更生法でも横並びの改正を検討する必要が生ずるとともに、再生手続と比べて時間がかかりすぎるという更生手続の短所ばかりが目立つようになってきた。また、未曾有の大不況が予想以上に長引くなかで、会社更生手続が適用対象として想定している大規模株式会社の倒産事件が次第に増加傾向を示し、更生手続についても新たな制度整備の必要性が高まってきた。新聞報道などでも取り上げられた大規模小売業者マイカルの倒産事件では、当初、民事再生手続が開始されたが、途中で会社更生手続に移行したが、その過程で、再生手続の大規模会社への適用には限界があることが痛感され、会社更生手続の改正が不可避であるとの認識が強まる契機となった。また、協栄生命や千代田生命など保険会社の破綻処理が、会社更生手続の特例法により処理されたことなども、日本経済の再生のために会社更生法の改正が必要であるとの認識を強める結果となった。

　そこで、平成13 (2001) 年3月から会社更生手続の見直しを開始した法制審議会倒産法部会では、更生手続に関して検討すべき事項を大幅に拡大し、更生手続の全般にわたって手続の迅速化、合理化をはかるとともに、再建の手法をより強化するため、多岐にわたる実質的改正を行うことになった。その結果として、平成14 (2002) 年12月6日に成立したのが、現在の会社更生法（平成14年法律154号）であり、新設の会社更生規則とともに、平成15 (2003) 年4月から施行されている。

III 私的整理

私的整理の意義 今日のように再建型の倒産手続が整備されていなかった時代には、多くの倒産事件が私的整理によって処理されていたが、私的整理では、私的自治の原則が支配し、法定の手続がとくに定まっているわけではない。もちろん、一応の手続慣習は事実上できあがっており、一般的には、つぎのように進められている。すなわち、債務者会社の事業が行き詰まり経営者が会社の経営を投げ出すと、債権者会議が開かれ、大口債権者などを債権者委員に選出し、その互選によって債権者委員長が選出される。つぎに、債権者委員長あるいはその委任を受けた弁護士が、会社の経営・財産の状況を調査し、経営者の考えも聞いて、会社の再建が可能かどうかを検討する。再建不可能と判断すれば、残った会社資産を処分し、債権額に応じて分配する。再建できると判断すれば、債務の一部免除・期限の猶予、第二会社の設立（不採算部門の分離）、役員の交替、金融機関への経営委任（いわゆる銀行管理）、救済融資その他の方策を講じるといった具合である。もっとも、これは、あくまでも一応の目安にすぎず、私的整理では、利害関係人による話し合いとそれを踏まえた債権者委員長や弁護士の創意・工夫により、各事件の個性に合わせた弾力的な処理を行うことができるのが特徴である。実際の私的整理では、清算型の方が多いようであるが、再建型の私的整理も行われている。

いずれにしても、手続の簡易性・迅速性、費用の低廉性などの点で、法的整理に優る長所を有しており、総債権者の満足感を最大限に高めることができる。加えて、私的整理では、「倒産」の事実が法的整理を利用した場合に比べて公然化しにくいため、債務者会社側の社会的・経済的信用の失墜を比較的軽度に抑えることもできる。したがって、私的整理は、それが適正に進められる限り、倒産処理の理想型といっても過言ではない。

私的整理の法律構成 私的整理の法律構成については、定説があるとはいえないのが実情である。従来は、債務者と個別債権者あ

るいは総債権者との和解契約（民695条）であると説かれることが多かったが，それだけで私的整理をめぐる法的諸問題を適切に処理することは不可能である。そこで，最近では，倒産処理を委託する債務者を委託者，これを引き受ける債権者委員長などの手続主宰者を受託者，そして，倒産処理によって利益を受ける債権者を受益者とする信託法理を利用して，私的整理を説明する見解が有力である。言い換えると，債務者が債権者委員長などに対して，受益者たる総債権者のために公平な配当をすることを目的として，その財産の管理処分権を与えることによって，私的整理信託が成立すると解する見解である（信託1条参照）。これは，現実の私的整理を単に説明する試みであるだけでなく，私的整理の短所を補おうとする実践的解釈論でもある。たとえば，①債権者委員長の地位につき，広島高判昭49年11月28日（判時777号54頁）は，債権者委員長が自己の債権につき債務者の親族から秘密裏に連帯保証を受けていた場合につき，かかる連帯保証契約は公序良俗に反し無効であると判示している（同旨，最判昭46・6・18金法620号55頁）。信託法理によると，債権者委員長には忠実義務・善管注意義務が発生するので，債権者委員長が職務追行上の義務違反を行ったと解することができるが，和解契約的構成では，説明・根拠づけが困難である。また，②私的整理に非協力的な債権者に対して私的整理案の拘束力を及ぼしうるかという問題については，基本的にはこれを否定せざるをえないが，私的整理の機能を重視する観点から，整理案に賛成しないまでも異議を唱えない債権者への拘束力を肯定する下級審判例（東京地判昭49・5・31判タ312号233頁〔倒産百選〔第4版〕102事件〕）や，債権者集会に参加しなくても配当を受け取った債権者については拘束力を肯定する見解も存在する。しかし，決議に積極的に参加した債権者への拘束力を，錯誤を理由に否定した下級審判例（福岡地判昭47年2月28日金法651号26頁）もあり，一般論としての拘束力の有無の判断は困難であろう。

私的整理の問題点と今後の課題　私的整理は，これがうまく行われれば理想的な倒産処理が実現できるが，同時に，私的整理には，裁判所の監督がなく，保全処分，強制執行の停止，否認権などの，手続の適正を保障するシステムがまったく備わっていないという大きな短所もある。また，前述の

ように、あくまでも債権者の合意に基づく手続であることから、私的整理に同意しない債権者に対して手続への参加を強制することはできない。そのため、債務者会社の経営者や一部の債権者が、財産の隠匿・裏取引などの詐害行為や、偏頗行為を企てることがしばしばあり、不適正な処理に陥りやすいといわれている（もっとも、これに対処する方法としては、詐害行為取消権〔民424条〕を活用することが考えられる。最判昭46・6・18金法620号55頁、最判昭47・5・1金法651号24頁）。とくに私的整理を主宰する債権者委員長の人格・能力に問題があったり、倒産事件の処理を商売にする整理屋（事件屋）といわれるような人が介入した案件では、その短所ばかりが際立つことになる。最悪の場合には、暴力団が甘言と威嚇により債務者会社の財産を占有し、債権者には不当な譲歩を強要するという形で私的整理を取り仕切り、捻出した剰余金を経営者からの謝礼として組織活動の資金に組み入れてしまうといった事態も存在する。このような不適正な私的整理は、その後に破産に移行し、否認権の行使によって不適正の是正が試みられることもあるが、時すでに遅く、総債権者の満足にはほど遠い処理しかできないのが実情である。

　民事再生法の施行により、それまで私的整理で処理されていた案件の多くが民事再生手続で処理されるようになり、そうした不適正な私的整理の事例は少なくなったが、しかし、すべての民事紛争の処理を訴訟手続によって行うことが望めないのと同様に、すべての倒産事件を法的整理手続で処理することはできない。また、優れた債権者委員長や倒産実務に通じた弁護士が行った私的整理には、適正な処理がなされているものも多い。そこで、法的整理手続を、今後も利用者にとってより魅力のある使いやすい手続に改善する努力を続けていくのは当然のこととして、それと同時に、私的整理についても、その短所をできる限り解消し、適正化を推進することによって、法的整理と私的整理とがバランスよく機能を分担できるようにすることが、倒産法制全体の機能の充実にも資するように思われる。近時、東京地裁に係属する民事再生事件のなかに、事前に全債権者または主要な債権者との間で、再生手続の進行について協議を調えたうえで再生手続の申立てをし、1か月程度で認可決定にまで至るプレパッケージ型（prepackaged）再生事件の件数が増え

郵便はがき

6 0 3 8 7 8 9

料金受取人払

京都北局
承　認
80

差出有効期限

2008年3月31日
まで〈切手不要〉

0 2 6

京都市北区上賀茂岩ヶ垣内町71

法律文化社
読者カード係　行

ご購読ありがとうございます。今後の企画・読者ニーズの参考，および刊行物等のご案内に利用させていただきます。なお，ご記入いただいた情報のうち、個人情報に該当する項目は上記の目的以外には使用いたしません。

お名前（ふりがな）	年　齢

ご住所　〒

ご職業または学校名

ご購読の新聞・雑誌名

関心のある分野（複数回答可）

法律　政治　経済　経営　社会　福祉　歴史　哲学　教育

愛読者カード

◆書 名

....

◆お買上げの書店名と所在地

....

◆本書ご購読の動機

☐広告をみて（媒体名：　　　　　　　）　☐書評をみて（媒体紙誌：　　　　　　　）
☐小社のホームページをみて　　　　　　　☐書店のホームページをみて
☐出版案内・チラシをみて　　　　　　　　☐教科書として（学校名：　　　　　　　）
☐店頭でみて　　☐知人の紹介　　　　　　☐その他（　　　　　　　　　　　　　　）

◆本書についてのご感想

内容：☐良い　☐普通　☐悪い　　　　価格：☐高い　☐普通　☐安い

その他ご自由にお書きください。

....

◆今後どのような書籍をご希望ですか（著者・ジャンル・テーマなど）。

*ご希望の方には図書目録送付や新刊・改訂情報などをお知らせする
　メールニュースの配信を行っています。
　　図書目録（希望する・希望しない）
　　メールニュース配信（希望する・希望しない）
　　〔メールアドレス：　　　　　　　　　　　　　　　　　　　　　　　　　　〕

ているようであるが，これなどは，ある意味で，私的整理を法的整理のなかに取り込んだものといえよう。

第2章　清算型倒産手続

§1　破産手続の開始

I　破産手続開始の申立て

1　申立て

申立手続の意義　破産手続は，利害関係人（申立権者）からの申立てをまって開始されるのが原則である（例外として，民70条1項，民再250条等参照）。破産手続を開始するためには，手続開始原因（これを破産手続では「破産手続開始原因」と呼ぶ）が存在することが必要である。もっとも，債務者が破産手続に服しうる資格（破産能力）を欠く場合には破産手続開始原因が存在しても破産手続は開始されないし，他の倒産手続が同時に進行するときには，破産手続が開始できないことがある（一般的には，破産手続は，「最後の手段」として位置づけられる）。

破産手続開始の申立てから開始までの間は，債務者の破産状態が事実上公になる反面，正式な開始決定はまだなされていないという曖昧な期間である。そこで，一種の開始の先取りとして，保全管理命令をふくむ保全的措置が可能なように法律上の規定が置かれている。破産申立事件の最近の運用をみると，少なくとも自己破産の申立ての場合には，申立てから手続開始決定までの時間は，かなり短縮されているのが現状であり，申立後数日で開始決定がなされる例も多い。ただし，債権者申立ての場合には，開始決定まで時間がかかる場合が多く，その期間における裁判所の審理や保全的措置のあり方は，その後の手続の成否を左右する重要な手続段階となる。

破産能力　破産法は，破産能力を制限しない一般破産主義*をとるから，債務者が自然人であれ法人であれ（外国人・外国法人を含む。破3条），また，法人格なき社団・財団の場合でも，破産手続開始申立てができ，破産者となりうる（破13条，民訴29条）。相続財産にも，相続人とは別個に破産能力が認められる（破222条。なお，破産申立後・手続開始後に債務者または破産者につき相続が開始した場合の処理につき，破226条・227条参照）**。法人解散後の清算法人も破産能力をもつ（破19条5項）。

　これに対して，公法人のうち，国家や地方自治体などのいわゆる本源的統治団体は，財産の管理処分権を剥奪したり，清算による事業解体・法人格消滅を導く処理に適さないので，例外的に破産能力が否定される。本源的統治団体以外の公法人の破産能力については，議論がある。従来の判例・通説は，公法人の性格が認められるかまたは解散・清算手続が予定されているかどうかという基準から，破産能力の有無を区別しようとする（財産区につき否定する判例として，大決昭12・10・23民集16巻1544頁〔倒産百選〔第4版〕3事件〕）。しかし，一般に公法人の一種とされている公共組合のなかには，破産を解散事由として予定しているものも散見され（森林組合に関する森林組合83条1項3号，農業共済組合に関する農災46条1項3号など参照），公法人であれば破産能力を欠くとはいえない。公法人の事業は公益性をもつのが通常であるが，私法人でも公益性の高い事業を営むものがあるから（たとえば，民営化前の国鉄・電々公社と現在のJR・NTTは，事業の公益性という点では大きく違いはないはずである），事業の公益性だけで破産能力を否定することも適当でない。さらに，現実問題として公法人について破産手続を開始するのは適当でないこともありうるが，国庫からの資金援助などの可能性があるのであれば，破産手続開始原因の判断材料として取り上げれば足り，破産能力自体を否定するのは行きすぎともいえよう。そこで，最近では，当該法人限りで資産・負債の清算が行われる法人については，公法人・私法人の区別なく破産能力を肯定する見解が有力である。なお，特殊法人では，解散については別に法律に定めるとされる場合があるが（たとえば，都市基盤整備公団法63条1項。なお独立行政法人通則法66条なども同旨），この「別の法律」が存在するときは，

破産能力は否定されることになろう。

＊　**一般破産主義と商人破産主義**　破産手続を適用できる債務者の資格（破産能力）を，商人または事業者に限定する立法主義を商人破産主義と呼び，その資格をとくに限定しない立法主義を一般破産主義と呼ぶ。ヨーロッパ諸国では，中世イタリア都市国家の制度以降，19世紀に入るまで，長く商人破産主義の伝統が続いたといわれている。しかし，商人階級が特別の団体を形成していた時代が終わり，非商人も等しく経済的取引にかかわってくる時代を迎えて，フランス，イタリアを除く現代主要国の大半は一般破産主義に移行した。わが国の旧々破産法(明治23年制定の商法の一部)は，フランス法を継受して商人破産主義を採用したが（旧商978条），ドイツ法を継受した旧破産法および現行破産法は一般破産主義をとる。

＊＊　**相続財産の破産についての見直し**　平成17 (2005) 年1月から施行されている現行破産法では，旧法では分散していた相続関係の特則（相続財産の破産，相続人の破産，受遺者の破産）をまとめて規定する（破222条以下）とともに，いくつかの見直しを行った。相続財産の破産に関する主要な見直しとしては，①国際管轄に関する規定の新設を含む管轄規定の見直し（破222条），②相続財産管理人等の破産申立義務（旧破136条2項）の廃止，③最後配当から除斥された相続債権者等の残余財産への権利行使を認める規定（旧破289条）の削除，④相続財産破産手続の同意破産手続廃止申立ては，各相続人ができることとしたこと（破237条2項。旧法では，相続人全員の申立てを要求していた〔旧破356条・292条〕）などがある。

申立権者　前述のように，破産手続は利害関係人の申立てによって開始されるのが原則である。申立権者は，債務者，債務者が法人の場合の役員等（準債務者）および債権者である。なお，銀行，証券会社，保険会社などの「金融機関等」の破産手続については，監督庁の申立権が認められる（更生特例490条参照）。

(1)　債務者（破18条1項）・準債務者（破19条1項・2項）　債務者の申立て（自己破産の申立て）は，債権者による債権回収に伴う混乱を避け，秩序だった財産の配当を実現するために行う。ただし，とくに個人の申立ての場合には，配当に充てられる財産は実質上存在しないのが普通であるから，免責の利益を求めて申立てをする場合がほとんどである（現行破産法により，個人の自己破産の申立てがなされたときは，免責申立てがなされたものとみなされることになった。破248条4項参照）。

債務者が法人の場合には，理事会，取締役会の決議を経て代表者が申し立

てる場合をいう。これに対して，19条1項および2項によれば，法人の理事や取締役，清算人などは，単独で破産を申し立てることができるとされている。これは，自己破産の申立てではなく，準自己破産（準債務者）の申立てという。この場合には，たとえば法人内部紛争の手段として破産申立てをするような濫用的申立てがなされることを避けるため，申立時に破産手続開始原因の存在を疎明する必要がある（19条3項。役員の全員が申立てをするときを除く）。公益法人の理事（民70条2項）や清算法人の清算人（民81条1項，会656条等）は，法人財産が債務超過の場合には，破産申立義務を負う。ただし，この義務を厳格に貫くと債務超過時には再建型の手続の申立てができなくなるから，民事再生手続等の開始申立てをするときは，破産申立義務は免除されることになっている（民再22条，会更18条，外国倒産18条）。なお，相続財産の破産の申立権者は，相続債権者，受遺者，相続人，相続財産管理人，遺言執行者（相続財産の管理行為をする権限をもつ者に限る）である（破224条1項）。

(2) 債権者　債権者が破産手続の重大な利害関係人であることは明らかであるから，債権者の破産手続開始申立ても許される（破18条1項）。ただ，現実には，債権者が破産手続開始の申立てをするのは，そのままでは確実に数少ない資産が食いつぶされてしまうとき，あるいは債務者や関係者の不正行為が行われて，法的な破産手続にのせなければ，手遅れになってしまうときのような場合に限られる。債権者申立ては，法人等の破産では，せいぜい1割，自然人の破産ではほとんど存在しないのが現状である。

　ここでいう債権者とは，破産になれば破産債権者になりうる者をいうから，弁済期の来ていない債権者や，条件付債権者・非金銭債権者（破103条参照）も申立権をもつ。別除権者も担保権でカバーされない部分は破産債権者になる可能性があるから，申立てができると解されている。破産者に対する債権に質権を設定した者による破産申立ては，破産手続開始決定があると，質権者による取立てが禁じられる（破100条）など，質権者の取立権（民367条）の行使に重大な影響を及ぼすとして，判例により否定された（最判平11・4・16民集53巻4号740頁〔倒産百選〔第4版〕9事件〕）。債権者による破産手続開

始申立てにおいては，自己の債権と破産手続開始原因の存在を疎明することが必要である（破18条2項）。申立ての時点で濫用的な申立てをチェックする趣旨である（債権の存在の疎明をも要する点で，上記の準債務者申立ての場合よりも申立人の負担が重くなっている）。

費用の予納等　破産手続開始申立てにさいしては，申立書に収入印紙を貼る方法で，申立手数料を納付しなければならない（民訴費3条1項・8条・別表1）。債権者申立てのときは，20,000円であるのに対して，自己破産の申立てのときには1,000円である。それに，裁判の送達等に用いる一定額の郵便切手（予納郵券）を納める。さらに，申立人は，破産手続の費用を予納しなければならない。破産手続の費用とは，保全処分の費用，開始後の財団の管理換価の費用，管財人の報酬などを含むが，主要なものは，最後の管財人の報酬である。配当が予想される事件では，債務者の負債総額に応じて，最低50万円（法人の場合には70万円）程度の予納が必要になるとされる。これに対して，簡易な管財業務等を予定するときは，20万円程度，同時破産手続廃止が予定されているときは，2万円程度の予納で足りる場合が多い。債権者が予納した場合，その返還請求権は，最優先の財団債権として優先的に取り扱われる（破148条1項1号・2号，152条2項参照）。

なお，破産法23条は，申立人の資力等を考慮して，必要と認めるときは，破産手続の費用を仮に国庫から支弁することを認めている。しかし，この規定は予算上の制約などからよく使われているとはいえないようである。

破産事件の管轄　まず，現行破産法は，国際破産管轄に関する定めを置いた（破4条。相続財産破産については，破222条1項参照）。同条によれば，債務者が個人である場合は，日本国内に営業所，住所，居所または財産を有するときに，法人その他の社団または財団である場合は，日本国内に営業所，事務所または財産を有するときに，わが国に破産事件の管轄が認められることになる（同条1項）。そして，債権の所在地につき，民事訴訟法により裁判上の請求をすることができる債権は，日本国内にあるものとみなすことにした（同条2項）。以上の国際破産管轄に関する規定のなかでとくに注目されるのは，財産の所在のみを根拠にわが国の国際破産管轄を

認めている点である（なお，民再4条，会更4条と比較せよ。詳細については，→第**3**部第**6**章Ⅱ参照）。このような管轄ルールは，わが国での破産手続開始の可能性を広く開いておくことにより，国内債権者の保護をはかろうとするものといえる。

つぎに，国内管轄について述べると，破産事件は，地方裁判所が職分管轄を有し，土地管轄はつぎのような規律に従う。なお，破産法が定める管轄は，（国際管轄を含めて）専属管轄である（破6条）。

まず，原則的管轄規定（破5条1項）によれば，債務者が会社や商人のような営業者のときには，主たる営業所（本店・本社等名称を問わず，実質的な本拠地を意味する）の所在地を管轄する裁判所が，営業者であっても営業所がないとき，または営業者ではない（消費者，公益法人など）ときには，債務者の普通裁判籍（住所など。民訴2条参照）の所在地を管轄する裁判所が事件を管轄する。なお，相続財産の破産に関しては，被相続人の相続開始時の住所地を管轄する地方裁判所が原則的管轄をもつ（222条2項。相続財産破産に関する土地管轄規定として，同条3項以下も参照）。

他方，上記の原則的管轄規定で管轄が決定できないときには，補充的に財産所在地を管轄する裁判所が管轄権を有する（破5条2項）。このほか，現行法による改正点として，親会社と子会社，法人とその代表者につき関連裁判籍が認められた（破5条3項～7項）。すなわち，親子会社，連結親子会社，法人と代表者，連帯債務者，夫婦等については，いずれかに破産事件が係属しているときは，他の者もその裁判所に破産を申し立てることができる。さらに，大規模事件の特則として，破産債権者となるべき者が500人以上のときには（本来の管轄裁判所に加えて）高裁所在地を管轄する地裁にも，1,000人以上のときは東京地裁，大阪地裁にも（競合的な）管轄が認められる（同条8項・9項）。

以上のいくつかの管轄ルールによると，特定の事件につき複数の裁判所の管轄が生ずることになるが，この場合には，先に破産の申立てがなされた裁判所が管轄をもつとされる（破5条10項）。なお，裁判所は，著しい損害または遅滞を避けるために必要があると認めるときは，職権で事件を他の裁判所

に移送することができる（破7条参照）。

破産手続開始申立ての実体的効果 まず，債権者の申立てが時効中断の効果（民147条参照）をもつかが問題となる。民法152条によれば，破産手続参加，つまり破産債権の届出が裁判上の請求にあたることは明らかであるが，これに加えて，破産の申立てが裁判上の請求といえるかという問題である。

この点について，判例・通説は，かなり広い範囲で時効中断の効力を認めている。判例（最判昭45・9・10民集24巻10号1389頁〔倒産百選〔第4版〕Appendix 1事件〕）によると，時効中断の効力は，申立書記載の債権（申立資格としての債権）だけでなく，破産手続開始原因の疎明のために提出した債権にも生ずるとする。さらに，この判例は，申立てが取り下げられても，催告（民153条）の効力は消滅せず，6か月以内に中断事由に訴えれば，確定的な中断の効力を得ることができる，とする。

これに対して，破産手続開始の申立てが，付遅滞の効果（債務の履行期限を定めなかったときには，債権者の支払催告の時点から遅滞に陥る。民412条）を生ずるかという問題については，これを否定すべきと解される。付遅滞の効果の発生のためには義務者に対する明確な履行請求の意思と，その意思の債務者への到達が必要というべきだからである。裁判例も，債権者による破産の申立ては，「債務者に対する履行を求める旨の意思の通知を含まない」として，それによる付遅滞の効果を否定している（札幌高判昭58・9・27判タ516号124頁〔倒産百選〔第3版〕9②事件〕）。

2 破産手続開始前の保全措置

破産手続開始決定があると，破産管財人が選任され，債務者の財産は管財人の管理下に入り（破79条等参照），また破産債権者による個別的権利行使は禁じられる（破100条1項参照）。しかし，破産手続開始の申立てによって，一種の混乱状態が生ずるにもかかわらず，手続開始決定までは，そのような法的拘束力は原則として与えられない結果，債務者による財産の隠匿・毀棄，一部債権者への偏頗的弁済などが起こりうるし，他方で債権者による強制執

行などが行われるおそれもある（これらの行為に対しては，手続開始後の否認等による対処もありうるが，これは事後的救済にとどまる）。そこで，これらの行為をあらかじめ予防するなど，必要な対策が必要になる。これが破産手続開始前の保全措置である。

このような保全措置として重要なものは，強制執行等（破産法では「強制執行，仮差押え，仮処分または一般の先取特権の実行若しくは留置権〔商法の規定によるものを除く。〕による競売」を意味する）の手続の中止命令（破24条），債務者の財産に対する処分禁止の仮処分，弁済禁止の保全処分（破28条）などである。新法で破産手続にも取り入れられた包括的禁止命令（破25条）は，債権者の強制執行を一般的に禁止する（係属中の強制執行等は中止）効果をもつ。全国に散らばる財産に対して複数の強制執行等が予想されまたは進行中であるような場合には，有効な措置となる。＊もっとも，包括的禁止命令の効果はこのように強力であるから，債務者の主要財産に関する保全処分または保全管理命令が発せられた場合に限って，発令できるものとされている（破25条1項但書）。

また，社会的影響が大きい事件等では，手続開始前に財産管理処分権を全面的に保全管理人に委ねる保全管理命令も明文で認められることになった（破91条以下参照）。将来の管財人による否認権行使を前提とする保全処分については，旧法下ではその許否について争いがあったが，現行法では，これが明文で認められている（破171条参照）。なお，いずれの保全措置の場合にも，裁判所は利害関係人の申立てのほか職権でも各処分を命ずることができる。

自己破産の申立事件に限っていえば，申立てから手続開始までの時間が短縮されてきたため，裁判所によってはほとんど保全措置をとらないで手続開始決定をするのが原則とされている。そのような裁判所では，保全措置が必要になるほとんどのケースは，債権者申立て（または準債務者の申立て）事件ということになる。一般に定型的な保全措置として挙げられるのは，処分禁止の仮処分，弁済禁止の保全処分，強制執行の中止命令などである。

＊ **包括的禁止命令とアメリカ倒産法の自動停止**　アメリカ法は，倒産手続の申立て

と同時に、法的・私的を問わず、また担保権実行も含めて、債権者に対するあらゆる取立行為を自動的・強制的に停止する（automatic stay）。そのうえで、必要に応じて担保財産の減価に対する補償などを通して、利害関係人に対する「適切な保護」を提供するという仕組みがとられている。包括的禁止命令は、もともとこの自動停止制度を参考にして民事再生法（平成11〔2001〕年制定）に導入されたものであるが、不誠実な債務者の濫用のおそれなどを理由に、アメリカの制度からかなり後退したものとなった。なお、わが国では、上記のような「適切な保護」による関係者の権利保護制度はないが、一定範囲に属する強制執行等をあらかじめ禁止命令の対象から除外したり（破25条2項。なお、民再27条と比較）、事後的に債権者等の申立てにより個別的に禁止を解除する決定をすることができる（破27条1項）。

3　破産手続開始の要件

破産手続開始原因　破産手続開始原因とは、財産状況、つまり経済的な意味における破産手続開始の要件である。誰の申立てによるにせよ、倒産状態にない債務者について、破産手続を開始することは許されない。このような場合に債権者の申立てで破産手続を開始することは、債務者の経済活動を不当に解体・清算に追いやることになるし、債務者自身の申立てに基づいて開始することも、債権者の（個別的な）権利行使を不必要に制限することになって適切ではない。そこで、破産手続の開始のためには、債務者を強制的に清算し、かつ、債権者に集団的手続での権利行使を強制することを正当化できる程度の債務者の財産状況の悪化ということが必要になる。

この破産手続開始原因の規定の仕方については、列挙主義（破産手続開始原因を個別に列挙する立法主義）と概括主義（包括的な概念で破産手続開始原因を規定する立法主義）があるが、わが国では概括主義がとられている。わが国の破産手続開始原因は、支払不能（すべての債務者に適用あり）と債務超過（法人、相続財産についてのみ適用あり）である。

(1) **支払不能**　現行破産法は、「債務者が、支払能力を欠くために、その債務のうち弁済期にあるものにつき、一般的かつ継続的に弁済することができない状態」と支払不能を定義する（破2条11項）。支払不能は、一般的な破産手続開始原因である（破15条1項）。たとえ有形の財産はなくても、信用

があれば金融機関等から融資を受けられるし，労働力とか技術をもっていればそれを使って弁済資金を用意することができる。したがって，財産的に負債が資産を上回っても（債務超過），信用力や技術力等で，債務の弁済ができるときには，債務者の支払不能は認められない。

　支払不能の定義は上記のとおりであるが，支払不能の状況にあるかどうかを証明することは一般には困難である（財産状況の証明に加え，債務者の信用力の欠如等の証明が必要）。そこで破産法は，支払停止という概念を立てて，これが証明されれば，支払不能が推定される，とする（破15条2項。なお，162条3項も参照）。この支払停止とは，一般に「弁済期にある債務を一般的継続的に弁済することができない旨を外部に表示する債務者の行為」と定義される。具体的には，一般的に債務を支払えない旨の債権者に対する通知，夜逃げなどがそうであるが，債務者が企業の場合には，6か月間に2回の不渡りを出すことにより銀行取引停止処分を受けることである。1回目の不渡りで支払停止が認められるかについては，不渡りとなった手形金額，その当時の債務者の財産・事業等の状況等を考慮して，ケース・バイ・ケースで判断せざるをえない（「支払不能という客観的状態が存在する以上，一回目の手形不渡りであっても，支払停止に当たる」とする裁判例として，東京高判平元・10・19金法1246号32頁参照）。

　(2)　債務超過　債務超過は，債務者が法人（株式会社等の物的会社，清算中の人的会社）に限定された破産手続開始原因である（破16条。なお，相続財産の破産では，破産者の信用や技術を考慮する余地はないから債務超過だけが破産手続開始原因となる。破223条）。債務超過は，「債務者が，その債務につき，その財産をもって完済することができない状態」と定義される（破16条1項参照）。株式会社等の物的会社は，最終的には貸借対照表上の資産だけが債務弁済のための引当てになるから，負債が資産を超過した段階で破産手続の申立てを認めることにしたのである。存立中の合名・合資会社については，無限責任社員個人の財産，信用，技能等を考慮に入れる必要があるため，債務超過は破産手続開始原因とされていない（同条2項。これに対し，清算手続に入ったら，債務超過が破産手続開始原因として認められる）。

債務者の信用，技能等を考慮しないとはいえ，倒産という非常時の資産・負債の評価は，債権者にはやはり容易でない。とくに，資産の評価方法は難問であり，たとえば清算価値（企業が消滅することを前提にして，財産をバラバラに売却する価値）によるか，それとも継続企業価値（企業が活動を継続することを前提として，将来収益の観点から評価した企業価値）によるか次第で大きく評価結果が異なる。また，支払停止からの推定も許されないので，とくに債権者申立ての場合には，適用しやすい破産手続開始原因とはいえない。

破産障害事由 　破産手続開始原因が破産手続開始のための主要な積極的要件であるとすれば，破産障害事由は，それがあれば破産手続は開始できない（却下，棄却または中止）という意味で，破産手続開始の消極的要件といえる。

狭義の破産障害事由は，他の倒産処理手続との関係で生ずる。会社更生手続開始申立てと破産手続（手続開始の前後を問わない）が競合したときには，更生裁判所は破産手続の中止を命ずることができる（会更24条1項）。更生開始決定がなされた後には，破産手続は当然中止となる（会更50条1項）。このように，中止命令か当然中止かの違いはあっても，破産手続中止の可能性が規定されているということは，一般的な優先順位として，破産よりも会社更生手続の方が優先されていることがわかる。さらに，破産手続は民事再生手続との関係でも劣後的な位置づけがなされている。すなわち，民事再生手続申立ての段階では破産手続の中止命令が定められ（民再26条1項），再生手続開始決定の段階では，破産手続は当然中止されるものと規定される（民再39条1項）。これらの破産障害事由の趣旨は，再建型の手続を清算型の破産手続よりも基本的に優先しようという点にある（再建型手続相互間では，更生手続が優先される。会更24条1項・50条1項参照）。もっとも，再建可能性がまったく存在しないときに，上記の一般原則を適用するのは妥当でない。そこで，裁判所は，破産手続を開始した方が債権者の一般の利益に適合するときには，再生または更生手続の申立てを棄却することができ（民再25条2号，会更41条1項2号），その場合には破産手続が開始・進行することになる。

これに対して，広義の破産障害事由は，手続費用の予納がないとき，不当

な目的で申立てがなされたときなどを含む（破30条1項参照）。たとえば，債務者への威嚇・嫌がらせ等を目的とした債権者による破産手続の申立て，適正な私的整理を妨害することを目的とした申立てなどが，不当な目的で（ないしは誠実でない）申立てがなされる例であるといえよう（この場合には申立ては却下される）。なお，破産申立てに対する事前協議・同意条項など破産申立てまたは進行を制限する特約は効力をもたない，とするのが裁判例（東京高決昭57・11・30下民集33巻9～12号1433頁〔倒産百選〔第4版〕8事件〕）である。

II 申立ての審理手続と破産手続の開始

1 申立ての審理手続

　破産手続開始申立てを受理した裁判所は，これまでに述べてきた諸要件の存否を審理して，申立てに対する裁判を行う。破産手続開始原因については，法人役員等のいわゆる準債務者および債権者の申立ての場合には，申立ての段階で破産手続開始原因の疎明が必要であることは前述したが，手続開始決定をするためには，破産手続開始原因の存在が証明されなければならない。破産手続開始前の保全措置の説明のところで述べたように，自己破産の申立てのときは，自ら破産手続開始原因の存在を認めているわけであり，債務者から判断資料も提供されるから，申立てに対する裁判までの時間はかなり短縮されているのが現状であり，当事者対立的な審判が実際に行われるのは，ほとんど債権者申立てのケースである。

申立ての審理手続　破産手続開始の申立ては最高裁規則（破産規則）で定める事項を記載した書面でしなければならず（破20条1項），記載事項等に不備があるときは，裁判所書記官がその不備の補正を命ずる処分をするなどの手続がとられることになる(破21条1項等参照)。また，債権者以外の者が手続開始の申立てをするときは，最高裁規則で定める事項を記載した債権者一覧表も裁判所に提出しなければならない（破20条2項）。
　破産手続開始申立ての審理は，口頭弁論を開かずにすることができる（任

意的口頭弁論。破8条1項)。裁判に迅速性・秘密性が要求されることから，慎重な口頭弁論による審理および判決という形式を避け，決定手続を採用した（この手続の合憲性については，最大判昭45・6・24民集24巻6号610頁〔倒産百選〔第4版〕1①事件〕参照）。また，多数の利害関係人に影響を及ぼす問題であるので，裁判所の職権調査が認められ（破8条2項），手続関係者が提出しない事実を考慮し，またそれらの者が提出しない資料を事実認定に用いることもできる。企業の破産申立ての場合には，多くの場合，債務者（法人の場合にはその役員等）の審尋を行い（破13条，民訴87条2項），それと申立書・疎明資料などの書面を併用して審理がなされているようである。

開始の要件が認められるときは，破産手続開始決定をするが，破産手続開始原因が認められないときには申立ては棄却される。破産障害事由があるときには，申立てが却下される場合および申立手続が中止される場合もあることは，前述のとおりである。

2　破産手続開始決定

破産手続開始決定の申立てを受けた裁判所は，前述の手続開始要件がすべてが充足され，かつ破産障害事由が存在しないときには，破産手続を開始する（旧法下では，破産手続開始決定は「破産宣告」と呼ばれていたが，現行法では，この呼称は廃止された）。破産手続開始決定は，必ず裁判書を作成してし（破規19条1項），そこには，債務者の名称，主文（「債務者について破産手続を開始する」），決定理由，後述する同時処分の内容等が記載される。また，破産決定書には，決定の年月日時を記載しなければならない（破規19条2項）。破産手続開始決定の効力は，（たとえ即時抗告の申立てがあっても）その決定の時から効力を生ずる（破30条2項）から，開始決定の時間まで記載されることとされている。破産手続を開始しないときは，裁判所は，申立てを却下する（破産能力を欠く場合など）か，棄却する（破産手続開始原因を欠く場合）。破産手続開始の申立てについての裁判に対しては，即時抗告が許されている（破33条）。

破産手続開始決定時に，破産手続の費用を支弁するに足る破産財団が存在

しないと認められるときは、裁判所は、破産手続開始決定と同時に破産手続を廃止する決定をする（破216条1項参照）。これを同時破産手続廃止と呼ぶ。同時破産手続廃止決定がなされるのは、ほとんど個人破産の事案である（法人破産の場合には、原則として同時破産手続廃止はしないという方針の裁判所もある。個人破産事件における同時廃止については、→第**3**部第**4**章を参照）。

同時処分 　破産裁判所は、破産手続開始決定と同時に、①破産管財人の選任、②破産債権届出期間、③債権者集会（財産状況報告集会）の期日、④債権調査期間または債権調査期日を定めなければならない（破31条1項。指定する期日または期間の時期的基準については、破規20条1項・2項参照）。もっとも、破産手続では、破産手続を開始しても結局は配当原資を形成できない場合もあるため、破産財団をもって破産手続の費用を支弁するのに不足するおそれがあるときは、裁判所は、②の債権届出期間と④の債権調査期間または期日を定めないことができる（破31条2項。なお、不足のおそれがなくなったときは速やかに上記期間等を指定する〔同条3項4項〕）。また、③の財産状況報告集会期日の指定についても、裁判所は、知れている破産債権者の数等を考慮して、集会招集を相当でないと認めるときは、期日の指定をしないことができるものとされた（同条4項）。債権者が膨大な数になる場合には集会開催が難しく、他方で債権者が少数で集会出席者がわずかだと予想される場合には集会開催の意味がないこと等を考慮して、例外的に財産状況報告集会期日を開催しないことを認める趣旨であるが、破産債権者が一同に会する機会は重要であるとして、基本的には集会期日を指定する運用をしている裁判所も多いようである。

なお、知れている破産債権者の数が1,000人以上であり、かつ、相当と認めるときは、裁判所は、破産債権者への各種通知（ただし、破産手続開始決定に関する通知を除く）や債権者集会への呼出しをしない旨の決定をすることができる（破31条5項。なお、この場合の代替的な周知手段として、インターネット等への掲載措置をとりうることについては、破規20条3項参照）。

付随処分 　破産手続開始決定がなされたら、裁判所は、それに付随して（「直ちに」または「遅滞なく」）以下のような処分をしなければなら

ない。これを付随処分という。

(1) 開始決定等の公告　公告の対象となるのは，開始決定の主文，管財人の氏名等，同時処分によって指定された期間・期日，破産財団に属する財産の所持者および破産者に対して債務を負担する者は，破産者に対して財産の交付または弁済をしてはならないことなどである（破32条1項1号～4号）。現行法で導入された簡易配当を予定するときは，簡易配当につき異議ある破産債権者は債権調査期間の終了時等までに異議を述べるべき旨も公告の対象になる（同項5号）。また，上述の31条5項に基づく通知等をしない旨の決定をしたときも，これを公告しなければならない（破32条2項）。公告は，官報に記載してなす（破10条1項）。

(2) 各種通知　上記の公告事項は，破産管財人，破産者，知れている債権者，知れている財団所属財産所持者・破産者に対する債務者，保全管理人（選任されている場合），労働組合等に対しては，個別に通知される（破32条3項）。労働組合等については，現行法で新たに通知対象とされた。

前述のように，同時処分において，多数にのぼる破産債権者への通知の省略の決定があった場合でも，この付随処分としての通知だけは，省略することはできない（破32条3項参照）。旧法では，法人たる破産者に監督官庁があるときは，その監督官庁への通知（旧破125条），そして検察官への通知（旧破144条）が規定されていたが，現行法ではこれらの通知制度は廃止された。

(3) 破産手続開始の登記・登録の嘱託　破産手続開始は，財産の管理処分権が管財人に移る効果を生ずるなど取引上重要な意味をもつ。そこで，旧法下では，破産者が法人であるか個人であるかを問わず，破産財団に属する権利で登記（または登録）されているものがあるときは，裁判所は破産の登記の嘱託をするとされていた。他方で，破産手続開始は各種法人にとっては，解散事由となるから，法人登記簿にも破産の登記をするものとされていた（以上，旧破119条以下参照）。しかし，法人破産の場合には，破産者と取引をしようとする第三者は，法人登記簿への破産登記により，しかるべき警告を与えられ，これに加えて破産財団に属する権利で登記・登録されているものについて破産登記の嘱託をする必要はない。

このような理解に立って，現行破産法は，法人破産の場合に限って，破産財団に属する権利で登記・登録されているものに関する破産手続開始の登記を廃止した（破258条1項参照）。その結果，破産者が法人の場合には，裁判所書記官は，法人登記簿に対する破産手続開始の登記の嘱託だけをすることになり（破257条），破産財団に属する権利で登記・登録されているものに関する破産手続開始の登記は，破産者が個人であるときに限って嘱託される（破258条1項）ことになった。なお，旧法では，登記嘱託は，裁判所の権限であったが，現行法では，上記説明のとおり，裁判所書記官の権限となった。

破産手続開始の効果　(1) 財産上の効果　破産手続開始決定があると，破産者が破産開始時に有する一切の財産は，破産財団（破産手続に服する債務者財産の集合体）に属する財産となる（破34条1項）。このように，破産手続開始決定によって，破産者の財産は，破産手続による破産債権者への配当という目的のために存在する特別の財産（目的財産）となる。個々の財産が日本国内にあるかどうかを問わないし（同項括弧書参照），将来の請求権（期限付・停止条件付債権など）も破産財団に属する（破34条2項）。もっとも，破産者が手続開始決定後に得た財産（新得財産）や，差押禁止財産など，破産財団に属さない財産（自由財産）も存在する（破34条3項以下参照）。そして，上の破産財団に所属する財産の管理処分権は，破産管財人へ移転し（破78条1項），その結果として，手続開始後の破産者の行為は，破産手続の関係ではその効力を主張できない（破47条1項。なお，破産財団の範囲および管財人の地位等については，→本章§2を参照）。

他方，破産手続開始決定により，破産債権の個別的な権利行使は原則として禁止され（破100条1項参照。例外につき，同条2項・101条参照），破産債権者は破産手続という集団的手続への参加によって権利を行使しなければならない。また，破産債権については，最終的には金銭による配当に備えるため，手続開始時を基準として，期限未到来債権の現在化（破103条3項。期限未到来の債権を到来したものとみなす），非金銭債権の金銭化（同条2項1号イ。債権の評価額による金銭債権化）などの特別の措置がとられることになる。

その他，破産手続開始決定による財産上の効果のなかには，強制執行手続

を含む他の手続の失効等（破42条，民再39条，会更50条），破産者を当事者とする破産財団に関する訴訟の中断（破44条1項。受継につき，同条2項・127条参照）などの効果もある。また，破産手続は清算型の手続であるから，破産者が事業を行っているときは，手続開始によってその事業を（完全に）廃止するのが原則であるが，破産管財人が事業の継続が破産財団にとって有利と判断する例外的場合には，裁判所の許可を得て，事業を継続することができる（破36条）。

(2) その他の効果　　まず，個人の破産の場合について説明する。個人が破産手続開始決定を受けても，そのこと自体を理由に，権利能力や行為能力を失うことはない。しかし，破産手続の円滑な進行のため，または一定の政策的な理由から，破産者に対して，いくつかの義務や制限が課されている。

(a) 破産者の説明義務・重要財産開示義務　　破産者は，管財人，債権者委員会等の請求があったときは，その財産状況，破産に至った事情等について，説明をしなければならない（破40条1項）。また，現行破産法では，破産手続開始決定後遅滞なくその所有する不動産，現金等の裁判所が指定する財産の内容を記載した書面を裁判所に提出しなければならないものとした（破41条）。これらの義務に反すると，刑罰の対象（破268条・259条参照）および免責不許可の理由（破252条1項11号参照）になることがある。なお，破産者の説明義務等は，管財人の財産調査権限等と対応する関係にあるが，後者については，破産法81条～83条を参照。

(b) 破産者の居住制限　　破産者は，その申立てにより裁判所の許可を得なければ，居住地を離れることができない。裁判所や管財人に居住場所がわからなければ，破産手続進行に支障が生ずるからである。これに違反すると免責不許可となることがある（破252条1項11号参照）。

(c) 破産者の引致　　破産者が呼出に応じなかったり，財産隠匿のおそれある場合など必要と認めるときは，裁判所は引致状を発して破産者の引致（強制的な連行）を命ずることができる（破38条，破規22条）。引致の実例は，ほとんどないようであるが，例外的ケースでは必要になる場合もありうるとして規定としては残された。なお，旧法にあった「監守」の制度は廃止された。

(d) 破産者の資格制限　　破産法自体には直接的な資格制限の規定は存在しないが，破産法以外の法律によって，各種の資格制限が規定されている。たとえば，破産者は弁護士，公認会計士等の資格を剥奪されるし，後見人についても欠格事由となっている。資格制限を定めた法令には，それぞれの制度趣旨が存在することは明らかであるが，資格制限が，個人債務者の更生の妨げになっていないか，慎重な再検討の必要性も指摘されている（詳細は，→第**3**部第**4**章Ⅱ**2**参照）。

　以上の個人破産の場合と異なり，法人破産の場合には，破産手続開始決定は法人の解散事由となる（民68条1項3号，会641条6号・471条5号など）。しかし，破産法は，破産手続による清算の目的の範囲内では，法人は存続するとしている（破35条）。たとえば，手続上の裁判に対して破産法人が不服申立て（破33条）をする場合や，法人の組織法上の事項（会社の設立無効の訴えの被告適格など）については，法人に権限が残ると解されている。また，管財人が財団から放棄した財産については，その権利帰属主体として法人（清算法人）の存続を認めなければならないであろう。

　なお，個人破産者に対する上述の義務または制限のうち，(a)（重要財産開示義務を除く）から(c)までは，法人の役員等に対しても準用される（破39条・40条1項参照。なお，説明義務は，過去に役員であったもの等にも準用される〔破40条2項参照〕）。説明義務は，破産法人の従業員（経理担当者など）にも課されるのが原則であるが（破40条1項5号），雇用関係上その他の従業員の利益を害することがないよう，その説明を求めるときは裁判所の許可を要するものとされている（破40条1項但書）。

§2 手続機関，破産財団および破産・財団債権

I 破産手続の機関

1 裁判所

破産裁判所と裁判所 破産裁判所という言葉は，通常，現に破産事件を担当する裁判体（○○地方裁判所民事○○部）を意味するものとして使われている。これに対して，破産法は，その意味での破産裁判所を単に「裁判所」と表現する一方，その「裁判所」が所属する官署としての地方裁判所（○○地方裁判所）を「破産裁判所」として定義する（破2条3項）。それゆえ，本節では，これにあわせて，現に破産事件を担当する裁判体を「裁判所」と表現する。

ところで，裁判所または破産裁判所は，言うまでもなく，裁判機関である。しかし，破産法上，裁判所は，手続機関としても重要な役割を演じることになっている。

裁判機関としての職務 裁判所または破産裁判所の裁判機関としての職務には，大きく分けると，三つのものがある。第一は，破産手続の開始・終了に関係する裁判を行うこと（破30条1項・216条1項・217条1項前段・218条1項・220条1項等），第二は，破産債権者その他の利害関係人の権利義務に関係する争いについて裁判をすること（破125条3項・126条7項・174条2項・175条3項・178条1項・180条4項等），第三は，免責許可の申立て（破248条）について裁判をすることである（破252条1項・2項）。

手続機関としての職務 裁判所の手続機関としての職務には，大きく分けると，次の二つのものがある。

(1) 破産手続の実施を内容とする職務　裁判所は，破産手続を実施するため，破産管財人の選任（破74条1項），債権者集会の召集・指揮（破135条・137条），破産債権の届出の受理（破111条参照）等の職務を行う。

(2) 破産管財人等に対する監督を内容とする職務　(a) 破産管財人に対する監督　裁判所は，破産管財人の監督（破75条1項）のみならず，一定の場合にはその解任ができる（破75条2項）。また，破産管財人に対し，その行為について許可を与え（破78条2項），または，法定の重要事項等につき裁判所に報告させる（破157条）ことを通じて，破産管財人に対する監督権を行使する。

(b) 債権者委員会・代理委員に対する監督　裁判所は，債権者委員会の手続関与への承認権限および承認取消権限（破144条1項・5項）の行使を通じて，債権者委員会を監督し，債権者による代理委員選任を許可する権限およびその許可の取消権限（破110条1項・4項）の行使を通じて，代理委員を監督する。

2　破産管財人

定　義　破産管財人とは，破産手続において破産財団に属する財産の管理および処分をする権利を専属的に有する者を意味する（破2条12項・78条1項）。

選　任　破産管財人は，破産手続の目的実現のため，手続開始直後から終結に至るまで，中心的な役割を演ずる常設の必要的な手続機関である。それゆえ，同時破産手続廃止のケースを除き，破産手続開始の決定と同時に，必ず，裁判所によって選任される（破31条1項柱書・74条1項）。

破産管財人の資格については，とくに法律上の制限はなく，自然人でも法人でもよい（破74条2項）。ただし，実務では，弁護士の中から選任されるのが一般的である。

選任される破産管財人の数は，普通は1人であるが，数人でもよい（破31条1項柱書参照）。ただし，数人の破産管財人が選任されている場合には，その職務は共同して行うのが原則である（共同職務執行の原則。破76条1項本文）。他方，第三者からの意思表示は，数人の破産管財人が選任されている場合でも，そのうちの1人に対してなされれば足りる（破76条2項）。

なお，破産管財人は，必要があるときは，裁判所の許可を得たうえで，破

産管財人代理を選任することができる（破77条）。

職務　破産管財人の職務には，大きく分けると，次の二つのものがある。

（1）**破産債権者の利益実現を目的とする職務**　破産手続における破産債権者の利益は，最終的には，破産財団に属する財産の換価で得られた金銭の公平な配当によって実現される。そこで，破産債権者の利益実現のための最初の仕事として，第一に，破産管財人は，就職後直ちに，破産財団に属する財産の管理に着手しなければならない（破79条）。この破産財団の管理業務に関連して，破産管財人は，必要に応じて，封印や帳簿の閉鎖（破155条），破産者宛ての郵便物の管理（破81条・82条），破産者等への説明義務（破40条）履行請求，破産財団に関する帳簿・書類その他の物件の検査（破83条）等ができる。

なお，破産財団に関する訴訟の追行（破80条），否認権の行使（破160条以下），契約関係の処理（破53条・54条），財団債権の弁済，取戻権・別除権・相殺権行使への対応等も，広い意味では，破産財団の管理に関する職務に属する。

破産債権者の利益実現を目的とする職務として，第二に，破産管財人は，手続開始後遅滞なく，破産財団に属する財産の価額評定をしたうえ，原則として，財産目録と貸借対照表を作成し，裁判所に提出しなければならない（破153条1項・2項）。これは，破産財団の評価に関する職務である。そして，第三に，破産管財人は，適宜，破産財団に属する財産を換価し，破産債権者への配当財源となるべき金銭を生み出し，確保しなければならない（破184条以下）。これは，破産財団の換価に関する職務である。

第四に，配当を受けるべき破産債権者の範囲および債権額を確定することも，破産債権者の利益実現を目的とする破産管財人の職務の一つである。たとえば，認否書の作成・提出（破116条1項・117条1項・3項・119条4項），債権調査期日への出頭等（破121条1項・122条2項），破産債権査定決定手続や債権確定訴訟への当事者としての関与（破125条ないし127条・129条）等である。

第五に，破産管財人は，破産財団の管理・換価と破産債権の調査・確定が

終了すると，破産債権者の利益実現のための最後の仕事として，配当を実施しなければならない。この配当の実施に関する職務の主な内容は，たとえば，最後配当（破195条以下）の場合には，配当表の作成・提出（破196条），配当の公告・通知（破197条），配当額の定めと破産債権者への通知（破201条），配当金の支払い（破193条2項），配当額の供託（破202条）等である。

(2) 破産者の利益実現を目的とする職務　破産者の利益実現を目的とする破産管財人の職務としては，第一に，破産者の生活保障等ために，破産財団に属する財産の管理処分権を放棄することが挙げられる（破78条2項12号）。第二は，破産者の免責手続において，免責不許可事由の有無等に関する報告や意見陳述をすることである（破250条・251条）。

善管注意義務　破産管財人は，善良な管理者の注意をもって，その職務を行わねばならない（破85条1項）。この善管注意義務に違反した場合，破産管財人は，利害関係人に対し，損害賠償責任を負担する（破85条2項）ほか，裁判所から解任される可能性もある（破75条2項参照）。

費用と報酬　破産管財人は，費用の前払いと，裁判所が定める報酬を受けることができる（破87条1項）。この費用の前払いと報酬を求める請求権は，いずれも，財団債権になると考えられるので（破148条1項2号参照），理論上は，破産手続によらないで破産財団から破産債権に優先して随時に弁済を受けることが許されるが（破2条7項・151条参照），実務上は，費用の前払いはともかく，報酬の支払いは，破産債権者に対する配当と同時になされる場合も稀ではない。

任務の終了　破産管財人の任務は，破産手続の終結決定（破220条1項），破産手続の廃止決定（破217条1項），破産手続開始の決定の取消決定（破33条3項）等による破産手続の終了とともに終了するほか，その死亡，行為能力喪失，辞任（破規23条5項），解任（破72条2項）等の事由によっても終了する。

なお，任務が終了した破産管財人は，遅滞なく，計算の報告書を裁判所に提出しなければならない（破88条1項）。

破産管財人
の法的地位
　破産管財人の法的地位をめぐっては，古くから見解が対立し，現在でも，とくに，管理機構人格説[*]と法定信託説[**]が鋭く対立している。ただし，議論の焦点は，主に破産債権者および破産者ならびに破産財団との関係で，破産管財人の法的地位を理論的にいかに矛盾なく説明できるかである。それゆえ，いずれの立場に立っても，その立場から，演繹的に個別具体的かつ実践的な解釈論や運用論を導けるものではないし，導くべきでもない。

　[*]　**管理機構人格説**　破産管財人の地位は，破産財団の管理機構たるものと，その担当者たるものとに分けられるとし，管理機構たる地位の破産管財人が，破産財団の管理処分権の帰属する法主体であると考える立場である。
　[**]　**法定信託説**　破産手続開始決定と同時に，破産財団を信託財産，破産者を委託者，破産債権者を受益者，破産管財人を受託者とする，財産整理を目的とした一種の法定信託関係が成立すると考える立場である。

3　保全管理人

定　義
　保全管理人とは，破産法91条1項の定める保全管理命令によって，債務者の財産に関し管理を命じられた者を意味する（破2条13項）。

選　任
　保全管理人は，保全管理命令が発令される場合に臨時に設置される非常設の手続機関である。しかし，保全管理命令制度における必要的な手続機関であるから，裁判所は，保全管理命令を発令する場合には，必ず，当該保全管理命令の中で，1人または数人の保全管理人を選任しなければならない（破91条2項）。

権限と義務
　保全管理命令が発令されると，債務者の財産の管理処分権は，保全管理人に専属する（破93条1項本文）。これは，破産法78条1項の定める効果（破産財団に属する財産の管理処分権の破産管財人への専属）を前倒しするものである。それゆえ，保全管理人の権限については，破産管財人の権限に関する規定の多くが準用される（破96条1項）。

　ただし，まだ破産手続は開始されていないのであるから，保全管理人は，破産管財人とは異なり，債務者の常務に属しない行為をするには，裁判所の

許可を得る必要がある（破93条1項但書）。この裁判所の許可を得ることなくなされた行為は無効であるが、その無効は、善意の第三者に対抗することはできない（破93条2項）。

　保全管理人は、就職後直ちに、債務者の財産の管理に着手しなければならない（破96条1項・79条）。そして、そのさい、または、その後に職務を執行するにさいしては、善管注意義務を課せられるとともに、その義務に違反したときは、利害関係人に対する損害賠償責任を負担する（破96条1項・85条）。

　なお、任務が終了した保全管理人は、遅滞なく、裁判所に対し、書面による計算報告をしなければならない（破94条1項）。

4　債権者集会

意義　債権者集会とは、破産債権者に対し、一方で、破産手続の進行についての情報を開示し、他方で、それを基礎として手続遂行に関係する重要事項につき意思決定の機会を与える手続機関である。

　債権者集会は、旧法上、常設の必要的手続機関と位置づけられ、数々の重要な権限を与えられていた。しかし、実際にはうまく機能せず、弊害も多かった。それゆえ、現行破産法は、債権者集会の権限を大幅に縮小するとともに、その開催を任意化している。

種類　債権者集会は、その目的に応じて、四種類に分けられる。第一は、破産者の財産状況を報告する目的で召集・開催されるものである（破31条1項2号）。これは財産状況報告集会と呼ばれる。第二に、破産管財人の任務終了による計算報告を目的とするものがある（破88条3項）。第三は、裁判所が異時廃止の決定をするさいに、破産債権者の意見を聴取する目的で召集・開催されるものである（破217条1項後段）。第四に、その他、破産債権者の手続関与または意見表明の機会を保障する目的で、手続中に随時、召集・開催されるものがある（破135条）。これは一般的な債権者集会である。

召集・実施　債権者集会の召集権を有するのは裁判所である。そして、裁判所は、相当と認めるときは、職権で、債権者集会を召集することができる（破135条2項）。他方、裁判所は、破産管財人、債権者委員

会，または，知れている破産債権者の総債権の評価額の10分の1以上にあたる破産債権を有する破産債権者の申立てがあった場合には，債権者集会を召集しなければならない（破135条1項本文）。ただし，この場合，裁判所は，知れている破産債権者の数その他の事情を考慮して，債権者集会を召集することが相当でないと認めるときは，それを召集しなくてもよい（破135条1項但書）。

債権者集会には，原則として，破産管財人，破産者および届出をした破産債権者を呼び出さなければならない（破136条1項本文）。債権者集会の期日は，裁判所によって，公告され，労働組合等には通知される（破136条3項）。

債権者集会は，裁判所の指揮のもとで実施される（破137条）。この場合の「指揮」とは，議事の進行や集会の秩序維持を意味するもので，議事内容への干渉を許すものではない。

決議 (1) 議決権　破産債権者は，債権者集会に出席し，または，書面等投票により，その議決権額に応じて，議決権を行使することができる（破138条・140条）。ただし，劣後的破産債権と約定劣後破産債権については，議決権は認められない（破142条1項。優先的破産債権である給料等の請求権のうち配当前に弁済を受けた破産債権者および外国で一部の弁済を受けた破産債権者についても同様である。破142条2項）。

(2) 議決権の行使方法　議決権の行使方法については，裁判所が，①期日における議決権行使，②書面等投票（書面その他の最高裁判所規則で定める方法のうち裁判所の定めるものによる投票），③①と②の併用のうち，いずれかの方法を定めなければならない（破139条2項）。

なお，議決権者の議決権額は，債権者集会の期日を開く場合（破139条2項1号・3号）と，それを開かない場合（破139条2項2号）とで異なっている（破140条・141条）。

(3) 決議要件　債権者集会の決議を要する事項は，議決権を行使することができる破産債権者で債権者集会の期日に出席し，または，書面等投票したものの議決権の総額の2分の1を超える議決権を有する者の同意があれば，可決される（破138条）。

5 債権者委員会

意義 債権者委員会とは，破産債権者をもって構成される委員会のうち，破産手続への関与が裁判所によって承認されたものを意味する（破144条参照）。

債権者委員会は，破産手続に破産債権者の意向を機動的に反映させる趣旨のもと，破産法に新たに導入された任意の手続機関である。

破産手続への関与の要件 破産債権者によって構成された委員会が，破産手続への関与を裁判所から承認されるために必要な要件は，①利害関係人からの申立てがあること（破144条1項柱書本文），②委員の数が3人以上で，最高裁判所規則で定める人数（10人）以内であること（破144条1項但書・1号，破規49条1項），③破産債権者の過半数が，当該委員会が破産手続に関与することに同意していると認められること（破114条1項但書・2号），④当該委員会が破産債権者全体の利益を適切に代表すると認められること（破144条1項但書・3号）である。

権限 債権者委員会の権限としては，①破産者等に破産に関し必要な説明を請求すること（破40条），②債権者集会の召集を申し立てること（破135条1項2号），③裁判所または破産管財人に対して意見を陳述すること（破144条2項・3項・145条），④破産管財人から報告書等の提出を受けること（破146条），⑤破産管財人に対する報告命令を裁判所に申し出ること（破147条1項）等がある。

6 代理委員

代理委員とは，共通の利害ある複数の破産債権者が存在する場合に，それらの者の権利行使を容易にするため，それらのものによって選任されるもの（破110条1項・2項参照）で，代理人の一種である，

代理委員の選任には，裁判所の許可が必要である（破110条1項）。そして，裁判所は，代理委員の権限の行使が著しく不公正であると認められるときは，その許可を取り消すことができる（破110条4項）。

代理委員は，それを選任した破産債権者のために，破産手続に関する一切の行為をすることができる（破110条2項）。なお，代理委員が数人あるときは，共同してその権限を行使するが，第三者の意思表示は，その1人にすれば足りる（破110条3項）。

II 破産財団と破産債権・財団債権

1 破産財団

定義と三つの意味 破産財団とは，破産者の財産または相続財産であって，破産手続において破産管財人にその管理および処分をする権利が専属するものを意味すると定義されている（破2条14項）。しかし，破産法上，破産財団という言葉は，一義的なものではなく，場面に応じて，法定財団，現有財団，配当財団の三つの意味で用いられている。

法定財団・現有財団・配当財団 法定財団とは，破産法が予定するあるべき姿の財団のことである。これに対して，現有財団とは，現実に破産管財人の管理下に置かれている財産の集合（体）を意味する。破産手続開始の時点においては，法定財団と現有財団とは食い違っているのが通常であって，それを一致させるのが破産管財人の任務である。

なお，配当財団とは，配当の原資となる財団のことである。配当財団は，破産財団に属すべき財産の換価によって形成される。

破産財団（法定財団）の範囲 第一に，破産財団は，財産の集合（体）である（破34条1項）が，この場合の「財産」とは，金銭的価値を有する積極財産に限定される。

第二に，破産財団に属する財産は，破産者に帰属するものでなければならない（破34条1項）。ただし，財産が破産者に帰属するものであるか否かは，民法・商法等の規定とその解釈によって定められる。そして，その際，同時に，破産管財人の地位の第三者性（破産手続外部の実体的法律関係において，破産管財人は，破産者と同一視されるのか，それとも差押債権者等と同様の第三者的地位にあるとされるのか）が問題とされる場面もある（たとえば，最判昭

和58・3・22判時1134号75頁〔倒産百選〔第4版〕17事件〕，最判昭和46・2・23判時622号102頁〔倒産百選〔第4版〕18事件〕。なお，破産管財人の地位の第三者性が問題となるその他の場面については→本章§3，§4を参照）。

第三に，破産手続開始の時点で破産者に帰属している財産のみが破産財団を構成する（破34条1項）。これは破産手続開始の時を基準時として破産財団の範囲を固定する考え方である。固定主義と呼ばれている。これに対して，破産手続開始後に新たに破産者に帰属した財産も破産財団に組み入れる考え方がある。膨張主義である。もっとも，自然人の破産の場合はともかく，法人の破産の場合，通常は，固定主義と膨張主義を区別する大きな意味はない。

第四に，破産手続開始前の原因に基づく将来の請求権は，破産財団に属する（破34条2項）。この場合の将来の請求権とは，停止条件付債権（民127条1項）・期限付債権（民135条1項）で，破産手続開始の時点では条件未成就・期限未到来のもの等を意味する。連帯債務者，保証人，物上保証人の求償権（民442条1項・459条・460条・465条・351条・372条）も，この場合の将来の請求権に該当する（なお，破産者の退職金債権の取扱いについては，→第**3**部第**4**章を参照）。

第五に，民事執行法その他の法律で差押えが禁止されている財産（差押禁止財産）は，原則として，破産財団を構成しない（破34条3項2号本文）。ただし，差押禁止財産のうち，民事執行法132条1項の規定に基づき差押えが許されたもの，および，破産手続開始後に差押えが可能になったもの（これに該当するものとして，たとえば，破産手続開始後に一身専属性を欠くことになった慰謝料請求権が考えられる。この点については，最判昭58・10・6民集37巻8号1041頁〔倒産百選〔第4版〕21事件〕参照）は，破産財団に組み込むことができる（破34条3項2号但書）。

なお，破産財団に属する財産は，日本国内にあるかどうかを問われない（普及主義。破34条1項かっこ書）。

自由財産　破産者の財産のうち，破産財団（法定財団）に属さず，破産者が自由に管理・処分できる財産のことを自由財産という。自由財産は，破産手続開始後の破産者（ただし，自然人の場合）の生活保障およ

び経済生活の再生をはかるための重要な基礎となる。

　自由財産に属する財産は，①破産手続開始後に破産者が新たに取得した財産（新得財産。これは固定主義の帰結である。破34条1項），②民事執行法131条3号の規定する額（66万円）に2分の3を乗じた額の金銭（破34条3項1号），③②以外の差押禁止財産（破34条3項2号），④破産管財人が破産財団から放棄した財産（破78条2項12号参照），⑤裁判所が決定によって破産財団に属しないものとした財産（破34条4項）等である。

破産財団を引当とする債権　破産財団を引当てとする債権は，破産債権と財団債権である。以下，それらについて，項を改めて概説する。

2　破産債権

実体的定義と手続的定義　破産債権とは，破産者に対し破産手続開始前の原因に基づいて生じた財産上の請求権，または，破産法97条各号に掲げられる債権であって，財団債権に該当しないものを意味すると定義されている（破2条5項）。これは破産債権の実体的定義である。他方，破産債権は，破産手続開始後は，原則として，破産手続によらなければ，行使できないとされる（個別的な権利行使の禁止。破100条1項。その具体的な内容については，→第2章§1 Ⅱ **2**を参照）。それゆえ，破産債権は，手続的には，「破産手続によらなければ行使できない債権（請求権）」と定義できる（この意味での破産債権は，破産手続に服する債権という意味で，「手続債権」と呼ばれることもある）。

　なお，破産法上の債権には，破産手続開始後も，破産手続によらないで，破産財団から随時弁済を受けうるものもある。財団債権である。

原則的な破産債権の実体的要件　破産債権となる請求権は，原則として，つぎの四つの要件を充たしておく必要がある（破2条5項参照）。

(1)　**破産者に対する人的請求権であること**　破産者に帰属する特定財産に対する物的請求権は，取戻権（→本章§4参照）として行使され，破産債権にはならない。

(2)　**破産手続開始前の原因に基づいて生じた請求権であること**　この場合の「原因」は，破産手続開始前に全部が備わっている必要はなく，その主

たる部分が備わっていれば足りると考えるのが通説である（一部具備説）。それゆえ，履行期未到来の債権，期限付債権，条件付債権または将来の請求権も，破産債権となる（弁済期未到来の破産債権は，「現在化」される）。

(3) **財産上の請求権であること**　金銭債権である必要はないが，「金銭化」との関係から，金銭に評価できる請求権でなければならない。

(4) **強制執行可能な請求権であること**　破産手続は，債権の強制的な実現手続という側面を有するので，強制執行が不可能な請求権は，破産債権にはならない。ただし，債務名義は不要である。

例外的な破産債権　破産法97条各号に掲げられる債権であって，破産債権に含まれるとされるものは，いずれも例外的な破産債権である。

破産債権の金銭化と現在化　破産債権は，金銭債権であっても，金額が未確定のものは，その額が金銭で評価・確定されるし，金銭債権でなければ，金銭債権に転換したうえ，その額が金銭で評価される（破103条2項）。これを破産債権の金銭化と呼んでいる。また，破産債権は，弁済期未到来のものであっても，破産手続開始の時に，弁済期が到来したものとみなされる（破103条3項）。これが破産債権の現在化である。

破産債権の額　破産債権の額は，破産債権者の手続参加の際に届出を要する重要事項の一つである（破111条1項1号参照）が，金額の確定した金銭債権の場合には，その債権額（元本額・利息・遅延損害金の合計額）がそのまま破産債権の額となる（破103条2項2号）。これに対して，非金銭債権，金額不確定の金銭債権，金額を外国通貨で定めた金銭債権，金額や存続期間が不確定の定期金債権の場合には，破産債権の額となるのは，それぞれの債権の破産手続開始時における評価額である。（破103条2項1号）。

なお，その他の事項はともかく，破産債権の額の決め方は，条件付債権・将来の請求権の場合でも変わりはない（破103条4項）。

破産債権の区分と順位　破産債権は，破産法上，優先的破産債権（破98条1項），劣後的破産債権（破99条1項），約定劣後破産債権（破99条2項）と，これら以外の破産債権（一般の破産債権）に区分され，その相互間の配

当順位について，つぎのように，優先劣後関係が認められることになっている。

　第一に，最優先の配当順位を認められるのが優先的破産債権である（破98条1項・194条1項1号）。破産財団に属する財産につき一般の先取特権その他の優先権がある債権であって，劣後的破産債権・約定劣後破産債権に該当しないものが，優先的破産債権となる（破98条1項。代表的なものは，労働債権である。民306条2号・308条。優先的破産債権たる労働債権は，その他のすべての破産債権と異なり，配当前に弁済を受けることも可能である。破101条参照）。

　なお，優先的破産債権相互間の優先劣後関係については，民法，商法その他の法律の定めるところによる（破98条2項）。

　第二に，一般の破産債権は，優先的破産債権には劣後するが，劣後的破産債権・約定劣後破産債権には優先して配当を受けることができる（破194条1項2号）。

　第三に，一般の破産債権には劣後するが，約定劣後破産債権には優先する配当順位を認められているのが劣後的破産債権である（破99条1項柱書・194条1項3号）。ただし，実際には，一般の破産債権が全額配当されることはきわめて稀であるため，劣後的破産債権は無配当で終わるケースがほとんどである。

　なお，劣後的破産債権を有する者には，債権者集会での議決権は与えられない（破142条1項）。

　第四に，約定劣後破産債権＊は，最劣後の配当順位しか認められず（破194条1項4号），債権者集会での議決権も否定される（破142条1項）。

　　＊　**約定劣後破産債権**　　約定劣後破産債権とは，破産債権者と破産者との間において，破産手続開始前に，当該債務者について破産手続が開始されたとすれば当該破産手続におけるその配当の順位が劣後的破産債権に後れる旨の合意がされた債権のことである（破99条2項）。しかし，このような債権は決して一般的なものではない。それにもかかわらず，そのような債権について，破産法がわざわざ規定を置いているのは，いわゆる劣後ローンや劣後債をめぐる当事者の合意に即した処理を，破産手続上も正面から認めるためである。

共同債務関係と破産債権　多数債務者関係のうち，分割債務関係においては，債務者の1人または数人が破産した場合にも，特別な問題はない。その場合の債権者は，分割債務の内容を破産債権として行使すれば足りるからである。これに対して，共同債務関係においては，第一に，その関係が人的担保としての性質を有するので，1人または数人の債務者の破産によって，債権担保に関する債権者の期待・利益を損なわないようにすることが必要であるし，第二に，他方では，求償権を有する他の共同債務者が，不当に不利益を被らないように配慮することも必要である。そのため，破産法は，主として，つぎのような規定を置いている。

(1) **数人の全部義務者の破産**　数人が各自全部の履行をする義務を負う場合において，その全員またはその一部の者について破産手続の開始決定があったときは，債権者は，破産手続開始の時において有する債権の全額（手続開始時の現存額）についてそれぞれ破産手続に参加できる（破104条1項）。これを現存額主義という。そして，他の全部義務者が破産手続開始後に債権者に対して弁済をしたときであっても，その債権の全額が消滅した場合を除き，その債権者は，手続開始時の現存額についてその権利を行使することができる（破104条2項。この規定は，物上保証人についても準用される。破104条5項）。これらの規定の趣旨は，共同債務関係の有する人的担保としての機能を尊重することである。

なお，数人が各自全部の履行をする義務を負う場合とは，不可分債務（民430条），連帯債務（民432条），連帯保証債務（民458条），合同債務（手47条）等を負担する場合を意味する。

(2) **保証人の破産**　保証人について破産手続の開始決定があったときは，債権者は，手続開始時の現存額について破産手続に参加することができる（破105条）。保証人も，全部義務者であるから，その破産の場合には，破産法104条1項を適用すればよいと考えられるかもしれないが，保証人は，民法上，催告・検索の抗弁権（民452条・453条）を有するので，その考え方には疑問が生じるおそれがある。そこで，保証人が破産した場合には，債権者は，催告・検索の抗弁権行使を受けることなく，手続開始時の現存額につ

いて破産債権者として権利行使できる旨を特に規定したのが，破産法105条である。

(3) 求償義務者の破産　(a) 求償権者の事前求償　数人の全部義務者の全員または一部の者について破産手続が開始された場合，破産者に対する将来の求償権を有する者は，その全額について破産手続に参加することができる（破104条3項本文。この規定は，物上保証人についても準用される。破104条5項）。これは，全部義務者の一部が破産した場合には，他の全部義務者に事前求償権を認めるものである。もちろん，民法上は事後求償が原則である（民442条1項・430条・459条・462条・465条）が，破産法上も事後求償を強制すると，破産手続の進行との関係で，求償権者が満足を得ることが事実上困難になる。この点を考慮して，委託を受けた保証人の事前求償権の行使に関する民法の規定（民460条1号）の趣旨を，保証人以外の全部義務者にも拡張して規定したのが，破産法104条3項本文である。

ただし，少なくとも，債権者が手続開始時の現存額について破産手続に参加したときは，将来の求償権を有する者は，破産債権者として手続に参加することはできない（破104条3項但書参照。この規定は，物上保証人についても準用される。破104条5項）。この場合に手続参加を認めると，実質的には一つの債権の二重行使を認めることになるからである。

(b) 求償権者の弁済による代位　破産法104条1項の規定に基づき債権者が全部義務者の破産手続に参加した場合において，破産者に対する将来の求償権を有する者が，破産手続開始後に債権者に弁済をしたときは，その債権の全額が消滅した場合に限り，その求償権を有する者は，その求償権の範囲内において，債権者が有した権利を破産債権者として行使することができる（破104条4項。この規定は，物上保証人についても準用される。破104条5項）。これは，求償義務者が破産した後の求償権者の弁済による代位の許否に関する旧破産法下の判例（最判昭62・7・2金法1178号37頁）および通説の考え方を明文化したものである。

3 破産債権の届出・調査・確定

破産債権の届出

(1) 意　義　　破産債権の届出は，破産債権者にとって，破産手続参加への唯一の方法であり，権利行使の出発点である。破産債権者は，自己の破産債権の届出を怠ると，配当の手続への参加（たとえば，破196条参照）も，債権者集会での議決権行使（破138条等）も許されない。なお，破産債権の届出には，時効中断の効果が認められている（民152条）。

(2) 届出の方式と期間制限　　破産債権の届出は，裁判所に対し，債権届出期間内に，書面でしなければならない（破111条1項，破規1条1項）。そのさい，一般の破産債権者は，①各破産債権の額および原因，②優先的破産債権であるときはその旨，③劣後的破産債権または約定劣後破産債権であるときはその旨，④自己に対する配当額の合計額が最高裁判所規則で定める額（1,000円）に満たない場合でも配当金を受領する意思があるときはその旨，⑤その他最高裁判所規則で定める事項を届け出ることを要する（破111条1項，破規32条2項）。また，別除権者（破2条10項）は，①から⑤のほかに，⑥別除権の目的たる財産，⑦別除権の行使によって弁済を受けられないと見込まれる債権額を届け出なければならない（破111条2項）。

ところで，債権届出期間は除斥期間ではないので，その期間経過後の届出も許されないわけではない。しかし，それを無制限に認めると手続の遅延を招くおそれがある。そこで，破産法は，破産債権者が，その責めに帰することができない事由によって，一般調査期間の経過または一般調査期日の終了までに破産債権の届出ができなかった場合には，その事由が消滅した後1月以内に限り，その届出ができると規定することによって（破112条1項。この規定は，破産債権者が，その責めに帰することができない事由によって，一般調査期間の経過後または一般調査期日の終了後に，届け出た事項について他の破産債権者の利益を害すべき変更を加える場合について，準用される。破112条4項），届出期間経過後の届出に期間制限を加えている。

(3) 破産債権者表の作成　　破産債権の届出を受けた裁判所の裁判所書記官は，届出があった破産債権（以下，「届出破産債権」と表現する）について，

破産法111条1項1号から4号までおよび同条2項2号に掲げられている事項（破産債権者の手続参加のさいに届出が必要とされている事項）その他最高裁判所規則で定める事項を記載した，破産債権者表を作成しなければならない（破115条1項・2項，破規37条）。

破産債権の調査　**(1) 調査の方式**　破産債権者表が作成された後には，届出破産債権の調査が行われるが，その方法としては，二つの方式が認められている。一つは，裁判所が定めた債権調査期間内に，破産管財人が作成した認否書と破産債権者・破産者の書面による異議に基づいて，債権調査を行うという方式（期間方式・書面による調査方式）である。そして，もう一つは，裁判所が定めた債権調査期日において，破産管財人の（口頭による）認否と破産債権者・破産者の（口頭による）異議に基づいて，債権調査を行うという方式（期日方式・口頭による調査方式）である。

　ところで，破産債権の調査をするために裁判所が定める期間または期日にも，二つの種類がある。一般調査期間・期日と特別調査期間・期日である。前者は，原則として，債権届出期間内に届出があった破産債権（以下，「期間内届出破産債権」と表現する）の調査をするため，一般的に定められる期間・期日である。これに対して，後者は，届出期間後に届出や届出事項の変更があった破産債権の調査をするため，特別に定められる期間・期日である。

　(2) 一般調査期間における調査　破産管財人は，一般調査期間が定められたときは，期間内届出破産債権について，①破産債権の額，②優先的破産債権であること，③劣後的破産債権または約定劣後破産債権であること，④別除権（準別除権を含む）の行使によって弁済を受けることができないと見込まれる債権の額についての認否を記載した認否書を作成し，一般調査期間前の裁判所の定める期限までに，裁判所に提出しなければならない（破117条1項，破規38条）。

　他方，届出をした破産債権者（以下，「届出破産債権者」と表現する）は，一般調査期間内に，裁判所に対し，上記①〜④の事項について，書面で，異議を述べることができる（破118条1項）。また，破産者も，一般調査期間内に，裁判所に対し，届出破産債権の額について，書面で，異議を述べること

ができる（破118条2項）。

(3) 一般調査期日における調査　破産管財人は，一般調査期日が定められたときは，当該一般調査期日に出頭し，期間内届出破産債権について，破産法117条1項各号に掲げられる事項についての認否をしなければならない（破121条1項。なお，裁判所は，一般調査期日を定めた場合には，破産管財人に対し，認否の予定を記載した書面の提出を命ずることができる。破規42条1項）。

他方，届出破産債権者またはその代理人は，一般調査期日に出頭し，期間内届出破産債権に関し破産法117条1項各号に掲げられている事項について，異議を述べることができる（破121条2項）。

破産者は，原則として，一般調査期日に出頭しなければならないが，例外として，正当な理由があるときは，代理人を出頭させることができる（破121条3項）。そして，出頭した破産者またはその代理人は，期間内届出破産債権の額について，異議を述べることができる（破121条4項・6項）一方，必要な事項に関しては意見を述べなければならない（同条5項・6項）。ちなみに，破産者がその責めに帰することができない事由によって一般調査期日に出頭することができなかったときは，破産者は，その事由が消滅した後1週間に限り，裁判所に対し，当該一般調査期日における調査に係る破産債権の額について，書面で異議を述べることができる（破123条1項）。

なお，一般調査期日における破産債権の調査は，破産管財人が出頭しなければ，実施できない（破121条8項）。

(4) 特別調査期間または期日における調査　特別調査期間または期日における調査の内容・手続は，一般調査期間または期日における調査の場合と同じである（破119条4項・5項・122条2項）。ただし，特別調査期間・期日に関する費用は，一般調査期間・期日における債権調査の場合とは異なり，特別調査の対象となる破産債権を有する者の負担とされる（破119条3項・122条2項）。そこで，裁判所書記官は，相当の期間を定め，当該破産債権を有する者に対し，費用の予納を命じなければならない（破120条1項・122条2項）。そして，当該破産債権を有するものが費用の予納をしないときは，裁判所は，決定で，その者がした破産債権の届出や届出事項の変更に関する届

出を却下しなければならない（120条5項・122条2項）。

破産債権の確定　**(1) 異議等のない破産債権の確定**　破産債権の調査において，破産管財人が認め，かつ，届出破産債権者の誰もが異議を述べなかった破産債権（以下，「異議等のない破産債権」と表現する）については，その存在・額，優先劣後関係の区分がそのまま確定する（破124条1項）。そして，調査の結果，そのまま確定した事項についての破産債権者表の記載（裁判所書記官は，破産債権の調査の結果を破産債権者表に記載しなければならない。破124条2項）は，破産債権者の全員に対して確定判決と同一の効力を有する（破124条3項）。

なお，破産者の異議の有無は，破産債権の確定とは無関係である（破124条1項・3項）。ただし，破産債権の調査において，破産者（またはその代理人）が異議を述べないと（その旨も破産債権者表に記載される。破124条2項），確定した破産債権に関する破産債権者表の記載は，破産手続終了後，破産者に対し，確定判決と同一の効力を有することになる（破221条1項前段・2項。この場合，破産債権者は，確定した破産債権について，破産者に対し，破産債権表の記載により強制執行をすることもできる。破221条1項後段）。

(2) 破産債権の査定決定　破産債権の調査において，破産債権の額または優先的破産債権，劣後的破産債権もしくは約定劣後破産債権であるかどうかの区別（以下，「額等」と表現する）について，破産管財人が認めず，または，届出破産債権者の誰かが異議を述べた破産債権（以下，「異議等のある破産債権」と表現する）を有する破産債権者は，当該破産債権に関し破産手続開始当時訴訟が係属する場合，または，当該破産債権が有名義（執行力のある債務名義または〔勝訴の〕終局判決のあるもの）である場合を除いて，その額等の確定のために，当該破産管財人および当該異議を述べた破産債権者（以下，「異議者等」と表現する）の全員を相手方として，裁判所に，その額等についての査定の申立て（破産債権査定の申立て）をすることができる（破125条1項）。そして，この破産債権査定の申立てがあった場合には，裁判所は，異議者等を審尋したうえ，申立てを不適法として却下する場合を除き，決定で，異議等のある破産債権の存否および額等を査定する裁判（破産債権査定

決定）をしなければならない（破125条3項・4項）。

なお，破産債権の確定手続を迅速に進めるため，破産債権査定の申立ては，異議等のある破産債権に係る債権調査期間の末日または債権調査期日から1月の不変期間内にしなければならないことになっている（破125条2項）。

(3) 破産債権査定決定に対する異議の訴え　破産債権査定決定に不服がある者は，その送達を受けた日から1月の不変期間内に，破産債権査定異議の訴えを提起することができる（破126条1項）。この破産債権査定異議の訴えは，異議等のある破産債権を有する破産債権者が提起するときは異議者等の全員を被告とし，異議者等が提起するときは異議等のある破産債権を有する破産債権者を被告としなければならない（破126条4項）。

破産債権査定異議の訴えについての判決は，訴えを不適法として却下する場合と除くと，破産債権査定申立てについての決定を認可するものか，または変更する内容のものとなる（破126条7項）。

なお，同一債権に関し破産債権査定異議の訴えが数個同時に係属するときは，弁論および裁判は，併合して行うことを要する（破126条6項前段。この場合には，民事訴訟法40条1項ないし3項の規定が準用される。破126条6項後段）。

(4) 異議等のある破産債権に関する訴訟の受継　異議等のある破産債権について，破産手続開始当時すでに訴訟が係属していたが，破産手続の開始決定の効果によって中断している（破44条1項）ような場合，その額等の確定をはかるために，中断中の訴訟とは別個に破産債権の確定手続を開始するよりも，中断中の訴訟手続を再開して活用する方が合理的である。そこで，破産法は，異議等のある破産債権に関し破産手続開始当時訴訟が係属する場合において，破産債権者がその額等の確定を求めようとするときは，破産債権査定の申立てをするのではなく，異議者等の全員を相手方として，訴訟手続の受継の申立てをしなければならないとしている（破127条1項）。

(5) 異議等のある有名義の破産債権の確定手続　異議等のある有名義の破産債権（異議等のある破産債権のうち執行力ある債務名義または〔勝訴の〕終局判決のあるもの）については，異議者等は，破産者がすることができる訴訟手続によってのみ，異議を主張することができる（破129条1項。この規定

では，有名義の破産債権者の破産手続外における優先的な地位を保護するため，起訴責任が転換されている）。破産者がすることができる訴訟手続とは，たとえば，未確定の終局判決に対する上訴（民訴281条・311条），確定判決に対する判決の更正の申立て（民訴257条）・請求異議の訴え（民執35条）・再審の訴え（民訴338条）等である。

なお，異議等のある有名義の破産債権に関し破産手続開始当時訴訟が係属する場合において，異議者等が異議を主張しようとするときは，当該異議者等は，当該破産債権を有する破産債権者を相手方とする訴訟手続を受け継がなければならない（破129条2項）。

(6) 破産債権の確定に関する裁判の結果の記載　裁判所書記官は，破産管財人または破産債権者からの申立てがあると，破産債権の確定に関する訴訟の結果を，もしくは，破産債権査定異議の訴えが提起されなかったとき，または却下されたときは，破産債権査定決定の内容を，破産債権者表に記載しなければならない（破130条）。

(7) 破産債権の確定に関する裁判の効力　破産債権の確定に関する訴訟について下された判決は，破産債権者の全員に対して，その効力を有する（破131条1項）。また，破産債権査定異議の訴えが，出訴期間内に提起されなかったとき，または却下されたときは，破産債権査定申立てについての決定も，破産債権者の全員に対して，確定判決と同一の効力を有する（破131条2項）。

4　財団債権

定　義　財団債権とは，破産手続によらないで破産財団から随時弁済を受けることができる債権を意味する（破2条7項）。

形式的な分類　財団債権は，形式的には，破産法148条1項の規定に基づく一般の財団債権と，それ以外の規定に基づく特別の破産債権とに分けることができる。

一般の財団債権　破産法148条1項の規定によって，一般に，財団債権とされる請求権は，①破産債権者の共同の利益のためにする裁判上の費用の請求権（破148条1項1号），②破産財団の管理・換価および配

当に関する費用の請求権（破148条1項2号），③破産手続開始前の原因に基づく租税等の請求権であって，破産手続開始当時まだ納期限の到来していないもの，または，納期限から1年を経過していないもの（破148条1項3号），④破産財団に関し破産管財人がした行為によって生じた請求権（破148条1項4号），⑤事務管理または不当利得により破産手続開始後に生じた請求権（破148条1項5号），⑥委任の終了または代理権の消滅後に急迫の事情があるためにした行為によって破産手続開始後に破産財団に対して生じた請求権（破148条6号），⑦破産法53条1項の規定により破産管財人が債務の履行を選択した場合に相手方が有する請求権（破148条1項7号），⑧破産手続の開始によって双務契約の解約の申入れがなされた場合において，破産手続開始後，その契約の終了に至るまでに生じた請求権（破148条1項8号）である。

特別の財団債権　破産法148条1項以外の規定によって，とくに財団債権とされる請求権は，①破産管財人が負担付遺贈の履行を受けた場合の負担受益者の請求権（破148条2項），②保全管理人が債務者の財産に関し権限に基づいてした行為によって生じた請求権（破148条4項），③使用人の給料の請求権等（破149条。この規定は，労働債権を保護するため，その一部について，優先的破産債権から財団債権への格上げを認めたものである），④社債管理者等の費用および報酬の請求権（破150条），⑤破産管財人が双方未履行双務契約を解除した場合の相手方の反対給付価額償還請求権（破54条2項後段），⑥その他（破42条4項・44条3項・46条・132条・168条1項2号・168条2項1号・3号等参照）である。

財団債権の弁済　第一に，財団債権は，破産債権に優先して弁済される（破151条）。ただし，最後配当における配当額の通知を発した時に破産管財人に知れていない財団債権者は，最後配当をすることができる金額をもって弁済を受けることができない（破203条）。

第二に，財団債権は，破産手続によらないで破産財団から随時に弁済を受ける（破2条7号）。ただし，破産管財人は，最高裁判所規則で定める額（100万円）を超える財団債権を承認するには，裁判所の許可を得なければならない（破78条2項13号・3項1号，破産規則25条）。

なお，破産手続の開始決定があった場合には，財団債権に基づく強制執行で，新たなものは禁止され（破42条1項），すでになされているものは，破産財団との関係では失効する（破42条2項）。

破産財団不足の場合の弁済順位　破産財団が財団債権の総額を弁済するのに足りないことが明らかになった場合，第一に，①破産債権者の共同の利益のためにする裁判上の費用の請求権（破148条1項1号）と，②破産財団の管理・換価および配当に関する費用の請求権（破148条1項2号）が，最優先順位で弁済される（破152条2項）。そして，第二に，それ以外の財団債権については，法令の定める優先権にかかわらず，債権額の割合に応じて平等に弁済される（破152条1項本文。ただし，この場合，財団債権を被担保債権とする留置権，特別の先取特権，質権または抵当権の効力は否定されない。破152条1項但書）。

5　租税債権と労働債権——優先順位の見直し

租税債権の取扱い　**(1) 本税の取扱い**　旧破産法下では，破産手続開始前の原因に基づく租税債権は，その公益性を根拠として，すべて財団債権になるとされていた(旧破47条2号本文)。しかし，その結果，破産者に一定の財産があっても，破産債権者に対する配当がなされることなく破産手続が財団不足によって廃止される（旧破353条1項参照）事案が多く生ずる原因となっているとの指摘がなされてきた。そこで，現行破産法は，破産手続開始前の原因に基づいて生じた租税等の請求権については，財団債権の範囲を，破産手続開始当時，①まだ納期限が到来していないもの，および，②納期限から1年を経過していないものに限定し（破148条1項3号），この要件に該当しない租税等の請求権，すなわち，破産手続開始時に納期限から1年以上経過しているものについては，優先的破産債権（破98条）とし，その優先順位を引き下げている。

(2) 附帯税の取扱い　破産手続開始前の原因に基づいて生じた租税等の請求権につき破産手続開始後に生ずる附帯税の取扱いについて，現行破産法は，①延滞税，利子税または延滞金と，②加算税または加算金とで異なる取

扱いをしている。

　まず，①延滞税，利子税または延滞金（延滞税等）については，これらの附帯税が私法上の利息または遅延損害金に相当するものである点を考慮して，私法上の債権について破産手続開始前に生じた利息または遅延損害金と同様の取扱いをしている。すなわち，財団債権である本税につき破産手続開始前に生じた延滞税等は，本税自体が財団債権であることから，これを財団債権とする（破148条1項3号）とともに，優先的破産債権である本税につき破産手続開始前に生じた延滞税等は優先的破産債権とする（破98条1項）一方で，破産手続開始後に生じたものはすべて劣後的破産債権としている（破99条1項1号・97条3号）。

　つぎに，②加算税または加算金については，これが申告納税制度および源泉徴収による納付制度の定着と発展を図るため，申告義務または源泉徴収による税の納付義務が適正に履行されない場合に課される附帯税であり，制裁金としての性格を有することを考慮して，罰金等の請求権と同様に，破産手続開始前の原因に基づくものも含めてすべてを劣後的破産債権としている（破99条1項1号・97条5号）。

労働債権の取扱い　(1) 労働債権の一部の財団債権への格上げ　給料の請求権および退職手当ての請求権等のいわゆる労働債権については，民法において，その全額につき一般の先取特権が認められている（民308条）。そのため，旧破産法では，破産手続開始前に生じた労働債権は，優先的破産債権として扱われていた（旧破39条）。しかし，使用者が破産した場合において，当該破産手続が財団不足によって廃止されたときは，労働債権についてまったく配当がなされないことも多く，破産手続における労働債権の保護が十分でないとの指摘がなされていた。

　そこで，現行破産法では，破産手続開始前に生じた労働債権のうち，①未払給料債権については，破産手続開始前の3か月間に生じたものを，②退職手当請求権については，退職前の3か月間に生じた給料の総額に相当する額を，それぞれ優先的破産債権より保護の厚い財団債権としている（破149条）。

(2) 優先的破産債権である労働債権の弁済の許可　現行破産法は，また，

優先的破産債権にとどまる労働債権について，弁済許可の制度を設けている（破101条）。これは，優先的破産債権たる給料債権について「弁済を受けなければ生活の維持を図るのに困難を生ずるおそれがあるとき」に，裁判所が，配当までの間に，破産管財人の申立てによりまたは職権で，その全部または一部の弁済を許可するものである。なお，この場合には，随時弁済という形ではなく，仮配当という形で弁済が行われることになる。

§3　破産者をめぐる法律関係の調整

I　序

　破産者の財産関係を清算するためには，破産手続開始前に破産者を一方当事者として形成されてきた法律関係を整理する必要がある。こうした実体的法律関係の処理は，本来，民法や商法などの実体法の規律に従って行われるはずのものである。しかし，破産債権者と第三者との利益を公平に調整したり，迅速な破産清算を遂行する必要性などから，破産法は，実体法規範を補充・修正する特別規定を置いている。前述のように，破産財団に属する財産の管理処分権は，破産管財人に専属するので（破78条1項），破産財団をめぐる法律関係についても，破産管財人が管理処分権の一環としてその整理を行うことになる。

II　実体的法律関係の整理と破産管財人の法的地位

破産管財人の法的地位をめぐる三つの側面　破産管財人が実体的法律関係を整理する際の法的地位を考えるにあたっては，破産管財人が三つの顔（地位）を併せ有していることに留意する必要がある。すなわち，第1は，破産管財人は，破産者の地位を引き継いだ一般承継人としての地位を有するという点である。第2は，破産債権者の利益代表として，差押債権者としての地位を有するという点である。そして，第3は，破産管財人には，破産実体法の規定によって差押債権者の地位を超える地位が与えられた場合もあるという点である（たとえば，破49条1項参照）。そして，当該法律問題の処理に関して，これらの破産管財人のどの地位が現れているかは，事案の特質に応じて決まってくる。

破産手続開始前に破産者が行った法律行為の効力　処分禁止の保全処分等が発令されている場合を別にすると，破産手続開始前は，破産者の財産管理処分権は制限されず，破産管財人は，破産者が破産手続開始前に行った法律行為の効力を承認しなければならないはずである。しかし，実体法が，ある法律効果を善意の第三者に対して主張しえないと定めていたり，対抗要件を具備しなければ第三者に対して法律効果を主張できないと規定しているときには，破産管財人が，その第三者にあたるかどうかが問題となる。

(1)　**物権変動等の対抗要件と破産管財人の地位**　たとえば，XがYに対してその所有不動産を譲渡し，それに基づく移転登記がなされる前にXについて破産手続が開始され，破産管財人Zが選任されたとき，譲受人Yは，その所有権を管財人Zに主張できるであろうか。

民法177条にいう第三者に差押債権者が含まれることは判例・通説によって認められているから（大判明41・12・15民録14輯1276頁），破産管財人も第三者に含まれる（最判昭48・2・16金法678号21頁〔倒産百選〔第4版〕16事件〕参照）。また，債権譲渡の対抗要件（民467条2項）に関しても，差押債権者と同様に，破産管財人も第三者とみなされる（最判昭58・3・22判時1134号75頁〔倒産百選〔第4版〕17事件〕）。

(2)　**第三者保護規定と破産管財人の地位**　民法などの実体法は，さまざまな法律関係において善意の第三者や第三者一般を取引の安全等の見地から保護する規定を置いている。破産者が破産手続開始前に一定の法律関係を結んだ場合に，破産管財人を当該法律関係について第三者とみることができるかどうかが問題となる。以下，【設例】を用いながら，この点を考えてみよう。

【設例①】　破産手続開始前に破産者Yと通謀虚偽表示（民94条参照）をなしたXが，その法律行為の無効をYの破産管財人Zに対して主張できるか。

民法94条2項にいう善意の第三者は，虚偽表示に基づき新たにその当事者から独立した利益を有する法律関係に入り，そのために虚偽表示の無効を主張する利益を有する者と相反する法律上の利害関係を有するに至った者と定義されており，差押債権者はこの第三者に含まれると解されている。したがっ

て，破産管財人もここにいう第三者に含まれると解される（最判昭37・12・13判タ140号124頁）。多少問題となるのは，善意・悪意の判断は誰を基準にするべきかという点であるが，管財人が破産債権者の利益代表であることを考慮すると，破産債権者を基準とするのが妥当である。したがって，破産債権者のなかに1人でも善意者がいれば，破産管財人はその地位を援用できる。

【設例②】 破産手続開始前に破産者Yに欺されて目的物を譲渡したXは，詐欺による取消しの効果をYの破産管財人Zに対して主張できるか。

詐欺に基づく意思表示は取消しの対象となるが（民96条1項），その取消しは，善意の第三者に対抗できない（同条3項）。そこで，ここでも破産管財人が善意の第三者たりうるか，が問題となる。この点について近時の有力説は，詐欺の被害者を保護するという視点から，虚偽表示の場合と異なり，差押債権者や破産管財人は第三者たり得ないと主張する。しかし，理論的に，詐欺によって作出された資力の外観を責任財産として信頼した差押債権者や（それと同様の地位が認められる）破産管財人を，取引行為によって目的物について権利を得た者と区別できるかどうかは疑問である。したがって，Xは，意思表示の取消し効果を破産管財人Zに主張することはできない。

【設例③】 Xに対して特定動産を売却する契約をして目的物を引き渡した売主Yは，Xについて破産手続が開始され，破産管財人Zが選任された後，管財人Zに対し，代金債務の不履行を理由に売買契約を解除し，目的物の取戻しを主張できるか。

これをどう考えるかは，民法545条1項但書にいう第三者に，破産管財人が含まれるかと解するか否かによる。ここにいう第三者とは，目的物について新たな法律関係を取得した者を指すから，給付の目的物についての差押債権者は，第三者にあたるとする近時の下級審判例があるので（名古屋高判昭61・3・28判時1207号65頁），破産管財人に対しても，売主Yは，契約解除の効果を主張できないと解すべきである。

破産手続開始後に破産者が行った法律行為の効力 (1) 総説　破産手続が開始すると，財産の管理処分権が破産者から破産管財人に移転するから，仮に破産者が破産財団所属の財産について法律行為を行っても，相手方

は，その効力を破産管財人に対しては主張できない（破47条1項）。ただし，行為の効力を承認した方が破産財団にとって有利なときは，破産管財人の側でその行為の効力を承認することは，なんら妨げられない。

相手方が，破産者から動産を譲り受けた場合には，破産法47条と民法192条の即時取得との関係が問題となる。破産法の規定が，相手方の善意・悪意を問わずに，権利取得を主張できないとした趣旨は，破産財団を充実させるために，即時取得の適用を排除するためであるから，この場合には，即時取得の適用は排除される。

破産手続開始後の破産者の法律行為は管財人に対して無効であり，また，それに基づく第三者の権利取得も管財人に主張しえない。しかし，この原則をいかなる場合にも貫くと，第三者に不測の損害を与え，取引の安全を害する。そこで，破産法は，一定の場合に限って，破産手続開始について善意の第三者を保護する規定を置いている（破49条・50条）。なお，それらの規定の共通の前提として，破産手続開始の公告前であれば善意が推定され，公告後であれば悪意が推定される（破51条）。

(2) 破産手続開始後の登記・登録　　ある財産についての権利変動の対抗要件として，実体法が登記・登録を要求しているときに，破産手続開始前に登記・登録があれば，その権利変動は管財人に対して有効であり，あとは否認の問題が残されているにすぎない。これに対して，破産手続開始後に破産者の協力によって第三者が登記を得た場合には，破産法47条の原則に照らせば，その登記の効力は認められないはずである。破産法49条1項本文は，このことを明らかにした規定である。しかし，同条1項但書は，登記原因が手続開始前に生じていたときに，手続開始後に行われた登記または不動産登記法105条1号の仮登記を，登記権利者が破産手続開始について善意であったことを条件として，その効力を認める旨を定めている。この趣旨は，善意者を例外的に保護することにある。

(3) 破産手続開始後に行われた破産者に対する弁済の効力　　破産者が債権者となっている債権も，破産手続開始によって破産財団所属の財産となり，破産管財人の管理処分権に服する。したがって，破産手続開始後に，当該債

権についての債務者が，破産者に対して弁済をなしたとしても，破産管財人にその効力を主張できず，管財人からの請求があれば，二重払いをしなければならない。しかし，債務者に常に債権者の財産状態について注意を払うことを要求するのは，債務者に不当な負担を課す結果となる。そこで，破産法50条1項は，債務者が破産手続開始について善意で破産者自身になした弁済は，管財人にその無効を主張できるものとしている。これは，民法478条と同趣旨の規定である。弁済者が悪意のときは，一般原則に従って，弁済の効力は否定されるが，破産法50条2項は，その弁済によって財団が利益を受けた限度で弁済の効力を認めている（破産者が受領した弁済金の一部を管財人に引き渡した場合など）。これは，民法479条と同趣旨の規定である。

III 契約関係の処理

1 双務契約の処理に関する破産法の規律

契約には，一方当事者のみが義務を負う片務契約と，当事者双方がともに義務を負う双務契約とがあるが，破産手続開始時を基準時にすると，未履行の片務契約と当事者の一方のみが未履行の双務契約とは，同様といってよい。そこで，以下，当事者の一方のみ未履行の双務契約と双方未履行の双務契約を例にとって，その処理の仕方を検討する。

契約当事者の一方のみ未履行の場合 たとえば，売主Xと買主Yが売買契約を締結したとする。Xは目的物をYに引き渡したが，Yがまだ代金を支払っていない状態で，Yが破産した。この場合，Xの代金債権は，破産手続開始前の原因に基づくから，破産法2条5項により破産債権となる。Xは目的物を納品しているにもかかわらず代金債権は全額回収できないから，この扱いはXにとって一見不公平にみえる。しかし，この場合，Xとしては，すでに目的物を引き渡してしまった以上，その代金債権についてはなんら担保を有しない一般債権者の地位を有するにすぎないから（その意味で，一方のみ未履行の双務契約は未履行の片務契約と同じである），この取扱いはやむをえないと考えられる（ただし，Xが動産売買の先取特権を

行使できる場合には、別除権が認められるので、話は別である)。

契約当事者双方ともに未履行の場合 (1) **破産法53条等の趣旨** 破産法は、双方未履行の双務契約の一方当事者が破産手続開始決定を受けたときに、当該契約がどのように処理されるかという点につき、契約類型を問わない一般的な原則を定めている(会更61条、民再49条にも同趣旨の規定がある)。それによると、破産手続開始時に契約当事者双方に義務の全部または一部が残っているときは、破産管財人に、破産者の義務を履行して相手方にも義務の履行を請求するか、契約を解除するかの選択権が与えられる(破53条1項)。そして、破産管財人が履行を選択したときは、管財人の請求権は破産財団所属の財産となるとともに、相手方の請求権は財団債権となる(破148条1項7号)。他方、破産管財人によって解除が選択されると、相手方の損害賠償請求権は破産債権となり(破54条1項)、相手方が契約内容を一部履行済みの場合には、目的物が財団に現存しているときはその取戻しを請求でき、現存していなければその価額につき財団債権者として権利を行使できる(破54条2項)。双方未履行双務契約が存在するのに、破産管財人が履行または解除の選択権を行使しないときは、相手方は、相当な期間を定めてその期間内に選択権を行使すべき旨を管財人に催告でき、管財人が確答しないときは、契約は解除したものとみなされる(破53条2項)。

(2) **相手方からの契約解除——特に倒産解除特約の効力について** 双務契約の相手方には、破産管財人に対して、契約の履行か解除かの確答催告権があるが(破53条2項)、そのほかに、相手方からの契約の解除は認められないのであろうか。

まず、破産手続開始前にすでに債務不履行が生じており、しかも、催告などの解除権発生の要件がみたされていれば、双務契約の相手方は、契約解除権を管財人に対して行使し、原状回復を求めることができる(ただし、契約解除の効果を破産管財人に対して主張できるかどうかは、前述のように、破産管財人が民法545条1項にいう「第三者」に該当するかどうかによって決せられる)。

つぎに、あらかじめ契約中に一方当事者に破産手続開始等の事実が発生したときは、契約を無催告解除できる旨の条項(解除特約)が置かれている場

合に，契約の相手方が，破産手続開始後に，かかる条項に基づき契約を解除できるか。この種の合意がなされるのは，契約の相手方としては，破産状態に陥った者と契約を継続することに不安を感じるためである。しかし，かかる解除の効力を認めてしまうと，相手方は，つねに破産管財人に対して解除権を主張できることになる。しかし，それでは，破産法が破産管財人に双方未履行双務契約に関して履行または解除の選択権を与えた意味が失われてしまう。したがって，破産法が破産管財人に選択権を与えている趣旨を考慮すると，この種の解除権行使の効力は原則として否定すべきである（最判昭57・3・30民集36巻3号484頁〔倒産百選〔第4版〕12事件〕は，会社更生事件において所有権留保付売買契約中の更生手続申立解除特約の効力を否定している）。もっとも，相手方による解除を認めても，とくに破産管財業務に支障をきたさないときは，破産管財人としては柔軟な対応をすべきであろう。

2 賃貸借契約

賃借人の破産　賃貸借契約の存続期間中に当事者の一方について破産手続開始決定がなされた場合には，残契約期間について両当事者に義務が残っているから，双方未履行の双務契約にあたる。しかし，旧破産法下では，民法旧621条が，賃貸借契約において賃借人が破産した場合について，特別の規定，すなわち，「賃借人カ破産ノ宣告ヲ受ケタルトキハ賃貸借ニ期間ノ定アルトキト雖モ賃貸人又ハ破産管財人ハ第617条ノ規定ニ依リテ解約ノ申入ヲ為スコトヲ得此ノ場合ニ於テハ各当事者ハ相手方ニ対シ解約ニ因リテ生シタル損害ノ賠償ヲ請求スルコトヲ得ス」との規定を置いていたことから，双方未履行の双務契約の処理に関する一般原則（旧破59条等）と民法旧621条のどちらの規定が適用されるかが問題となっていた。

ところで，民法旧621条前段が賃貸人に解約申入権を認めた趣旨というのは，賃借人の破産によって賃料確保が困難になるおそれがあることから，賃貸人側から契約関係を早期に解消できるようにしたためである。しかし，①仮に賃貸人の解約申入権を否定し，賃貸借契約を存続させても，賃料債権は財団債権となるから，賃貸人の権利は害されないこと，②賃借人の破産それ

自体によっては債務不履行とはならないこと，③管財人が財団債権たる賃料債権について不払いをすれば，その時点で民法541条に基づき契約解除をすれば足りることなどを考慮すると，賃借人の破産を理由として賃貸人に解約申入権を認める必要はないと解される。

他方，民法旧621条後段が，解約に基づく損害賠償請求を否定したのは，解約申入れに対する萎縮的効果を懸念したためである。しかし，賃貸人の解約申入権を否定すると破産管財人の解除のみが問題となるが，管財人が双務契約を解除する場合には相手方に損害賠償請求権を認めるのが破産法の一般原則であり（旧破60条1項〔現54条1項〕），実質的にみても，自分と関係のない事由により契約を解除される相手方にそれによる損害を甘受させる理由はないと考えられる。

そこで，現行破産法の制定に伴い，民法旧621条は削除され，賃借人破産の場合には，旧破産法59条の規定を引き継いだ現行破産法53条のみが適用されることになった。

賃貸人の破産　(1) 対抗要件を具備している場合の解除権の制限　賃貸人破産の場合について，従来の通説は，賃借人保護の理念を強調し，かつ，賃借人破産の場合と異なって，民法上規定がないこと自体が破産管財人の解除権を排除する立法意思の現れであるとして，賃貸人破産の場合については旧破産法59条の適用を全面的に排除し，破産管財人には解除権は認められないと解してきた。しかし，この見解によると，高価な動産（たとえば，有名な画家の描いた絵画）を貸していた賃貸人が破産した場合に，管財人が契約を解除して，その動産を売却しようとしても，できないことになり，その結論は妥当ではない。そこで，旧法下における有力説は，従来の通説の見解を再検討して，旧破産法59条に基づく契約解除権を否定する必要があるのは，対抗力を備えた不動産賃貸借のみであり，それ以外の場合には，原則通り旧破産法59条の適用を認め，破産管財人に解除権を認めて差し支えないと解してきた。そこで，現行破産法56条1項も，賃貸人が破産した場合に，賃借人が賃借権を第三者に対抗できるときは，破産管財人は，旧破産法59条に代わる現行破産法53条に基づき，賃貸借契約を解除できないと

定めている。

　(2)　敷金返還請求権を有する賃借人による寄託請求　　賃貸人破産の場合に，賃借人の有する敷金返還請求権は，破産債権となる。その履行期は，賃貸借契約が終了し，賃貸借契約の目的物を返還するなど，賃借人がその義務をすべて履行したときである。したがって，賃貸借契約が継続する場合には，賃借人は，賃料債務と敷金返還請求権を相殺することはできない。しかし，これでは賃借人の保護に欠けるので，破産法70条後段は，旧法100条と同様に，敷金の返還請求権を有する賃借人は，賃料の支払いにあたり，敷金の額を限度として，弁済した賃料の寄託を請求できることにして，敷金返還請求権を優先的に回収できるよう配慮している。

3　ライセンス契約

　ライセンス契約とは，特許権，著作権，商標権，ノウハウなどの知的財産権を有するライセンサーが，ライセンシーに対して知的財産権を使用する権利を設定し，ライセンシーがその対価として使用料（ロイヤリティ）を支払うことを約束する継続的契約である。ライセンス契約の当事者が破産した場合にも，賃貸借契約の当事者が破産した場合と同様の問題が生じる。

　ライセンシーの破産　知的財産権の使用権を認められたライセンシーが破産した場合には，賃借人破産の場合と同様の処理がなされる。すなわち，ライセンシーの破産管財人としては，その選択に従い，契約の履行か解除かを決定する。しかし，ライセンシーの地位は，譲渡可能性がないのが普通であるから，履行が選択されるのは，事業譲渡などが行われる例外的な場合に限られる。これに対し，ライセンサーの側からの解除は認められず，また，ライセンス契約のなかにライセンシーの破産手続開始申立てを理由とする解除特約が置かれていても，解除が認められないことは前述のとおりである。

　ライセンサーの破産　ライセンサーの破産については，破産法56条が，「賃借権その他の使用及び収益を目的とする権利」について，破産者の相手方が対抗要件を備えているか否かで破産法53条の適用の有

無を区別しているので、ライセンサーが破産した場合にも、賃貸人が破産した場合と同様の処理がなされる。したがって、ライセンシーが対抗要件（通常実施権の登録等）を備えているかどうかで、ライセンシーが保護されるか否かが決まる。もっとも、ライセンス契約が締結されたさいに、通常実施権について登録がなされることが少ないため、破産法56条は、ライセンシーの保護機能を果たしていないとの指摘もなされている。

4 継続的供給契約

継続的供給契約とは、継続的債権関係を内容とする双務契約のうち、当事者の一方が一定期間または期限の定めなしに反復的に種類をもって定められる給付をなす義務を負い、他方が、各給付ごとにあるいは一定期間を区切ってその期間内になされた給付を一括して、これに対する対価を支払う義務を負担する契約のことをいう。公共性の強い電気、ガス、水道等の継続的給付を目的とする双務契約が、その代表例である。

清算型倒産手続たる破産手続では、一般的には破産者の経済的活動は停止し、事業も解体清算されることから、旧破産法には、継続的供給契約に関する民事再生法50条や会社更生法62条のような規定は置かれていなかった。しかし、破産手続でも、事件によっては破産者の事業が譲渡される場合もあり、また、仮に事業を閉鎖する場合においても、管財事務を遂行するうえで電気等の供給を受ける必要がある。

他方で、破産管財人が継続的供給契約につき履行の選択をしても、供給者側が破産手続開始前の給付にかかる請求権につき弁済がないことを理由に新たな給付に応じてくれないことも予想される。もちろん、管財人が履行の選択をしたことを理由に、破産手続開始前の給付にかかる請求権を全額財団債権（旧破47条7号、現破148条1項7号）として取り扱えば、供給者側は弁済に応じてくれようが、このことは、破産手続開始前の給付にかかる請求権が本来破産債権の性質を有すること（旧破15条、現破2条5項）と矛盾する。そのため、かねてより、破産法にも民事再生法や会社更生法と同趣旨の規定を設けるべきであるとの立法論が主張されていた。そこで、現行破産法55条は、

継続的給付を目的とする双務契約において給付を受ける者が破産した場合の取扱いについて，再建型倒産手続と同趣旨の規定を置くに至った。すなわち，破産手続開始前の給付にかかる請求権につき弁済がないことを理由として手続開始後の給付を拒むことができないとするとともに，相手方が，手続開始申立て後，手続開始前の給付にした対価にかかる請求権が財団債権となると規定するに至った。

5 交互計算

　交互計算とは，継続的な取引関係にある商人間または商人と非商人の間で，一定期間内の取引により生じた相互の債権債務を決済するにあたり，その総額につき相殺をなし，残額のみの支払いで処理を行うことを約する契約である（商529条）。この契約は，継続的な取引関係を前提とし，また，当事者相互の一定程度以上の資力に対する信頼の上に成り立っているので，当事者の一方について破産手続が開始されたときは，当然に終了する（破59条1項前段）。そして，その終了による計算の結果，いずれかに残額請求権があるときは，各当事者は残額の請求ができる（同項後段）。残額が破産者側にあるときは，その請求権は破産財団に属し，相手方にあるときは，それは破産債権となる（同条2項）。

6 請負契約

注文主の破産　**(1) 注文主破産を理由とする契約の解除——民法旧642条1項の存続**　請負契約の注文主破産の場合については，以前から民法642条に特別規定があり，その1項によると，破産管財人のみならず請負人にも契約解除権が認められている（同条1項前段）。しかし，同条項に対しては，破産管財人が請負契約の履行を選択したときは，請負人の請求権は財団債権として保護され(旧破47条7号〔現破148条1項7号に相当〕)，また，履行選択後も不安の抗弁権などが一律に排除されるわけではないから，他の未履行双務契約の相手方以上に請負人を保護すべき合理的理由がないのではないかという批判がむけられていた。

しかし，請負契約において，請負人は積極的に役務を提供して仕事を完成させる義務を負い，かつ，請負人の仕事の完成が先履行とされているため，財団所属財産が十分でなく，破産手続開始後の請負人の仕事に対する報酬と費用について財団から完全な弁済を受けることが困難な場合にも，請負人が積極的な役務の提供をせざるをえないとすると，請負人に不当な不利益を課し，当事者間の衡平を害する。そこで，現行破産法下においても，民法642条1項については，とくに内容にわたる改正は行われなかった。

(2) 損害賠償請求の肯定——民法旧642条2項の改正　注文主破産の場合に関する民法旧642条2項によると，各当事者は相手方に対し「解約」によって生じた損害の賠償を請求できないと規定されていた。もともと民法旧642条2項が，各当事者の損害賠償請求を否定したのは，損害賠償責任を負う可能性が契約の解除を萎縮させかねないことが懸念されたためである。しかし，破産法の一般原則によれば，管財人により契約が解除された場合には，相手方の損害賠償請求が認められており，請負契約の注文主破産の場合にのみこれと異なる取扱いをすべき理由はない。そこで，現行破産法の制定に伴い，民法642条2項の規律を変更し，破産管財人が解除した場合には，請負人による損害賠償請求を認めることにした（民法642条2項）。

請負人の破産　(1) 旧破産法59条の適用の有無をめぐる学説・判例　請負人破産の場合に，破産管財人に履行または解除の選択権を認める旧破産法59条が適用されるか否かという点については，旧法下において争いがあったが，(a)通説は，次の理由から旧破産法59条の適用を否定してきた。すなわち，請負は，本来，請負人の個人的な労務の提供を目的とするので，その契約関係は，注文主と破産者（請負人）との関係として残り，したがって，破産者たる請負人がその義務を履行して，破産手続開始後に仕事を完成させたときには，報酬請求権は破産財団に属さず，破産者自身の自由財産となる。このことを前提にすれば，管財人が請負契約について履行または解除の選択権を行使することはありえず，旧法59条の適用もない，と（なお，旧破産法64条は破産管財人が材料を提供して破産者に仕事を完成されることを認めていたが，これは，旧法59条による管財人の履行請求または契約解除の選

択権が及ばない請負契約につき，法が特別に管財人に請負契約への介入権を認めたものであると説明していた）。これに対して，(b)旧法下における多数説は，同じく請負契約であっても，請負人個人の労務の提供を内容とするものとそれ以外のものを区別し，前者については通説の説明で可とするが，後者については旧法59条の適用を認め，管財人の選択権を肯定していた。

しかし，最近では，むしろ，(c)請負契約について旧破産法59条の適用を全面的に肯定する説が有力となりつつあった。その論拠はつぎのとおりである。すなわち，(a)説も(b)説も，請負契約が個人的労務の提供を内容とする場合には，その契約関係は破産管財人の管理処分権に服さないというが，この議論は説得力に乏しい。もちろん，破産管財人が請負人に対して労務の提供を強制することはできないが，それは，破産管財人が履行の選択をした結果として生じる問題であって，履行の選択権自体を否定する理由とはならない。また，すでに請負人が仕事の一定割合を完成していて，その出来高に応じて報酬請求権をもっているとすれば，その請求権は破産財団に帰属するはずである（現破34条2項，旧破6条2項）。つまり，請負人の義務が非代替的作為債務であるときは，管財人が財団から材料を提供して破産者（請負人）に仕事を完成させることになる。ただし，請負人にその意思がなければ，管財人としては，契約を解除し，報酬請求権を財団に組み入れる。これに対して，請負人が管財人の求めに応じて労務の提供をなした場合には，旧法64条2項によって請負契約に基づく報酬請求権は財団財産となるが，破産宣告後の労務の提供に対する対価は，管財人が破産者（請負人）に払わなければならない。しかし，請負人の義務が代替的であるときは，管財人としては請負人自身に仕事を完成させてもよいし，むしろ第三者が完成させた方が適切であれば，そうしてもよい。これが，旧破産法64条1項の趣旨であると説明する。

他方，この問題について判例（最判昭62・11・26民集41巻8号1585頁〔倒産百選〔第4版〕69事件〕）は，旧破産法59条は，請負契約の目的である仕事が破産者以外の者において完成できない性質のもので，破産管財人が破産者の債務の履行を選択する余地のないときでない限り，請負契約に適用があると述べ，請負人破産の場合に旧破産法59条の適用があることを前提にしつつ，

請負人の義務が非代替的作為債務であるときは同条の適用がないことを明らかにしている。

(2) 現行破産法の規律　請負人破産の場合の旧破産法59条の適用の有無をめぐっては，このように激しい解釈上の対立があったので，この問題について，判例の考え方に従って破産法の規定を整備することが，当初，提案された時期がある。しかし，最終的には，かかる立法提案は撤回され，請負人破産の場合に，旧破産法59条に代わる現行破産法53条が適用されるか否かという問題については，従来どおり，解釈に委ねられることになった。しかし，判例の立場も含め，従来主張されてきた四つの見解のなかでは，第三の見解が，現行法の解釈論としても妥当であろう。

7　使用者の破産──破産と労働関係

破産が労働関係に影響を及ぼす場面としては，使用者が破産した場合と使用人（労働者）が破産した場合とがあるが，ここでは，使用者の破産のみを扱う（使用人〔労働者〕の破産とは，とりも直さず個人債務者の破産のことであるから，第3部第4章で扱う）。

破産法53条と民法631条との適用関係　使用者が破産したからといって，労働契約は当然に終了するわけではない。しかし，破産手続開始時を基準として，労働契約がいわゆる双方未履行の双務契約に該当するとすると，使用者の破産の場合には，破産法53条（旧破59条）が適用されるはずである。それによると，使用者の破産管財人には，使用者側の義務（給料支払義務）を履行して相手方に義務の履行を請求するか，労働契約を解除（解約）するかの選択権が与えられる（破53条1項）。そして，破産管財人が履行を選択したときは，管財人が労働者に対して労働力の提供を求める請求権は破産財団所属の財産となるとともに，相手方（労働者）の請求権は財団債権となり（破148条1項7号），他方，破産管財人によって解除（解約告知）が選択されると，相手方（労働者）の損害賠償請求権は破産債権として扱われることになる（破54条1項）。

しかし，他方，民法631条は労働契約に関して特則を定めている。それに

よると，労働契約に期間の定めがあるときでも，労働者および使用者（破産者）の管財人の双方から解約の申入れができ，かつ，解約に基づく損害賠償請求はこれを否定するというものである。

そこで，破産法53条と民法631条のいずれが適用されるのかが問題となるが，いかに破産手続開始後の賃金が財団債権として保護されるとはいえ，破産管財人の履行の選択によって，労働者が従来の労働関係に拘束されるのは，労働者保護の観点からみて適切ではない。そこで，通説は，従来から，使用者の破産の場合には，基本的に，民法631条が適用されると解している。そのため，賃借人の破産に関する民法旧621条の規定と異なり，民法631条はそのまま残っている。したがって，使用者の破産の場合には，破産管財人と労働者の双方が契約の解除権を有する。

もっとも，例外的にではあれ，破産した使用者について事業の継続がなされる場合があり，その場合には，労働者側からの解約がない限り，破産法53条に基づいて破産管財人が労働契約の履行を選択しうる。管財人が，民法631条に基づき労働契約の解除（解雇）するときは，労働基準法の定める一定の制限に服さなければならない。まず，労働基準法上の解雇予告期間および解雇予告手当（労基20条1項本文）については，管財人が労働契約を解除する場合にも適用がある。また，解雇理由に関しても，いわゆる整理解雇（人件費削減を目的として行われる解雇）以外の解雇について，通常時と倒産時とで異なる取扱いをしなければならない理由はなく，労働基準法，男女雇用機会均等法等の解雇制限規定が適用になる。

使用者としての破産管財人　破産管財人と労働者との間に雇用関係が継続する場合には，破産管財人は，破産者が使用者として有していた権限（解雇権，就業規則改正権，労働協約や就業規則に基づく権限，労使慣行に基づく配転・出向命令権など）を承継する。しかし，その反面として，使用者としての義務，たとえば，団体交渉義務を負う。もっとも，団交の対象となるのは，法律上，破産管財人にある程度裁量権が認められている事項に限られる。したがって，裁量権が与えられていない事項，たとえば，優先的破産債権たる労働債権に対する配当率などの問題は団交事項とはならない。これに

対して，たとえば，労働債権のうち財団債権となる部分（破149条）についての弁済時期や，優先的破産債権である労働債権についての弁済許可の申立て（破101条），中間配当の時期（破209条），財団財産の換価の方針など，管財人にある程度裁量権がある事項については，団交事項となる。したがって，団交事項となりうる問題について，破産管財人が，正当な理由なく労働組合との団体交渉を拒否すれば，不当労働行為となる（労組7条2号）。

　使用者たる破産者と労働組合との間で締結された労働協約が，解雇制限条項を含んでいるときに，破産管財人が協約に拘束されるかという問題がある。労働協約も双務契約にあたる点や，破産法に民事再生法49条3項や会社更生法61条3項のような，労働協約の解除を否定する規定がない点を考慮すると，破産管財人は労働協約を解除できると解される。もっとも，民事再生法や会社更生法の規定の趣旨などを考慮すると，当然に労働協約の解除ができると解すべきではなく，協約の条項が円滑な管財事務の遂行を妨げないことを労働組合が主張・立証すれば，解除権は否定されると解すべきである。

8　保険契約

保険者の破産　保険契約は，当事者の一方（保険会社）が，偶然の一定の事故により生ずる損害を填補すること（損害保険契約の場合），または相手方（保険契約者）もしくは第三者の生死に関し一定の金額を支払うこと（生命保険契約の場合）を約し，他方，相手方（保険契約者）がそのための報酬を与えることを約することを目的とする双務契約である（商629条・673条）。損害保険契約では損害の填補と保険料の支払いが，生命保険契約では生死に関する保険金の支払いと保険料の支払いが，それぞれ対価関係に立つことになる。したがって，保険契約の継続中に保険者（保険会社）または保険契約者について破産手続が開始された場合には，破産法53条が適用されるかにみえる。しかし，商法は，このうち，保険者について破産手続が開始された場合の法律関係の処理に関する規定を置いている。それによると，保険契約者は，将来に向かって契約を解除でき（商651条1項・683条1項），また，保険契約者が解除しなかった場合でも，破産手続開始から3か月が経

過すると，保険契約は当然に失効するとされている（商651条2項・683条1項）。これらは，保険法律関係の迅速な処理を目的とする特別規定であるから，保険者が破産した場合には，破産法53条以下の適用はなく，破産管財人による履行または解除の選択権は排除されている。

* **保険会社の破綻処理** もちろん，保険会社の債権者の大部分がきわめて多数の保険契約者であることを考えると，保険契約の一方当事者である保険者（保険会社）が倒産（破綻）するという事態は本来あってはならないことである。しかし，実際問題として，倒産の発生を完全に回避することは困難な状況にある。そのため，現在では，保険会社の破綻処理制度とそのさいの保険契約者の保護のための制度が整備されている。

保険契約者の破産 保険契約の継続期間中に保険契約者が破産した場合について，商法にはとくに規定がない。したがって，双務契約に関する破産法53条以下の一般原則によるので，保険契約者の破産管財人としては，保険契約が双方未履行状態にある限り，契約を履行するか解除するかを選択することになる（破53条1項）。ただ，多少問題となるのは，生命保険契約者たる個人債務者が破産した場合である。生命保険解約返戻金請求権は，「破産者が破産手続開始前に生じた原因に基づいて行うことがある将来の請求権」に属するから（破34条2項），破産財団に帰属すべき財産に含まれる。そのため，破産管財人が，生命保険契約を解約（解除）し，解約返戻金を破産財団に組み入れるということが実務上よく行われている（最判平11・9・9民集53巻7号1173頁は，差押債権者が債務者〔保険契約者〕に代わって生命保険契約を解約できると判示しているので，これを前提にすると，破産管財人は，破産法53条に基づき生命保険契約を解約できると解される）。しかし，生命保険契約を解約してもほとんど解約返戻金が見込めない場合には，破産債権者の利益につながらないので，その場合には，むしろ，破産者の家族の不測時の生活保障のために，破産管財人としては解約返戻金返還請求権を財団財産から放棄すべき場合もありえよう（破78条2項12号）。

9 委任契約

民法653条2号の趣旨　委任契約は，当事者の一方が法律行為を行うことを約し，相手方がこれを承諾することによって効力が生じる契約である（民643条）。民法653条2号は，それが有償契約であるか無償契約であるかを問わず，委任者，受任者のいずれが破産手続開始決定を受けても，委任契約は当然に終了する旨を定めている。これは，委任契約の基礎となる信頼関係が一方当事者の破産手続開始によって失われたからであると説明されている（もっとも，民法653条は任意規定であるから，当事者の破産にもかかわらず，委任が終了しない旨の特約は有効と解される）。したがって，委任契約の一方当事者の破産の場合には，双務契約や片務契約の処理に関する破産法の一般原則の適用はないことになる（もっとも，委任契約の当事者の一方の破産を委任終了原因とする民法の取扱いには，立法論的に問題がないではない）。

委任者破産後の費用償還請求権・報酬請求権の取扱い　委任の終了は，これを相手方に通知するか，相手方がそれを知ったときでなければ，その終了を相手方に対抗できないから（民655条），委任者破産の場合において，受任者が委任者の破産手続開始の通知を受けず，かつ，破産手続開始の事実を知らないで委任事務を処理したときは，その処理によって生じた債権（費用償還請求権や報酬請求権）は，破産手続開始後に生じた債権ではあるが破産債権となる（破57条）。もっとも，その事務処理が破産財団の財産関係のものである場合には，破産財団のための事務管理になるから，それによって生じた債権は財団債権となる（破148条1項5号）。また，委任終了後に急迫の事情があるために事務を処理した場合には（民654条），受任者が委任者の破産手続開始の事実を知っていても，これにより生じた債権は財団債権となる可能性がある（破148条1項6号）。

代理受領　代理受領とは，たとえば，債権者Xが，債務者Yに対する甲債権の回収を確保するため，Yの第三債務者Zに対する乙債権について，Yから取立て・受領の委任を受け，Zから受領した金銭の引渡債務（民646条1項）を甲債権で相殺し（相殺方式），または，特約により，受領し

た金銭を直接甲債権の弁済に充当して（充当方式），甲債権の優先的回収を図ることを目的とするものであり，委任の法形式を借りた変則的な権利担保の一種であるといわれている。第三債務者Ｚが官公庁などの場合には，Ｙの交替による事務の煩雑化や抗弁切断の危険（民468条1項本文参照）を懸念して，Ｙの乙債権の譲渡・質入れを認めないことが多いことから，こうした譲渡・質入れの禁止を潜脱するために，かかる方法が用いられる。契約当事者の一方とりわけＹが破産した場合の取扱いが問題となるが，代理受領は，法形式としては，委任契約の形をとるので，Ｙが破産すれば，代理受領権の基礎となる委任契約の終了によりＸの取立て・受領権限は当然に消滅する。

Ⅳ　係属中の手続法律関係の処理

債務者について破産手続開始決定がなされると，その債務者（破産者）を一方当事者とする訴訟手続，民事執行手続その他の手続法律関係にも影響が及ぶ。Ⅲでみてきた実体的法律関係と同様に，訴訟手続や執行手続などの手続法律関係も，破産財団所属財産について管理処分権者を有する破産管財人によってその処理が行われる。

1　係属中の訴訟手続

総説　債務者について破産手続開始決定があると，破産財団に関する管理処分権は，破産管財人に移るので（破78条1項），破産手続開始後に破産財団に関する訴えが提起されるときは，破産者に代わって管財人に当事者適格が認められる（破80条）。これに対して，破産財団に関する訴訟の係属中に，当事者の一方について破産手続開始決定がなされると，訴訟手続は中断する（破44条1項）。訴訟代理人がいても，当事者が破産した場合には，訴訟手続は中断する（民訴124条2項参照）。破産手続開始により，破産者の管理処分権が失われるからである。もっとも，その受継の態様は，事件の種類によって異なる。

破産管財人が管理処分権を有する財産には，①積極財産（破産財団に属す

る財産）と，②消極財産（破産債権）の両方が含まれるので，破産管財人が当事者適格を有する「破産財団に関する訴え（訴訟）」（破80条）も，同様に，破産財団に属する財産に関する訴訟と，破産債権に関する訴訟の両方が含まれる。

　なお，債権者取消訴訟や債権者代位訴訟などの係属中に債務者について破産手続が開始される場合など，訴訟当事者でない者の破産手続開始によっても中断が生じるが，これは，債務者の財産の管理処分権が債務者から破産管財人に移り，債権者の当事者適格の基礎が失われることによる。

破産財団に属する財産に関する訴訟　破産者が原告または被告となって，ある財産の所有権の帰属をめぐって第三者と争っている場合がその代表例である。訴訟が中断する理論的根拠は，破産者がその財産について管理処分権を失ったことにより当事者適格をあわせて喪失したことに求めることができる。当事者適格は，新たに管理処分権を取得した破産管財人に認められるので（破78条1項・80条），破産法44条1項によっていったん中断した訴訟は，破産管財人によって受継される（破44条2項前段）。訴訟の相手方としても，一方当事者の破産という偶然の出来事によって，それまでの訴訟追行の結果が無駄になるのを受忍する理由はないから，相手方も受継の申立ができる（破44条2項後段）。したがって，破産管財人としては相手方からの受継の申立てを拒絶することはできない。また，同様の趣旨から，受継した破産管財人は中断時までの訴訟状態に拘束され，破産者がもはや提出できなくなった攻撃防御方法（民訴157条1項）を提出できない。しかし，破産管財人の地位に基づく固有の攻撃防御方法（たとえば，善意の第三者の抗弁）の提出することは妨げられない。破産管財人が敗訴した場合には，受継するまでの訴訟費用を含む相手方の訴訟費用償還請求権が財団債権になる（破44条3項）。

破産債権に関する訴訟　債権者が債務者に対して給付訴訟を提起していたり，逆に債務者が債権者に対して債務不存在確認訴訟を提起しているときに，債務者について破産手続が開始されると，それらの訴訟は中断する（破44条1項）。問題は，中断後の訴訟の取扱いである。破産債権は，破産手続によらない権利行使が禁止され（破100条），破産手続内で届出・調査・確定

のうえで配当を受けることになるため，破産債権に関する訴訟は，破産管財人が破産法44条2項に基づいて受継するのではなく，つぎのようにして受継される。

すなわち，中断した訴訟で主張されていた債権が破産債権として届け出られたのに対して，破産債権の調査期間または調査期日において，破産管財人が認めず，または他の破産債権者から異議が出されたときは，異議等を述べられた破産債権者は，異議者等（破産管財人および異議を述べた破産債権者）の全員を当該訴訟の相手方として，訴訟手続の受継の申立てをしなければならない（破127条1項）。これに対して，有名義債権（執行力ある債務名義または勝訴の終局判決のある債権）については，異議者の方から破産者がなしうる上訴・再審の訴え等の訴訟手続により異議を主張しなければならず（破129条1項），この有名義債権の場合の訴訟の受継については，異議者の方から受け継がなければならない（同条2項。受継の方法につき，旧破産法下におけるものではあるが，最判昭59・5・17判時1119号72頁〔倒産百選〔第4版〕71事件〕参照）。これに対し，破産債権の調査において破産管財人が認め，また他の届出破産債権者から異議もなくそのまま確定した破産債権については，中断した訴訟手続は当然に終了する。

詐害行為取消訴訟・債権者代位訴訟　　(1)　**詐害行為取消訴訟**　　詐害行為取消訴訟（民424条）は，債権者が受益者または転得者を相手方とする訴訟であり，債務者は訴訟当事者ではない。しかし，その訴訟の係属中に債務者について破産手続開始決定があると，詐害行為取消訴訟は中断する（破45条1項）。そして，中断した詐害行為取消訴訟は，破産管財人が訴えを否認訴訟（破160条）に変更したうえで受継することになる（破45条2項前段）。詐害行為取消訴訟は債務者の責任財産を回復する目的を有するが，債務者についていったん破産手続が開始された以上，責任財産の回復，すなわち破産財団の増殖という目的は，破産管財人による否認権行使（破160条以下）によって実現されるのが適切であるという判断による。破産管財人が詐害行為取消訴訟を受継するかどうかは，その裁量に委ねられるが，受継によって一定の財産が確保できる可能性があるような場合には，破産管財人は詐害行為取消

訴訟を受継する義務がある。

なお，詐害行為取消訴訟の訴訟状態が破産管財人に不利で，むしろ管財人が改めて否認訴訟を提起した方が有利と判断されるときであっても，相手方に受継申立権が認められている以上（破45条2項），相手方から受継申立てがあれば，管財人は受継を拒絶できない。

(2) 債権者代位訴訟　債権者代位権による債権者代位訴訟（民423条）においても，債務者は訴訟当事者ではないが，この訴訟も債務者の破産によって中断し，破産管財人が受継できる（破45条1項・2項）。この訴訟も，その目的は債務者の責任財産の保全にあり，債務者の破産によって当事者適格が代位債権者から破産管財人に移るので，債権者代位訴訟の中断・受継が認められる。旧破産法には債権者代位訴訟については明文の規定がなかったため，詐害行為取消訴訟の中断・受継に関する規定（旧破86条）を類推適用して同様の処理をしていたが，現行破産法は，債権者代位訴訟について詐害行為取消訴訟とほぼ同様の規律をしている。

破産手続の終了　訴訟手続がいったん中断し，破産管財人が受継した後に，破産の取消し，破産手続廃止などの事由に基づいて破産手続が終了すると，訴訟は再び中断し，破産者が訴訟を受継しなければならない（破44条5項。この場合には，相手方にも受継の申立権がある）。いったん中断した訴訟を破産管財人が受継しない間に，破産手続が終了した場合には，破産者が当然に訴訟を受継する（同条6項）。

2　係属中の民事執行等

破産債権は，破産手続によらなければ権利行使ができないから（破100条1項），破産手続開始後は，破産債権に基づき財団所属財産に対して強制執行や保全執行を開始できないし，すでに開始されている強制執行や保全執行も，その終了前に債務者が破産すると，破産財団との関係では当然にその効力を失う（破42条1項・2項）。したがって，破産管財人は，当該強制執行・保全執行がないものとしてその財産を管理処分することができる。もっとも，強制執行や保全執行は絶対的無効となるわけではないから，破産財団の換価

のために破産管財人が既存の執行を利用した方が効率的であると考える場合には，破産財団のために執行を続行することもできる（同条2項但書）。この場合には，執行等の費用は，財団債権となる（同条4項）。また，続行した強制執行に対して第三者異議の訴え（民執38条）が提起されたときは，破産管財人が被告となる（破42条5項）。

破産債権たるべき債権以外の権利に基づく強制執行・保全執行，たとえば，所有権に基づく物の引渡請求権の執行は，債務者の破産によって失効はしないが，破産財団に属する財産を対象とする関係で，以後は破産管財人を手続の相手方として続行されることになる。

質権，抵当権など特定財産の上の担保権は，破産手続上別除権として破産手続によらずに権利を行使できるので（破2条9項・65条1項），すでに開始されている実行手続は，債務者の破産によって失効しない。ただし，担保権でも，一般財産上の担保権（たとえば，一般の先取特権）には別除権は認められないから，これに基づく競売手続は失効する（破42条2項）。民事留置権による競売（民執195条）も，同様である（破66条3項参照）。

3 国税滞納処分等の取扱い

破産財団に属する財産に対して国税徴収法または国税徴収の例による（換言すると，国税・地方税等に関する）滞納処分がすでに開始されている場合には，納税者が破産手続開始決定を受けても，そのまま続行される（破43条2項）。租税が国や地方公共団体の存立およびその活動の財政的な裏づけとなるものであり，実体法上も一般の優先権が付与されていること（国税徴収法8条）などが考慮されたものである。しかし，破産手続開始後に，新たに滞納処分を開始することはできない（破43条1項）。

他方，破産財団に関する財産に関して，破産手続開始当時，行政庁に係属する事件（たとえば，特許庁における特許審判手続）があるときは，その手続は，破産管財人による受継または破産手続の終了があるまで中断する（破46条）。

§4 破産財団の法律的変動

1 変動する破産財団

責任財産から破産財団へ　破産手続において，破産者の財産として破産管財人によって管理処分される財産が破産財団と称され（破2条14項），それが破産債権者に対する破産配当の原資となる。わが国の破産法は，開始決定後に新たに獲得する財産（新得財産）を破産財団に含めることをしない固定主義を採用しているので，一見すると，破産財団は固定的で変動しないもののように思えなくもない。すなわち，破産者が破産手続開始の時において有する（差押禁止財産を除く）一切の財産が破産財団を構成すると単純明確に規定されているからである（破34条1項）。

このように債務者が所持する財産が債権者にとっての引当てとなるという関係は，倒産時に限らず実は平常時にも成立していることである。たとえば，債権の実現のために強制執行の対象となりうる債務者の財産のことを責任財産と呼び，その保全・回復のために債権者代位権（民423条）や詐害行為取消権（民424条以下）といった制度が用意されている。また，会社財産のみが会社債権者に対する信用の基礎となる株式会社では，資本維持等の諸原則によって，会社財産の確保がはかられていることにも思い至る。破産財団は，こうした責任財産の考え方が，破産手続との関係で言い換えられたものと考えることができる。

破産財団の変容　固定主義の考えにより，一見すると単純な構成となっている破産財団であるが，現実の破産財団（これを現有財団という）は，破産手続の進行のなかで理念と現実の間を揺れることになる。というのも，就任とともに破産管財人が破産財団に属する財産の管理に着手したとしても（破79条），現有財団はえてして法に規定されたとおりの破産財団（これを法定財団という）にはなっていないことが多い。たとえば，破産

者の財産としての外観が整っている（つまり，登記や占有がある）が実は他人の財産が混じっていれば返還に応じ，本来，破産財団としてあるべき財産が離脱していれば取り返すだろうし，さらには，破産手続にかかる諸費用もこの破産財団からまかなっていくほかないことにも気づく。その意味で，破産財団は，破産手続が進行するなかで減ったり増えたりの変動を経て，破産債権者に配当できる状態（これを配当財団という）となっていくのである。

以下では，この破産財団の増減をもたらす破産法上の諸原理を説明することとしたい。事態が破産という場面にあるだけに，破産財団の増減は最終的に破産債権者への配当の多寡に直結することになるので，増減をめぐる諸原理は最終的に何が破産における関係者間の公平かを問うものであることにご注意いただきたい。

2　取戻権

取戻権の基礎　　取戻権とは，破産者に属しない財産を本来の権利者が破産財団から取り戻す権利を指す，倒産法上の考え方であるが（破62条），別にそのような特別の権利が突然発生するわけではない。なんらかの事情で破産財団に他人の財産が混じっていたような場合，そうした外観のゆえに本来の権利者がその権利を失ってしまう理由はない。そこで，本来の権利者が破産財団からこれを取り戻すことを許す当然の事理を，その現象面に即して取戻権と呼んだわけである。類似の現象は強制執行の場面でもあり，誤って他人の所有物等が強制執行の目的物とされてしまった場合，当該権利者においてその強制執行の不許を求めるための仕組みがある。民事執行法38条に定められた第三者異議の訴えがそれである。強制執行の場面では，訴えの方式による行使が求められているのに対し，倒産手続の場面での取戻権にあっては行使方法について別段の定めがされていない，という違いがあるが，責任財産の外観と実質のずれを，本来の権利者のイニシアチブで是正するという点で同じ理屈によるものといってよい。

このような理屈に基づくものであるので，倒産法上の取戻権という実体的な権利がとくにあるのではない（この点，後で述べる否認権とは違う）。つま

り，取戻権を基礎づけるのは，具体的には，第三者の有する所有権，占有権，そして地上権や永小作権などの用益権といった実体法上の権利だからである。

そのほか，性質上，他人の財産を管理する形の取引と絡んで取戻権が現れる場合もある。たとえば，信託によって第三者（受託者）に財産が移っても，この信託財産が受託者の債権者の引当てになるわけではないから（信託16条〔信託法案23条・25条参照〕），受託者の破産時には委託者または受益者は信託財産を取り戻すことが許される，という具合にである。あるいは，証券会社が投資顧客との取引で顧客から預託を受けた有価証券を，自己の固有財産と分別管理することが求められる（証取47条1項）のもこれに関係している。すなわち，証券会社が倒産したさい，分別管理された顧客の有価証券には，顧客の取戻権が成立すると解される。

外観上の財産状態が実質とずれを生じているという現象は，ほかにもみられる。たとえば，譲渡担保や所有権留保などの非占有型の非典型担保は，債務者の資力低下を隠す危険のあるものである。そのため，債務者の倒産時には，譲渡担保権者らが所有権を根拠に取戻権を主張することは許されないとの理解が主流であるが（会社更生の事案で，最判昭41・4・28民集20巻4号900頁〔倒産百選〔第4版〕50事件〕），ファイナンス・リース契約においてリース会社の取戻権が認められたケースもあり（東京地判平15・12・22判タ1141号279頁），なお問題は微妙である。

配偶者等の取戻権　さらに，夫婦の財産状況というのも他人からは見分けが難しいが（民762条参照），外観と実質がずれていても普段はそれほど問題ではない（民761条がセイフティ・ネットとなる）。しかし，夫婦の一方が破産したさいに，その配偶者が自己の特有財産であると取戻権を主張することがあり，取扱いが問題であった（イギリス旧破産法の配偶者の取戻権）。わが国でも，破産に先立ってなされた財産分与（民768条）と絡んで，未払いの分与金につき配偶者から取戻権が主張されたことがあるが，最高裁はこれを否定している（最判平2・9・27家月43巻3号64頁〔倒産百選〔第4版〕48事件〕）。財産分与の性質や個別事情とも関係して，不相当に過大で

ない限り財産分与の趣旨を尊重すべきとの考えもあるので状況を見極める必要がある。

特別の取戻権　上に述べた一般的な取戻権のほかに，破産法上とくに定められた特別の取戻権もあるので，簡単に触れておく。

第一は，売主の取戻権と呼ばれるもので，隔地者間の売買で，売主が物品を発送したが，代金未払いで買主が到達地でまだ物品を受け取っていない状態で買主が破産した場合，売主は当該物品を取り戻すことができるというものである（破63条1項）。

第二は，問屋の取戻権と呼ばれるもので，問屋営業に関し，問屋が物品を委託者に発送したが，委託者が代金未払いでまだ物品を受け取っていない状態に対応するものである。破産法はこの場合に問屋に取戻権を認め（破63条3項），これによって物品の占有を回復した問屋が商事留置権者として別除権の行使をすることを可能ならしめている。

第三は，代償的取戻権と呼ばれるもので，取戻権の目的物がすでに譲渡等によって破産財団に存在しなくなったような場合でも，その代位物が特定できる限りにおいて，取戻権と同様の効果を保障しようとするものである（破64条）。具体的には，破産財団が有する第三者に対する反対給付請求権の移転または反対給付物の給付を求めうることを意味する。

3　別除権

倒産手続と担保権　債務者が倒産すると，その乏しくなった責任財産をめぐって債権者はしのぎを削ることになり，放っておくと混乱が予想されるので，債権者間の公平を強制的に実現する意味で倒産手続の出番となる。しかし，債務者の資力の低下という有事に備え，債権の優先的回収を確保する途が開かれている。すなわち，「担保」をとっておくことであり，一つは債務者以外の者の責任財産も引当てにしておく保証等の人的担保であり，もう一つは抵当権，質権というように債務者の個々の財産から優先的に満足を受けうる地位を確保しておく物的担保の制度である。これは，債務者の破綻前にそうした有事への備えをしていたわけであるから，倒産手

続においても，尊重に値するものである（あたかも，グリーン車を予約した者が混雑期にもゆうゆうと席を占められるのと似ている）。

人的担保については，多数当事者債権として別途扱われる問題となるので（→本章§2 II **2**参照），ここでは物的担保について述べる。倒産手続において担保権は基本的に尊重される扱いであるが，尊重の仕方は，手続の種類によって異なっている。手続の外に出して，担保権者の倒産手続外の権利行使を認める別除権という捉え方をする場合（破産，民事再生）と，担保権も手続の中に取り込んで一般の債権者と同様に，手続外の権利行使が禁止され，届出・調査・確定という段階を経なければならないとする場合（会社更生），とに分かれている。もちろん，後者の場合も，担保権者が相対的に優位に立っていることは間違いなく（会更168条1項），権利変更を定める更生計画の決議にさいしても，更生担保権者の組の決議要件は高いものとされている（会更196条5項）。

こうした担保権の処遇の違いは，再建型手続の利用にさいして，民事再生と会社更生のどちらを選ぶかの重要なポイントとなっているが，以下では破産の場合について述べる。

別除権という地位　破産手続においては，担保権者は別除権者という地位が与えられることになっている（破65条）。すなわち，基本的には，破産手続によらないで本来の権利行使（担保権の実行）ができるという建前である。いわば，担保権の目的となっている財産は，破産財団のなかでもとくに担保権者のためにえり分けられた状態にあるという意味で，「別除権」という表現がされている。

もっとも，別除権と扱われるからといって，担保権者が破産手続とまったく没交渉になってしまうのかというとそうではなく，破産手続の影響を免れない。すなわち，別除権者は，破産財団について管理処分する破産管財人から目的財産の提示を求められることがあり（破154条1項），また管財人による当該財産の評価を拒むことができない（同条2項）。さらに，管財人が民事執行法その他強制執行の手続に関する法令の規定により目的物を換価する場合には，別除権者はこれを拒めないものとされている（破184条2項）。

また，もとより別除権という地位が破産手続外での完全な満足を当然に意味しているわけではない。そもそも担保にとっている目的物がつねに被担保債権に見合っているとは限らないし，同じ目的物の担保権者として順位が低い場合もあろう。そうした場合，別除権者は別除権を行使しても満足を得られない範囲で（これを不足額という），破産財団からの配当に期待するほかないことになる（破108条1項）。その限りで，別除権者といえども，破産債権者に準じて破産手続参加のための手順を踏まなければならず，届出や調査・確定の手続に服することになる。もとより担保権者としての順位が低い場合は，別除権を放棄して破産債権者として手続参加するということもありうる。

別除権の射程 上記のような特別の地位を与えられる担保権者はどこまでか，担保取引の発展もあり話題は少なくない。

破産法は，法定担保権については明示をしている。すなわち，別除権として扱われるのは抵当権，質権，特別の先取特権であるとしている（破2条9項）。留置権については，民事留置権は破産財団との関係ではその効力を失うが（破66条3項），商事留置権は破産手続との関係では特別の先取特権とみなされることで，別除権して扱われるものとされている（破66条1項・2項）。なお，特別の先取特権とみなすといっても，留置権能が消滅する趣旨ではないというのが判例である（最判平10・7・14民集52巻5号1261頁〔倒産百選〔第4版〕52事件〕）。

これに対し，各種の非典型担保については，破産法は明言をさけているので，依然として解釈に委ねられている。この点，譲渡担保や所有権留保については，前述のように，取戻権による扱いではなく，担保権としての実質に照らし，別除権として扱うべきものとするのが通説である（もっとも，譲渡担保権者や留保売主には，余剰部分の清算義務があるので，破産手続では取戻権でも別除権でも大きな差異はない）。また，設定者が破産したときの仮登記担保権については，これを抵当権として扱うとの特別規定がある（仮登19条1項）。さらに，ファイナンス・リース契約については，双方未履行双務契約による処理には服さないとするのが判例であり（最判平7・4・14民集49巻4号1063頁〔倒産百選〔第4版〕67事件〕），そうなると，リース会社はリース料

債権を被担保債権とするなんらかの担保権を有すると解すべきことが示唆されることになる。

別除権の目的物をめぐる攻防　破産法は,担保権者には別除権という地位を与え,破産手続外の権利行使を許容する一方で,別除権の目的物についての破産管財人の換価権をも認めている。いわば換価権限が競合することになるわけだが,債務者が破産に至った状態で,破産財団に属する財産について別除権者が担保権の実行に踏み切ることはそれほど多くないのが実情であった。競売にかけるとどうしても不動産の価格が下がりがちであるし,競売のコストと労力の問題もあり,別除権者は二の足を踏んでいた。他方,オーバーローン状態でおよそ余剰価値の認められないものについては,早々に破産管財人もこれを破産財団から放棄してしまうことが少なくなかった(その後に,担保権者が別除権を放棄する場合の問題をめぐっては,最決平12・4・28判時1710号100頁,最決平16・10・1判時1877号70頁〔倒産百選〔第4版〕55事件〕)。

もっとも,事柄の性質上,破産財団はそれほど多くの財産があるわけではないから,破産管財人は,破産財団の換価権限を活かす試みを行っていた。すなわち,独自の換価ルートを使い,競売価格を上回る価格で別除権の目的となっている破産財団所属財産を売却するよう試み(任意売却),その努力の報いという意味で,代金の一部を破産財団に組み入れるという実務慣行である。もっとも,後順位の担保権者がこれに応じなかったり,あるいは割高のハンコ代が担保権抹消の条件とされたりで,任意売却の試みには思わぬ伏兵が現れないとも限らなかった。この点について,強力な武器が管財人に与えられることになった。

担保権消滅の制度　別除権という構成をとる破産や民事再生でも,また更生担保権という構成をとる会社更生でも,倒産手続においては,担保権者がどう出るかは手続全体に影響を与える重要な問題となってくる。今般の倒産法改正において,最上位のステーク・ホルダーとして倒産手続に君臨している担保権者に対する強力な武器が管財人等に与えられることになった。それが担保権消滅の制度である。

まず,再建型手続にあっては,再建の基盤の確保と債務者の負担の軽減と

いう意味で，担保権の消滅請求の制度が導入された（民再148条以下，会更104条以下）。これに対し，破産における担保権消滅制度は，前述した破産管財人の任意売却との関係で威力を発揮するものである。すなわち，破産財団に属する財産に担保権がついている場合でも，これを管財人が「任意に売却し当該担保権を消滅させることが破産債権者の一般の利益に適合するとき」に，裁判所に担保権消滅許可の申立てができるものとされている（破186条）。このように担保権消滅という効果で類似していても目的が違うため，細かい制度設計において差があるが，ここでは破産の場合について簡単に述べておく（より詳しくは，→本章§5Ⅰ**2**＊参照）。

破産における担保権の消滅は，任意売却の実現による破産財団への代金一部組入れをねらいとしているので，許可の申立てにさいしてはその辺の状況を明らかにすべきものとされている（破186条3項）。これに対する被申立担保権者の対抗手段は，異議の申立てとこれに続く担保権実行の申立て（破187条），または自らもしくは第三者による買受けの申出（破188条）の2とおりとなっている。実体法上の優位にある担保権者への対応措置であるだけに絶妙な制度となっているが，現実には，これを活用するのは最後の手段としてであり，まずは担保権者との協議によって妥当な任意処分が試みられることになろう。

4　相 殺 権

破産と相殺　相殺は，相対立する債権・債務を対当額について意思表示のみで消滅させる簡便な決済方法である（民505条）。たとえば，AがBに甲債権をもつ一方で，BもAに乙債権をもっていたとしよう。このA・B両当事者で対立する債権を対当額で決済できるとすると，簡便なことはもちろん，弁済と同じ効果が確保できることから，相殺には担保的機能があるといわれているのである。

こうした機能は，一方の当事者が破産した場合にこそ威力を発揮するものであるから，基本的には破産手続によらないでこれができるものとされている（破67条1項）。つまり，別段の手続を経ることなく相殺する旨の一方的な

意思表示で事足りる。もっとも，破産手続の円滑な進行をはかる意味で，こうした相殺権の行使時期については一定の制限を受けるものとされ，破産債権の届出期間直後までにこれをしないと相殺の効力を主張できない扱いとなっている（破73条）。なお，破産管財人から破産財団に属する債権をもって破産債権とする相殺に関しては，従来争いのあったところであるが，破産債権者の一般の利益に適合する限りで，裁判所の許可を得て，できるものとされた（破102条）。

相殺適状の調整 相殺をするには，一定の条件，つまり①同一当事者間での債権の対立，②対立債権の同種目的，③双方の債務の弁済期到来，が必要となる（これを相殺適状という）。しかし，破産の場面でこの相殺適状要件を厳密に要求すると，せっかくの相殺の機能を活かすことができない。この点，破産法では，破産債権の金銭化（破103条2項・4項），現在化（破103条3項）の考え方がある関係で，いわば相殺適状が拡張されることになる。すなわち，自働債権が非金銭債権の場合であれば，評価額をもって破産債権とされることで相殺が可能となり，また自働債権の弁済期が未到来の場合は，破産手続開始によって到来したものとみなされる一方で受働債権については自ら期限の利益を放棄すればよいのでやはり相殺が可能となる（最判平17・1・17民集59巻1号1頁〔倒産百選〔第4版〕57事件〕）。さらに，破産法は，自働債権が解除条件付債権であっても相殺が可能であること（破67条2項前段），受働債権が停止条件付債権，解除条件付債権または将来の請求権であっても相殺できること（破67条2項後段），を明らかにし，相殺権の拡張をはかっている。

　加えて，賃貸借契約に絡む相殺につき旧法下に存した相殺の範囲の調整規定（旧破103条）が改正にさいして廃止されたことにも注意する必要がある。すなわち，賃貸人が破産した場合に，賃借人が破産債権をもっていた場合に賃料債務と相殺することに関し，従来は原則として二期分に制限される一方で，敷金を差し入れていればそれ以降の分についても相殺できることになっていたが，前者については合理性に疑問があることから，後者については賃貸借契約継続中は具体化しない敷金の性質に照らして，廃止された。

相殺禁止　上記のように、相殺はこれを利用できる者にとっては、きわめて効果的でスマートな債権回収方法である。実際、自分の債権が破産債権としてわずかの配当があるだけとなる一方で、破産者に対し負っている債務については全額の履行を求められる、というのでは、相殺制度の存在意義はない。担保権と同様、倒産の場面においてこそ威力が発揮されてしかるべきなので、相殺の合理的な期待は尊重されているのである。ところが、倒産が迫った危機時期に、そうした相殺の利便性を狙って、相殺をなしうる地位が作り出されていた場合にもこれを認めるとしたら、かえって破産債権者間の公平を害することになりかねない。その意味で、倒産法では、相殺が禁止されるべき債務負担および債権取得が、類型的に整備・規定されているのである（倒産四法で規律を共通にしている法理である、破71条・72条、民再93条・93条の2、会更49条・49条の2、会517条・518条）。

　規律は若干複雑であるが、主体と行為（破産債権者の債務負担または破産者の債務者の債権取得）と行為の時期という視点で相殺が禁止される場合を示し、さらに例外について規定する形になっている。

(1)　**破産債権者による債務負担**　まず、破産債権者が破産手続開始後に破産財団に対し債務を負担する場合である。このような形での相殺への期待は、破産債権者の公平から考えて保護に値しない（破71条1項1号）。ついで、債務負担の時期がこれより前に遡る場合であり、①支払不能（同2号）、②支払停止（同3号）、③破産手続開始の申立て（同4号）、の後であることである。これは、危機時期に債務者から財産を買い受けて売買代金債務を負うような場合（つまり代物弁済）であるが、禁止の要件は、少しずつ異なっている。2号の場合は、もっぱら相殺に供する目的をもって契約がなされ、契約の当時、支払不能を知っていることである。3号の場合は、支払の停止を知っていること、4号の場合は、破産手続開始の申立てがあったことを知っていたこと、が要件となる。

　もっとも、この71条1項2～4号に関しては例外がある（相殺禁止の例外であるから、つまり相殺ができる）。すなわち、相殺の可能性が、①法定の原因による場合、②危機時期を知った時より前に生じた原因に基づく場合、③

破産手続開始の申立てがあった時より1年以上前に生じた原因に基づく場合，である（破71条2項1～3号）。これらの場合にあっては，相殺を許しても関係者の公平を害さないであろうとの趣旨による。

(2) 破産者の債務者による破産債権の取得　　これは，(1)の場合とは逆に，破産者の債務者である者が他人の破産債権を取得する場合である。まず，破産手続開始後に取得した場合は，つまり実価の低下した破産債権を取得して相殺されては券面額との差額分だけ破産財団が減少するので，これを禁止するのである（破72条1項1号）。ついで，これが危機時期まで前倒しされる趣旨で，①支払不能（同2号），②支払停止（同3号），③破産手続開始申立て（同4号）の後で，債権取得当時その状況を知っていたときに相殺が禁止されるものとされている。

この2～4号に関しては，(1)の場合とほぼパラレルに例外が定められている（破72条2項1～4号）。つまり，①法定原因，②危機時期を知った時より前に生じた原因，③破産手続開始申立てより1年以上前に生じた原因，による場合である。なお，(2)に固有の例外として，破産債権の取得が破産者の債務者と破産者の間の契約に基づく場合も，相殺禁止の除外事由とされているが（破72条2項4号），その趣旨は同時交換的取引の尊重ということである。

5　否認権

否認権の意義　　債務者の経済状態が悪化すると，債権者からの追及が厳しくなる一方で，債務者も正常の判断ができなくなり，目先の資金繰りのため不合理な行動に及んだり，特定の債権者のみに弁済したり，といった問題の行為があらわれやすくなる。破産手続開始前の行為であるからといって，これをそのままにしておくほかないというのでは，破産手続の機能は限定されたものにならざるをえないだろう。そこで，倒産法では，これらの行為を事後的に否定し，いったん破産財団から逸出した財産を取り戻したり，偏頗的な弁済の効力を否定し債権を復活させたりする制度を用意している。それが否認権であり，民法の詐害行為取消権（民424条以下）とルーツを同じくしながら，これをより拡大強化したものとなっており，倒産法上，

最も重要な制度といっても過言ではない。

　もっとも，詐害行為取消権が，債権者を害する意図をもって債務者が行った法律行為の効力を取り消して責任財産を回復するための，個々の債権者に認められた権利とされているのに対し，否認権は，倒産法上の特別の制度として，否認できる行為の範囲も広く，個々の債権者ではなく，その行使は手続機関としての管財人に委ねられている（ちなみに，破産手続開始時に係属していた詐害行為取消訴訟は中断し，管財人に受継されうるものとされている。破45条。→本章§3 Ⅳ **1** 参照）。

否認権の行使　　否認権を行使しうるのは破産管財人である（破173条1項）[*]。

　否認権は管財人にとって，破産財団を拡充できる数少ない武器であるが，取引の安全を害するものでもあるので，できるだけ早く事件の全貌をつかみ行使の是非を決断しなければならない。その意味で除斥期間が設けられ，破産手続開始の日から2年を経過したときは行使できず，また当該行為のあった日から20年を経過したときも否認権を行使できなくなるとされている（破176条。なお，総債権者について詐害行為取消権の消滅時効が完成しても，否認権には影響がないとした，最判昭58・11・25民集37巻9号1430頁〔倒産百選〔第4版〕24事件〕は，詐害行為取消と否認権の関係を考えさせる興味深い事案である）。

　否認権の行使方法は，訴え，否認の請求または抗弁によるものとされる（破173条1項）。つまり裁判上の行使が要求されている。行使の有無と効果を明確にする趣旨である。

　否認権行使の相手方は，当該行為によって利益を受けた者つまり受益者が原則であるが，一定の要件のもとに転得者に対して行使することもできる（破170条）。なお，破産手続開始決定のあるまでの間，利害関係人の申立てまたは職権で，将来の否認権の実効性を確保する意味で，受益者らの財産に対し保全処分が命じられうるものとされている（破171条）。

　　＊　**監督委員による否認権行使**　　管財人による行使を原則とする否認権であるが，民事再生では例外がある。周知のとおり，民事再生において管財人の選任は例外的なものと位置づけられている（民再64条）。すなわち，管理処分権限を全面的に担う手続

機関が存在しないのが通常なので，否認権の行使については一工夫が必要となる。機関として公平誠実義務を負う再生債務者自身に否認権を行使させる考え方もありえたが，民事再生法は多くの事件で選任される監督委員にこれを委ねることとした（民再56条・136条1項）。もっとも，監督委員は管財人と違って債務者の財産について管理処分権限を担っているものではないので，監督委員が否認権を行使するには特別な配慮が必要となる。具体的には，手続開始後も管理処分権限を保持し続ける再生債務者本人がなんらかの形で否認権が問題となる訴訟に関係しうるようにしていることである。つまり，再生債務者と否認権行使の相手方との訴訟に監督委員が否認権行使のため訴訟参加をする（民再138条1項），あるいは監督委員が提起した否認訴訟に再生債務者が訴訟参加することである（同2項）。やや複雑な訴訟形態となるが，再生債務者自身が自分の関係した行為について否認を行使することはあまり期待できないことを考えると妥当な対応策といえよう。

否認権行使の効果　否認権行使の効果は，破産財団を原状に復させることにある（破167条1項）。その意図するところは否認が認められれば当該行為は遡って無効になり，たとえば受益者のもとに財産が移っていたような場合は物権的にその財産が破産財団に復帰するというようなことである。もっとも，否認される行為は後で述べるように多様であるから行為に応じて否認権行使の効果はいろいろなあらわれ方をすることになる（否認の効果が行為の全体に及ぶとした，最判平17・11・8民集59巻9号2333頁）。

まず，詐害行為の否認で財産が現存する場合は，破産財団の増殖つまり原状回復ということが最もわかりやすくあらわれる。ただし，この場合も財産の破産財団への復帰を第三者に対抗するには対抗要件の具備を要するものであり，その意味で，登記または登録ある権利について否認権を行使する場合は，管財人は「否認の登記」という特殊な登記をすることで破産財団への復帰を公示する仕組みがとられている（破260条・262条）。これに対し，財産が現存しない場合は，目的物の返還に代えて，その価額の償還をもって破産財団の回復とするほかない。価額算定の基準時をどうするか争いのあるところであるが，判例は否認権行使の時を基準とすると解している（最判昭61・4・3判時1198号110頁〔倒産百選〔第4版〕40事件〕）。

これに対し，偏頗行為の否認（後述）の場合は，原状回復といっても，金銭が物権的に当然に戻ってくるわけではない。この場合は，相手方に弁済分

の債権的な返還義務が生じることになり，あわせて弁済があった日以降の利息も破産財団に対して支払わなければならない。

否認の相手方の地位　否認権行使の効果は上に述べたとおりであるが，いったん行われた行為の効果を否定して破産財団の原状回復をはかることに伴い，その裏返しとして，相手方の地位も行為以前の状態に戻さなければ公平を欠くことになる。元の行為がどのようなものであったか，そして否認されるまでに生じた状況の変化によって，相手方の地位の回復はさまざまなものとなってくる。

　まず，否認される行為が詐害行為タイプである場合は，基本的には，相手方は，一方で破産財団に財産を返還し，他方で破産財団から反対給付の返還を受ける，ということになる（破168条1項1号）。反対給付たる現物が破産財団にあるような場合は，端的にそれを返してもらうということである。これに対し，反対給付が破産財団に現存しない場合は，相手方は財団債権者として反対給付の価額の償還を請求できることとされている（同2号）。もっとも，この価額償還に関しては，行為の当時，破産者が反対給付として得たものを隠匿するつもりで，相手方もこれを知っていることがあり，場合分けして若干の制限をしている。すなわち，①反対給付による利益が破産財団に現存する場合には，相手方は財団債権者としてその利益の返還を請求できるが（破168条2項1号），②利益が現存しない場合は，相手方は破産債権者として反対給付の価額の償還を請求できるにとどまるものとし（同2号），③利益の一部だけが現存する場合は，その部分については財団債権者として返還請求でき，残りの差額分は破産債権者として請求できるものとしている（同3号）。さらに，この場合，行為の相手方が破産者の内部者である場合は，行為の当時，破産者が反対給付につき隠匿などの処分をする意思を有していたことを知っていたものと推定するとの規定も置かれている（破168条3項）。

　つぎに，否認される行為が弁済などの偏頗行為である場合は，否認の効果は弁済をなかったこととすることであり，その見返りは，すなわち，相手方の債権の復活ということである。この相手方の債権の復活時期を，相手方による給付の返還または価額の償還があった時としている（破169条）。なお，

この債権の復活に伴い，当該債権にかかる保証債務，連帯債務，物上保証も当然に復活するものと解されている（最判昭48・11・22民集27巻10号1435頁〔倒産百選〔第4版〕39事件〕）。

否認権の諸類型　倒産手続開始前になされる債務者の行為には種々のものがありうる。それは起死回生に向けての努力であったり，巧妙な手口による財産隠しであったり，さまざまな思惑のもとでなされる。そして，ほとんどの行為が相手のあるものであるところ，否認権は，過去になされた行為を否定するという点で，取引の安全を損なうという宿命を背負っている。それゆえ，否認権は，これが認められる場合の要件が重要となり，基本的なものから特殊なものまで種々のものが整備されてきた。旧法下では，故意否認，危機否認，無償否認という基本類型がよく知られていたが，現行法では，アメリカ連邦倒産法の否認権規定も参考に，基本類型を詐害行為否認と偏頗行為否認の二つに分ける等，大幅な改正がなされた。否認権では，行為の客観的態様，関係者の主観，相手方が誰か，といった点に着目し要件を工夫し，また証明責任にも配慮して規定が整備されるに至った。現行否認権の基本的なところを押さえておこう。

詐害行為否認　既存の債務について偏ってなされた弁済や担保の供与を否認することで，債権者間の平等の回復を目指す偏頗行為否認に対し，詐害行為否認は，担保の供与や債務消滅に関する行為を除き，債権者を害する行為（財産減少行為）の効力を否定することで破産財団の回復をねらいとするものである。内容的に，民法の詐害行為取消権や旧法の故意否認の系譜を引くものであるが，いくつかに場合分けして規定されることになった。

第一に，債権者を害することを知ってなされた場合である（破160条1項1号本文）。つまり，債務者（後の破産者）の詐害意思に着目したものであり，行為の時期についてはとくに問題としていない。この類型では，管財人は破産者の詐害意思を主張・立証することが必要になるが，受益者の方で債権者を害する事実を知らなかったときは否認できないとし（同号但書），受益者が善意の立証に成功したさいは否認を免れるものとし，取引の安全にも配慮

している。

　第二に，詐害行為の時期に着目し，債務者が支払いの停止または破産手続開始の申立ての後に債権者を害する行為を行った場合である（破160条1項2号本文）。債務者が危機時期後に行った行為ということで，否認の要請は強いが，受益者が危機時期および債権者を害する事実を知らなかったときは否認を免れるものとしている（同号但書）。この場合の善意の証明責任も，やはり受益者に課されている。

　第三に，債務消滅行為であるが対価的均衡を欠いており，その意味で債権者を害するという場合である（破160条2項）。たとえば，代物弁済がなされたが，消滅する債務に比べ目的物の価額が過大であるような場合がこれにあたる。この過大である部分に関して，財産減少行為として，詐害行為否認に服させようとする趣旨である。したがって，証明責任に関しては，債務者に詐害意思がある場合は，上述の第一に従い，危機時期になされた場合は，上述の第二に従って，処理されることになる。

　第四は，無償行為の否認である（破160条3項）。贈与や権利放棄といった無償行為あるいはこれと同視しうる有償行為は，まさに責任財産を減少させる詐害行為といえる。旧法では，故意否認と無償否認とは別の類型とされていたのに対し，現行法では，無償否認は詐害行為否認の一種という位置づけとなっている。もっとも，無償行為としての否認の要件に関しては旧法から変更はまったくない。すなわち，支払停止もしくは破産手続開始の申立て後，またはその前6か月内になされた無償行為は，債務者や受益者の主観とは関係なく，否認することができるとされている。[*]

> [*]　**保証行為と無償否認**　無償否認に関しては，体系的位置づけには変更があった形となっているが，個別条文としての改正は一切ないので，旧法下での判例・学説はそのまま現行法下でも通用するものと思われる。となると，旧法下でも議論のあった保証行為，とりわけ法人の役員が法人のために（物上）保証した後に役員自身が破産したケースにあって，この保証を無償行為として否認できるか否かである。判例（最判昭62・7・3民集41巻5号1068頁〔倒産百選〔第4版〕31事件〕）は，破産者を基点に無償性を判断し否認を肯定しているが，贈与などと違い，保証を条件に受益者からの出捐がある場合であり，誰を基点に無償性を考えるか，そもそも中小企業金融にとっ

てこうした保証が無償行為にあたるのか，なお議論の余地はあろう。

相当の対価を得てした財産処分行為 経済状態が悪化すると，債務者はそこからの脱却を求めて種々の回避努力を行うものである。とりわけ，不動産等を換価して運転資金を確保するといったことは珍しいことではない。対価が相当である分には破産財団に計数上の変動がないので，一見，否認権を問題とする余地はないかの如く映るが，従来から，適正価格による財産売却も否認権に服する場合があるとされてきた。現行破産法は，161条においてこの場合の否認要件を明文化するに至った。

すなわち，相当の対価を伴うので本来は否認の必要のないものを否認しようとするので，要件は厳格なものとなっている。第一に，相当の対価は得たものの，財産の種類の変更によって，隠匿その他債権者を害する処分をするおそれを生じさせること（破161条1項1号），第二に，破産者において，対価として得た金銭等を隠匿等する意思を有していたこと（同2号），第三に，相手方において，破産者が隠匿等の意思を有していたことを知っていたこと（同3号），と三つの要件を充たすことが必要とされている。これによって，取引の安全に配慮したことがうかがわれる。もっとも，こうした処分行為の相手方が破産者と特別の関係のある内部者である場合には，相手方において破産者の隠匿の意思を知っていたものと推定することで，否認を容易にしている（破161条2項）。[*]

* **否認権と内部者（インサイダー）** 破産者と特別な関係にある者との間で否認権が問題となる行為がなされやすいことは，洋の東西を問わず昔からの常識であった。わが国の旧破産法では，親族・同居者に関する否認の特則があったが（旧破72条3号・83条1項2号），近時の主要国の倒産法では，親族関係のみならず，法人の場合の「内部者」の射程を明らかにし，これが相手方の場合の否認権の拡大・強化を行っていた。現行法は，相当の対価を得てした財産処分行為と偏頗行為の否認で，内部者に関する特則（具体的には，否認要件としての悪意の推定）を設けるに至った。

　内部者の範囲は，自然人の場合の親族・同居者はもちろん（破161条2項3号），法人の場合も，理事，取締役，執行役，監査役といった役員から（同1号），そして，過半数の議決権を有している株主や関連法人にまで広げている（同2号イ・ロ・ハ）。

偏頗行為否認 現行法では，前述の詐害行為否認と偏頗行為否認を明確に分けることにした。したがって，偏頗行為否認は，既存の

債務についてされた担保の供与または債務の消滅に関する行為にターゲットが絞られている（破162条）。そして，かかる行為を問題とすべき危機時期の捉え方について，従来の危機否認におけるそれを変更し，「支払不能になった後又は破産手続開始の申立てがあった後」，と支払不能を基準時とすることとした。もっとも，破産手続開始原因の場合と同様（破15条2項），支払いの停止があった後は支払不能であったことを推定するものとして，否認権の基準時点がより明示的なものとなるよう配慮する規定を用意した（破162条3項）。

このように危機時期になされた債務の消滅や担保の供与を否認するにあたっては，旧法の危機否認と同様に，相手方の悪意を要件として重視することになる。まず，本旨に従った偏頗行為については，それが支払不能後になされた場合は，相手方である債権者において，債務者が支払不能であったことまたは支払停止があったことを知っていることが要件となるし，破産手続開始申立て後の場合は，債権者がこの申立ての事実を知っていることが要件となる（破162条1項1号イ・ロ）。これに対し，本旨に従わない（つまり，破産者の義務に属せず，またはその時期が破産者の義務に属しない）偏頗行為については，支払不能の前30日まで時期が拡大され，他の債権者を害することを知らなかったことを相手方が証明しないと否認を免れないとされている（破162条1項2号）。

さらに，行為の態様や相手方によっては，偏頗行為否認を容易にすべきであるとの考慮から，162条1項1号の場合に，①その行為が本旨に従ったものでない場合（162条2項2号），または②相手方が内部者である場合（162条2項1号）には，否認要件となる支払不能等の事実を知っているものと推定されることとなっている。

否認の特殊類型　以上述べたように，否認の基本型が旧法と大きく変わったのに対し，特殊類型に関しては，基本的には旧法のものをそのまま引き継いだ形となっている。順に，簡単に述べておこう。

第一に，手形支払いに関する否認の特則である（破163条）。手形の支払いも弁済であるから否認権の対象となるべきものである。しかし，手形の支払

いを受けた者が，これを否認されてしまうと，手形上の債務者の1人または数人に対する手形上の権利を失う場合には，否認できないとして（破163条1項），手形取引の安全に配慮している。ただ，その場合に，最終の償還義務者または手形の振出を委託した者が，振出の当時支払いの停止等があったことを知り，または過失によって知らなかった場合には，破産者が支払った金額を破産財団に償還させることができるものとしている（同2項）。

　第二に，対抗要件否認である（破164条）。登記や登録，そして債権譲渡の通知等の対抗要件充足行為は，その原因行為に準じた実質をもつものである。そこで，原因行為から15日以上経ってからなされた対抗要件充足行為は，これ自体を否認権の対象とすることとした。原因行為があったにもかかわらず，対抗要件の充足が長い間なされていなかった場合は，債務者の財産状態について誤った外観が作り出されるからであり，相手方が支払停止等の事実を知って対抗要件を充足した場合は否認に服するものとされている。

　第三に，執行行為の否認である（破165条）。債権者が強制執行によって満足を受けることも効果としては債務の消滅にほかならない。そこで，否認しようとする行為について執行力のある債務名義があるとき，またはその行為が執行行為に基づくものであるときも，否認権の行使が妨げられないとの規定が置かれている。

　第四に，転得者に対する否認である（破170条）。否認の効果は相対的なものであるから，たとえば，行為の相手方が破産者から取得したものをさらに第三者に譲渡してしまった場合，相手方たる受益者に対して否認権を行使しても現物を破産財団に回復することはできない（現物にこだわらない場合は，受益者に価額の償還を求めればよい）。しかし，所定の場合には，転得者に拡大して否認権の効果を及ぼすことが可能とされている。具体的には，①転得者が転得の当時，それぞれの前者に対する否認の原因があることを知っていた場合，②転得者が161条2項各号に定める内部者である場合，③転得者が無償行為またはこれと同視すべき有償行為によって転得した場合，である。受益者に否認権を行使して価額の償還を求めるか転得者に否認権を行使するかは，状況に応じ，破産管財人が選択できる。

§5　破産手続の進行と終了

I　破産財団の管理・換価・配当

　破産手続の最終的な目的は，破産債権者への配当であるが，その前提として，破産財団を管理し（破産法第6章153条以下），それを換価して（破産法第7章184条以下），配当財団を形成（破産財団の変動過程については，→本章§4参照）することが必要になる。破産財団の管理と換価は，並行してなされるのが実際の姿であるが，ここでは，まず管理の面から説明する。

1　破産財団の管理

　破産管財人は，破産手続開始決定による就職後，直ちに破産財産に属する財産の管理に着手する（破79条）。管財人は，自分に与えられた財団所属財産の管理処分権（破78条1項），破産財団等に関する調査権（破83条）等の権限を用い，他方で自己に課された義務（破85条による善管注意義務など）に留意して，多様な管理業務を遂行していくことになる。破産者も，最大限，管財人の財団管理に協力しなければならならず，破産手続開始決定後遅滞なくその所有する重要財産を記載した書面を裁判所に提出するほか，管財人等の請求があったときは，それに対して説明をする義務を負う（この説明義務は，破産者が法人であるときは，取締役や理事等にも課される。破40条参照）。破産者等がこれらの義務に違反するときは，刑罰を科されることがある（破268条・269条等参照）。

　具体的な管財人の財団管理行為としては，まず，破産手続開始後遅滞なく行う財団財産の価額評定（評定の基準時は手続開始時）がある（破153条）。この財産評定の目的は，破産財団の規模や予想配当率の見込みを立てることにより管財業務の方針を立てる資料にすることにあるが，財団が小規模のときには簡略化する方が合理的である。したがって，財団の価値の総額が1,000

万円以下であるときは，財産目録だけ作成・提出すればよく，貸借対照表を作成・提出する必要はないこととされた（破153条3項，破規52条）。また，管財人は，破産者が破産財団に属する財産を引き渡さないときは，引渡命令の申立てができる（破156条参照）。この制度は，現行法によって導入された制度であり，管財人はこの手続の利用により，簡易・迅速な決定手続で，債務名義（民執22条3号）を取得し，強制執行をすることができる（ただし，この引渡命令に対しては即時抗告が可能である。破156条3項）。さらに，管財人は，財団財産に関する帳簿の現状を維持するため，必要があるときは，裁判所書記官等に財産に封印をさせ，または帳簿閉鎖を求めることができる（破155条，規53条参照）。なお，財団所属財産のうち，金銭および有価証券については，管財人はその保管方法を裁判所に届け出なければならない（規51条）。

　破産財団の管理には，破産財団の法律的変動の過程でのさまざまな法律関係の処理（→本章§4参照）が含まれる。否認権による財団の増殖をもたらす業務だけでなく，取戻権等の承認（破78条2項13号参照）や，財団財産の放棄（同項12号参照）など，必ずしも財団の直接的な増加には結びつかない業務も重要な管理業務である。また，破産者が法人であるときには，その役員が違法行為により，法人に対して損害賠償責任を負う場合がある。このような場合には，その損害賠償請求権を行使して，破産財団の充実をはかることが，破産管財人の重要な任務となる。従来，破産手続では，管財人がこの損害賠償請求権を行使するときは，訴訟を提起しなければならなかったが，現行破産法は，民事再生法143条および会社更生法100条にならい，簡易迅速な責任追及手続を導入した。これが損害賠償の査定手続（破178条以下）である。ただし，役員責任査定決定に対して不服がある者は，それに対する異議の訴え（破180条）を提起でき，最終的には訴訟（判決）手続で責任の不存在を主張することができるものとされている。役員責任査定決定は，この異議の訴えが提起されず，または却下されたときには，確定判決と同一の効力を有する（破181条）。

　破産管財人は，破産手続開始後の財団の状況等を裁判所に報告しなければならない（破157条）。財産状況報告集会を開くときは，管財人はその要旨を

報告する（破148条）。これとは別に，債権者集会が求めるときにも，管財人は破産財団の状況を報告しなければならない（破147条。なお，債権者委員会に対する説明につき，破147条参照）。

* **破産財団に属する権利の放棄**　たとえば，破産財団に属する不動産がそもそも市場価値がなく管理費用だけがかかるものであったり，完全に担保権によってその価値が把握されている（まったく余剰価値がない）などの場合には，管財人は，その財産を放棄することを検討しなければならない。破産者が個人の場合，放棄されたら自由財産となって，破産者の管理処分権が復活する。これに対して，法人破産の場合に，放棄財産をどのように取り扱うかについては，法人破産者について自由財産を認める必要があるかと関連して議論のあるところである。自由財産の主たる機能が，破産者の経済的再生への基盤を提供することにある点を強調すれば，法人破産の場合には自由財産を認める必要はないことになるが，放棄された財産については破産者の所有権が回復すると解さざるをえない（とくに不動産については無主物になることは許されていない）ことを考慮すれば，（広い意味での）自由財産となることをみとめ，法人はその財産の清算の範囲内で存続する（清算手続は，破産手続とは別に，清算人を選任して行う）と解すべきであろう。

2　破産財団の換価

　破産管財人は，財団所属財産を換価し，金銭による配当に備える。換価の時期は，かつて原則として一般調査期日後に制限されていたが（旧破196条1項前段参照），早期換価の必要がある場合などを考慮し，現行破産法ではこの時期的制限は削除された。

　換価の方法については，不動産，無体財産権等に関しては，原則として民事執行法その他の法令の規定によるとされている（破184条1項）。この場合，管財人による換価の便宜のため，当該不動産等に担保権など優先権が付されている場合でも無剰余執行禁止原則（民執63等）は適用されない（破184条3項）。もっとも，現実には民事執行法による競売手続が利用されることはほとんどなく，より高値で換価できる任意売却によるのが普通である。不動産等を任意売却で換価する場合には，原則として裁判所の許可を得なければならない（破78条2項1号・2号）。なお，破産手続においても，有機体としての営業または事業単位での売却をすることが可能である。破産手続においては，労働組合等の意見を聴かなければならないとされる（破78条4項）ほかは，不動産

等の任意売却と同様の裁判所の許可だけを要件に営業等の譲渡ができ，民事再生手続（民再42条以下），会社更生手続（会更46条以下）における（再生・更生計画によらない）営業または事業の譲渡よりも要件が軽減されている点に留意すべきであろう。

　以上の不動産等の換価とは異なり，動産や債権の換価は，管財人が適当な方法で行うことになる。この場合，100万円以下の価額のものについては，それらの財産の任意売却等につき裁判所の許可は不要とされている（破78条3項1号，破規25条）。

　破産財団所属財産のうち，別除権の目的となっている財産については，別除権者による実行手続によって換価されるのが原則である（破65条1項参照）。たとえば抵当権の場合には民事執行法による競売手続が，譲渡担保権など非典型担保では約定による私的実行（処分清算など）が想定される。しかし，前者の場合に抵当権者が競売手続をなかなか実行しない場合，管財人は自ら民事執行法による競売手続により換価することができる（破184条2項。もっとも管財人がわざわざ換価手続を開始するのは，担保目的財産に余剰価値がある場合に限られる）。また後者のように，担保権の私的実行方法が合意されているときは，管財人はいきなり競売手続を申し立てることはできないから，裁判所が管財人の申立てにより別除権者が換価のための処分をすべき期間を定め，その期間内に処分がなされないときは，別除権者の上記方法による換価権が失われる（管財人は競売等により換価できる）こととされた（破185条）。以上の管財人の権限は，あくまで別除権目的財産の換価過程への介入であり，別除権者の優先性が影響を受けるわけではないことはいうまでもない（破184条4項参照）。

* **担保権消滅許可制度（破186条以下）**　　担保権が設定されている財団所属財産を任意売却する場合，担保権の負担をなくして売却するためには，担保権者全員の同意が必要なところ，担保財産の評価額からみると担保でカバーされている部分が存在しない後順位担保権が同意に対する多額の対価（同意書に印鑑を押す対価という意味で「ハンコ代」と呼ばれる）を要求して，任意売却の障害になることがある。また，任意売却をする場合には，より高価に売却できることから，その競売価額との差額を財団に組み入れることが行われていたが，組入額の適否を争う手段（担保権実行以外に）を含め，制度的な整備の必要性が議論されていた。現行破産法は，この問題に対応す

るため，担保権消滅許可制度を導入した。すなわち，管財人は，財団組入金の額について担保権者とあらかじめ協議したうえで（破186条2項），任意売却の相手方，売得金および上記の財団組入金額等を示して裁判所に消滅許可を申し立て，これに対して異議がある担保権者は，担保権の実行を申し立てる（破187条）か，上記の売得金額の5％以上高い値段で当該担保権者または第三者が買受申出をすることができる（破188条）。裁判所は，担保権実行がなされた場合を除き，当初の売却相手方（担保権者の対抗手段がとられなかった場合）か，新たな買受申出者への任意売却を許可する（破189条1項）。そして，売却相手方の売却代金の納付によって，担保権者の同意なしで担保権が消滅する（破190条4項）。

　管財人としては，まずは，この制度を背景にして，担保権者（とくに組入金の多寡により直接影響を受ける担保権者）と交渉し，実際に許可申立てをせずに，担保権消滅の合意に到達する途を探ることになると思われる（いわゆる「ハンコ代」を支払うことがやむをえないケースも残ろうが，その額は消滅許可請求制度ができたことにより，合理的な額に落ち着くことが期待される）。

3　配　当

　破産管財人は，破産財団の管理・換価を通じて配当に充てる財産（配当財団）を形成し，配当を実施する。配当の順位は，優先的破産債権，一般の破産債権（他の類型に該当しない破産債権），劣後的破産債権，約定劣後破産債権の順であり（破194条1項。なお，同98条2項も参照），同一順位の破産債権内部では，それぞれその債権の額の割合に応じて配当する（破194条2項）。

　配当手続は，中間配当，最後配当および追加配当に分類され，さらに，現行法では，簡易配当・同意配当という迅速・柔軟な特別の配当手続を創設した。

中間配当　　中間配当は，財団所属財産の換価終了前において配当するのに適当な金銭があるときに，裁判所の許可を得て最後配当に先立って行う配当手続である（破209条1項・2項）。たとえ一部の配当でも配当を早期に行うことは，破産債権者に安心感を与える意味で有意義であるが，最後配当が早期に行うことができるのであれば，中間配当をするまでもない。また，かつては労働債権を中心とする優先的破産債権に対象を限定して中間配当を行う例もあったようであるが，現行破産法で労働債権は一部財団債権となり（破149条），優先的破産債権部分についても弁済許可制度（破101条1

項）が創設されたから，その意味での中間配当の必要性は小さくなったという指摘がある。

　中間配当手続の基本的流れはつぎのとおりである。まず管財人は，配当に参加できる破産債権者の氏名等，最後配当に参加できる債権の額，配当できる金額を記載した配当表を作成し，これを裁判所に提出する（破209条3項・196条1項）。管財人は，その後遅滞なく，配当に参加できる債権の総額と配当できる金額を公告し，または届出破産債権者に通知する（破209条3項・197条1項）。公告が効力を生じた日等から起算して2週間が除斥期間となり，その期間経過後1週間内に異議が出ないとき（異議が出たら裁判所が審査し，配当表の修正を命ずることがある）には，配当率を定めて配当に加わるべき債権者に通知をし（破211条），銀行振込等で配当を実施する（なお，配当受領の方法については，193条2項も参照）。

　上記除斥期間内に破産債権査定手続等の提起が証明されないとき（破209条3項・198条1項），別除権実行の着手を証明できないとき（破210条）は，配当から除斥される。ただ，中間配当においては，別除権実行着手の証明があり，不足額が疎明された場合の不足額債権や停止条件付債権は，配当額を寄託する取扱いがなされる（破214条1項）。解除条件付債権の場合には，相当の担保を供しなければ，配当を受けることができず（破212条1項），やはり配当額は寄託される（破214条1項5号）。

最後配当　破産財団所属財産に対する換価が終了し，配当すべき金額が最終的に確定した状況で行うのが，最後配当である。その手続は，上記の中間配当とほぼ同じであるが，いくつかの違いがある。

　まず第一に，中間配当は裁判所の許可を要するのに対して，最後配当は裁判所書記官の許可で足りる（破195条2項）。中間配当は，その実施の適否やタイミングなど慎重な判断が必要になるが，最後配当は換価が終了したことなど比較的形式的な判断で足りるからである。第二に，中間配当手続の最終段階では，配当率を破産債権者に通知する（破211条）が，最終的な配当金額の処理を要する最後配当では，配当額が通知される（破201条7項）。

　第三に，最後配当は「後がない」手続であるから，条件付債権等について

最終的な処理が必要になる。停止条件付債権・将来の債権は最後の除斥期間内に条件が成就したり，請求権が発生しないときは，配当から除斥される（破198条2項）。別除権者への配当に関しても，不足額（破産債権部分）を別除権行使，または管財人との合意により確定したことを証明しない限り，配当から除斥されることになる（同条3項）。このように，最後配当では，確定していない権利は配当から除外して，最終的な決着がはかられることになる。もっとも，現行破産法は，根抵当権者については，不足額確定の証明がなくても，極度額を超える債権部分については配当を認めることにした（破196条3項・198条4項）。

解除条件付債権については，ちょうど停止条件付債権とは逆の関係となり，除斥期間内に解除条件が成立しなかったときでも配当を受けることができる。そして，中間配当のときに提供していた担保はその効力を失って債権者に返還される（破212条2項。なお，解除条件付債権者の相殺に伴う担保または寄託金の取扱いについては，破201条3項参照）。

以上のように最後配当では，権利者の最終的な処理を決めることになるが，それでも本来の配当を実施できない権利者は残る。たとえば，破産債権査定に対する異議訴訟等が係属中の場合である。このような場合には，管財人は，それらの者に対する配当額を供託することになる（破202条参照）。

なお，配当額が1,000円未満のときは，債権届出時に受領の意思表示をしていない債権者への配当は，中間配当時には寄託されるが（破214条5項），最後配当で寄託額を含む配当額がやはり1,000円未満のときは，その額は他の破産債権者への配当原資に回されることになる（破201条5項）。

追加配当 追加配当は，最後配当手続における配当額の通知（破201条7項）を発した後（破産終結決定後も含む〔破215条1項後段〕）に，新たに配当に充てるべき相当の財産が確認されたときに，裁判所の許可を得て行う配当手続である。追加配当がなされる典型例としては，最後配当において破産債権査定決定に対する異議訴訟が係属中のために供託されていた配当額が，当該破産債権不存在の裁判により配当すべき財産となったケースが挙げられる。

上記の配当額の通知後，破産終結前に破産財団に属すべき新たな財産が発見されたときも同様であるが，破産終結決定後に新たな財産が発見されたときに追加配当の対象になるかについては争いがある。判例は，破産終結後の破産財団に属する財産に関する訴訟の被告適格について，破産管財人において，破産手続の過程で破産終結後に当該財産をもって追加配当の対象とすることを予定し，または予定すべき特段の事情がない限り，破産管財人に当事者適格はないという（最判平5・6・25民集47巻6号4557頁）。これによれば，破産終結決定により破産管財人の管理処分権が消滅した後に新たに発見された財産については，原則として追加配当の対象にならないと解することになろう。追加配当の手続は，破産法215条3項以下に定められている。

簡易配当・同意配当 旧破産法のもとでは，破産財団が小規模なときは手続を簡易化する「小破産」制度が存在した（旧破358条）。しかし，この制度が予定する程度の簡易化（とくに配当手続の簡易化）は通常手続でも相当程度実現していたこともあり，ほとんど利用されなかった。そこで，現行破産法制定に向けての議論の当初は，小破産に代わる制度も検討されたが，結局，小規模事件に限定されない形で，簡易な配当手続を創設することになった。これが，簡易配当および同意配当である。

簡易配当は，つぎのような場合に，裁判所書記官の許可を得て，行うことができる（破204条1項各号）。

① 配当可能金額が1,000万円に満たないとき
② 手続開始決定で簡易配当を採用する旨を示した場合（破32条1項5号・2項参照）において，所定の期間内に破産債権者が異議を述べなかったとき
③ 配当段階で，裁判所書記官が簡易配当を相当と認めて許可をした場合において，その趣旨を記載した通知に対して，破産債権者が一定期間内に異議を述べなかったとき（206条も参照。この場合，異議があれば許可が取り消される）

簡易配当においては，配当表の公告または通知を省略することができ，また除斥期間が1週間に短縮される（破205条・198条1項）など，手続が簡易

化されている。なお，中間配当をしたときは，もはや簡易配当手続を利用することができない。

さらに，同意配当（破208条）は，破産債権者全員の同意によって，柔軟な配当手続を行うものである。すなわち，管財人と破産債権者全員が配当表，配当額，配当時期，配当方法について同意しているときに，管財人の申立てにより，裁判所書記官が許可すれば，その合意内容に基づく配当をすることができる。この配当手続は，債権者数が少なく，配当額の供託などの必要もないような事案で使われるものと見込まれている。ただ，同意配当は，「最後配当をすることができる」（破208条1項）場合にできるとされるから，一般債権調査期間の経過または一般調査期日の終了後であって，換価終了後でなければこれを行うことはできない。

II 破産手続の終了

破産手続の終了事由は，破産手続終結決定，破産手続廃止決定およびその他の終了事由に大きく分けられる。

破産手続終結決定 最後配当（またはこれに代わる簡易・同意配当）を完了すると，破産管財人の任務は原則として終了する。その後，管財人は，遅滞なく計算報告書を裁判所に提出し，裁判所に，計算報告のための債権者集会の招集申立てをしなければならない（破88条1項・3項）。裁判所が集会を招集し，そこで異議が出なければ，管財人による計算は承認されたものとみなされる運びとなる（破88条6項）。もっともこの集会が行われる時期には，破産債権者の関心はほとんどなくなっており，出席者がほとんどないのが普通であった。そこで，現行法では，管財人は，計算報告集会の招集申立てに代えて，書面による報告をする旨の申立てをすることができることとされた（破89条1項）。そして，裁判所は，この申立てと計算報告書の提出を受けて，その提出があった旨および異議があれば一定期間内に述べるべき旨を公告し，異議がなければ承認されたものとみなされることになる（破89条2項以下）。

裁判所は，上記の計算報告集会が終わったとき，または上記の異議申述期間が経過したときは，破産手続終結決定をしなければならない（破220条）。この決定には，不服を申し立てることができない（破9条参照）。破産手続終結決定があると，裁判所書記官は，遅滞なく破産手続終結の登記を登記所に嘱託する（破257条7項・1項）。

破産手続廃止 　破産手続廃止には，同時破産手続廃止（破216条），異時廃止（破217条），および同意破産手続廃止（破218条）の三種類がある。

(1) 同時破産手続廃止　　破産財団をもって破産手続の費用を支弁するのに不足すると認められる場合には，裁判所は破産手続開始決定と同時に破産手続廃止決定をしなければならない（破216条）。破産手続開始決定と同時に廃止決定がなされるという点を捉えて，「同時破産手続廃止」と呼ばれる。

同時破産手続廃止の要件である「財団不足」とは，破産債権の配当が見込めないことではなく，最低限の手続費用，すなわち主として管財人の報酬が支払えないことを意味する。もっとも，一部の裁判所では，管財人の任務を軽減することにより，管財人の報酬を低額に抑えている例もあるから，統一的な同時破産手続廃止の基準があるわけではない。しかし，個人破産の場合には，多くの事件で，同時廃止決定がなされているのが現実である。なお，法人の同時廃止決定については，これを認めない運用が，一部の裁判所ではなされている。

(2) 異時破産手続廃止　　異時破産手続廃止は，破産手続開始の決定後，「破産財団をもって破産手続の費用を支弁するのに不足すると認めるとき」に，裁判所の決定により，手続を終了する制度である（破217条）。これを，破産手続開始決定とは異なる時期に行う手続廃止という意味で「異時破産手続廃止」と呼んでいる。ここでいう「財団不足」とは，同時破産手続廃止とは異なり，破産債権者への配当が見込めない（財団債権への完全な弁済ができない）ことを意味するものと理解されている。異時破産手続廃止をするときは，債権者集会で破産債権者の意見を聴くものとされているが（破217条1項），現行法では，裁判所はそれに代えて，書面によって意見を聴くことができる

こととされた（同条2項）。

　実務の運用では，破産手続開始時に配当ができないと見込まれる事件においては，手続開始時に債権調査期間または調査期日の指定をせずに，財産状況報告集会・破産廃止の意見聴取集会・管財人の計算報告集会（個人破産者の場合には免責審尋期日も）の期日を併合して指定し，集会期日後直ちに異時廃止決定を行う場合がある。この場合には，管財人は，必要な財団の調査・換価等を行ったうえで，財団債権をその優先順位に従って支払うことにより，その任務を遂行することになる。

　(3) 同意破産手続廃止　　同意破産手続廃止は，届出破産債権者の全員の同意があるとき（同意しない債権者があるときは，他の届出債権者の同意を得て相当な担保を供しているとき）に，裁判所が廃止決定をする手続である（破218条）。この破産手続廃止は，破産者が融資等で支払不能を脱することにより債権者の同意を得て破産手続を終了し，破産者の事業の維持をはかるような例外的な事例で使われるものと解される。その意味で，廃止という共通の名称にもかかわらず，上記の同時廃止や維持廃止とはその性格を異にする。実際には，ほとんどみられない手続終了原因である。

　その他の終了原因　　破産法の「破産手続の終了」の章（破産法第9章216条以下）には規定がないが，以上のほかにも，破産手続開始決定を取り消す決定（の確定）も，開始決定自体によって開始していた（破30条2項参照）破産手続の（遡及的）終了原因である。また，再生または更生計画認可決定の確定によって，すでに開始し，再生・更生手続開始決定によって中止していた破産手続が失効する場合（民再184条，会更208条）も破産終了原因の一つということができる。

第3章　再建型倒産手続

I　民事再生手続

民事再生法立法の経緯と意義　民事再生法は，債務者の種別（自然人か法人か）を問わずに広く適用される再建型の一般手続としての民事再生手続に関する基本法である。同法は，平成11 (1999) 年12月に公布され，平成12 (2000) 年4月1日から施行されている。同法の立法作業は当初，「倒産法制に関する改正検討事項」において，中小企業や個人事業者などに再建しやすい法的枠組みを提供し，債権者などの利害関係人にとって公平かつ透明で，現代の経済社会に適合した迅速かつ機能的な再建型倒産手続を創設することを目的として提案された「新再建型手続」をもとに開始された。

このような立法作業が開始された背景には，民事再生法が立法される以前に存在した中小企業向けの再建型手続である和議手続にさまざまな問題点があったという事情がある。すなわち，①和議開始原因が破産原因(支払不能，債務超過)と同じであり，手続を利用できる時期にはすでに再建が困難な状況に陥っている，②和議の申立てと同時に再建計画案（和議条件）を提示するのは困難である，③和議認可後の和議条件の履行確保の保障がない，④否認権の制度がないなど，利害関係人の公平を確保するための手続的手当てが不十分である，⑤担保権実行に対する制約がない，⑥濫用的申立て（たとえばいわゆる保全処分の食い逃げ）を防止するための手続的手当てがない，⑦和議可決要件が厳しすぎる，⑧手続機関である整理委員と管財人との役割分担が不明確である，等の欠陥が指摘されてきた。もっとも，和議手続では手続開始後も債務者がそのまま事業経営を継続できる点や，裁判所による法的介入が少ない簡易な手続である点は評価されていた。そこで，和議手続の欠陥

を克服しつつ，和議手続のもつ利点を活かし，より使いやすい再建型手続を目指して立法されたのが民事再生法である。しかしながら，当初成立した「民事再生法」(平成11年法律225号) は，従来の和議手続のもつ欠陥を克服するため，再生手続のさまざまな局面で規定の整備を入念に行った結果，中小企業や個人事業者向けの利用しやすい再建型手続を目指すという当初の立法方針に反して，大企業でも利用できるやや重たい手続に仕上がってしまったことは否定できない。そこで，平成12 (2000) 年11月に，「民事再生法等の一部を改正する法律」(平成12年法律128号) が成立し，民事再生手続のなかに，新たに零細な個人事業者やサラリーマンのような個人債務者のための再生手続の特則が設けられた。このいわゆる個人再生手続は，平成13 (2001) 年4月より利用されている (詳細については，→第**3**部第**4**章Ⅲ参照)。

1 利用対象者

民事再生手続の対象となる債務者の範囲について，民事再生法は特段の制限を設けていない。したがって，破産手続や従来の和議手続と同様に，すべての自然人および法人がその対象となる。これにより，合名会社や合資会社のほか，平成17 (2005) 年に成立した会社法において創設された合同会社などの持分会社はもとより，本格的な再建手段を欠いていた学校法人，医療法人，社会福祉法人などの特殊な法人や事業者たる個人債務者も利用することが可能である (民再1条参照)。また，平成12 (2000) 年11月に成立した改正民事再生法により，非事業者たる個人債務者をもっぱら適用対象としたいわゆる個人再生手続が創設されたことは，すでに述べたとおりである。

2 手続の申立て

申立権者・　　民事再生手続は，債務者に手続開始原因があり，申立権者
手続開始原因　　による適法な申立てがなされ，かつ，申立ての棄却事由が存在しないときに，裁判所の再生手続開始決定によって開始される (民再33条)。裁判所が職権により再生手続を開始することはない。民事再生手続の手続開始原因には，①破産手続開始原因たる事実 (支払不能と債務超過) が

生ずるおそれがあるとき，または，②債務者が事業の継続に著しい支障をきたすことなく弁済期にある債務を弁済することができないときの二つがある。申立権者は，債務者および債権者であるが（民再21条），債権者による申立ては，手続開始原因①の場合のみに限られている。ひとたび倒産した会社が再建され，再生計画に従って債務の弁済を続けていくことができるかどうかは経営者の再建への意欲と経営改善に向けての努力に負うところが大きいので，債務者自身による申立てが一般的であろう。従来の和議手続と比較すると，手続開始原因が緩和されたことにより，債務者が経済的に窮境にあれば，破産手続開始原因がなくても手続を開始することができるようになった。

管轄　民事再生事件は，原則的に，会社の主たる営業所または普通裁判籍所在地の地方裁判所の専属管轄である（民再5条1項。個人の場合は住所地）。もっとも，営業所等がない場合には，補充的に，再生債務者の財産の所在地にも管轄が認められる（同条2項）。また，親子会社のいずれか，または会社とその代表者のいずれかについて再生事件が係属している場合には，他方もすでに再生手続が行われている裁判所に自らの再生手続開始の申立てをすることができる（同条3項・4項）。このような場合，それぞれの者の間には経済的に密接な関係があることが多いため，一体的な処理を可能にすることにより，実効的な再生をはかり，手続を平行して進めることによって手続経済に資することを目的としている。たとえば，いわゆる法人なりした中小企業のように，主要な不動産はすべて代表取締役の個人名義で，会社はそれを賃借しているようなケースでも，この規定により，同一の裁判所で会社の事業と代表取締役個人の生活の双方の維持再生をはかることができる。また，大規模な民事再生事件の場合，管轄高等裁判所の所在地を管轄する地裁や東京地裁・大阪地裁にも特別管轄が認められている（同条8項・9項）。

3 手続機関

再生手続の
三つのパターン

(1) **DIP型** 再生手続では，再生債務者自身が業務の遂行および財産の管理処分を継続しながら事業の再建を目指す，いわゆるDIP型（自力再建型）が原則とされている（民再38条1項）。DIPとは，Debtor in Possession（占有〔継続〕債務者）の略語で，アメリカ連邦倒産法第11章の再建手続（Reorganization）で用いられている言葉であり，管財人を選任することなく，会社の経営者（債務者）自身が主体となり倒産手続を遂行し，会社の再建にあたることをいう。この方法は，もとの経営者の事業経験や手腕を再建手続中の事業経営にも活かすことを目的として利用されており，わが国でも民事再生法においてはじめて導入された。

(2) **後見型** しかし，実際の再生事件では，純粋のDIP型が行われることは少なく，後述の保全処分の発令と同時に（またはその直後に）監督委員による監督を命ずる監督命令が裁判所によって発令され（民再54条以下），監督委員の監督のもとで再生債務者が事業の再建をはかる後見型が一般的となっている。監督命令のなかで，監督委員の同意を得なければ再生債務者がすることのできない行為が指定され（同54条2項），監督委員の同意を得ないでされた再生債務者の行為は原則として無効とされる（同条4項）。監督委員の権限には，主として，このような同意権のほか，報告受領権および調査権限がある。監督委員は，個人である再生債務者や法人債務者の取締役・従業員等に対して，業務・財産状況に関する報告を求め，帳簿そのほかの物件を検査することができる（同59条）。

(3) **管理型** さらに，再生債務者が法人の場合で，現経営者にそのまま手続を遂行させることが不適切な場合に利用される再生方法として，管理型がある。管理型では，開始決定前に保全管理命令が発令される（民再79条）とともに，開始決定後にはさらに管理命令が発令されることにより，保全管理人および管財人に再生債務者の業務遂行・財産の管理処分が委ねられ，それらの者のもとで事業の再建がはかられる（同64条以下）。

否認権の行使

再生手続には，総債権者の保護ないし利害関係人間の公平確保の観点から，手続開始の直前・直後に再生債務者自身

が行った詐害行為や偏頗行為を否認できる制度が導入されたが（民再127条以下），否認権を行使するのは，再生債務者ではなく，監督委員（DIP型および後見型の場合）または管財人（管理型の場合）である（同135条1項）。アメリカでは債務者（DIP）自身に否認権行使の権限が認められており，わが国でも同様の考え方を採用することも検討されたが，その取引の主体である債務者が自らその行為を否認することはわが国の法感情にそぐわないこと，再生債務者による適切な行使が必ずしも期待できないことから，再生債務者自身による否認権行使を認めないこととした（否認権行使が認められた実例として，大阪地決平12・10・20金判1106号50頁。ドイツ倒産法の自主管理型手続も同様に監督委員に否認権行使権限を認めている）。否認権の行使の方法については，訴えのほか，否認の請求という簡易な行使方法も認められている（同条同項）。監督委員の訴えによる否認権の行使の場合，本来，監督委員には債務者財産の管理処分権は認められていないため，手続上の位置づけは，訴訟参加ということになる（同138条）。否認の請求とは，否認権限を有する監督委員または管財人の申立てにより，再生裁判所が，請求の原因たる事実（否認の要件）についての疎明に基づいて，決定手続によって簡易に否認の可否を判断する制度である（同135条1項・136条）。

再生債務者の第三者性　再生手続では，DIP型が原則であるが，再生債務者が自らの利益のみをはかって行動することは相当ではない。そこで，民事再生法では，再生債務者は，債権者に対して公平かつ誠実に会社業務の遂行および財産の管理処分を行う義務を負うとされており（民再38条2項），手続上，従来の債務者とは人格的に別個の「第三者」として扱われている。これを再生債務者の第三者性という。そのため，一般債権者が債務者に対して有する手続開始前の財産上の請求権は，すべて再生債権として凍結され，以後，再生手続によらなければ，再生債権について弁済その他これを消滅させる行為をすることはできない（同84条・85条）。また，相殺権者も，再生手続外での権利行使こそ認められるものの，債権届出期間満了後はこれが許されず，再生債務者からの反対債権の履行請求を拒むことができなくなる（同92条）。さらに，再生債務者が手続開始前に自ら締結した契約であっても，

事業の再建にとって不都合ないし不利益と判断される双方未履行の双務契約については，手続開始後に再生債務者等（同2条2号参照）において一方的に契約を解除することができる（同49条）。

債権者集会　民事再生法では，再生債権者の利益を代表する機関として，債権者集会を組織することが認められている（民再114条）。債権者集会は，旧破産法のように必要的な機関ではなく，再生債務者等や債権者委員会など招集申立権を有する者の申立てにより招集される任意的な制度とされている（裁判所が相当と認める場合にも債権者集会を召集できる）。債権者集会は裁判所が指揮し，その期日および会議の目的である事項が公告される（同115条4項）。期日には，再生債務者，管財人，届出再生債権者等の利害関係人を呼び出さなければならない（同条1項前段）。とくに主要な債権者集会としては，財産状況報告集会（同126条）と再生計画案の議決のための債権者集会（同171条）がある。

　もっとも，実際には，財産状況報告集会が開かれることはほとんどないといわれており，その代わりに，再生債務者等が主催する債権者説明会が開かれ，債権者に対する情報開示がなされている。

債権者委員会　民事再生手続では，一定の要件を具備した債権者委員会が，裁判所の承認を受けて，再生手続に関与することも認められている（民再118条）。これは民事再生法においてはじめて導入された，債権者の利害を代弁する機関である。前述の債権者集会が債権者全員で構成されるのに対し，債権者委員会は一部の債権者が再生債権者の利益を代表する機関として自発的に組織する機関である。債権者委員会に認められている手続関与権としては，①再生手続の進行過程に債権者の意見を反映させるための意見陳述権（同条2項・3項），②営業または事業の全部または重要な一部の譲渡に対する意見陳述権（同42条2項），③債権者集会の申立権（同114条），および④再生計画の履行監督権がある（同154条2項参照）。

保全処分等　再生手続開始の申立てがなされると，まず最初に，円滑な手続遂行と事業・財産の保全をはかる趣旨で，債務者の業務および財産に関して，仮差押え・仮処分その他必要な保全処分が発令されるの

が通例である（民再30条）。具体的には，債務者財産の仮差押えや処分禁止の仮処分，さらに借財の禁止や再生債権に対する弁済の禁止の保全処分などが発令される。また，この段階からすでに第三者機関を手続に関与させた方が適切な場合には，監督命令（監督委員による監督を命ずる命令）や調査命令＊（調査委員による調査を命ずる処分），さらには保全管理命令（保全管理人による管理を命ずる処分）が必要に応じて発令される（同54条・62条・79条）。また，すでに係属している①破産手続，特別清算手続や，②再生債権に基づく強制執行や仮差押え・仮処分，③会社財産に関する訴訟手続などを中止する命令も発令される（同26条）。さらに，以上の中止命令だけでは再生手続の目的を達成できないおそれがあると認められる特別の事情があるときは，④事前に再生債務者の財産に対する再生債権に基づく強制執行・仮差押え・仮処分などを包括的に禁止する包括的禁止命令が発令されることもある＊＊（同27条）。加えて，後述のように，民事再生手続では，担保権の行使は原則として自由であるが（同53条），再生債務者の事業の再建上必要と認められるときは，手続開始前であっても担保権の実行を一時的に中止することも認められている（同31条）。

　このように，再生手続では，従来の和議と比べて，手続開始前の段階での債務者の事業や財産の保全のための制度が大幅に強化されているのが特徴である。もっとも，保全処分の申立ての濫用（たとえば，債務者が弁済禁止の保全処分を取得し，手形不渡りによる銀行取引停止処分を免れている間に，財産を処分・隠匿し，その後に再生手続開始の申立てを取り下げるといった使い方）を防止するため，保全処分，そのほかの中止命令，包括的禁止命令，担保権実行中止の命令，監督命令または保全管理命令の発令後は，裁判所の許可を得なければ，再生手続開始の申立てを取り下げることはできないことになっている（民再32条）。

　　＊　**調査委員**　再生手続においては，再生手続開始後は，裁判所が再生債務者に対して，直接にその業務および財産の管理状況等の報告を命ずることができる（民再125条2項）。また，前述のように監督委員や管財人・保全管理人には調査権限が認められている（同59条・78条・83条1項）。しかしながら，監督委員や管財人等が選任さ

れておらず，再生債務者本人による報告では不十分である場合や，監督委員や管財人等が選任されていても，特定の専門分野について十分な知見を有する者による専門的観点からの調査および報告が必要とされる場合に，適切な対処をはかるため調査権限を有する機関である調査委員が選任できるようになっている。

＊＊ **包括的禁止命令**　包括的禁止命令は，事実上，再生債権の弁済禁止（民再85条）の前倒し規制であり，アメリカ連邦倒産法上の自動的停止（automatic stay）の制度に近い効果をもつことが期待されている。しかし，包括的禁止命令の発令は，仮差押え・仮処分その他必要な保全処分または監督命令もしくは保全管理命令が事前または同時に発令される場合に限られる点や，包括的禁止命令によって担保権の実行手続まで同時に停止されるわけではない点で，アメリカの自動的停止とは大きく異なる。なお，民事再生法にならい，現行会社更生法にも包括的禁止命令の制度が導入されたが，この対象には担保権の実行手続も含まれる（→本章Ⅱ**2**，第**4**部第**2**章参照）。

4　再生債権の取扱い

再生債権　　再生債権とは，「再生債務者に対し再生手続開始前の原因に基づいて生じた財産上の請求権」である（民再84条1項）。再生手続開始決定がなされると，再生債権者は再生手続によらなければその権利行使をすることはできない（同85条1項。もっとも，同条2項・5項参照）。再生債権者が再生手続に参加するためには，開始決定と同時に定められた債権届出期間内に債権の届出をしなければならない（同94条）。債権届出がなされなかった再生債権については，後述の再生債務者等による自認がなされない限り，手続に参加することはできず，失権のおそれもある。

裁判所による再生債権の調査は，再生債務者等が作成した認否書および再生債権者および再生債務者（管財人選任事件の場合）の書面による異議に基づいて行われる（民再100条）。この目的は，再生債権の存否，内容，議決権の額等について，再生債務者等に認否をする機会を与え，他方，再生債権者に異議を述べる機会を与えることにより，争いの有無を調査することにある。具体的には，まず，再生債務者等が，届出があった再生債権の内容および議決権についての認否を記載した認否書を作成し，届出がなされていない再生債権について自認する内容なども記載して，裁判所に提出する（同101条）。さらに，裁判所の定める一般調査期間内に，再生債権者・再生債務者（管財人選任事件の場合）は，裁判所に対し，認否書の内容について書面によって

異議を述べることができる（同102条）。他方，債権調査において再生債権者が認め，かつ，債権調査期間内に他の再生債権者から異議が述べられなかった再生債権については，その内容および議決権の額はそのまま確定する（同104条1項）。債権調査の結果は，裁判所書記官により作成される再生債権者表に記載され，その記載は再生債権者全員との関係で確定判決と同一の効力を有する（同条2項・3項）。

　再生債権の調査において，再生債権の内容について再生債務者等が認めず，または届出再生債権者が異議を述べた場合，その再生債権の存在および内容について実体的に確定しなければならない。届出債権のうち，無名義の再生債権について確定するためには，異議を述べられた再生債権者は，異議者等を相手方として，裁判所に再生債権の査定の申立てをするか，または，再生手続開始決定当時，異議等がある再生債権に関する訴訟が係属している場合には，異議者などの全員を相手方として，訴訟手続の受継の申立てをしなければならない（民再105条1項・107条1項）。再生債権の査定の裁判に不服のある者は，さらに査定の裁判に対する異議の訴えを提起することができる（同106条）。これに対して，有名義の再生債権，すなわち，執行力ある債務名義または終局判決のある再生債権に対して異議が述べられた場合，異議者は，再生債務者がすることができる訴訟手続（たとえば，確定判決に対しては再審の訴え，終局判決に対しては上訴など）によってのみ，異議を主張することができる（同109条）。これは，破産・会社更生の場合と同様に，有名義の再生債権者が手続外で有する有利な地位を考慮したものである。そして，以上の手続を経て確定した再生債権については，再生債権者全員に対して，確定判決と同一の効力が与えられる（同111条）。

再生債権と破産債権との取扱いの違い　再生債権が破産債権とその手続上の取扱いが大きく異なる点として，優先性を有する債権と劣後性を有する債権の取扱いを挙げることができる。一般先取特権その他一般の優先権のある債権は，優先的破産債権として手続に服する破産手続の場合とは異なり，民事再生手続では，一般優先債権として手続外で随時優先弁済を受けることができる（民再122条）。他方で，劣後性を有する債権は，破産手続では劣後

的破産債権とされるが，民事再生手続では，劣後的（再生）債権という考え方を放棄している。そのように手続債権を区分すると，再生計画案を議決する際に，会社更生手続のように，再生債権者の組み分けが必要となり，手続が煩雑になるからである。そこで，民事再生法では，劣後的破産債権に該当する債権は，大きく三種類に分けられる。第一に，手続開始後の利息・遅延損害金等は，再生債権とされるが，議決権は否定され（民再87条2項），再生計画における債権者平等原則の例外とされる（同155条1項但書）。第二に，手続開始前の罰金・過料等は，やはり再生債権とされているが，議決権は否定され（同87条2項），計画期間中は弁済できないが（同181条3項），再生計画による減免も認められず（同155条4項），計画認可による免責の対象にもならない（同178条但書）。第三に，手続開始後に原因を有する債権で，共益債権でも再生債権でもないものについて，開始後債権（後述）という新しい類型が設けられた。これらの債権は，手続上，実質的に再生債権よりも劣後的に扱われている。

約定劣後再生債権 前述のように，平成16（2005）年1月に施行された現行破産法は，「約定劣後破産債権」（債務者について法的倒産処理手続が開始された場合には，当該手続においてすべての一般の債権が全額の満足を受けない限り，満足を受けることができない旨の合意のある債権）という類型の破産債権を設け，これについて特別の規定を置いた（破99条2項）（→第**3**部第2章§2Ⅱ**2**参照）。しかし，劣後的（再生）債権という概念を持たない民事再生法では，直接，劣後化の規定を設けることはできないため，手続開始後の利息・遅延損害金等（前記第1類型）の債権と基本的に同じ扱いとなる。ただ，再生債権に付随する利息債権等とは異なり，独立の債権である約定劣後債権について，その議決権を常に否定するのは相当ではないと考えられる。そこで，「約定劣後再生債権」がある場合には，再生手続上，例外的に議決の際の組み分けがされ，議決権の行使が認められている（民再172条の3第2項）。

5 再生債権以外の債権

共益債権 　再生債務者に対して再生手続開始前の原因に基づいて生じた財産上の請求権は、再生債権として扱われるのに対し、再生手続開始後の原因に基づいて生じ、再生債権者全体の利益に資する請求権は、共益債権として扱われる（民再119条）。会社更生法208条とほぼ同趣旨の内容であるが、再生手続は、法人および個人を問わずに手続の対象としているため、非事業者である再生債務者の「生活に関する費用の請求権」も掲げられている。たとえば、再生債務者が交通事故を起こした場合、被害者の損害賠償請求権は「生活に関する費用の請求権」に該当し、共益債権として保護されることになる。また、再生手続の開始前の請求権であっても、事業の継続に欠くことのできない資金の借入れ、原材料の購入等によって生ずる相手方の請求権について、あらかじめ裁判所の許可等を得た場合、例外的に共益債権として扱うことができる。監督委員に対して、裁判所の許可に代わる承認をする権限を付与することも認められており（同120条2項）、これにより、再生債務者の日常的な業務に必要な取引について、裁判所の許可を得る煩瑣を避けることができる。

一般優先債権 　一般の先取特権その他一般の優先権は、実体法上の優先権である。破産法や会社更生法において、これらの優先権は、優先的破産債権（破98条）、優先的更生債権（会更168条1項2号）として扱われ、手続内で優先的な地位を与えられている。しかしながら、民事再生手続においても同様に組分けをすると、手続が複雑になるため、民事再生法では、これらの優先権を一般優先債権として扱い、手続外で行使することを認めている（民再122条1項・2項）。その結果、一般優先債権者は、再生手続によることなく随時弁済を受けることができ、また、強制執行や仮差押え・仮処分の手続によって、再生債権に先立って弁済を受けることもできる。具体的に、優先債権となる請求権には、労働債権（民306条2号・308条）、租税債権（税徴8条、地税14条参照）や企業担保権によって担保される社債（企業担保法2条1項参照）などがあり、共益債権となるものは除外される。

開始後債権　共益債権，一般優先債権または再生債権を除き，再生手続開始後の原因に基づいて生じた財産上の請求権は，開始後債権として扱われる(民再123条)。開始後債権に該当するものとして，たとえば，管財人選任事件において，株主総会の招集など組織法上の行為を行うことによって生ずる請求権で，かつ共益債権に該当しないものや，手続開始前に振り出された手形について，手続開始後に支払人が悪意で引受けまたは支払いをしたことによって生じた求償権などがある。これらの請求権は，開始後債権として手続外で扱われ，再生計画の効力を受けるものではないが，再生手続の開始時から再生計画で定められた弁済期間が満了するまでの間は弁済等を受けることはできず，これに基づく強制執行をすることもできない（同条2項・3項）。これにより，開始後債権は，手続上，実質的に再生債権よりも劣後的に扱われている。

6　担保権の取扱い

(1)　基本原則　再生債務者の特定財産の上に担保権を有する者は，別除権者として，再生手続によらないで担保権の行使をすることができる（民再53条）。また，担保権者は，別除権の行使によって弁済を受けられない不足額に限り，再生債権者として再生手続内で弁済を受けることができ，このような取扱いを不足額責任主義という（同88条本文・182条本文）。もっとも，担保物件の価値の下落が著しく，不動産競売の手続がスムーズに進行しない場合には，不足額が早期に確定しないことが予想される。そこで，この場合には，別除権者の有する再生債権のうちで，別除権で担保されない部分がいくらであるかを，別除権者と再生債務者等との間で合意により確定することができる（同88条但書）。また，後述のように，再生計画のなかで，別除権者の弁済不足額に対しては適確な措置がとられる（同160条1項）。

(2)　担保権実行に対する中止命令　再生手続において，担保権は，別除権として手続の制約を受けずに自由に行使することが認められている。しかしながら，担保権の実行を認めると，再生債務者の事業または経済生活の再生のために必要不可欠な財産が失われ，再生債務者の再生が困難となり，ひ

いては再生債権者の一般の利益に反する場合もある。そこで，再生債務者が担保権者と交渉し，被担保債権の弁済方法について合意による解決をはかるために，時間的猶予を与えることを目的として設けられた制度が，担保権実行としての競売手続の中止命令である。もっとも，担保権者は実体法上，優先権および換価権を有しており，まさに債務者の倒産という事態に備えて担保権を有している。したがって，その権利行使を制約するためには，つぎの二つの要件を充たさなければならない。ひとつめの要件は，再生債権者の一般の利益に適合することである。この要件を充たす場合としては，競売手続を中止することにより，その財産を維持しつつ事業を継続し，そこから生じた収益によって一般債権者への弁済が増加するといった場合がある。さらに，競売申立人に不当な損害を及ぼすおそれがないことという要件も充たさなければならない。担保権の実行としての競売手続の中止は，担保権そのものに対する制限ではなく，換価権の行使の時期を遅らせるのみである。しかし，換価の時期が遅れることにより，担保目的物の滅失・減価のおそれもありうる。そこで，民事再生法は，中止に伴いなんらかの損害が生じることは避けられないが，それが受任すべき限度を超える場合，中止命令の発令は認められないこととしている。いかなる場合が「不当」であるかは，個別に判断することになるが，担保目的物の性質，中止期間における担保目的物の減価の程度，中止期間の長さ，競売申立人の担保の保有状況などを考慮することになろう。また，不当な損害を及ぼすおそれがある場合でも，担保目的物の減価分について，代担保を提供するなど担保権者に適切な保護が与えられることを条件として，担保権の実行としての競売の中止を認めることができる。裁判所は，手続開始の申立て後であれば，手続開始決定の前後を問わず，競売申立人の意見を聴いたうえで，相当の期間を定めて中止命令を発令することができる（民再31条）。

(3) **担保権消滅請求制度**　民事再生法では，担保権は別除権として扱われるが，手続外での担保権が行使された場合，再生債務者がその担保目的物を維持するためには，被担保債権の全額について弁済をしなくてはならない。しかし，バブルの崩壊後は，被担保債権の額が担保目的物の価額を超える，

いわゆる担保割れの場合が多く，このような場合にも再生債務者が被担保債権額の全額について弁済をしなくてはならないとすると，事業の継続を困難にするだけでなく，債権者間の実質的な平等を害することになる。そこで，民事再生法は，担保権が設定されている財産が，再生債務者の「事業の継続に欠くことができない」ものであるとき，再生債務者等が，その財産の価額に相当する金銭を裁判所に納付することにより，当該財産に設定されているすべての担保権を消滅させ，財産の確保をはかる制度を設けている（民再148条1項）。具体的な手続は，再生債務者等が，裁判所に対して，担保目的物である財産の表示やその一定の価額などを示した許可申立書により担保権消滅の許可申立てをすることから始まる（同条2項）。担保権者が再生債務者等の示した当該財産の価額について争う方法には，①裁判所の担保権消滅許可決定に対する即時抗告（同条4項）と，②価額決定の請求（同149条1項）の二つがあり，これを同時に利用することもできる。①の方法は，主として，当該財産が再生債務者の事業の継続に不可欠であるという要件を充たしているかどうかを争い，②の方法は，再生債務者等が示した価額について争うものである。実際に，担保権消滅請求制度が利用される件数が多いとはいえないが，再生債務者等のイニシアティヴで担保権を消滅させる制度が導入されたことにより，再生債務者がこの制度を担保権者との交渉の材料として利用することにより実質的に機能しているといえる。ちなみに，この担保権消滅請求制度が導入される過程では，この制度が，担保権の不可分性（担保権者は債権の全額の弁済を受けるまで目的物の全部についてその権利を行うことができるという性質）に反するのではないかという点が議論された。しかし，わが国の担保制度の母法国であるフランスでは，倒産手続のなかで債務者が目的物の価額を提供して担保権を消滅させる制度は必ずしも担保権の不可分性を侵害するものではないと解されており，この点については，わが国でも同様と解される。

7 再生計画

(1) 再生計画と事業譲渡　　再生債務者の事業の再建は，原則として債務

者自身が作成した「再生計画」と呼ばれる再建計画に従って行われる。再生債務者等は，債権届出期間の満了後，裁判所の定める期間内に，再生計画案を作成して裁判所に提出しなければならない（民再163条1項）。また，届出再生債権者や管財人選任事件の再生債務者も独自に再生計画を裁判所に提出することができる（同条2項）。従来の和議では，和議手続開始の申立てと同時に再建計画に相当する和議条件を裁判所に申し出なければならないとされていたが（旧和13条1項），早期に計画の立案を求めることが負担となり，和議手続の活用を妨げていたことが問題点として指摘され，民事再生手続では，弾力的な扱いが認められるようになった。ただ，再生債務者たる株式会社が債務超過の場合で，計画認可まで待っていたのでは事業の価値の劣化が著しいため，事業の維持・継続に支障が生じるおそれがある場合には，例外的に，手続開始後，再生計画によることなく，かつ，株式総会の特別決議による承認（会社467条1項1号・2号・309条2項11号参照）に代わり，裁判所の許可だけで第三者に事業譲渡を行うこともできる（民再42条・43条）。

(2) 再生計画案の記載事項　再生計画は，再生債務者と再生債権者との間の権利関係を適切に調整し，再生債務者の経済的再生をはかるために定められるものであり（民再1条参照），それと同時に，再生手続によらずに随時弁済しなければならない債務の額や内容を開示することをも目的としている。それゆえ，①絶対的必要的記載事項として，再生債権の権利変更に関する条項（権利変更の一般的基準，権利変更されるべき権利，前記一般的基準に従って変更した後の権利の内容など。同156条・157条参照）と，共益債権および一般優先債権の弁済に関する条項が必ず記載されなければならない（同154条1項）。また，②民事再生法所定の事由が発生する場合に必ず記載しなければならない相対的必要的記載事項として，債権者委員会の費用負担に関する条項，第三者による債務の負担および担保の提供に関する条項，未確定の再生債権に関する条項，別除権の弁済不足額に対する適確な措置に関する条項が記載される（同154条2項・158条・159条・160条1項）。さらに，③任意的記載事項として，たとえば，資本構成の変更を行う場合にはそれに関する条項が記載されたり（同154条3項），根抵当権の極度額超過部分の仮払いに関す

る条項なども記載されることがある（同160条2項）。

　再生計画による権利の変更の内容は，原則として，再生債権者の間では平等でなければならない（民再155条1項本文）。しかし，二つの例外的な取扱いが認められている（同条同項但書）。第一に，不利益を受ける再生債権者がその取扱いについて同意している場合である。たとえば，スポンサーとなる企業が有する再生債権について，他の再生債権者に対する弁済率よりも低い弁済率を定める場合などが考えられる。第二に，少額債権を有利に扱い，劣後的扱いがふさわしい債権（同84条2項参照）を不利益に扱うなど，合理的な差等を設けても衡平を害さない場合がある。なお，再生計画による債務の分割弁済は，最長10年以内が原則であるが，特別の事情がある場合には，それより長い弁済期間を定めることもできる（同条2項）。

　ところで，株式会社たる再生債務者が再建のための支援を得やすくするためには，適切な減資（資本減少）をして既存の株主の地位を圧縮し株主としての責任をとらせるとともに，新たな出資者に対して新株を発行する必要がある場合もある。しかし，経済的に破綻した株式会社の株主は，会社経営に対する関心を失うのが一般であり，株主総会の特別決議の成立は困難であると指摘されていた。そこで，民事再生法では，会社が債務超過の場合には，株主総会の特別決議（会466条・309条2項11号参照）を経ないで，再生計画に基づいて減資や発行株式総数についての定款変更を行うことも許されている（民再154条3項・166条1項）。これに対し，増資については，当初の民事再生法には，特別の規定がなく，商法上の通常の新株発行の手続が必要であるとされていた。しかし，実際上，再生手続中の会社において株主総会の決議成立等は不可能であることから，減資条項を導入した意義を減殺するものであるとの批判がなされていた。そこで，現行破産法の制定に伴い，民事再生法が改正され，いわゆる閉鎖会社（株式の譲渡について取締役会の承認を要する旨の定款のある株式会社）について，株主以外の第三者に対して新株発行を行う場合には，その旨の計画条項を定めることができることに改められた（同条4項）。この場合には，減資の場合と同様に，再生計画案の提出について裁判所の事前の許可が必要とされ（同166条の2第2項），許可の要件として，

債務超過に加えて，当該増資が事業の継続に不可欠なものであることが必要である（同条3項）。中小企業について実効的な再生計画の定立を図るとともに，計画による会社の内部構成への介入を必要最小限のものに限定しようとする趣旨の表れである。

　＊プレパッケージ型民事再生　　再生計画案は，債権届出期間の満了後に裁判所に提出されるのが普通であるが（民再163条1項），民事再生法は，再生計画案の事前提出，すなわち，再生手続開始の申立て後から債権届出期間の満了前に，再生債務者等が再生計画案を提出することを認めている（同164条1項）。これは再生手続開始申立て前に，再生債務者と債権者との間で債務者の再建についてある程度話し合いができているような場合に，申立てと同時あるいは直後に再生計画案を提出して，迅速な手続の遂行を可能にするためのものである。アメリカの倒産実務においてしばしば用いられているプレパッケージ型（pre-packaged）の事業再生をわが国にも導入しようとするものであるということができる。

(3)　再生計画案の可決・認可　　再生計画案が裁判所に提出されると，その計画案は決議に付されることになる。再生計画案について不認可事由（民再174条2項各号）にあたる事由があると認められる場合，決議をしても無駄であるため，その計画案は決議に付されない（同169条1項3号）。また，提出された計画案のすべてが決議に付するに足りないものである場合，再生手続廃止の決定がなされる（同191条2号）。再生手続では，債権者集会における決議（同169条2項1号）のほかに，債権者の数が著しく多数で，債権者集会を開催することが困難である場合もあるため，書面による決議も認められている（同条同項2号）。債権者集会は，債権者が再生手続に参加し，直接裁判所に意見を述べることのできる貴重な機会であるから，とくに書面決議の方法によるべき特段の事情が認められない限り，債権者集会を開催するのが適切である。再生計画案は，債権者集会または書面決議において，出席（投票）債権者の過半数で，総債権額の2分の1以上の債権者の同意があると可決される（同172条の3第1項）。従来の和議では，総債権額の4分の3以上の債権者の同意が必要であったが（旧和49条，旧破306条），再生手続では可決要件が大幅に緩和されている。再生計画案が可決されると，裁判所は，不認可事由がない限り，直ちに再生計画を認可する（民再174条）。

8　手続の終結と再生計画の履行確保

　再生計画認可決定が確定すると，監督委員や管財人が選任されていない場合には，直ちに再生手続終結決定がなされる（民再188条1項）。したがって，この場合には，債務者自身が再生計画に従って事業の再生や債務の分割弁済などを行っていくことになる。

　従来の和議では，和議認可の決定が確定すると直ちに手続終了の効力が生じるため，再建計画に相当する和議条件の履行の確保が十分ではなく，和議法は「サギ法」であると揶揄されていた。そこで，民事再生法では，再建計画の履行確保に資する規定を設けている。まず，債務者自身が再生計画を遂行していく場合，一定の要件を備え裁判所の承認を得た債権者委員会が，計画の遂行過程に関与することがある（民再154条2項参照）。これに対し，監督委員が選任されている場合には，再生計画が遂行されるまで，または認可決定確定後3年が経過するまで，再生手続は終結しない（同188条2項）。また，管財人が選任されている場合には，再生計画が遂行されるまで，または再生計画が遂行されることが確実であると認められるにいたるまで，再生計画は終結しない（同条3項）。もっとも，経済情勢の変動などにより再生計画の履行が困難になる場合も多い。そこで，再生計画認可決定後にやむをえない事由で再生計画を変更する必要が生じた場合，手続終了前に限り，再生債務者，管財人等の利害関係人の申立てにより，再生計画の変更をすることができる（同187条）。

　再生計画認可の決定が確定した後に，再生債務者等が再生計画の履行を怠った場合，再生債務者等の再生計画の履行を間接的に促す手段として，①再生債権者は再生債権者表の記載により直ちに強制執行をすることができ（民再180条2項・3項），さらに，②再生計画の取消しの申立てをすることもできる（同189条）。再生計画の取消しには，総債権額の10分の1以上の再生債権者の申立てが必要である。従来の和議では，再建計画にあたる和議条件を取消す場合，総債権額の4分の3以上の債権者の申立てが必要とされていたが，民事再生手続では，債権者による監督機能を強化するため要件を緩和している。また，再生計画の遂行の見込みがなくなった場合には，③監督

委員もしくは管財人の申立てによりまたは職権で再生手続廃止の決定がなされ（同194条），続いて職権で破産手続開始決定がなされる（同250条1項）。

9 役員に対する責任追及

民事再生法は，債務者会社の取締役・監査役などが，会社に対して善管注意義務・忠実義務違反その他の法令定款違反行為により損害賠償責任を負っている場合に，簡易迅速な手続でそれらの者に対する損害賠償責任の追及ができるように，役員の財産に対する保全処分（民再142条）と損害賠償請求権の査定（同143条）の制度を導入した（損害賠償請求権の査定が認められた実例として，東京地決平12・12・8金判1111号40頁〔そごう事件〕）。通常，法人が役員の責任を追及するには，損害賠償請求訴訟を提起する必要があるが，再生手続では，訴訟手続によることなく簡易迅速に責任を追及するため，裁判所が決定手続により損害賠償請求権の存否およびその額を判断する査定の制度が設けられた。保全処分により，査定の裁判あるいは損害賠償請求訴訟による責任追及が実現するまで，役員の責任財産を保全することができる。また，再生債務者等が申立てをしない場合には，再生債務者に代わって，再生債権者もこれらの申立てができることとし（民再142条3項・143条2項），役員に対する責任追及の実を挙げることができるよう配慮されている。なお，損害賠償の査定の裁判に対して不服のある者は，その送達を受けた日から1か月以内に，異議の訴えを再生裁判所に提起することができる（同144条）。

10 簡易再生と同意再生

前述のように，従来の和議手続では和議条件の履行確保が不十分であるという批判を受けて，民事再生手続においては，原則として，破産手続等と同様に，再生債権の調査および確定の制度が導入され，再生債権者表の記載に基づく強制執行を可能とすることにより履行確保をはかっている。しかしながら，再生債権の調査および確定の手続を経ることにより，必然的に手続が厳格かつ複雑となり，再生計画案作成の前提が整うまでに時間を要する。しかし，再生手続開始の申立て前に私的整理が試みられ，相当数の債権者が再

建に向けて基本的に同意している場合や，中小規模の倒産事件で債権者の人数が少ない場合等，再生手続外で再建に向けた実質的な合意を得ることが可能な場合もありうる。そこで，民事再生法は，同時に，一連の手続のうち債権の調査および確定の手続を省略して直ちに再生計画案について決議を行う簡易再生（民再211条）や，すべての届出再生債権者の同意がある場合に，債権調査および確定の手続に加えて，再生計画案の決議をも省略して直ちに計画を認可する同意再生（同217条以下）という簡便なコースを用意している。

II 会社更生手続

会社更生法立法の経緯と意義 会社更生法は，株式会社のみを適用対象とする再建型倒産処理手続を規律する法律であり（会更1条），再建型の一般法である民事再生法の特別法にあたる。同法は，昭和27（1952）年に，当時のGHQの示唆のもとに，アメリカの1938年連邦倒産法（チャンドラー法）第Ⅹ章の会社更生（Corporate Reorganization）手続と同様の強力な企業再建手続をわが国に導入するために制定された法律である。昭和42（1967）年に，更生手続の濫用防止および取引先である中小企業者の保護等の観点から，相当程度の法改正が行われたものの，その後は，実質的な見直しはなされていなかった。平成8（1996）年に開始された倒産法制の見直し作業においても，破産や和議等他の法的倒産処理手続に比べ，会社更生法は戦後に立法されたものであることから，現在の状況に対応しており，一部改正で十分であると考えられていた。しかしながら，民事再生法が施行されたことにより，再建型倒産処理手続の基本法である民事再生法に存在する制度について横並びの改正を検討する必要が生ずるとともに，更生手続の迅速化の要請が強まってきた。また，バブル経済の崩壊による不況が長引くなかで，大規模な株式会社の倒産事件が増加し，その処理に対応する新たな制度整備の必要性も高まってきた。そこで，会社更生法についても大幅な見直しがなされ，新しい会社更生法が，平成14（2002）年12月に成立し，平成15（2003）年4月より施行されている。現行会社更生法の特徴は，大規模な株式会社の迅速かつ円

滑な再建を可能とするため，更生手続の迅速化および合理化をはかるとともに，再建手法を強化して，現代の経済社会に適合した機能的な手続に改められた点にある。以下では，民事再生法と異なる点および旧会社更生法からの改正点を中心に説明する。

1 手続の申立て

申立権者・手続開始要件　会社更生手続は，①「破産手続開始の原因たる事実が生じるおそれがある」ときだけでなく，②「弁済期にある債務を弁済することとすれば，その事業の継続に著しい支障を来すおそれがある」場合にも開始されうる（会更17条1項）。会社更生法は，債務者たる株式会社のほか，資本の額の10分の1以上の債権を有する債権者（同条2項1号）および総株主の議決権の10分の1以上を有する株主（同条同項2号）にも申立権を認めている。民事再生法に比べて債権者申立てについて厳格な要件が定められている点および株主にも申立権が認められている点に特徴がある。

更生手続開始の要件（申立棄却事由）は，基本的に民事再生法と同様である（会更41条1項。民再25条参照）。会社更生法が特別法であることから，原則として，会社更生手続が民事再生手続に優先するが，再生手続によることが債権者の一般の利益に適合する場合にのみ，再生手続によることとされている（会更41条1項2号）。現行法の手続開始要件は，旧法と比べて緩和された点に特徴がある。旧会社更生法では，「更生の見込みがないとき」が更生手続開始の要件とされていた（旧会更38条5条）。しかし，「更生の見込み」の有無という経済的事項は，裁判所にとって判断が極めて困難であるため，更生手続開始決定に時間がかかる原因となっていた。そこで，現行法は，民事再生法にならい，「事業の継続を内容とする更生計画案の作成もしくは可決の見込み又は事業の継続を内容とする更生計画認可の見込みがないことが明らかであるとき」を手続開始要件としている（会更41条1項3号）。会社更生事件の管轄の規定は，民事再生法と同様である（→本章Ⅰ**2**参照）。

2　中止命令と保全処分

　会社更生手続の申立て後に利用できる中止命令と保全処分は，基本的に民事再生手続の場合と同様である（→本章Ⅰ**3**参照）。とくに民事再生手続と異なる点として，つぎの三点が挙げられる。第一に，会社更生手続においても手続の中止命令や包括的禁止命令を発令することが可能であるが，その対象に担保権の実行手続が当然含まれる点である。会社更生手続では，担保権は更生担保権として扱われ，手続開始決定により担保権の実行は禁止され，手続内でのみ権利行使をすることになる。このような取扱いが保全処分の段階にも前倒しされているのである。第二に，手続の中止命令および包括的禁止命令の対象に国税滞納処分が条件付で含まれている点である（会更24条2項・25条1項）。もっとも，中止にさいしてはあらかじめ徴収権者の意見を聴取しなければならず（同条2項但書），中止・禁止の期間は2か月に限定されている（同条3項・25条3項2号）。第三に，旧法では手続開始後にのみ認められていた商事留置権の消滅請求が，現行法では手続開始前にも認められるようになった。すなわち，商事留置権が成立している会社の財産が，事業の継続に不可欠なものである場合，その財産の価額に相当する金銭を留置権者に弁済することにより留置権の消滅を請求することができる（同29条）。

　また，旧法下では，保全処分の段階において保全管理人等が裁判所の許可を得て，資金の借入れ，原材料の購入その他事業の継続に欠くことのできない行為を行ったときは，その行為によって生じた請求権は共益債権になるとしていた（旧会更119条の3）。しかし，現行法では，保全段階における業務の継続をより一層円滑に進めるために，保全管理人がその権限に基づいてした行為により生じた請求権については，裁判所の許可がなくても当然に共益債権となるものとしている（会更128条1項）。

3　手続機関

　会社更生手続における手続機関は，以下の点を除き，ほぼ民事再生手続と同様である（→本章Ⅰ**3**参照）。まず，会社更生手続は更生管財人が必ず選任される管理型の手続である点に特徴がある（会更42条1項）。更生管財人に

は，保全管理人に選任された弁護士（法律管財人）と，当該企業の業界に精通した経営能力のある事業家（事業管財人）とが選任されるのが一般的である。更生会社の取締役等を管財人に選任することについては，旧法では可能であると解されていたが（旧会更94条参照），実務上，このような運用はなされていなかった。しかし，最近では，更生手続の申立て直前に再建支援企業から取締役が派遣される場合も多くみられ，このような経営責任のない取締役については，むしろ積極的に活用する運用もなされている。そこで現行法は，更生会社の取締役等であっても経営責任がなく，裁判所が適任であると認めた者については，管財人等に選任できる旨を定めている（会更67条3項・70条1項但書・30条2項但書・33条1項但書）。他方，監督委員については，民事再生手続では中心的な手続機関であるが，会社更生手続では手続開始の申立てについて開始決定がなされるまでの暫定的な機関にとどまる（同35条）。また，更生手続では，裁判所は監督委員に対して，手続開始前の会社の取締役等が管財人または管財人代理の職務を行うのに適した者であるか調査・報告するよう命ずることができる（同37条）。

関係人集会は，民事再生手続における債権者集会に相当するものであるが，会社更生手続では一般債権者だけでなく，担保権者や株主も含まれる（会更115条1項）。また，民事再生法が債権者委員会の手続関与を認めたことにならい（民再118条。→本章Ⅰ3参照），会社更生法においても更生債権者委員会，更生担保権者委員会および株主等委員会の制度を設け，これらの委員会に各種の手続上の権限を与えている（会更117条〜121条）。

4 更生債権等と債権の確定・調査

(1) **更生債権およびその他の債権** 会社更生手続では，「更生会社に対し更生手続開始前の原因に基づいて生じた請求権」または会社更生法2条8項の各号が定める利息等で，更生担保権または共益債権に該当しないものは，更生債権として扱われる。民事再生法では一般優先債権として手続外で扱われる一般の先取特権その他一般の優先権は，優先更生債権として更生手続のなかで扱われる（会更168条1項2号）。

会社更生手続の最大の特徴は，担保権の取扱いといってもよい。更生手続では，担保権は更生担保権として手続のなかで取り扱われ，更生計画における権利内容の変更が可能とされている。また，手続開始と同時に，担保権者に対する弁済は禁止され（会更47条1項），担保権の行使も禁止・中止される（同50条1項）。このように，更生手続は，担保権を手続上および実体上も制限している点で，民事再生手続とは異なり，更生手続を選択するメリットであるともいえる。

　(2) **債権の調査・確定**　会社更生手続における債権の調査・確定の手続は，基本的に民事再生手続と同様である（→本章Ⅰ**4**参照）。ただし，会社更生手続では管財人が必ず選任されるため，民事再生手続のような債務者自身が債権の存在・内容を認める自認の制度は存在しない。また，債権の確定手続について，旧法では，更生担保権の目的財産の価額をめぐる争いも，更生担保権確定訴訟によって処理されていたが，これには時間を要するとの批判があったため，簡易な決定手続で処理する方式に改められている（会更134条～136条）。なお，民事再生法にならい，会社更生手続にも書面による更生債権等の調査・確定手続が導入された。

5　更生計画

　(1) **更生計画と事業譲渡**　会社更生手続においても更生計画と呼ばれる再建計画に従って事業の再建が行われる。更生管財人は，更生計画案を作成・提出する義務を負う（会更184条1項）。また，更生会社，届出更生債権者等および株主も独自に計画案を作成・提出することができる（同条2項）。更生計画案の提出時期について，旧法は，更生債権および更生担保権の届出期間の満了後裁判所の定める期間内に提出すべきものとするだけで，提出時期についてなんら制限（上限）を設けていなかった（旧会更189条1項，190条参照）。しかし，現行法では，更生計画案の提出が遅延する事態を防ぐために，裁判所の定める更生計画案の提出時期を更生手続開始決定の日から原則として1年以内としている（会更184条3項）。

　民事再生手続では，手続開始後，再生計画案が認可される前に，再生計画

によることなく，特別株主総会の決議も経ないで，事業譲渡が認められるようになったが（→本章Ⅰ7参照），現行会社更生法においても，更生計画認可前に，更生債権者等からの意見聴取等を踏まえた裁判所の許可を得ることにより，事業譲渡を許容する制度が設けられている（会更46条）。

(2) **更生計画案の記載事項**　更生計画案には，(a)必要的記載条項として，更生債権者，更生担保権および株主の権利を変更する条項（債務の免除・期限の猶予など）を定めなければならない（会更167条1項）。この権利変更条項は，①更生担保権，②優先的更生債権，③一般の更生債権，④残余財産の分配につき優先権を有する株主の権利，⑤上述の④以外の株主の権利という五つの異なる種類の権利について定められ（同168条1項），これらの実体法上の順位を考慮して，条件に公正・衡平な差等を設けなければならず（同条3項。絶対優先の原則），同じ性質の権利者の間では平等でなければならない（同条1項本文）。もっとも，「衡平」を害さなければ，必ずしも「平等」でなくてもよく，不利益を受ける者の同意がある場合または少額の更生債権もしくは会社更生法136条2項1号から3号に掲げる更生債権については，一般の更生債権との間で差等を設けることができる（会更168条1項但書）。更生計画による債務の分割弁済は，旧法では20年以内であったところ（旧会更213条），現代の経済社会の実情にそぐわないとの指摘がなされ，15年以内に短縮されている（会更168条5項）。更生計画案には，上述の権利変更条項のほか，更生会社の取締役等，共益債権の弁済，債務の弁済資金の調達方法，予想超過収益金の使途などに関する条項も定めなければならない（同167条1項）。また，(b)任意的記載事項として，減資，新株の発行，会社分割，合併，新会社の設立など，会社の組織再編にかかわる事項について条項を定めることができる（同174条以下）。これらの行為を行う場合，会社法では，株主総会や取締役会の決議が必要とされているが，更生手続ではそのような会社法所定の手続を踏むことなく立案・遂行することが予定されている。

> ＊　**劣後的更生債権の廃止**　旧法では，更生手続開始後の利息，不履行による損害賠償および違約金，手続参加の費用，手続開始後の原因に基づいて生じた財産上の請求権などは，劣後的更生債権として手続のなかで扱われていた（旧会更121条1項4号）。

しかし，現行法では，劣後的更生債権という種類を設けず，手続開始後の利息や損害賠償などの一部は更生債権として扱い，そのほかは開始後債権として民事再生手続と同様に手続外で実質的に劣後する取扱いを採用している（→本章Ⅰ**5**参照）。

＊＊　**絶対優先の原則**　絶対優先の原則（absolute priority rule）とは，アメリカ連邦倒産法に由来し，権利の厳格な優先順位を前提にして財産の分配を行わなければ，計画は公正・衡平とはいえず，優先的権利が受領すべき価値が劣後的権利に分け与えられているときは，その計画は無効であるとする原則である。ただし，この原則の解釈については，絶対優先説と相対優先説の対立がある。前者は上位者が完全な満足を受けない限り後順位者には権利を与えるべきではないとする立場をいう。これに対し，後者は上位者の権利変更の程度が後順位者より少なければ，それで足りるとする立場である。わが会社更生法は，後者の立場をとる。いずれにせよ，債権者の権利を縮減しながら，株主の権利をそのままにしておくのは，この原則に反する。

＊＊＊　**内部債権者の債権の劣後化**　親会社の債権や旧役員の債権などの内部債権者の債権を劣後化できるか否かについては，裁判実務および学説上争いのあるところである。更生会社の親会社の債権を劣後化した更生計画を認可した判例として，福岡高決昭56・12・21判時1046号127頁〔倒産百選〔第4版〕84事件〕がある。

＊＊＊＊　**会社更生手続への株主参加の意味**　会社更生手続には，破産手続や民事再生手続と異なり，株主も利害関係人の一員として手続に登場し，計画案の決議にも更生債権等に劣後する組として参加する。株主の手続参加は，残余財産がある会社の場合には，更生債権者や更生担保権者の手続参加と同じく権利行使，すなわち残余財産の分配を受けるための権利行使としての意味をもつ。しかし，実際には更生会社のほとんどが債務超過であり，むしろ株主の手続参加は，この実質にあわせて名目的にも会社財産の損失を株主に負担させる意味合いをもつ。具体的には，減資と新株発行の組み合わせにより資本構成上も旧株主の会社所有の割合を低下させるということが行われる。最近では，100％減資が一般的となっている。

(3)　**更生計画案の可決・認可**　更生計画案の決議の方法の基本的な仕組みは，民事再生手続と同様である（→本章Ⅰ**7**参照）。現行法では，民事再生法にならい，関係人集会における決議において，書面その他規則で定める相当な方法による議決権行使を認めている[＊]（会更189条2項）。

更生手続では，原則として，異なる種類の権利者の組ごとに決議が行われる（会更196条1項）。計画案について，組ごとに法定多数決で可決され（同196条5項），裁判所が認可すると，更生計画の効力が生じる。現行法における組ごとの可決要件は，旧法205条が定めるそれよりも緩和されている。もっ

とも，一部の組が計画案に同意しない場合でも，裁判所は計画案を変更し，不同意の組の関係人の権利を実質的に保護するための条項（権利保護条項）を定めたうえで，計画案の認可決定をすることができる（同200条1項参照）。これは，アメリカ連邦倒産法1129条(b)項(1)の「クラム・ダウン (cram down)」と呼ばれる手続に相当するものである。

* **社債権者の議決権行使** 株式会社の社債権者は，投資対象として社債を購入しているのが普通であり，更生手続においても議決権を積極的に行使しないことが多い。そのため，マイカルの更生事件で問題となったように，社債が更生会社の債務の相当部分を占める場合には，合理的な更生計画であっても関係人集会で可決することが困難な事態が生じうる。そこで，現行法は，社債権者について議決権行使の申出制度を設け，この申出をしない社債権者の議決権を更生計画案の可決要件の母数から排除することにより，更生計画案の可否を他の更生債権者等の議決権行使の結果に委ねる制度を創設した（会更190条）。

6 更生計画の遂行と手続の終了

更生管財人は，更生計画認可の決定がなされると，速やかに更生計画の遂行にあたり，事業の経営，財産の管理処分の監督を開始しなければならない（会更209条1項）。原則として，管財人が更生計画認可後もその職に留まる点で，民事再生手続とは異なる。

更生手続は，更生計画が遂行されたとき，または計画が遂行されることが確実であると認められるに至ったときに終結される。しかし，旧法下では，更生計画が順調に履行されていても，裁判所が計画の遂行は確実であると判断するのに慎重になり，更生手続が長引く原因の一つであると指摘されていた。そこで，現行法では，これら二つの要件に加え，更生計画の定めによって認められた金銭債権の総額の3分の2以上の額の弁済がなされれば原則として更生手続終結決定をしなければならないことにし（会更239条1項2号），手続終結の遅延を防止しようとしている。

7 役員に対する責任追及

役員に対する責任追及の方法は，民事再生手続と同様であり，実際にも，

役員に対して高額の損害賠償請求権の査定が行われた事件が数多く存在する（旧法下での実例として，神戸地裁姫路支決昭41・4・11下民集17巻3・4号222頁〔山陽特殊鋼事件〕，東京地決昭41・12・23判時470号56頁〔サンウェーブ事件〕，東京地決昭52・7・1判タ349号183頁〔興人事件〕，東京地決昭54・7・25金判581号31頁〔東洋バルブ事件〕，大阪地決平8・12・20判タ950号236頁〔播備高原開発事件〕，東京地決平13・3・22判時1747号143頁〔千代田生命保険事件〕など）。

第4章　個人債務者の倒産手続

I　個人債務者の多重債務問題とその解決策

1　多重債務問題とは？

　一般に，多重債務状態とは，個人（消費者）が，複数の貸手等から信用の供与を受け，返済が困難になっている状況をいい，それに伴って生ずる諸問題（本章で扱う民事的な倒産処理の問題だけでなく，借金苦による自殺や犯罪の惹起など幅広い問題を含む）を多重債務問題という。わが国の消費者信用残高は，最近でこそ75兆円程度で安定しているが，戦後ほぼ一貫して拡大を続けてきた。それに伴って，多額の債務に苦しむ個人（消費者）の数も増加し，これまた右肩上がりで増加し続けてきた。たとえば，個人の破産申立件数は，平成15年にピークを迎え，24万件余りを数えた（平成16年には21万件余りに減少しているが依然高水準である）[*]。

　昭和50年代中頃のいわゆる「サラ金地獄」の時代に深刻化した多重債務問題は，昭和58（1983）年施行の貸金業の規制等に関する法律（貸金業規制法）などの立法措置によりしばらく沈静化する傾向を示していたが，平成に入ってから再び大きな社会問題となり（マスコミなどでは，「第2次クレ・サラ問題」，「商工ローン問題」などの名称が付けられた），さらに，いわゆるバブル経済の崩壊とともに，幅広い社会層に多重債務問題が浸透していくことになった。これらの多重債務問題の背景には，サラ金，割賦販売，ローン提携販売などに加えて，従来は一部の富裕層に限られていたクレジット・カードによる信用取引が，主婦や学生などを含む消費者一般に広く，かつ急速に浸透したという事情がある。これらの消費者信用は，消費者に「豊かな生活」をもたらしたことも事実であり，今後もなくなることはないであろう。しかし，一般

にはそれほど潤沢な経済基盤を持たない消費者に対する信用供与は，供与側の利益追求優先の姿勢もあってしばしば過剰なものとなりがちであり，消費者は，知らないうちに経済破綻・家庭の崩壊など多重債務に押しつぶされるリスクを負っていることになる。また，最近では，勤務先の倒産，勤務先でのリストラ・減収などによって，住宅ローンなどが払えなくなる状況もしばしばみられ，それに対するさまざまな角度からの対策・救済も社会的課題になっている。

　＊　「消費者倒産」という言葉について　　「消費者」とは一般に事業を行っていない個人をいう（消費者契約法2条1項参照）。したがって，消費者倒産という言葉は，事業を行っていない個人（自然人）の倒産一般を指して用いられる。もっとも，個人が事業を行っているときには事業者の側面と消費者の側面の双方をもつことになるから，個人事業者倒産においては，事業者の倒産という側面と消費者の倒産という側面が併存することに注意しなければならない。このように，「消費者」という言葉は使い方が難しい面があるため，法律，統計等においては，「個人」（後にみる「個人再生」など）という用語が用いられる。本章では，主として消費者を念頭に「個人」という言葉を用いるが，この用語は，より広い意味を含む場合があることに注意すべきである。

　＊＊　消費者信用情報の保護　　本文で述べたように，多重債務問題は多様であるが，最近注目を集めている問題に，個人信用情報の保護の問題がある。個人信用情報にはいわゆるホワイト情報（取引情報）とブラック情報（事故情報）があるが，後者については，過剰貸付け防止のために，個人信用情報機関（現在，銀行系，消費者金融系など業界別にいくつかの系列に分かれている）同士の情報交換が必要であり，実際にもそれは行われてきた。これに対して，最近はホワイト情報の交換も行われるようになっており，個人信用情報の漏洩の危険のほか，ホワイト情報の利用方法に対する懸念（たとえば，消費者金融から借入れをしているというだけでクレジット・カードの発行を拒絶する）も指摘されている。個人情報の保護に関する法律（平成15年法律57号）の制定を受けた金融分野における個人情報保護については，金融庁のガイドライン（平成16年12月6日）(http://www.fsa.go.jp/singi/singi_kinyu/siryou/kinyu/tokubetu/f-20041207-1/01.pdf) を参照。

2　多重債務の整理方法

　こうして消費者の経済的破綻が構造的に避けられないものとなれば，その処理の仕組み（ここでは財産的な処理方法）を整備することが必要になる。多重債務の整理方法にはつぎのようなものがある。

任意整理 多重債務の初期の段階であれば，行政・業界等や財団法人であるクレジット・カウンセリング協会が主宰するカウンセリングなどでアドバイスを受け，家計を切りつめるなどの方法により対処できるであろう。しかし，返済条件の変更を求めなければ対応できない状況に追い込まれた後は，返済期間の延長，場合によっては金利の見直し等を前提に交渉し，債権者と新たな返済合意（和解）をする必要がある。この過程および成立した合意を任意（または私的）整理という。任意整理は債務者自らもできるが，多くの債権者を相手に専門的知識を使った交渉をする場合には，事実上は弁護士・司法書士等の専門家の助力のもとで行われるのが普通である。なお，弁護士や司法書士が債務整理に関して受任した旨を債権者に書面で通知した場合には，債務者に対する債権者の取立行為は原則として禁止される（貸金21条1項6号等参照）。

特定調停手続 任意整理が難しいときに（場合によっては，任意整理の代わりに），簡易裁判所に調停を申し立てる方法である。「特定債務等の調整の促進のための特定調停に関する法律」（特定調停法）（平成11〔1999〕年制定・翌年施行）に基づく手続である。債権者との交渉は，実質的には専門的知識をもつ調停委員がしてくれるし，しかも安価で利用できることから，よく使われている（平成15年の新受件数は，53万7千件余りに上ったが，平成16年は，38万件余りに減少した。なお，件数は，1人の債務者につき平均8人程度はいるとされる債権者ごとに数えるため，債務者の人数は右の数字の8分の1ほどになる）。通常の民事調停手続と違う点は，特則の内容としては，①同一の特定債務者が申し立てた複数の特定調停事件を一括して処理するための移送等の要件の緩和（特定調停4条），②事件の併合を促す規定の新設（同6条），③民事執行手続の停止に関する規定の新設（同7条）などである。もっとも，この手続はあくまで調停手続であるから債権者との合意が前提となる点で，多重債務の処理手段としては限界があることもまた事実である（一般に，債権者は利息制限法の金利への引き直しには応ずるが，残元本のカットには応じない）。

破産免責手続 多重債務状態が深刻化すると，上記のような債権者との同意に基づく手続で問題を解決することは困難である。そうなると，法的強制力を伴う法的倒産処理手続に頼るほかないが，債務の一部の分割弁済に充てるべき債務者の収入もないという状況であれば，破産手続による処理を申し立てるしかない。

個人債務者にとっての破産手続は，本来，その財産（ただし，後述するように，一部破産財団から除外される財産＝自由財産がある）を債権者への配当のために提供することによって，財産を清算する手続である。しかし，現実には，配当できるケースはむしろ例外であり，個人破産申立事件の90％以上は，破産手続開始決定と同時になされる同時破産手続廃止（後述）により，手続が終了している。その一方で，破産者について免責手続が進行し，多くの事件で既存の債務に関して免責が与えられる。このように，個人破産の申立ては，免責を目的としてなされるのが実情であるから，形式的には別個の手続でも，実態としては，それらを分離することは不自然である。そこで，両手続をまとめて，破産免責手続と呼んでいる。後で述べるように，平成16（2004）年の破産法改正で，自己破産の申立てがなされたときは，それと同時に免責許可申立てをしたものとみなされることになり（破248条4項），実務上稀な債権者申立ての場合を除き，手続的にも両手続は一本化されることになった。

＊＊＊

＊＊＊ 消費者「破産」のイメージ 「破産」という言葉には，暗いイメージがつきまとっている。「倒産」も似たようなものである。経済的な破綻という意味でのマイナスイメージはやむをえないとしても，そこから直ちに人格的な差別・蔑視等に結びつけるのは厳に避けなければならない。また，法人の場合には，破産手続によって法人格は消滅する運命にあるが，個人の場合には，たとえ財産的な清算を実行する破産手続であっても，経済主体としての個人はなくならない。したがって，個人の倒産処理手続では，つねに債務者を経済主体として復活させること（経済的な再出発＝フレッシュ・スタート）が重要な手続目的となる。その意味では，個人倒産手続は，破産も含めてすべて「再生型」の手続であると考えなければならない。このような視点に立つと，「破産者」という用語が，個人債務者に対する用語として適切なものであるのか（たとえば，破産は「財産清算」の意味だから，「清算債務者」と呼ぶことは考えられないか），など，根本的なところに立ち返って再検討することも価値あることで

あろう。現行破産法では，「破産宣告」を「破産手続開始決定」と呼び変えたが，「破産者」については，十分な議論なくこれを維持している。

本章では，上記のような問題点を留保しつつ，「破産者」という法律上の用語を用いることにする。

個人再生手続 　破産は回避したいが，任意整理および特定調停手続のような債権者全員の同意を前提とする手続では，支払いが困難である場合を念頭に，平成12（2000）年に導入されたのが個人再生手続である（民再221条以下。さらに，平成16〔2004〕年の現行破産法制定にあわせていくつかの見直しがなされた）。個人再生手続は，小規模個人再生と給与所得者等再生の二種類の手続からなるが，いずれも，手続が通常の民事再生手続と比較して大きく簡略化され，一定の基準による弁済額を再生（弁済）計画に従って弁済すれば，残額は免責される，という手続構造がとられている。個人債務者は，この手続を利用することにより，破産による資格制限等のデメリットを避けながら，他方で債権のカットなど，法的整理手続しかできない機能を享受することができる。

個人再生手続の新受件数は，平成13年の運用開始以降，順調に増加を続けており，平成16年には，総数26,346件（うち小規模個人再生19,553件，給与所得者等再生6,794件）を数えている。

II　破産免責手続

1　個人破産免責手続の目的

破産手続が，本来，債務者の財産（破産財団）をもって破産債権者に公平かつ最大の満足を与えることをその主たる目的とすることはいうまでもない。ただ，個人（消費者）の破産手続では，債務者の財産が一般に僅少であるため，債権者への配当という目的はほとんど実現していないというのが実態である。したがって，個人の破産手続においては，免責手続と合体して，債務者の経済的更生をはかることが重要な手続目的となっている。

破産によって人格が消滅する法人と異なり，個人の場合には破産手続開始

後も経済生活を続けていくのであり，生存権・幸福追求権（憲25条・13条）などの人権の尊重も必要である。とくに免責制度（破258条）の存在は，債務者の経済的更生のために重要な役割を果たしており，個人破産の申立ての主目的は免責の取得にあるものといっても過言ではない。このように，個人破産手続においては，狭義の破産手続と免責手続は，実質的には一体であり，現行破産法は，自己破産申立てがあれば，それと同時に免責申立てがあったものとみなすとして，手続構造上も破産手続と免責手続の実質的一体化をはかった（破248条4項本文。債権者による破産申立ての場合には，債務者は独立の免責申立てをしなければならないが，債権者申立て自体きわめて稀である）。破産手続と免責手続を合体させた手続は，「破産免責手続」と呼ぶのが一般であり，本章でもこの用語を用いる。

2 個人破産手続の諸特徴

まず，個人の破産手続について，その特徴をみておこう。

(1) **自己破産の申立て** 法人（または個人でも事業者）破産では，多少とも配当が見込まれ，また，否認権による利益なども期待できるので，債権者申立ての事件も稀ではない。しかし，個人破産では，債権者はほとんど配当を期待できず，むしろ免責制度による不利益が予想されるので，債権者申立ては稀有であり，債務者が自己破産の申立てをするケースがほとんどである。すでに述べたように，自己破産の申立てにより免責申立てが擬制されることになった（破248条4項）。

個人破産手続では，財団不足のために手続開始決定と同時に破産手続を廃止（同時破産手続廃止。破216条参照）する場合が多いが，この場合には，申立人が申立時に納める予納金（破22条）は低額で足る（2万円程度）。ただ，同時破産手続廃止では，破産管財人が選任されないため，財産の調査や免責不許可事由等の調査なしに破産免責手続が進行することになり，手続の信頼性が低下するおそれがある。そこで，一部の裁判所では20万円程度の予納ができれば，それにより最低限の管財・免責調査業務が行われる，いわゆる「少額管財事件」が行われるなど，運用上の工夫が行われてきた。[*]

＊ **少額管財事件** 東京地裁において平成11年4月から採用されている破産手続の運用方式であり，簡易な管財業務が予想される代理人申立ての破産事件（個人破産から始められたが，現在では法人破産事件も含む）について，20万円程度の予納金で開始される手続である。この運用方式は，同時破産手続廃止・免責による処理と本格的な管財業務を伴う処理との中間的な手続類型を模索するもので，注目すべき実務の工夫といえる。東京地裁では，個人少額管財手続が個人破産全体に占める割合は，順調に増加し，平成13年に入ってからは，約25％に達しているとされている（このように，最近は，少額管財事件が定着・標準化したとして，「少額」との表現は使われなくなったようである）。この手続における「管財人」の役割は，財団の管理・換価・配当という伝統的な破産管財人のそれとは大きく異なっていることが印象的である（「管財人」という名称自体違和感を禁じえない）。

この手続運用は，今後の個人破産免責手続における管財人の業務のあり方などを考えるさいに貴重な材料を提供してくれる。

(2) **同時破産手続廃止** 債務者の財産が手続費用を弁済するのに不足する（これは，実質的には破産管財人の報酬を支払うことができないことを意味する）場合は，破産手続を進めることができないから，破産手続開始決定と同時に破産手続を廃止する（同時破産手続廃止。破216条）。この同時破産手続廃止は個人破産申立事件の9割以上を占めるが，管財人が選任されないので，債務者の財産の把握や免責不許可事由等の調査（破250条1項）が不十分なまま，免責が与えられることになってしまう。上記で紹介した東京地裁の少額管財事件は，このように免責を安易に与えるという印象を避け，最低限の財産調査と免責（不許可事由）の調査を，第三者（弁護士）に行わせたうえで，免責を与える手続上の工夫ということができる。

(3) **資格制限** 破産者に対して一律に選挙権，被選挙権などの公民権や資格・名誉を奪い，社会的制裁を与える立法主義を懲戒主義というが，わが国の破産法自体は，非懲戒主義に立つから，破産者は公民権を奪われることはないし，一律に公的資格を剝奪されるようなこともない。しかし，個人について破産手続が開始されると，破産者は，破産法以外の諸法令により，多くの個別的資格制限を受ける。たとえば，弁護士，弁理士，宅地建物取引主任者，警備業者，遺言執行者，その他多くの資格・地位が破産手続開始決定によって失われる。資格制限の問題点は，その資格等が破産者の職業的地位

に不可欠のものである場合に，それを奪ってしまうと，破産者の経済的再生の基盤をも奪ってしまうことになることである。資格制限を定める法令の趣旨はさまざまであるから，その資格ごとに，破産者の経済的再出発を妨げない形での対応がありえないか（なんらかの制限を維持せざるをえないとしても，その制限の範囲を限定することが可能な場合もあろう），再吟味することが必要であろう。なお，破産手続開始決定によって資格を制限されても，復権すれば（破255条以下。後述のように，免責決定の確定が典型的な復権事由である），資格制限は解消する。

　(4)　自由財産　　法人と異なり，破産後も経済活動を継続する個人には，その更生の糧となる自由財産を保障する必要がある。破産免責手続が個人債務者の経済的再出発を助ける制度であるという理解が定着するに従って，自由財産の重要性は広く認識されつつあり，現行破産法においても，重要な見直しがなされた。

　自由財産になるのは，まず，新得財産（破34条1項参照），差押禁止財産（同条3項），そして管財人が放棄した財産（破78条2項12号参照）である。このうち，新得財産は，いわゆる固定主義（破産財団の範囲を手続開始時の財産に固定する立法主義）の帰結として，破産手続開始後に破産者が取得した財産は，破産財団に属することはなく，破産者の経済的再生の基礎になることが予定されている。もっとも，手続開始後に発生する権利でも，その原因が手続開始前にあるときは，自由財産にはならない（破34条2項参照）。たとえば，債務者の退職金債権は，賃金の後払いと解されているので，手続開始前の労働の対価部分の一部（退職金債権の4分の3は差し押さえを禁止されるから〔民執152条2項〕残りの4分の1のみ）は，破産財団に帰属することになる。かつては，その財産を現実化するために，裁判所や管財人が，免責不許可の可能性を背景に，債務者に対して退職を事実上強制することも行われていたとされるが，最近は職業の維持は債務者の再出発にとって重要であるという認識から，予想される財団帰属額の一部（実際の運用例では半額。したがって手続開始前の労働の対価にかかる退職金の8分の1）を，任意に支払わせてそれを配当に充てることにより，退職を不要とする運用がなされているようであ

る（該当額が少額のときは，端的に財団から放棄することもある）。同様の取扱いは，家屋等賃貸借に伴う敷金返還請求権や生命保険等の解約返戻金などについてもみられる。

　また，差押禁止財産については，基本的には民事執行法131条・152条等の規定に従うが，一身専属性を有する権利も差押えができないと解されているから，自由財産となる（ただし，最判昭58・10・6民集37巻8号1041頁〔倒産百選〔第4版〕21事件〕は，行使上の一身専属性が認められる慰謝料請求権につき，当事者間の合意や債務名義の成立などにより具体的金額が客観的に確定したときは破産財団に組み入れられるとする）。

　現行破産法は，以上に加えて，破産法独自の観点から自由財産の拡大をはかった。一つは，金銭について，差押えが禁止される66万円（民執131条3号，民執令1条）の1.5倍（99万円）を自由財産として認めた（破34条3項1号）。これは，財産全体をいわば包括的な執行対象とする破産の方が，個別財産に対する強制執行の場合よりも，一時的な資金欠乏に陥る可能性が大きいとの認識に基づく自由財産の拡張である。

　もう一つは，破産者の個別の事情に対応できる自由財産拡張の導入である。すなわち，破産者の生活状況，手続開始時にすでに有している自由財産の状況等を総合的に考慮して，破産裁判所は自由財産の拡張の裁判＝決定をすることができる（ただし，裁判は，開始決定から，開始決定確定後1か月を経過する日までの間にしなければならない。破34条4項）。破産手続内で，破産者の実情に応じた自由財産の拡張（縮小は不可）の途が開かれた点に意義があり，現金が不足している債務者について預金の一部や，生活に必要な自動車を自由財産とするなど，個々の債務者の生活の実情と再生の方法に配慮した自由財産の範囲の決定がなされることが期待されている。

　＊＊　**固定主義の現代的意義**　破産財団の範囲を破産手続開始時の財産に限定してその後の財産を自由財産とする固定主義には，①個人債務者に更生の意欲・努力を促すことができる，②破産財団の範囲が比較的明確であるから，破産手続の見通しが立てやすく，手続を迅速に終結できるなど，固有のメリットが認められる。ただ，この固定主義を単純に適用すると，不合理な結果も生ずる。たとえば，(i)更生に不必要な高額の新得財産があっても，それをまったく破産財団に組み込まないのは，債権者の立

場からは納得できず、手続全体の信頼性を失わせる結果となろう。また、(ii) 破産手続開始時の財産のなかに更生に必要な財産が含まれていることもある。固定主義の硬直的な運用は、かえって固定主義の実現しようとする目的の達成にとってマイナスになることもありうる。新得財産でも破産者の生活や経済的再生に不要なものを配当原資に充て、また、本文で述べる自由財産拡張裁判制度（破34条4項）を通して手続開始時の財団所属財産の一部を破産者の生活や再出発のプランに応じて自由財産とすることは、決して固定主義に反することはなく、むしろその理念をよりよく実現することになるであろう。

3 免責手続

(1) **免責制度の理念**　免責制度の理念については、誠実な債務者に対する特典とみる考え方（特典説）と、不誠実でない債務者の更生手段とみる考え方（更生手段説）が対立する。前説は誠実さが認められなければ免責を与えないという破産者に厳しい立場に、後説は不誠実であることが示されない限り免責を与えるという破産者にとっては寛大な立場につながっていく。かつて最高裁は、「破産法における破産者の免責は、誠実なる破産者に対する特典」であると判示し、特典説に立つものと解されている（最大決昭36・12・13民集15巻11号2803頁［倒産百選［第4版］72事件］参照。なお、本判決は、免責制度を合憲と判断している）。しかし、ほとんどの個人破産事件で免責が与えられている現実があり、仮に免責を制限的に与えるとした場合の社会的影響（たとえば、破産者の半分＝10万人強の債務が残ることが好ましい影響を与えるとはとうてい思えない）を考えれば、特典説が理念として適切な役割を果たしうるか、疑問である。沿革的にみても、わが国の免責制度は、更生手段説に立つアメリカ法を継受している。また、現行破産法は、免責手続中の強制執行の当然禁止等に関する規定（破249条）の新設、裁量免責の明定（破252条2項）など、個人債務者の経済生活の再生を実現するための免責の原則的付与の方向をより明確にしているように思われる。

このようにみると、免責制度の基本的理念は債務者更生にあり（更生手段説）、近時の制度的または運用上の見直しも、この理念に沿って実行されてきたものと考えるべきであろう。ただ、単に免責を与えれば債務者の更生が実現するわけではなく、むしろ安易に免責を与えるだけの免責制度は、更生

手段説の唱える理念を十分に体現したものとはいえない。法的・社会的制度としての免責制度は、家庭や職業といった生活の基盤を確保しつつ債務者自身の更生意欲を引き出し、必要に応じて消費者教育を施したうえで免責を与えるものでなければならない。このような免責理念の実現をはかるには多くの現実的制約が存在することは確かであるが、免責制度が社会的信頼に裏づけられた制度として存続していくためには、上記の理念に基づく不断の見直しが不可欠であろう。

(2) 免責手続の概要

免責許可の申立て 免責手続は形式的には破産手続とは別個の手続として構成されているから、債務者は、免責許可の申立て(以下、「免責申立て」と呼ぶことがある)をしなければならないのが原則である(破248条1項参照)。ただ、現行破産法は、前述したように、債務者の自己破産の申立ての場合には、破産手続開始申立てと免責許可の申立てを実質的に一体化し、債務者が反対の意思を表示しない限り、破産手続開始申立時に免責申立てもなされたものとみなすことにしている(同条4項)。これに対して、債権者が破産手続開始申立てをしたときは、債務者は別個に免責許可の申立てをする必要がある。免責許可申立ての時期は、旧法のように破産手続開始決定後に限らず、破産申立後であればできるが、手続開始決定の後は、原則として破産手続開始決定後1か月以内にしなければならない(同条1項)。

申立てにさいしては、債権者名簿を提出しなければならない(破248条3項、破規74条3項)。ただ、自己破産の申立ての場合には、債権者一覧表を提出することになっているので(破20条2項)、この「一覧表」を債権者名簿とみなすことにして(破248条5項)、二重の手間を避けることができるようになっている。

申立書には手数料相当の印紙を貼用する(500円。民訴費3条1項・別表第1第17項ホ)。なお、免責許可の申立てについては、特別の予納金の支払いは求めないのが一般的な実務の運用のようである。

免責手続中の強制執行の禁止等 旧破産法のもとでは、免責手続中の破産債権に基づく強制執行を禁ずる規定はなく、また判例は、強制執行によ

る弁済の後に免責決定が確定しても，免責決定には遡及的な効力は認められないから，当該弁済による利得が不当利得になることはないとした（最判平2・3・20民集44巻2号416頁）。しかし，これに対しては，免責によって実現しようとする債務者の経済生活の再生という趣旨に反する，免責手続と破産手続の一体性の観点からは強制執行を禁止すべきであるなどといった強い批判が学説から投げかけられていた。そこで，現行法は，免責許可の申立てがあるときは，開始された破産手続が同時破産手続廃止等によって終了した後であっても，免責許可の申立てについての裁判が確定するまでの間は，破産債権に基づく強制執行，仮差押え，仮処分等を行うことは禁止され，すでにされている手続は中止されるものと定めた（破249条1項）。非免責債権についても本条が適用されるかは問題であるが，同条2項の免責確定による失効の効果も含めて，免責債権と同様に扱うことにしている（ただし，時効に関する特別の配慮として，同条3項1号参照）。免責債権と非免責債権の区別は必ずしも明確とはいえないなどの理由に基づく。

　上記のような現行法の規定により，免責手続中の強制執行は許されなくなり，債務者は免責に向けて落ち着いて再生の基盤を整えることができることになる。

　免責についての調査・報告　免責許可の申立てに対して，裁判所は免責の許否を判断するために調査をすることになる。旧法下では，必ず期日における破産者の審尋をするものとされていたが，現行法では，審尋は必要に応じて行うこととされた。裁判所は，免責の許否に関する調査を職権で行うことができるから（破8条2項），審尋に限らず，適切な方法で調査を行うことになる。

　破産管財人が選任されているときは，裁判所は管財人に調査をさせ，書面による報告をさせることができる（破250条）。旧法のもとでも免責不許可事由の存否についての調査をさせることができるものとされていたが，現行法では，裁量免責（後述）の判断にあたって考慮すべき事由についても調査させることができることが明らかにされている。破産者は，裁判所および管財人が行う調査に協力する義務があり（同条2項），違反は免責不許可事由と

なる（破252条1項11号参照）。

他方，裁判所は，破産手続開始決定以後，管財人および破産債権者が意見を述べることができる期間（意見申述期間）を定め，公告等をしなければならない（破251条1項・2項。なお，この公告等は，手続開始決定の公告等〔破32条参照〕と同時に行うこともできる）。主として破産債権者に債務者の免責に関する意見申述の機会を与える趣旨であり，意見が出た場合には，裁判所は上述の職権調査権限（破8条2項）を適切に用い，当該破産債権者に詳細な事情を聴いたり，管財人に調査を命ずるなどの対応をすることとなろう。

免責許可の申立てについての裁判　裁判所が調査の結果，破産法252条1項各号に列挙されている免責不許可事由が存在しないと認めるときは，免責許可決定がなされる（同項柱書参照）。免責不許可事由は，多様であるが，主要なものとしては，詐術による信用取引（同項5号），虚偽の債権者名簿の提出（同項7号），免責申立前7年以内の免責許可決定・給与所得者等再生の認可決定確定(同項10号），その他罰則の対象となる行為を行ったこと(同項1号～3号・6号等）などが挙げられる。また，これらの免責不許可事由が認められる場合にも，裁判所は，破産手続開始に至った経緯その他一切の事情を考慮して免責を与えることが相当であると認めるときは，免責許可の決定をすることができる（同条2項）。いわゆる裁量免責であり，旧法下でも認められていたが，新規定によりその許容性が明確になった。

免責許可の申立てについての裁判に対しては，利害関係人は即時抗告をすることができる（破252条5項）。そして，免責許可決定は，確定してはじめてその効力を生ずる（同条7項）。

免責の効力　免責許可決定の確定により，債務者は，破産手続における配当を除き，破産債権について，その責任を免れる（破253条1項本文）。ただし，租税請求権，悪意の不法行為による損害賠償請求権，雇用関係に基づく使用人の請求権，扶養請求権，債務者がその存在を知りながら債権者名簿に記載しなかった債権，さらには，破産者が故意または重大な過失により加えた人の生命または身体を害する不法行為に基づく損害賠償請求権，破産者が扶養義務者として負担する費用に関する請求権等（最後の

二つは現行法で追加された）は，免責されない債権（非免責債権）とされている。ただし，その範囲について解釈上争いのある場合もあり，たとえば，上記2番目に掲げた「悪意で加えた不法行為」（同項2号）の「悪意」については，積極的な害意を要するとの理解が一般的であったが，最近では，故意で十分であり，認識ある過失でも悪意とみるべき場合もあるとの見解も有力となっている。

免責の効果については，債務者の債務自体は消滅しないが履行の強制ができない自然債務になるという説と債務自体が消滅するという説が対立する。「責任を免れる」という破産法253条柱書本文の文言などからみて，免責の効果の理論的な説明としては，自然債務説が妥当であろう（通説）。自然債務説に立つと免責後に任意弁済の強要を招き，債務者更生の障害となりかねないとの債務消滅説の主張も傾聴に値するが，自然債務説に立っても免責の趣旨に反するような弁済や弁済約束等の効力を否定することは可能であろう（横浜地判昭63・2・29判時1280号151頁〔倒産百選〔第4版〕78事件〕参照）。

4 復　権

前述のように，破産手続開始決定により，個人破産者はさまざまな資格制限を受ける。資格制限の解消のためには，復権を得る必要がある。

復権には，まず，一定の事由が生じたら当然に復権の効果が生ずる当然復権がある（破255条）。具体的には，免責決定の確定（同条1項1号），同意破産手続廃止決定の確定（同項2号），再生計画認可決定の確定（同項3号），および破産者が破産手続開始決定後，詐欺破産罪（破265条）について有罪判決を受けることなく10年が経過したとき（同項4号）である。現実の当然復権事例のほとんどが免責による復権である。

また，破産者が弁済その他の方法により破産債権者に対する債務の全部についてその責任を免れたときは，裁判所の決定により，復権の効果が生ずる（破256条）。この場合，破産者の申立てが必要であることから，申立てによる復権と呼ばれる。

III 個人再生手続

1 個人再生手続の概要

　個人再生手続は,「民事再生法等の一部を改正する法律」(平成12年法律128号)により,通常民事再生手続(個人も対象とするが,主として企業再建のための手続)の特則として創設された。その創設の趣旨は,従来の個人倒産手続の間隙を埋め,個人の経済生活の再建のために選択しうるメニューを多様化することにある。すなわち,個人債務者は,この手続を利用することによって,通常の民事再生手続より簡易・合理化された手続で,破産手続の不利益(資格制限,持家を手放さざるをえないことなど)を避けながら,任意整理(裁判外の債務整理)や民事調停では得られない強制力ある弁済計画を立てることができる。

　個人再生手続は,小規模個人再生(民再221条〜238条)と給与所得者等再生(民再239条〜245条)の二つの種類の手続に分けられる。小規模個人再生は,零細事業者を含む個人に対する特別の再生手続であり,給与所得者等再生はターゲットをさらにサラリーマン,OLなどに絞り込んだ再生手続である。このように,民事再生手続はいわば三層に分けられるのであり,通常再生,小規模個人再生,給与所得者等再生の順で手続を利用できる債務者の範囲が狭められる(法規定の面からいえば,後になるほど特別規定となる)ことになる。なお,これらの手続と破産免責手続との関係については,一定の弁済能力がある債務者については再生手続の利用だけを認めるという考え方も含めて,立法過程において議論がなされたところであるが,法律上は,どの手続を申し立てるかは債務者の選択に委ねられた。

　平成12(2000)年の民事再生法改正では,住宅資金貸付債権に関する特則(民再196条以下)も新設された。この特則は,破産手続では債務者の持家を維持することができないことに鑑み,住宅を手放すことなく経済生活の再生ができる手段を与えるためのものであり,典型的には,債務者が居住する住宅の建設のために銀行等から住宅ローンを借り入れ,その担保のために抵当

権を当該住宅に設定している場合に，再生計画においてその債務の内容を変更する条項（住宅資金特別条項）を定めることができる，という制度である。持家の維持というこの制度の目的は，債務者が個人である限りすべての再生手続で妥当するから，この特則は，新しい二つの手続だけでなく，個人を対象とする通常再生手続においても適用される。

　個人再生手続は，平成16（2004）年の現行破産法制定とあわせて，いくつかの見直しがなされた。詳細は後述するが，主要なものとしては，手続利用条件の緩和（最大再生債権を3,000万円から5,000万円へ），非免責債権の創設，再度の給与所得者等再生に関する期間制限の緩和（10年から7年へ）などが挙げられる。

2　小規模個人再生手続

申立て等　まず，小規模個人再生は，将来において継続的または反復的な収入の見込みがあり，かつ再生債権総額が5,000万円を超えない個人債務者（事業者であってもよい）だけが利用できる特別の民事再生手続である（民再221条1項参照）。継続的・反復的な収入の見込みがあれば足り，収入の定期性・定額性は必要ないから，収入に変動がある自営業者や歩合制の労働者などもこの手続を利用することができる。この特別の手続を利用しようとする個人債務者は，再生手続開始申立ての時（債権者申立てのときは開始決定まで）に小規模個人再生を求める旨の申述をし，再生債権者の氏名等を記載した債権者一覧表を裁判所に提出しなければならない（民再221条2項3項）。民事再生手続開始の一般的要件（民再21条・25条参照）も必要である。

　他の手続の中止命令，保全処分など，手続開始決定前の処分に関する規定（民再26条以下）は，通常手続と同様に適用される。

手続開始決定　裁判所は，上記のような小規模個人再生手続の要件の存在を認めるときは，再生手続の開始決定をし，債権届出期間と届出債権に対して異議を述べることができる期間（一般異議申述期間）を定め，それらを公告する（民再222条1項・2項）。小規模個人再生手続では，

債権者一覧表に記載された再生債権者は，その内容での債権届出を擬制されるから（民再225条），届出をする必要はない。また，裁判所は，通常手続における債権の一般調査期間（民再34条1項参照）の代わりに，上記の「一般異議申述期間」を定める。そして，届出の追完（民再95条参照）等があった場合に設定される「特別異議申述期間」を含む異議申述期間内に異議のなかった債権（無異議債権）と，異議があったがその後の評価手続（民再227条参照）によって裁判所が再生債権額を定めた債権（評価済債権）は，再生手続内で確定し，議決権の基礎（民再230条8項）となる。このように，小規模個人再生では，評価申立てによる裁判がなされるだけであり，通常再生手続のような査定手続・異議訴訟による権利確定手続は設けられていない。その結果，通常手続のように再生債権の内容に関する実体的確定力（民再104条3項参照）は認められない。

手続機関，実体規定等 小規模個人再生では，手続の簡易化のため，監督委員，調査委員を選任することはできない（民再238条参照。なお，管財人はそもそも法人のときのみ選任可能〔民再64条1項参照〕）。ただ，裁判所を補助する機関の必要性は依然として存在するため，特別に個人再生委員という機関を設けた。個人再生委員は，裁判所が必要と考える場合にのみ選任され（ただし，再生債権評価の申立てがあったときには，後述②の職務を行わせるため必ず選任する），その職務は，①再生債務者の財産および収入の調査，②再生債権の評価に関して裁判所を補助すること，および③適正な再生計画案作成のための勧告の三つに限られる（民再223条1項・2項）。実務では，選任が必要的である場合を除いて，弁護士が申立代理人となっているときには選任しない方針の裁判所がある一方で，全件で選任している裁判所もあり，その運用は多様なようである。

いわゆる実体規定との関係では，双方未履行契約の履行または解除の選択権（民再49条），別除権（民再53条），相殺禁止（民再92条・93条）などの規定はそのまま適用されるが，否認に関する規定は適用を排除されている（民再238条参照）。また，非事業者である個人についての新たな担保権消滅請求制度は設けられていないから，再生債務者が（個人）事業者であり，担保目的

物が事業の継続に不可欠である（148条参照）という要件を充たす限定的な場合にのみこの制度利用の可能性があることになる。

再生計画の提出・決議・認可　小規模個人再生における再生計画は，再生債務者のみが提出できる（民再238条による同法163条2項の適用除外）。前述のように，小規模個人再生では，再生債権は，手続内確定にとどまり，各権利の実体的内容は確定されないから，その再生計画においては，通常手続（民再157条以下参照）とは異なって，権利変更の一般的条項（156条参照）を定めれば足りる（民再238条参照）。また，小規模個人再生では，個人債務者が計画を作成すること，また債権者も比較的少数でその種類も消費者金融業者などで一般には同質性が強いと考えられることなどから，再生計画の条項は，通常再生（民再155条1項但書）と異なり，債権者間の形式的平等が基本となる（民再229条1項参照）。計画における債務の期限の猶予に関する条項は，原則として，3か月に1回以上（つまり1年に4回以上）3年（最長5年）間にわたって弁済するものでなければならない（民再229条2項）。

なお，民事再生手続では，手続開始前の罰金等を除き（民再178条但書等参照），免責されない債権は想定されていなかったが，平成16（2004）年の改正で，破産手続における非免責債権とバランスを取るため，再生債務者が悪意で加えた不法行為に基づく損害賠償請求権などについては，債務の減免等の定めをすることができないこととした（民再229条3項）。もっとも，再生計画では，形式的平等原則により権利の一般条項だけを定めることとされていることとの関係で，免責されない債権も計画の定める一般的基準により弁済するものとし，かつ計画による弁済期間満了時に当該請求権の債権額の全額につき弁済をしなければならないものとされている（民再232条4項）。

小規模個人再生における計画案の決議は，必ず書面決議で行うこと（民再230条3項）のほか，消極的な賛成で可決されたものとみなされる点において，通常再生手続（民再172条の3第1項参照）より可決を得やすくなっている。すなわち，一定期間内に不同意の意思表示をした議決権者が議決権者総数の半数に満たず，かつその議決権額が議決権総額の2分の1を超えないときは，再生計画案の可決があったとみなされる（民再230条4項5項）。

裁判所は，再生計画が可決されたときは，その不認可要件（民再174条2項各号・231条2項各号）がない限り，再生計画の認可決定をする（民再231条1項）。不認可要件のうち最も重要であるのは，民再231条2項3号および4号の最低弁済額の要件であり，基本的には，基準債権（無異議債権と評価済債権の合計額から別除権の行使によって弁済を受けることができる見込額等を控除した額）の5分の1か100万円のいずれか多い額（ただし，最高300万円）を弁済する計画でなければ，不認可となる（同項4号）。その結果，基準債権が100万円未満であれば基準債権全額，100万円以上500万円以下であれば100万円，500万円超1,500万円以下であればその5分の1の額，最後に1,500万円超の場合は300万円の弁済が計画認可の要件となる。さらに，小規模個人再生の利用資格を，再生債権の総額が5,000万円を超えない個人債務者に拡大したことに伴い，無担保債権等の額が3,000万円を超えて5,000万円以下の場合には，無担保債権等の10％が最低弁済額とした（同項3号）。最高300万円の枠をはずして，安易な小規模個人再生の利用を牽制する趣旨である。

認可後の手続　再生計画の認可決定が確定すると，すべての債権は156条の一般的基準によって変更される（民再232条1項2項）。債権届出を不注意で怠った等のために手続内で確定されなかった債権は，通常手続のように失権する（民再178条参照）ことはないが，計画による弁済期間が満了する時までの間は弁済等を禁止されるという劣後的扱いを受ける（民再232条3項）。

小規模個人再生は，再生計画認可決定の確定によって当然に終結する（民再233条）。認可後の事項で注目されるのは，いわゆるハードシップ免責（「弁済が極めて困難になった状況での免責」というほどの意味）である。これは，再生債務者が再生計画を4分の3以上遂行した後に，病気等のやむをえない理由で計画の履行がきわめて困難になった場合には，裁判所が残債務免責の決定をすることができる，という制度である（民再235条）。その一方で，再生債務者が計画の履行を怠った場合などには，計画を取り消す制度も用意されている（民再189条1項・236条参照。ただし，同法238条によって189条8項が適用除外されているから，再生債務者に対する強制執行はできない）。

3 給与所得者等再生

給与所得者等再生の概要 手続の基本的構造（特則利用の申述，機関構成，再生債権の手続内確定，認可による手続の終了など）は，小規模個人再生と共通の点が多い（民再239条1項・244条等参照）。平成16（2004）年改正により，手続利用のための最大再生債権額が5,000万円以下に拡張されたことも，小規模個人再生と同様である。給与所得者等再生の最大の特徴は，一定の弁済額を確保することを条件にして，再生債権者の決議自体を省略する点であり，小規模個人再生よりもさらに手続の簡略化を推し進めている。そのような手続の性格を反映して，この手続を利用できるのは，──小規模個人再生よりもさらに絞られて──「給与又はこれに類する定期的な収入を得る見込みがある者であって，かつ，その額の変動の幅が小さいと見込まれるもの」に限定される（民再239条1項）。この「変動の幅が小さい」とは，大体20％の変動幅におさまる場合と解されている（民再241条2項7号イ参照）。

以上の点からわかるように，給与所得者等再生は，いわゆるサラリーマンなどを典型的な利用者として想定したより簡略化された手続であり，導入当初は小規模個人再生以上の利用実績があったが，平成16年の統計によれば，個人再生事件新受件数のなかで給与所得者等再生手続の占める割合は約26％（26,346件中6,794件）にとどまっている。後述する可処分所得基準による弁済計画の要件が厳しく，債務者としては小規模再生の方に流れがちであることなどがその背景として指摘されている。

給与所得者等再生の特徴 前述したように，再生債権者による決議が不要であることが給与所得者等再生の最大の特色であるが，ここではさらに二つの点を指摘しておく。

第一に，給与所得者等再生では，再生計画案に対する再生債権者の決議はなされないから，弁済計画による弁済がその収入に照らして合理的かつ最大限のものであることが客観的に確認できるものでなければならない。そこで，民事再生法241条2項各号は，再生計画を不認可とすべき事由を詳細に定めている。なかでも重要な事由は，計画による最低弁済額の要件（7号）であり，その計算方法は複雑であるが，基本的には，2年分の「可処分所得」（収

入合計額から所得税等を控除し，その額からさらに再生債務者およびその扶養を受けるべき者の最低生活費を控除した額）の支払いを求めるものである。再生計画の弁済期間は，小規模個人再生と同じく原則3年（最長で5年）であるから（民再244条・229条参照），結局，給与所得者等再生では，2年分の可処分所得を3年間で支払うというのが原則的な再生計画となる。なお，平成16（2004）年の改正で，悪意で加えた不法行為に基づく損害賠償請求権などが非免責債権として認められることになった点は，すでに述べた小規模個人再生の場合と同様である（民再229条3項・232条2項・4項・244条参照）。

　第二に，申立ての棄却事由として，この手続を求める申述から7年（前述のように，平成16年改正で10年から短縮された）以内に，本手続における再生計画認可決定，破産免責決定などが確定したときが規定されている点である（民再239条5項2号参照）。これは，債権者の同意なしに債務の（一部）免除効を発生させる手続を短期間の間に繰り返させることは適切でないから，政策的にそれを禁じる趣旨である（破252条1項10号と同趣旨）。

4　住宅資金貸付債権に関する特則

概　要　個人債務者が持家を失うことなく経済生活の再建をはかることができる手続として創設されたのが，「住宅資金貸付債権に関する特則」（民再196条～206条）である。住宅資金貸付債権についての再生計画の条項，すなわち住宅資金特別条項の対象となる再生債権は，住宅（債務者が所有し自己の居住の用に供する建物。詳細な定義は196条1号にある）の建設もしくは購入に必要な資金（住宅の用に供する土地または借地権の取得に必要な資金を含む），または住宅の改良に必要な資金の貸付けにかかる債権である。この債権は，分割払いの定めがあることが必要であり，当該再生債権または当該債権にかかる債務の保証人（保証会社）の求償権を担保するための抵当権が住宅に設定されていることが前提となる（民再196条2号3号参照）。

住宅資金特別条項　住宅資金特別条項を定めた再生計画案は，再生債務者のみが提出できる（民再200条1項）。その内容に関する定めは，つぎのとおりである。

(1) まず,原則的形態として定められているのが,期限の利益喪失治癒型というべき類型である(民再199条1項)。これを簡単にいうと,住宅資金特別条項を除く再生計画の一般弁済期間内に,計画認可確定時までに不履行に陥っていた元本,利息等の全額の支払いを済ませることによって,期限の利益喪失の効果を治癒することがこの条項の目的であり,認可後に弁済期が到来する元本および利息は当初の約定どおりに弁済していくという内容となる。

(2) 第二は,リスケジューリング型である。(1)の計画を遂行できる見込みがないときに,約定の最終弁済期から10年を超えず,かつ延長後の最終弁済期における債務者の年齢が70才を超えない範囲で弁済の繰り延べを定める計画である(民再199条2項)。この計画は,期限の利益喪失の治癒にとどまらず,本格的な弁済期間の延長(したがって,分割弁済額の変更)を含む点が特長である。

(3) 第三は,元本猶予期間併用型といわれている計画類型であり,(2)の計画を遂行する見込みもないときに認められる(民再199条3項)。この計画では,(2)のような単純な弁済期間の延長にとどまらず,一般弁済期間(最大5年間)内で定める期間中は,元本の支払額を少なくする等の弁済計画を定めることができる。この類型の特長は,一般の再生債権と重複して弁済しなければならない期間は住宅資金貸付債権の弁済額を抑え,その期間終了後に残った住宅ローンを集中的に弁済するという弁済計画を可能にすることにある。

(4) 最後は,合意型の計画である。上記の計画類型の限定は,裁判所の認可によって強制的に住宅ローン債権者を拘束する場合の定めであるから,債権者の合意があれば,そのような制限のない自由な住宅資金特別条項を定めることが可能である(民再199条4項)。

その他,住宅債権特別条項が提出される民事再生手続に特有な点としては,①再生計画案の決議においては,ローン債権者および後述の保証会社は,意見陳述権があるにとどまり,議決権をもたないこと(民再201条),②「再生計画が遂行可能である」場合にのみ計画が認可されること(民再202条2項2

号等参照——通常手続に関する174条2項2号と比較），③保証会社が住宅ローンの保証債務を履行した後に住宅資金特別条項を定めた再生計画の認可決定が確定した場合には，当該保証債務の履行はなかったものとみなされる（つまり，元の債権者であった金融機関の権利が復活する），いわゆる「巻戻し」の定めが置かれたこと（民再204条1項本文），などが挙げられる。

第5章　行政主導型の倒産処理

I　はじめに

　従来，企業倒産処理については，法的整理手続および私的整理手続のいずれによるにせよ，すでに倒産状態に陥っている企業の法的な処理や法律家の関与のあり方をとりあげ，そのなかで関係者の規制や保護が論じられてきた。

　しかし，金融機関，保険会社，証券会社，病院，学校などといった企業や団体をめぐる倒産処理においては，その影響が広範で公益的な側面が大きいとか，債権者が事業者でなく，預金者，投資家，病人，学生などの一般市民であることから，さまざまな特別な配慮が必要で，裁判所や管財人などの監督機関の関与だけでは十分な解決が困難であることが多かった。

　このようなことから，平成8年頃からの金融機関の破綻処理に典型的にみられるように，行政主導型の倒産処理が行われ，監督官庁の役割も議論されるに至った。そこでは司法と行政の役割分担や，倒産処理における監督官庁の積極的関与と関係者の自己責任原則との関係など考えるべき課題が少なくなかった。

　とくに，金融機関の抱える不良債権の処理や金融機関の破綻処理の過程においては，大口債権者である金融機関やこれを指導する行政のあり方が問われ，融資先企業がとるべき方策や手続の選択の問題にも大きな影響を及ぼしてきた。法的観点からは，このような行政の関与が，企業の法的整理手続あるいは私的整理手続のあり方とどのようにかかわってきたのか，そして今後の破綻処理手続のあり方にどのような影響を与えているかが重要な検討課題となる。

II　金融危機と破綻処理

住専処理問題　そこで，まず行政主導的な倒産処理の典型とされ，その倒産（破綻）処理が国民的関心を呼び，その後の不良債権処理問題に大きな影響を与えたといわれる住専（住宅金融専門会社）処理問題に遡ってみよう。

住専問題以前に行われていた金融機関の破綻処理は，監督官庁の事実上の主導のもとに，救済金融機関が破綻金融機関との合意のうえで，吸収合併または営業（事業）譲渡により破綻金融機関の事業を承継するという法形式によるものであった。これは，関係者の任意の協力を前提として，破綻金融機関の金融業務を継続させて信用秩序の維持をはかろうとするものであったということができる。

平成8（1996年）年6月，紆余曲折を経てできあがった最終的な住専処理案は，住専各社は清算となり，その損失は主として母体金融機関および一般（銀）行によって負担されて，農協系統金融機関の負担は少なく，一次損失負担の不足額などのために公的資金6,850億円が導入されるとともに，将来二次損失が生じた場合にはその半分を負担するために公的資金が使われるというものであった（特定住宅金融専門会社の債権債務の処理の促進等に関する特別措置法）。

この住専処理については，公的資金が導入されたこととともに，その損失負担割合が不平等であったこと，紛争解決に至る過程において，政治介入をうかがわせたことや監督官庁の強い行政指導があったことなどから，不透明な「密室取引」として，国民の厳しい批判を受けることとなった。

このように，監督官庁の主導のもとに紛争を調整・解決するスタイルは，高度経済成長の終焉，バブル経済の崩壊とともに行き詰まることとなっていった。すなわち，監督官庁の主導による「合意」型手続は，調整的機能を果たしうる前提条件である事実上の妥協の可能性を大きく狭める結果となり，紛争の解決のためには，より法的で透明なメカニズムが求められること

になった。

　その意味で，住専問題における倒産処理の手法は，伝統的な行政主導型倒産処理の破綻を印象づけ，より透明な，そして法的に方向づけられた倒産処理法制にとって代わられていく過程の始まりとみることができたのである。

　ところで，住専問題が起こったときも，法的処理手続で破綻処理を行うべきであるという議論が起こったことがある。これは，主として，法形式として破産手続によれば最も軽い負担ですむことになる母体金融機関が，大蔵省（当時）の銀行への圧力に反発して主張したものである。いわば法的整理を戦略的な交渉の道具としたものである。しかし，平等な負担では，農協系統金融機関は，住専への最大の融資者として損失の最も多くの割合を負担することになるため，これに反対した。

　これに対して，大蔵省は，住専問題の迅速な解決には関係当事者間での話合いによる処理が最も望ましいとするその立場を繰り返して，法的整理の考えに賛成するには至らなかった。

　また，一方，一部の法律家の間でも，透明性の確保のためには，法的整理が選択されるべきであるとの議論がなされたが，早期解決の必要，不平等弁済の是認，そして，清算を前提とした債権回収のために会社更生手続を利用することへの疑問，法的整理としては規模が大きすぎないかなどが問題とされた。

　しかし，この時の議論は，法的整理か行政主導型倒産処理かという二者択一的な議論にとどまっていた。

　それには，二つの理由があった。第一は，当時利用可能と考えられた法的整理手続は，更生管財人・破産管財人・整理委員・管理人が機関として関与する会社更生・会社整理・和議・破産・特別清算しか存せず，選択肢やその処理手続が限られていたこと。そして，第二に，行政主導型倒産処理では，実際にどのような倒産処理が行われるのかが，当時ははっきりせず，法的整理との比較対照が難しかったことである。前者については，その後民事再生法が制定され，後者については，実際には，株式会社住宅金融債権管理機構（現在の株式会社整理回収機構）が，司法の理念と手続を掲げて，公正と透明

を旨として，数多くの弁護士が関与して，紹介責任や経営者責任を明確にしながら，破綻処理を円滑かつ効率的に行うために債権回収を行った。また，後述するように，その後，行政主導型倒産処理制度が次第に整備されていった。

このように，住専処理の経験およびさまざまな制度改革を経た結果として，法的整理か行政主導型倒産処理かといった二者択一的な議論はすでに過去のものになったといえる。どのような手続を選択するかという点と，具体的にどのような内容の倒産処理を行うかという点は分けて議論を整理し，むしろ，手続の中で何がどのように行われているかというプロセスにより着目していく必要がある状況となったのである。

金融危機と破綻処理関係諸法の制定　住専問題を契機として，経営の悪化しかかっている金融機関に対応するさいの大蔵省の裁量の幅を縮減し，金融機関に対する市場の影響を増加させることによって日本の金融システムを再生する目的で，「金融機関等の経営の健全性確保のための関係法律の整備に関する法律」(平成8年法律第94号)，「金融機関等の更生手続の特例等に関する法律」(平成8年法律第95号) が立法化され，その後，金融機関の再生と早期健全化のために「金融機能の再生のための緊急措置に関する法律」(平成10年法律第132号) や「金融機能の早期健全化のための緊急措置に関する法律」(平成10年法律第143号) の制定を経て，大蔵省からの組織的分離をはかって金融監督庁が生まれ (平成12年金融庁となる)，さらにこれを金融再生委員会の監督のもとに置くという制度改革が行われた (平成13年金融再生委員会の廃止に伴って，金融破綻処理および金融危機管理に関する事務も金融庁に移管された)。

とくに，「金融機能の再生のための緊急措置に関する法律」(金融再生法) は，金融システムの安定性に大きな影響力をもつ金融機関や特定の地域で重要な役割を担っている金融機関が破綻に瀕した場合に，その債権者を公的資金により保護する一方で，株主と金融機関の経営者の責任を問うという趣旨で制定されたもので，平成10 (1998) 年10月には日本長期信用銀行に，同年12月には日本債券信用銀行に対して適用され，それぞれ特別公的管理 (一時

国有化）となったのである。

　そして，さらに平成12（2000）年5月に成立した「預金保険法等の一部を改正する法律」（平成12年法律第97号）は，バブル経済の崩壊により金融機関の破綻の数も規模も大きくなり，金融システムに対する不安が高まるなかで制定されたもので，金融機関の破綻処理について，各種時限的な特例措置が終了した後の金融機関の破綻処理制度について定めた。とくに，金融整理管財人による管理，それに続く承継銀行制度，および最後の手段としての特別危機管理銀行の各制度は，行政処分によって破綻金融機関の業務遂行権などを現経営陣から剥奪して公的な管理のもとに救済金融機関への事業の承継を行うための制度である。

　このような一連の動きは，国民の総意による立法化に基づくものであり，住専処理における行政主導型倒産処理とはその手法は大きく異なるが，金融庁，預金保険機構などの行政機関が監督官庁であり，行政機関が主導していく手続である点において，行政主導型倒産処理のもつ性格を受け継いでいる部分があるといえよう。

III　行政主導型倒産処理と法的整理

　ところで，このような流れのなかで，行政主導型倒産処理と裁判所の関与する法的整理との関係はその後どのように変化してきたのだろうか。

　この点については，「金融機関等の更生手続の特例等に関する法律」（「更生特例法」。平成8年法律第95号）が，預金者保護，破綻処理コストの拡大防止などの観点から，財務内容を把握しやすい監督官庁に裁判所への更生手続および破産手続の申立権を認めている。平成12（2000）年改正法（平成12年法律第93号）は，さらに民事再生手続も更生特例法の対象として監督官庁の申立権（更生特例法178条2項）を認めるほか，更生手続や破産手続におけるのと同じく，預金保険機構が債権届出や議決権行使について預金者の代理権を有するなどの権限を有するとしている。

　ところが，金融機関については，裁判所への申立てという実際の利用には

なかなか結びつかなかった。更生特例法による申立てに至らない理由としては，従来行われていた行政的な手法である合意や協調の考え方がなお根強く，倒産した金融機関を裁判所の監督下に置くことを敬遠しているといったことが考えられる。

また，もう少し実際的な理由としては，破綻処理のスピードはどうか，債権処理案の柔軟性が確保できるか，手続の過程で行政の意向が通りにくくなるのではないかという懸念をもっていたことなども指摘できると思われる。

さらに，そもそも，金融整理管財人の業務は，監督官庁が裁判所でなく複数の行政庁が関係しているという違いはあるが，業務を継続しつつ，事業譲渡などを行うという共通点から，更生管財人や会社整理の管理人に近い性格をもっている。

また，一方，会社更生手続下でも，零細な取引先の債権を優遇して連鎖倒産を防ぐ措置はきわめて機動力のある形で運用されているので，大型倒産，即，連鎖倒産という図式は，再建を志向する限り，今日では一般論としても通用しない。とくに，多くの手続選択肢をもった民事再生法の制定は，法的整理の積極的活用に大きく道を開くものとなった。したがって，行政主導型であれ，法的整理型であれ，金融システムの維持，預金者等の保護という目的のためにどのような手続が望まれるかという視点から，それぞれが変容してきたといえる。

IV 行政主導型倒産処理と私的整理

一方，私的整理においても，このような行政主導型倒産処理や不良債権処理問題の影響を受けて，多数の金融機関に対して多額の債務を負担する企業の場合には，私的整理の手続や内容について，一定の規制を受けざるをえなくなった。

この点について，平成13（2001）年4月に森内閣の経済対策閣僚会議が発表した「緊急経済対策」において，金融機関の不良債権問題と企業の過剰債務問題の一体的解決のための施策として，私的整理を公平かつ円滑に進める

ためのルールとしてのガイドラインの作成・公表が要請され,『私的整理に関するガイドライン』(以下, 私的整理ガイドラインという) が策定された。不良債権処理を加速させるなかで, 過剰債務負担のために現に窮境にはあるものの事業価値があるためにその負担を軽減すれば再生可能な事業については, 事業価値の毀損の防止, 短期・迅速再生が求められるからである。

私的整理ガイドラインによる手続は, 法的整理手続と異なり, 原則金融債権者限りの手続であり商取引債権者を巻き込まないため事業価値の毀損を防止でき, 迅速再生が実現可能である。また, 公正で透明な手続が保障され, 再生計画の相当性・実行性も検証され, 債権放棄についての税務上のメリットや上場廃止・2部への指定替えの猶予メリットなども盛り込まれた。

私的整理ガイドラインは, 法的拘束力をもたないものであるが, 私的整理を実施するさいの基本準則として尊重されるべきルールとして機能し, 和装の市田, 福岡のデパート岩田屋等の案件において企業再生が実施された。しかし, メイン行である主要債権者が調整者となるため, メイン行がしわ寄せを受けやすく, また債権者調整機能に弱点があるなどの問題点も指摘され, 日本経済を再活性化していくためには, 金融と産業の一体的な再生の促進が必要であるとの政府の方針のもと, 平成15 (2003) 年4月に株式会社産業再生機構 (以下, 再生機構という) が設立された。再生機構は, 関係金融機関の間の調整が困難である場合など民間の力だけでは容易でない案件を扱うこと, 買取等のための資金10兆円が政府保証により調達可能なことなど公的性格をもつ一方, 株式会社という組織, 人材, 再生手続は民間ビジネスベースであり, 法的整理と私的整理の隙間を埋める中間的な存在ともいえる(なお, 再生機構は平成17〔2005〕年3月末をもって債権の買取期限を終えた)。

また, 株式会社整理回収機構も, もともとは債権の整理回収が主軸業務であったが, 平成13 (2001) 年の政府の「骨太の方針」「改革先行プログラム」により企業再生業務が明確に位置づけられ, 私的整理ガイドライン手続のなかに整理回収機構の強みである債権者調整手続を取り込むなど, 両手続の効果的な融合による新しい私的整理手続を構築してきた。

V　ま　と　め

　以上のように，行政主導型倒産処理の内容は，不良債権処理から金融と産業の再生という時代の要請に応じて大きく変遷してきた。そして，倒産（再建型）処理手続も，法的整理か私的整理かという二者択一論ではなく，法的整理と私的整理の間隙を埋める仕組みの構築が模索されている。すなわち，たとえば，私的整理手続の手続的な公正や再建計画の妥当性を確保する仕組みを設けつつ，裁判所が関与することで，反対債権者が一部に存する場合でも，私的整理を実現可能とするような工夫である。こうした「私的整理の法的整理化」さらには「私的整理手続と法的整理手続の融合」等が提唱されつつある。したがって，産業再生機構の買取期限が終了したことで，これからは個々の企業や事業において，事業価値の破損を可能な限り回避しつつ，事業再生をはかるにはどのような手法が必要かという視点から，整理・再生手続をより具体化していくことが求められよう。

　＊　**産業再生機構**　2002年10月末の「改革加速のための総合対応策」のなかで構想された。この構想は，日本経済を再活性化していくためには，不良債権処理の加速・金融仲介機能の回復という従来の金融サイドからの改革だけでは不十分であり，個々の企業レベルでの過剰債務問題および個々の企業レベルを超えた特定の産業分野における過剰供給構造という産業サイドの改革も同時に進める必要があるとの観点から「金融・産業一体」となった再生を目指したものである。法的手続と比較すると，商取引債権者を保護し，金融債権者のみに負担を求めるという制度的枠組みから，事業価値を毀損する可能性が低く事業再生の可能性を高めることができる。他方，私的整理ガイドライン手続と比較すると，中立的な調整者として，また自らが債権者となる機能を有すること等を通じて「私的自治のスムーズ化」という機能を果たし，事業の再生を促進することが可能となり，異なる銀行グループにまたがるような事業再生も可能となるメリットがある。
　　また債権買取・出資機能により，自らもリスクテイクする立場にあり，先送り型でない再生計画作り，すなわち出口を見据えた事業再生計画の立案・実行をしたといわれている。

第6章　国際倒産処理

I　企業活動の国際化と倒産処理

国際倒産処理の発展　　企業活動が地理的に拡大し国境の壁がほとんどなくなった今日，いったん倒産が発生したときの処理の場面にもさまざまの国際的要素が入ってくることになる。おそらく，昨今の大型倒産事件では，この問題を避けて通ることはできないであろう。すなわち，倒産した債務者の財産がすべて日本国内にあり，債権者を始めとする関係者がすべて日本（法）人に限られ，もっぱらわが国の倒産法で片がつく「国内倒産」事件は，大型事件ではむしろ稀でさえあろう。こうした現状を踏まえ，倒産処理の過程で浮上する渉外的諸問題の体系的な理解と解決を試みる「国際倒産法」ないし「国際倒産処理」が倒産法のなかで重要領域を形成するにいたった。もちろん，このことはわが国だけに限られた現象ではなく，世界各国に共通していえることである。

　ここでは国際的要素をもった倒産事件を広く国際倒産と呼ぶことにするが，こうした事例が稀であった時代における国際倒産処理の基調は，自国民の便宜・保護ということに傾きがちであった。しかし，市場開放・貿易自由化の今，各国がそうした姿勢を貫けば，たちまち貿易摩擦，はたまた法律摩擦を引き起こしかねまい。そこで，今日の国際倒産処理は関係各国間の調整・協調の試みを経て，標準化・統一化の方向を模索しつつある。

　ところが，現実には，倒産処理を司法権あるいは行政権といった国家権力の枠組みで扱ってきた経緯から考えて，一つの倒産事件を全世界的に統一処理し厳格に国際的な一人一倒産手続の実現を目指す究極の普及主義はなお机上の理念型にとどまらざるをえない。それゆえ，倒産処理の場面における国

際協調の必要性は認識されながらも，属地的な処理の発想も拭い去れない現実が残っていた。属地主義による不都合を克服し，倒産処理における国際協調の実現に向け，世界の国際倒産立法は急速に展開しつつある。*

* **属地主義から普及主義へ**　こうした国際倒産の動きは，実務界の要請に支えられながら，解釈論・立法論に共通している。しかし，問題の性質上，一国内の解釈論上のおよび立法上の努力（これ自体目を見張るものがあるが）では限界があるのも事実である。そこで，より抜本的な克服策として注目されるのが，国際倒産条約の締結促進である（これにより締約国内での普及主義が実現可能となる）。すでに，ヨーロッパ諸国では，この種の二国間条約が多数あるし，さらにECの破産条約草案を経て現在はEU加盟国内の倒産規則の締結へと至り，国連レベルでの国際倒産のためのモデル法も採択されている。わが国でも，かつての属地主義に対する批判を踏まえ，これを是正する改正がなされ，また新しい法（外国倒産処理手続の承認援助に関する法律，以下では，承認援助法と略する）も制定されるにいたった。

かつての属地主義　わが国の倒産法が定める従来の国際倒産の規定は，最も厳格な属地主義といわれてきた。すなわち，旧破産法3条，旧会社更生法4条がその根拠とされていた。倒産手続の国際的効力に関して定めるこの両条は，まったく同趣旨のもので，つぎの二つの内容を含んでいた。

第一は，いわゆる内国倒産手続の対外的効力に関してである。これについて，わが国で開始された破産・和議・会社更生は，わが国内にある財産についてのみ効力が及ぶにとどまり，海外にある財産には及ばないものとされていた。

第二は，第一とは逆の側面で，外国倒産手続の対内的効力といわれるものである。これについても，外国で開始された破産・和議・会社更生（何をもってこれに相当すると考えるか自体も，各国の倒産法の違いから問題であるが）は，わが国にある財産にその効力が及ぶものではないとされていた。

このように，両方の側面で属地主義がうたわれていたことから，わが国は，倒産処理に関する限り「鎖国状態」にあるかの状況であった。これは，内国倒産手続の対外的効力を肯定し外国倒産手続の対内的効力を承認する普及主義の帰結と対比されるものである。経済活動がおおむね日本国内で自己完結的に推移していたような時代であれば，普及主義実現の労力・費用を節約で

きる分，属地主義こそ簡易・迅速な手続遂行をもたらし自国債権者らの保護にもなりうると，その正当性がそれなりに説得力をもっていたかもしれない。しかし，ボーダーレス時代の今日，厳格な属地主義は大きな欠点を露呈することになった。すなわち，内国倒産手続のらち外に置かれた債務者の海外財産をめぐる無秩序な競争による債権者間の不公平の発生，国際協調路線に反するかのごとき印象を与えかねない外国倒産手続無視の姿勢，といった点においてである。また，重要財産が海外にあるようなケースを考えればわかるように，属地主義が自国債権者の保護につながるかどうかも実はあやしいのであった。

それゆえ，前記の属地主義の条文をきわめて限定的に解釈する努力が懸命になされていた。つまり，海外財産に対するわが国の倒産手続の効力の拡張を試みる一方で，外国の倒産手続のわが国での効力も承認しようとするものである。わが国の国際倒産に関する実務と学説は，三光汽船事件，ＢＣＣＩ事件といったような著名な国際倒産事件を通じて確実に進展を遂げ，平成12（2000）年の国際倒産関連立法へとつながったのである。

II　国際倒産法の諸相

国際倒産事件の問題は，Ⅰで述べた倒産手続の国際的効力のほかにも，さまざまな側面が存在している。

国際倒産管轄　国際民事訴訟において国際裁判管轄が重要な問題になるのと同様，国際倒産事件においても管轄が問題になりうる。全世界的規模で国際倒産事件についての最適な管轄分配ルールを確立するのが理想であろうが，国内規定のレベルでも世界に通用する国際管轄規定を設けることが肝要である。わが国もこれを明確に意識して規定を置くに至った。

まず，わが国に国際倒産管轄が認められる条件（すなわち，直接管轄）として，破産と民事再生に関しては，債務者が日本国内に住所，営業所，居所または財産を有する場合と規定された（破4条1項，民再4条1項）。これに

対して，会社更生に関しては，日本国内に営業所を有する場合に限り国際倒産管轄が認められるとされた（会更4条）。担保権者をも取り込み，資本構成も変えることを予定した会社更生については，単なる財産所在で国際倒産管轄を肯定することを控えたことがわかる。

つぎに，外国倒産手続の承認の条件としての国際倒産管轄（すなわち，間接管轄）については，その国に債務者の住所，居所，営業所または事務所がある場合に限るとした（承認援助法17条1項）。つまり，単なる財産所在に基づく外国倒産手続については承認援助の対象外としたわけである。

国際倒産の準拠法　管轄が肯定され国際倒産事件を処理していくとして，はたしていずれの国の法律に依拠すればよいのであろうか。ひとくちに倒産法といっても，それが手続面と実体面の両方をあわせもっていることが問題を複雑にしている。

まず，手続に関しては，「手続は法廷地法（lex fori）による」との抵触法上の原則があるので，おそらくわが国の裁判所が管轄を有して開始された倒産手続は，法廷地たるわが国の適用倒産法の手続規定に則って進められると考えてよいだろう。すなわち，基本的な手続の進行面は開始国の法律によればよいのである。これに対し，倒産処理の実体面はどうであろうか。倒産手続の実質的な規制対象となる倒産債権の問題をはじめ，取戻権，別除権（つまり，担保権），相殺権，否認権，双務契約などの諸事項も開始国の法律を適用するだけでよいであろうか。基本となる法律関係に関する国際私法ルールを参考に準拠法を探ることになろうが，倒産における各国の実体規定の差異により，手続面ほど単純に準拠法決定が落ちつくようには思われない（倒産債権の劣後処理の可否が開始国である日本法を基準にされたと思われる裁判例として，東京地判平3・12・16金判903号39頁〔倒産百選〔第4版〕45事件〕）。とくに，準拠法如何で要件が異なり成否が分かれる否認権のそれは重大な問題である。

内国倒産の対外的効力　わが国の倒産法は，長く属地主義の一面としてこれを否定してきた（わが国の統治権が及んでいなかった当時の沖縄にある財産の破産財団所属性を否定したとされる裁判例として，東京高決昭34・1・12下

民集10巻1号1頁〔新倒産百選116事件〕)。

しかし，近時は，属地主義を修正する努力が学説・実務の支持を得ており，管財人による外国財産組入れの試みも事実上行われていた。組入れに成功すれば，債権者間の公平，配当財団または再建のための財産の充実がはかられることが期待できる。内国倒産の対外効は民事再生法が「日本国内にあるかどうかを問わない」と表現してこれを打ち出し（民再38条1項），ついで破産法，会社更生法も旧来の属地主義を改めるにいたった（破34条1項，会更32条1項）。もっとも，内国倒産の対外効の実現には財産所在国の裁判所の理解が不可欠であることに注意を要する。

* **アメリカにおける付随手続（ancillary proceedings）** 著名な国際倒産事件であるヘルシュタット銀行事件を教訓として，アメリカの倒産法は，外国で開始された倒産手続の実効性を確保するため，アメリカの裁判所が各種の措置を講じてこれに協力するとの先駆的規定を置くにいたり，わが国の三光汽船事件でもその協力を得た。

外国倒産の対内的効力 この点も，かつては属地主義のもう一面としてその効力が否定されていた（外国破産宣告の国内訴訟への影響を否定した裁判例として，大阪地判昭58・9・30判タ516号139頁〔新倒産百選118事件〕)。しかし，最近は，属地主義修正の動きを反映し，上記の規定は，外国倒産の「本来的効力（包括執行的効力）」が当然にわが国に及ぶものではないとするにとどまり，それ以上に外国倒産の無視を要求するものではないとして，外国の管財人がわが国で権限を行使するのを認めた裁判例も出ていた（スイスの管財人につき，東京高決昭56・1・30下民集32巻1〜4号10頁〔新倒産百選117事件〕，ノルウェーの管財人につき，東京地判平3・9・26判時1422号128頁)。

今日の国際化時代にあって，各国は，一般に外国判決の承認・執行の途を開いているのであり（民訴118条，民執24条），倒産手続開始の裁判をその例外とする根拠は見あたらないといえよう。もっとも，あらゆる外国の倒産手続開始の裁判が，自動的にわが国で承認を受けるものと考えるべきものでもない。要は，承認の条件そして承認する際の効果につき国際協調路線に従うことである（アメリカの倒産手続の協力に関し，大阪地判平7・5・23判時1554号91頁，フランスの倒産手続の効力に関し，東京地判平8・2・7判時1589号86

頁)。このような意味で，外国倒産の対内効を否定した規定も削除され，外国倒産承認援助法が制定されたことで，わが国の国際倒産法は新時代を迎えることになった。

倒産法における外人法 　国際倒産処理においては，債務者として，また債権者その他の利害関係者として外国（法）人が関与することになる以上，その地位をどうするか，いわゆる外人法の問題も無視できない。

まず，わが国の法の下では，特別の定めがないかぎり外国（法）人も，日本（法）人と同様に私権を享有できるとの一般的規定が存在する（民2条・36条，会社法823条）。つまり，内外人平等主義の一般原則が支配しているわけである。この点は，倒産法においても同様である（破3条，民再3条，会更3条）。

ただ，従来から無条件の内外人平等主義をとる会社更生法に対し，旧破産法は「其ノ本国法ニ依リ……同一ノ地位ヲ有スルトキニ限ル」と，相互主義の留保が但し書きにおかれていた。こうした相互主義の背景には，属地主義原則と同様，自国民の保護という発想があったことは疑いないが，国際化の時代に国籍を理由に差別をすることになる点で批判が強かったため，平成12（2000）年改正でこの留保は削除された。

ところで，倒産外人法により，破産等の倒産手続で内外人が平等になるとは何を意味するか。これは，外国（法）人がわが国の倒産手続に広く関与できることを保障するとともに，要するに，わが倒産法に準拠して外国（法）人の具体的な倒産法上の権利・地位を規制するということと考えてよい。たとえば，倒産能力の有無，倒産手続の申立権者・申立義務者の範囲は，各国で多様な立法が考えられるところであるが，わが国の法律を基準としてよい，という具合にである。

Ⅲ　承認援助と並行倒産

民事再生法の国際倒産関連規定，破産法や会社更生法の改正，そして外国倒産承認援助法の制定により，最も愚直とまで評された属地主義の汚名は返上できた。そして，各国がモデル法に依拠した国際倒産立法を推進すること

で，国際倒産事件処理の平準化・統一化も可能となってきた。国際倒産法は新たな時代を迎えたといってもよいであろう。もっとも，一気にすべての問題が解決したわけではなく，制定された国際倒産立法の運用・解釈という新たな課題も出てくるであろうし，より望ましい方向での制度の改善努力も必要となってくるであろうから，今後とも目の離せない分野であることは間違いない。また，今回の立法では国際倒産に関係する準拠法問題については特別の措置が講じられていないことにも注意する必要がある。

承認援助法の概要 承認援助法により，外国倒産手続の効力がわが国でも認められる基盤が整い，国際的に整合のとれた清算・再建手続が実現可能となった。もっとも，あらゆる外国倒産手続がフリーパスで承認されるものではなく，所定の要件を充たすことが前提となる（承認援助法21条）。また，承認決定によりなんらかの効果が自動的に付与されるものではなく，個々の事案に応じて個別的に各種の援助処分を講ずることで当該外国倒産手続の効力がわが国でも実現されるように意図したものである。

したがって，承認援助制度そのものは，裁判所の裁量で，①強制執行等の中止・取消し，②処分禁止・弁済禁止，③担保権実行の中止，④管理命令（承認管財人の選任）等の援助処分を命ずるにとどまり，債権届出・調査，配当あるいは再建計画，といった本来的な意味での倒産手続を内在するものではない。それゆえ，わが国にも相当の財産があり債権者の数も少なくない等の事情があり援助処分では足りない場合は，外国管財人としては，わが国で別途倒産手続の開始を申し立てることが必要となる。その意味で，承認援助法は，外国倒産手続と国内倒産手続が並行する場合を念頭においたものであるともいえる。

もっとも，同法は，一債務者について外国倒産手続の承認援助手続と国内倒産手続が重複したり，複数の承認援助手続が進行することは認めておらず，一債務者一手続の原則をとっている。そのために，手続相互の優劣関係については，国内倒産手続を優先させることを原則としつつ，外国主手続（すなわち主たる営業所のある国で申し立てられた外国倒産手続）の承認援助の申立てがあった場合に限りこれを国内倒産手続に優先させることがありうるものと

して調整をはかっている（承認援助法57条）。さらに，複数の外国手続について複数の承認援助手続が並行する場合の調整規定もある（承認援助法62条）。

並行倒産のための工夫　前述のように，承認援助法ができたからといって，一債務者の倒産手続が世界で一個で済むことになるわけではない。国際的に活動してきた債務者の倒産処理は内外で手続が並行してなされることを避けられない。しかし，これをまったくの属地主義的発想で内外の手続間を没交渉の状態におく愚は解消される必要がある。その意味で，並行する内外の倒産手続を連係させる国際協調規定が整備されるにいたったものである。

第一に，外国管財人のわが国における各種の権限を明確にした。すなわち，外国管財人との協力（破245条，民再207条，会更242条），開始原因の推定（破17条，民再208条，会更243条），外国管財人の申立権・債権者集会出席権・計画案の提出権（破246条，民再209条，会更244条）といった規定が置かれている。

第二に，いわゆるホッチポット・ルールと呼ばれる国際的視野での債権者間の公平確保に向けての配当調整である。とりわけ，債務者の外国財産から弁済を得た債権者がいる場合には，他の債権者が同一の割合の弁済を受けるまでは弁済できない旨が明らかにされた（破201条4項，民再89条2項，会更137条2項）。

第三に，外国管財人と内国管財人等の手続相互参加の規定，すなわちクロス・ファイリング規定である（破247条，民再210条，会更245条）。これは，他国の倒産手続に参加することのできない債権者が少なくないことを踏まえ，各管財人（占有債務者を含む）に自国の債権者代理権を認めることで世界規模での債権者の公平の実現に資そうとするものである。

以上に述べた承認援助法と一連の国際倒産関連規定により，わが国の国際倒産立法は一気に世界水準に達したといえる。これらが具体的事件に適用されるさい，どこまで有効に機能するかその成果は大いに注目されよう。

第4部

担保権と救済手続

第1章　債権回収と担保

I　人的担保と物的担保

　担保とは，ある債務者に対する特定の債権者が，同じ債務者に対する他の債権者よりも有利な形で自分の債権を回収できるようにする手段を指している。

　さて，一般に，ある債務者に複数の債権者が存在する場合，これらの者の間には「債権者平等の原則」が妥当する。すなわち，各債権者は，債務者のすべての財産から，かつ，債務者の財産からのみ，自己の債権額に按分比例した割合で，自己の債権を回収することができる。これに対して，ある債権者が，他の債権者よりも有利な形で，自己の債権の回収をはかろうとする場合には，以下の二つの方法が考えられる。第一は，債権者が自己の債権の引当てにできる財産を大きくする方法であり，これは保証と呼ばれる。この場合，債権者は，債務者だけではなく，第三者（保証人）の有するすべての財産からも，自己の債権を回収することができる。しかし，そこでは，債権者平等の原則が妥当するために，債権者にとっては，債権の引当にすることができる財産が債務者ひとりの財産から債務者と保証人の財産に拡大しただけであって，保証人の財産について保証人の債権者との関係で優先的地位が得られるわけではない。第二は，ある特定の財産——債務者の財産である場合もあれば，第三者（物上保証人）の財産である場合もある——を，そこから自己の債権を優先的に回収することができるように別扱いする方法である。前述したところから明らかなように，保証は，保証人が充分な財産を有しているか否かにその担保としての実効性が係っていることから，人的担保とよばれている。これに対して，第二の担保方法——特定の財産を別扱いする方

法――は，別扱いされた財産の価値にその担保としての実効性が係っていることから，物的担保と呼ばれている。

II 物的担保

1 典型担保

(1) **典型担保の種類** 民法は，物的担保として，留置権(民295条以下)，先取特権(民303条以下)，質権(民342条以下)，抵当権(民369条以下)の四種類を定めている。これら四種類の物的担保は，いずれも，当初から担保の機能を果たすべき権利として創設されたものであり，担保物権として制限物権の形をとっており，典型担保とよばれている。さて，このうち，留置権と先取特権は，一定の種類の債権について，法律上，当然に発生する担保物権であることから，法定担保物権とよばれている。これに対して，質権と抵当権は，債権者が，担保物権の目的となる財産を保有している者との合意により，当該財産の上に担保物権を取得することから，約定担保物権とよばれている。

(2) **占有型担保物権と非占有型担保物権** 担保物権には，担保目的物の占有を担保権者に移転しなければならない占有型担保物権と移転する必要のない非占有型担保物権がある。約定担保物権のうち，質権は占有型担保物権であるのに対し（民342条)，抵当権は非占有型担保物権である（民369条)。担保目的物が債務者の生活や営業に必要とする物である場合には，非占有型担保物権でなければ，実際上，担保に供することはできない。また，債権者にとっても，担保の機能としては，万一の場合に，担保目的物から債権の優先的回収が図れれば，それで充分であり，担保目的物を手元においておかなければならないとなると，管理のコストもかかる。そのため，約定担保物権にあっては，非占有型担保物権である抵当権が主流を占めることになる。法定担保物権に目を転じると，留置権は占有型担保物権であるのに対して，先取特権は占有型のもの（たとえば，旅館宿泊の先取特権，運輸の先取特権）もあるが，その多くは非占有型担保物権である。

(3) **担保権実行の問題点と平成15（2003）年担保・執行法制改正** (a)

抵当権実行の円滑化のための改正　不良債権回収の迅速化を最大の目的として行われた平成15（2003）年の担保・執行法制改正においては，抵当権実行の円滑化・迅速化を目指して，抵当権実行に対する妨害の防止，明渡しの簡易・迅速化を達成すべく，多くの改正がなされた。これら諸改正中，最も大きな改正は，従来，執行妨害の手段として用いられることが多かったとされる短期賃貸借制度を廃止し，明渡猶予制度を導入したことである（民395条）。さらに，民事執行法においても，民事執行法上の保全処分発令の要件を緩和する（民執55条・77条2項・187条1項）など，執行妨害に対抗するための諸制度が導入された（たとえば，民執55条の2・83条の2・168条の2）。

　(b)　不動産の収益からの債権回収　民法が定める四種類の担保物権のうち，優先弁済効がない留置権を除く，先取特権（民304条），質権（民350条による民304条の準用），抵当権（民372条による民304条の準用）には，物上代位性が認められる。物上代位性とは，担保権者は，担保目的物の売却・賃貸・滅失または毀損によって担保目的物の所有者が受けるべき金銭その他の物，および，目的物に設定した物権の対価に対しても，優先権を行使することができるという性質である。しかし，質権，抵当権については，物上代位性が認められるといっても，先取特権についての規定である民法304条がそのまま妥当するかについては，さらに，吟味しなければならないとされている。たとえば，動産を目的とする先取特権にあっては追及効がない（民333条）ので，売買代金債権に対する物上代位を認める必要があるが，抵当権にあっては，抵当権の登記があれば第三取得者に対しても抵当権を実行することができるので，売買代金に対して物上代位を認める必要はないとされている。また，抵当権に基づいて抵当不動産の賃料債権に対する物上代位が認められるかにつき，学説においてはその当否をめぐって議論がなされていたが，最高裁（最判平元・10・27民集43巻9号1070頁）は全面的に肯定している。

　しかし，抵当権が複数存在する場合，抵当権者は，抵当不動産の競売にあっては，制度上，その順位に応じた配当を受けることができる（民執188条の準用による民執87条1項4号）のに対して，物上代位権が行使された場合には，順位に応じた配当が受けられるという制度上の保障はない。また，賃料債権

に対する物上代位が行われると，抵当不動産から収益を得られなくなった所有者は，不動産の管理を行わなくなるために，不動産が荒れる等の弊害が指摘されていた。そこで，抵当権者が抵当不動産の収益から債権回収を行う方法として，従来，競売だけだった不動産を目的とする担保権の実行方法に担保不動産収益執行が加えられた（民執180条2号）。これに伴い，担保不動産収益執行の実体法上の根拠を明確にすべく民法371条が改正された。ところで，担保不動産収益執行制度の導入にあたっては，抵当権者が賃料債権から債権を回収する手段は担保不動産収益執行に一本化し，抵当権に基づく賃料債権に対する物上代位は廃止するという選択肢もあった。しかし，担保不動産収益執行は，強制管理の手続を準用している（民執188条）ことから，かなり重い手続となることが予想される。そこで，賃料債権からの簡易な回収方法である物上代位についての改正が行われることはなかった。

(c) 動産担保権の実行　　動産売買先取特権にあっては，目的物の占有は買主である債務者のもとにある。しかし，平成15（2003）年改正前の民事執行法190条は，動産に対する担保権の実行は「債権者が執行官に対し，動産を提出したとき」または「動産の占有者が差押承諾文書を提出したとき」に限り開始すると定めていたため，その実行がはなはだ困難であった。そこで，動産売買先取特権の実行を容易にするため，民事執行法190条が改正された。その結果，執行裁判所が担保権の存在を証する文書を提出した債権者の申立てに基づいて当該担保権についての動産競売の開始を許可したときにも，動産に対する担保権の実行が開始されることになった（民執190条1項3号・2項・3項）。

2　非典型担保

(1) 権利移転型担保　　(a) 意義と種類　　典型担保にあっては，原則として，担保権の実行は，担保目的物を裁判所の行う競売によって換価してもらい，担保権者である債権者は，その換価金から優先的に配当を受けて自己の債権を回収するという方法によって行われる。しかし，この競売手続は，時間と手間がかかるために，債権者としては，簡易な方法で実行できる担保

手段を求めることになる。すなわち，債務者の不履行があったときには，裁判所の競売手続を経ずに，優先的に担保目的物から債権の回収を図ることができる担保手段である。そのような要請に導かれて実務界が発展させ，そして，判例によって認められた物的担保が典型担保である制限物権型担保に対するところの非典型担保である権利移転型担保である。

権利移転型担保とは，要するに，債権者が，債務者の不履行がある場合には，目的物の所有権に代表されるところの特定の権利を，自己に帰属させるか，あるいは，第三者に対する処分権を取得してその処分代金を取得することによって，被担保債権の優先的回収を図ろうとするものである。権利移転型担保にも種類がある。すなわち，大雑把にいって，債務不履行時に債権者への権利の移転を行うことを予約するもの（仮登記担保），あらかじめ権利を債権者に移転しておいて債務が履行されたら当該権利を元の権利者に戻すもの（譲渡担保），および，売買代金債権を担保する手段として，売買代金が完済されるまで売買目的物の権利を売主が留保しておくもの（所有権留保）がある。

(b) 利用される理由　権利移転型担保が用いられる理由は，競売手続の回避に尽きるものではない。たとえば，動産譲渡担保にあっては，その理由として，典型担保における動産の非占有型担保物権の不備を挙げることができる。すなわち，民法は，動産を目的とする担保手段としては，占有型担保物権たる質権しか定めていない。また，特別法も，自動車（自動車抵当法），建設機械（建設機械抵当法）等の特定の動産について，非占有型担保物権を定めるにとどまり，動産一般を対象とする非占有型担保物権を定めている特別法は存在しない。そのため，生活や営業に必要な動産を担保に供しようとする場合には，非典型担保たる動産譲渡担保によらざるをえない。すなわち，動産譲渡担保にあっては，占有改定（民183条）あるいは動産および債権の譲渡の対抗要件に関する民法の特例等に関する法律（債権譲渡の対抗要件に関する民法の特例等に関する法律が2004〔平成16〕年の改正によって名称が改められた）によって導入された動産譲渡登記（同法3条1項・7条）によって，担保目的物を現実に担保権者に引き渡すことなく，対抗要件（民178条）を

具備することできるからである。

　(c) 問題点　　前述したように，権利移転型担保にあっては，あらかじめにしろ，あるいは，債務不履行時にしろ，債権者に対して担保目的物の権利自体を移転する形式をとる。すなわち，実質は担保でありながらそれよりも過大な法形式がとられている。そのため，権利移転型担保にあっては，担保目的物の価額と被担保債権額の差額についての清算義務や受戻権の確立をはじめとして，いかに，担保の実質にあった処遇を与えるかが問題となる。この点，判例は，個々の場面において，担保の実質に沿った処理をしてはいるが，それぞれの担保方法に対して法律構成を与えることはしていない。

　(d) 実行をめぐる問題　　典型担保にあっては，裁判所による競売手続によって，その実行が行われるため，複数の債権者が存在する場合には，裁判所の手によって配当が行われる。これに対して，権利移転型担保にあっては，私的実行が行われるために，担保権者以外の債権者の処遇が問題となる。たとえば，動産譲渡担保の場合には，譲渡担保設定者の債権者が譲渡担保の目的物に対して強制執行をかけてきた場合に，譲渡担保権者は，第三者異議訴訟（民執38条）によって，当該強制執行を排除できるのかという問題がある。なお，仮登記担保については，立法によって，仮登記担保権者と他の債権者との調整がはかられている（仮登記担保15条）。

　ところで，最近，在庫商品や売掛債権を担保の目的とする集合動産譲渡担保や集合債権譲渡担保の利用が活発化している。会社更生をはじめとする再建型倒産手続においては，事業経営の存続のために，これら担保の目的となった財産の使用処分を認める必要があるが，無条件にこれを認めると，担保権者は著しく不利益な地位に置かれることになる。そこで，いかにして再建の目的達成と担保権者の保護のバランスをとるかが問題となる。また，集合動産譲渡担保や集合債権譲渡担保の目的となる在庫商品や売掛債権は，従来，一般債権者への配当の原資となっていたので，これら担保方法の利用が活発化するにつれて，一般債権者の配当に充てる財産がなくなってしまいかねないという状況が生じている。そこで，一般債権者への配当原資をどのように確保するかが，実体法と手続法，解釈論と立法論，それぞれの側面から問題

となっている。

　(2) **物的担保の機能を果たす制度**　(1)で述べた権利移転型担保は，典型担保とともに，物権としての物的担保に分類することができる。ここで，物権としての物的担保とは，債権者が担保の目的物に対してなんらかの物権を取得することによって，担保目的物から優先弁済を図る担保手段を意味している。これに対して，物的担保の機能を果たす制度とは，債権者は，ある特定の財産について物権を取得しているわけではないが，結果としてある特定の財産を別扱いして，そこから優先弁済を受けたと同じ結果が得られる担保手段のことを指している。物的担保の機能を果たす制度の代表的なものとしては，相殺予約，代理受領，振込指定を挙げることができる。

　たとえば，代理受領にあっては，債務者は，債権者に対して，その有する債権について取立て・受領の権限を委任し，債権者は，当該権限に基づいて第三債務者から受領した金銭を自分の債権の弁済に充当する。この場合，債権者は，債務者が第三債務者に対して有する債権について，なんら物権を有しているわけではないが，当該債権から優先弁済を受けたと同様の結果が生じている。しかし，債権者は，当該債権について，第三者に優先する権利を有しているわけではないので，差押債権者に優先することはできず，また，債務者が倒産した場合も同様である。このように物的担保の機能を果たす制度にあっては，当事者間の合意によって物的担保としての機能を果たさせようとしている。そのため，そこでの問題は，同じく非典型担保であっても，権利移転型担保の場合とは逆に，担保という実質のために，その形式以上の効力を与えることができるかにある。

第2章　担保権の実行

I　序　説

1　担保権実行手続の特色

いわゆる担保権の実行手続については，民事執行法の第三章に定められており，厳密には「担保権の実行としての競売等」と呼ばれる。この手続によって実行される担保権は，「物的担保権」であり，具体的には，抵当権（根抵当権を含む），質権，一般または特別の先取特権（物上代位を含む）が含まれる。これらの物的担保権は，一定の債権の支払いを確保するために，債務者（または物上保証人）の特定の責任財産に対して設定され，その担保されている債権（被担保債権）の履行が遅滞した場合に，その責任財産を換価して得た金銭から，優先的に弁済を受ける権利である。担保権の実行手続は，まさにこの権利実現の過程を規律するものであり，担保執行とも呼ばれる。

担保権の実行手続と強制執行の大きな違いは，①手続の開始要件と②不服申立ての方法にある。強制執行では，手続を開始するにあたり，債権者の債権の存在を証明するためいわゆる「債務名義」が必要とされている（民執22条）。これに対し，担保権の実行手続は，担保権に含まれる「換価権」に基づいてなされると考えられており，債務名義は不要とされる。もっとも，強制執行では，債務名義さえ提出されれば，執行機関はこれを信頼して，執行債権の存否を調べることなく適法に執行を行うことができるが，担保権の実行手続では，執行機関が担保権の存否を調べることとなっており，申立てのさいには，原則として，担保権の存在を称する文書の提出が必要とされている。さらに，担保権の実行手続では，債務名義が不要とされていることから，強制執行における不服申立ての方法である請求異議の訴えではなく，執行異

議によって担保権の存否を主張することができる（詳細は，→本章V参照）。

以上の二つの相違点を除けば，担保権の実行手続に関する規定の多くは，強制執行手続の規定を準用している。それゆえ，以下の叙述では，担保権の実行手続の特徴的な部分を中心に扱い，強制執行手続と重複する部分については概略にとどめる。

2　民事執行法改正の経緯

担保権の実行手続は，もともと民事執行法に定められていたわけではなく，競売法という別個の法律によって規律されていた。しかし，競売法の規定が不十分であったことから，昭和54（1979）年の民事執行法の制定に伴い，担保権の実行手続も強制執行などとともに規定されることとなった。その後，民事執行法は，バブル経済の崩壊以後の執行申立件数の増加と売却率の低迷を受けて，執行実務をより円滑なものとするため，平成8（1996）年と平成10（1998）年に大きな改正がなされている。さらに，平成13（2001）年には，社会・経済情勢の変化への対応等の観点から，担保法制とともにその実行としての執行手続等についても見直しを行うため，法務大臣の諮問機関である法制審議会担保・執行法制部会が設置され，作業が進められていた。平成15（2003）年7月には，「担保物権及び民事執行制度の改善のための民法等の一部を改正する法律」が成立し，平成16（2004）年4月1日より施行されている（以下，平成15年改正と呼ぶ）。これに伴い，担保権の実行手続はいくつかの点で大きく改正されている。

II　不動産に対する担保権の実行手続

1　平成15年改正と不動産担保権の実行手続

不動産に対する担保権の実行方法には，①担保不動産競売と，②担保不動産収益執行の二つがある（民執180条）。前者は，担保権が設定されている目的不動産を換価し，その売却代金から優先弁済を受ける方法である。実際の

担保不動産競売のほとんどは，抵当権の実行である。後者の担保不動産収益執行は，不動産の収益から優先弁済を受ける方法であり，平成15年改正により新たに創設された。従来，不動産の強制執行では，強制管理の方法も認められており，不動産から生ずる収益が債権の回収に充てられていた（民執93条以下）。しかしながら，たとえば，担保権の設定されている不動産が，テナントビルやマンションなどの場合，その売却をはかるよりも賃料等の収益から優先弁済を受ける方が容易である場合が多く，バブル崩壊後，不動産市場が低迷する状況では，実務上，抵当権に基づく物上代位（民304条・372条）による賃料差押えにより債権回収をはかる方法が広く利用されている。このような状況に加え，物上代位に基づく賃料債権の差押えを肯定した平成元年10月27日の最高裁判決（詳細は，→第4部第1章II 1参照）の存在も後押しし，平成15年改正では，担保不動産収益執行が導入されるに至った。改正法の下では，担保不動産競売と担保不動産収益執行のいずれか，または両方を選択して申し立てることができる（民執180条）。

* **民法371条の改正** 旧民法371条の規定は，旧民法370条の後に置かれていることから，旧民法370条の例外規定であり，旧民法371条のいう「果実」は，抵当権の効力が抵当不動産の競売手続開始による差押え後の天然果実を意味すると解されてきた。しかしながら，平成15年改正において，担保不動産収益執行が創設されるにあたり，担保不動産収益執行の手続開始後に抵当権の効力が及ぶ範囲を明確にする必要があると考えられ，民法371条の規定を改めて，天然果実および法定果実に及ぶということが実体法上明確にされた。

2 担保不動産競売

(1) **担保不動産競売の開始** 担保不動産競売手続については，不動産の強制競売手続が包括的に準用されており（民執188条。以下では準用規定のみ引用する），手続の多くの部分は共通している。もっとも，前述のように，手続開始の要件は不動産の強制執行と異なり，担保不動産競売手続の開始を申し立てるさいには，債務名義を提出する必要はない。その代わり，債務名義ほど権利の存在について高度の蓋然性をもつものではないが，担保権の存在を証する文書の提出が求められている。すなわち，担保権者は，①担保権

の存在を証する確定判決もしくは家事審判法15条の審判またはこれらと同一の効力を有するものの謄本，②担保権の存在を証する公証人が作成した公正証書の謄本，③担保権の登記（仮登記を除く）に関する登記事項証明書（登記簿謄本，相続などにより担保権を一般承継した場合は，戸籍謄本，遺産分割協議書など），④一般の先取特権についてはその存在を証する証書（たとえば，給料債権者の先取特権の場合（民306条2項），会社等の賃金台帳の写しや銀行の給与振込未了証明書など）のうち，いずれか一つを執行裁判所に提出しなければならない*（民執181条1項）。実際上は，担保権の登記のある登記簿の謄本を提出する場合が多い。これらの文書が提出されると，執行裁判所は担保権の存否を判断することなく，申立ての要件を充たしているかどうかのみを審査し，競売開始決定をする**（同45条1項）。開始決定がなされると，裁判所書記官は，決定書とともに前述の文書の①から③については目録を，④に該当する文書についてはその写しを相手方に送付しなければならない（同181条4項）。

* **担保権の存在を証する文書の法的性質** 民事執行法181条1項各号が規定する担保権の存在を証する文書の法的性質をめぐっては見解の対立がある。一つは，これらの文書には執行機関に対する通用力が認められており，これらの文書によって担保権の存在が示されていれば，執行機関は手続を実施するのであるから，ほぼ債務名義に近いものであるとする見解である。もう一つは，担保権の実行は担保権に内在する換価権に基づいて行われるとする見解であり，これが通説である。
** **不動産競売開始決定前の保全処分** 平成8（1996）年の民事執行法改正では，第三者の不動産占有による執行妨害を排除するため，債務者または所有者に加えて占有者も売却のための保全処分の相手方となることができることとされた（民執55条1項・3項）。この保全処分の申立権者は「差押債権者」のみであるが，担保不動産競売については，平成15（2003）年の民事執行法改正により，不動産競売開始決定前にも，とくに必要があるときは，「担保不動産競売の申立てをしようとする者」の申立てにより売却のための保全処分が可能とされた（平成15年改正前民執187条の2第1項。ただし，同条項は，平成15年担保・執行法改正のさい増価競売が廃止されたことに伴い現行民執187条1項となっている）。

(2) **換価・配当** 担保不動産競売手続における換価・配当も，基本的に不動産の強制競売の場合と同様である（詳細は，→第**2**部第**5**章Ⅰ～Ⅲ参照）。

したがって、現況調査（民執57条）、評価（同58条）といった売却準備手続を経て、売却許可決定（同69条）によって売却され、その売却代金は、担保権者に順位に応じて配当されることになる（同84条）。競売手続を円滑に進めるため、差押債権者のための保全処分（同68条の2）、買受人のための保全処分（同77条）を利用できる点も同様である。もっとも、担保権の実行の場合には当然に法定地上権を生ずるため（民388条）、法定地上権に関する規定（民執81条）は準用されていない。

また、担保不動産競売手続について注目すべき点は、担保権が不存在または消滅しているにもかかわらず買受人が代金を納付した場合の不動産所有権の取扱いである。不成立・無効の担保権に基づいて競売手続が開始されたり、競売手続の途中で弁済などにより担保権が消滅しているにもかかわらず、売却許可決定がなされ、買受人が代金を納付した場合、旧競売法下では判例により買受人は当該不動産の所有権を取得しないと解されていた。しかし、これでは買受人の地位がきわめて不安定であるとの批判がなされ、民事執行法では、代金を納付した買受人の所有権の取得は、担保権の不存在または消滅によって妨げられないものとされた（民執184条）。

* **買受人の所有権取得の根拠**　民事執行法184条により買受人の所有権取得が認められる根拠をめぐって争いがある。担保権の存在を証する文書を債務名義と同様の効力が付与されているとする見解、不動産の所有者は、執行抗告・執行異議（民執182条）または手続停止（同183条）という救済の手続があるにもかかわらず、これらを利用しなかったことによる失権効であるとする見解、これらの二つの考え方を統一しようとする見解などがある。

(3) **抵当権消滅請求制度の創設と増加競売の廃止**　滌除（てきじょ）とは、抵当不動産の第三取得者が、抵当権者に対して、その承諾を得た金額を払い渡し、または供託することにより、抵当権を消滅させることができる制度である（旧民378条以下）。抵当権者は、提示された金額に不満である場合、増加競売を申し立てることができるが、滌除の申立てを受け取った後、1か月以内に申し立てなければ提示額を承認したことになり、また、増加競売の手続で提示額の一割増以上で買い受ける者があらわれなかった場合、抵当権者自身が提示額の一割増以上で買い受けなければならず、抵当権者にとって過大な負担

となっていると批判されていた。また，滌除権者が生ずると，担保権の実行通知が必要とされ，通知後の1か月は不動産競売申立てができないため，執行妨害行為を招く要因になるとの批判もなされていた。しかし，他方で，滌除は，いわゆる担保割れの場合に，第三取得者に対して提示額を支払うことにより，被担保債権額の全額を弁済することなく抵当権を消滅させることができ，抵当不動産の流通促進をはかる制度として有用であるとの指摘もなされていた。そこで，平成15年改正では，この制度の問題点を改善したうえで，名称を「滌除」から「抵当権消滅請求制度」に変更した。また，同時に，増加競売については，前述の抵当権者に対する負担ゆえに廃止され，新たに，抵当権消滅請求を受けた抵当権者には，2か月以内に抵当権の実行としての競売の申立てをすることが認められている（民384条1項）。

また，滌除では，抵当不動産について所有権，地上権または永小作権を取得した第三者に請求権が認められていたが，抵当権消滅請求では所有権を取得した者に請求権者が限定され，地上権者，永小作権者は除外されている。さらに，滌除権者があらわれた場合の抵当権実行の通知義務も廃止された。これに伴い，抵当権消滅請求は，競売開始決定にかかる差押えの効力が発生する前になさなければならないこととなっている（民382条）。

3　担保不動産収益執行

(1)　**手続の概要**　担保不動産収益執行と担保不動産競売手続の一部は共通しており，手続開始申立てのさいに担保権者が提出する文書（民執181条1項），開始決定に対する不服申立事由（同182条）および執行停止文書（同183条）については，同様の規定が適用される。また，担保不動産収益執行の開始決定以後の手続については，民事執行法188条により，不動産の強制管理手続の規定の多くが準用されており(以下では，民事執行法188条は引用しない)，手続の大部分は共通している。手続の概要は以下のとおりである。まず，担保権者による申立てがなされると,執行裁判所によって開始決定がなされる。開始決定と同時に，裁判所により管理人が選任され，当該不動産の賃借人などに対して，その賃料等を管理人に交付すべき旨を命ずる収益給付命令が発

令される（同93条1項）。管理人は，執行裁判所の監督のもとで，賃料取立てなどの管理行為を行う。また，管理人は，賃貸借契約の解除や締結をすることもできる。当該不動産の管理により得た収益は，担保権者に配当され，被担保債権の弁済に充てられる。

(2) 主な改正点　不動産の強制執行については，従来から，不動産からの収益を抵当権者の被担保債権の弁済に充てる方法として強制管理が認められていたが，配当を受けるべき債権者は，①強制管理の申立てをした差押債権者，②強制管理の申立てをした仮差押債権者および③配当要求をした債権者としており，担保権者は含まれていなかった。そこで，平成15年改正では，これらに加えて，④一般の先取特権の実行として担保不動産収益執行の申立てをした者（民執107条4項1号ロ）および⑤最初の強制管理による差押えの登記前に登記がされた担保権に基づき担保不動産収益執行の申立てをした差押債権者（同条同項同号ハ）も，配当を受けるべき債権者とされている。

また，これにより担保不動産収益執行の申立てをした担保権者には優先弁済が認められたことに伴い，民事執行法181条1項各号に掲げる文書によって一般の先取特権を有することを証明した債権者には，収益執行において配当要求を認めている（同105条）。

そのほかの改正点としては，収益執行と債権執行が競合した場合の処理がある。通常，不動産の収益の給付請求権（賃料債権等）に対して差押えがなされると，差押債権者は取立権を有することとなり（民執155条），債権差押えが競合すると，第三債務者は供託義務を負う（同156条2項）。しかし，これを担保不動産収益執行と不動産の収益の給付請求権（賃料債権等）に対する差押命令または仮差押命令が競合した場合にそのままあてはめると，収益執行の対象となっている不動産の賃借人等は賃料等を供託しなくてはならなくなり，管理人に賃料等を交付すべきとしている収益執行と相容れない。そこで，平成15年改正では，収益の給付請求権に対する差押命令などが先行している場合，収益執行の手続に先行している債権執行を吸収するため，差押命令などの効力は当然に停止することとしている（同93条の4第1項本文・2項）。したがって，差押命令等の効力が停止した後は，賃料等の給付義務者

は，管理人に対して賃料等の弁済をする義務を負うこととなる。

Ⅲ　動産に対する担保権の実行手続

　動産担保権の実行手続も，執行官による目的物の差押え，換価，配当という流れで行われる。その手続に関する規定の多くは，動産に対する強制執行の規定を準用しており（民執192条），手続の大部分は共通している。

　もっとも，動産担保権の実行手続を申し立てる場合にも，債務名義が不要とされている点は，前述の不動産担保権の実行手続と同様である。しかし，動産担保の場合，不動産担保権のようにその存在を証する文書があるわけではなく，旧民事執行法190条では，動産債権者が執行官に対し目的動産を提出したときまたは目的動産の占有者の差押承諾書を提出したときに限り，動産担保の実行手続が開始するものとされていた。しかしながら，動産担保権のなかでも，動産売買先取特権のように債権者による目的動産の占有が予定されていない場合，債務者の任意の協力が得られない限り，事実上その担保権の実行をすることは不可能であるという点が問題として指摘されており，最判昭59・2・2民集38巻3号431頁〔民執百選108事件〕が破産事件において先取特権者の物上代位権を承認した後には，動産売買先取特権の実効的な実行方法が模索されていた。そこで，平成15年改正では，債務者の任意の協力が得られない場合，債権者が執行裁判所の許可を得て，その許可決定書の謄本を執行官に提出することにより，動産担保の実行手続を開始することができることとしている（民執190条1項3号）。従来，動産担保の実行手続においては，差押えにさいし，執行官が債務者の住居等で目的動産を捜索する権限は認められていなかったが，執行裁判所の許可に基づく動産担保の実行手続に限り，捜索の権限が認められている（同192条・123条2項）。

　動産担保の実行手続における売却手続は，動産の強制執行の場合と同様である。ただし，動産担保の実行手続では，代金を納付した買受人は即時取得の適用によって保護されるため，民事執行法184条の適用はない。

IV　債権に対する担保権の実行手続

　債権およびその他の財産権に対する担保権の実行手続も，債権の強制執行手続の規定の大部分を準用しており（民執193条2項），手続の大部分は共通している（詳細は，→第2部第6章参照）。前述の不動産担保権および動産担保権の実行手続と同様に，手続の開始申立てにさいして，担保権者による債務名義の提出は不要であり，担保権の存在を証する文書の提出が必要とされている（同条1項）。

V　救　済　手　続

　強制執行では，権利の存在・範囲の確定等とその実行手続を分け，前者については裁判所で行われる判決手続に委ね，後者については執行機関が担い，債務名義の存在を要件とすることにより権利の存在等の実体的な審査は行わないこととされている。強制執行に対する不服申立ての方法は，手続規定に違背して行われた執行処分（違法執行）の場合，執行異議（民執10条）と執行抗告（同11条）があり，実体法上違法で執行の実体的正当性に欠ける執行（不当執行）の場合，請求異議の訴え（同35条）がある（詳細は，→第2部第8章IV 1参照）。これに照らすと，不存在または消滅した担保権に基づく実行手続に対する不服申立ては，手続上の違背ではなく，実体的な不当に対するものであるので，請求異議の訴えによらなければならないようにみえる。しかしながら，請求異議の訴えは，債務名義の提出を前提とし，そこに表示された権利の不存在や内容の不一致，債務名義そのものの成立に関する瑕疵などを理由として，執行手続の排除を求めるものである。したがって，債務名義の提出を要求しない担保権の実行手続における救済方法としてはそぐわない。また，債務名義の提出が不要とされていることにより，担保権の実行手続は比較的容易に開始されることから，より簡便な不服申立て方法を認めることによりバランスをはかる必要がある。そこで，民事執行法は，担保権

の実行の正当性を争う手段として，執行異議によって担保権の不存在・消滅という実体的正当性の欠如を理由として申立てができることとしている（同182条・189条・191条・193条3項）。このほか，担保権不存在確認の訴えを提起することもできる。

第3章　非典型担保の取扱い

I　総　　説

　債務が履行されない場合に債権者が優先的な満足を確保する方策として，民法や商法などは質権，抵当権などの担保権を規定している。しかし，これらの担保権には，担保権者に目的物の占有を移転しなければならず，設定者が引き続きその目的物を使用できないとか，実行手続に時間や費用がかかる反面，そこで得られる満足は少額にとどまるといった問題点がある。そこで，本来は他の目的のために存在している制度を借用して，効率的な担保権を作り出そうという試みがなされている。現在，その有効性を認められ，一般的に利用されているものには，仮登記担保，譲渡担保，所有権留保などがあり，非典型担保あるいは変則担保と呼ばれている。

　これらの非典型担保の取扱いを考えるときには，債権担保という実態を直視すべきである。法的形式にとらわれると，債権者による担保物の丸取りが容認され，その結果，担保権者に必要以上の保護が与えられる反面，担保権設定者や他の債権者の正当な利益が害されるおそれがある。通常，担保権者が担保権を実行するときは，債務者は経済的な危機に瀕しており，債務の履行が全般的に困難になっていることが多い。担保権者の保護を必要以上に厚くすれば，それだけ他の債権者への配当に利用できる責任財産が減少し，不当な損害を与える形になる。したがって，担保権設定者や他の債権者の利益にも十分に配慮したうえで，債権担保という目的を実現するために非典型担保にはどの程度の効力を与えるべきかを判断することが重要である。

Ⅱ　仮登記担保

　金銭債務が弁済されないときにそなえて，債務者または第三者の有する不動産の所有権やその他の権利を債権者に譲渡する目的で，代物弁済予約，停止条件付代物弁済契約などを結ぶ。そして，そこから発生する所有権移転請求権を保全するために仮登記が行われるので，仮登記担保と呼ばれる。

実行方法　仮登記担保には二種類の実行方法がある。被担保債権の不履行があったときに，一定の手続を経て仮登記を本登記に変更し，占有を取得する方法で行われる私的実行と，他の債権者などの開始した強制執行手続に仮登記担保権者が参加して優先弁済を受ける方法である。

　(1)　私的実行　債務不履行があれば，担保権者は仮登記を本登記に変更し，所有権を取得できる。しかし，目的物に被担保債権額を上まわる価値があるときは，担保権者は差額を設定者に支払う清算義務を負っており，次のような形で清算義務を果たすことになる。まず，仮登記担保権者は，本登記を取得する第一段階として，清算期間経過時の目的物の見積価額と債権額等を明示して，清算金の見積額を設定者に通知しなければならない（仮登記担保2条。なお，債権者は，実際に支払うべき清算金の額が通知した見積額に満たないことを主張できない〔同8条1項〕）。清算金がないときも，その旨の通知をしなければならない。この通知が設定者に到達した日から2か月の清算期間が経過すれば，目的物の所有権が担保権者に移転し，被担保債権は目的物の価額の限度で消滅する（同9条）。清算期間は，目的物を受け戻す機会を設定者に与えるものであるが，清算金があれば，受戻権は清算期間の経過によって消滅せず，清算金の支払いまで存続する（同11条）。

　目的物について担保仮登記後に担保権を取得した者も，清算期間中に自らの権利を守る法的手段を講じることができる。そのため仮登記担保権者は，後順位担保権者にも通知しなければならない（同5条1項）。後順位担保権者は設定者の清算金請求権に物上代位できる（仮登記担保4条1項）ので，通知は目的物の価額と被担保債権額などを明らかにして，清算金の額を明示す

る必要がある。

　また，担保仮登記後に所有権を取得した者は，担保権者が本登記を行えば権利を失う。そこで，第三者弁済により所有権を確保する機会を与えるために，第三取得者にも私的実行に着手した旨の通知を行う必要がある（仮登記担保5条2項）。この通知では，第三者弁済の対象となる被担保債権などの額を明らかにしなければならない。

　清算期間の経過によって所有権を取得した担保権者は，本登記請求権と引渡請求権を取得する。これらの請求権は清算金の支払いと同時履行の関係にある（仮登記担保3条2項による民533条の準用）。債権者が債務者の弱い立場につけこむのを防止するために，担保権者が本登記と引渡しを受け，第三者に目的物を処分したうえで清算金を支払う旨の特約で，清算期間経過前になされたものは無効とされている（仮登記担保3条3項）。同様に，清算を不要とする特約も無効である（同3条1項本文）。清算金の支払いを請求できるのは，仮登記担保の設定者に限定されている（同3条1項）。

　(2)　後順位担保権者の地位　　担保仮登記後に担保権の設定を受けた後順位担保権者は，(a)私的実行で生じる清算金に物上代位権を行使できるほか，(b)自ら目的物の競売を申し立てることができる（仮登記担保12条）。

　(a)　物上代位　　物上代位のためには，後順位担保権者は清算金が設定者に支払われる前に請求権を差し押さえなければならない（民304条但書）。対象となる清算金請求権は，仮登記担保権者の見積額の範囲に限定される（仮登記担保4条1項）。この見積額に不満があれば，後順位担保権者は目的物の競売を申し立てなければならず（仮登記担保12条），競売を申し立てずに，見積額の不当性を主張することはできない（同8条2項）。清算金の請求権は，清算期間の経過までその発生などが確定しないので，後順位担保権者は清算期間中に転付命令を得ることはできない。

　(b)　競　売　　清算金の見積額に不満な後順位担保権者は，清算期間内であれば，自らの被担保債権の弁済期が到来していなくても，目的物の競売を申し立てることができる（仮登記担保12条）。この申立てがあれば，仮登記担保権の私的実行の続行は許されない。なお，仮登記担保権者から私的実行の

通知を受けていない後順位担保権者は，清算期間経過後も競売を申し立てることができる（最判昭61・4・11民集40巻3号584頁）。

競売手続における仮登記担保権　仮登記担保権者は，清算金の支払い（清算金のないときには清算期間の経過）によって確定的に所有権を取得する。それ以降に，設定者の一般債権者などが強制執行を開始したとしても，仮登記担保権者は仮登記のままで第三者異議の訴えを提起できる（仮登記担保15条，民執38条）。

確定的に所有権を取得する前に目的物の競売手続が開始されたときは，仮登記担保権者はその中で優先弁済権を行使しなければならない（仮登記担保15条）。仮登記より先順位の担保権が実行されると，仮登記は担保権に対抗できず，失効するのが原則である（民執59条2項・188条）。しかし，仮登記担保法は，担保仮登記の実質を尊重し，仮登記担保権者は抵当権者と同じように，その順位に応じて配当を受けられることにした。この場合に優先弁済の対象となる債権の範囲については，利息と損害金は最後の2年分という制限を受ける（仮登記担保13条）。また，後順位担保権者や一般債権者が競売を申し立てたときも，仮登記担保は抵当権と同じ取扱いを受ける。

なお，一定の枠に入る債権を担保する根仮登記担保は，被担保債権の範囲を公示できないので，私的実行により担保権者が所有権を取得していない限り，競売手続の開始により効力を失う（仮登記担保14条）。

設定者の倒産手続における取扱い　設定者に倒産手続が開始された場合，それ以前に所有権を確定的に取得していたか否かによって，仮登記担保権の取扱いは異なる。設定者が破産手続開始を受けた場合，破産手続開始以前に清算金が支払われていたり，あるいは清算金がないときに清算期間が経過していたならば，仮登記担保権者は取戻権（破62条，民再52条，会更64条）を主張できる。これに対して，所有権を取得していない仮登記担保権者は抵当権者と同じ扱いを受ける（仮登記担保19条1項）。したがって，仮登記担保権者は，設定者の破産手続や民事再生手続では別除権者（破65条，民再53条1項）となり，会社更生手続では更生担保権者（会更2条10項）となる（仮登記担保19条4項）。根仮登記担保は，設定者の倒産手続でも効力を失う。

III 譲渡担保

　融資にさいして債務者が担保として目的物の所有権を債権者に譲渡し、債務の弁済によってその所有権が債務者に復帰する形式をとるのが、譲渡担保である。*譲渡担保の法律構成については、債権者に所有権が移転するという形式を重視する所有権的構成と、債権担保であるという実質を重視する担保権的構成が対立している。しかし、現在では、譲渡担保をあらゆる場面で所有権として扱う極端な見解を採用する論者はいないし、また判例も徐々にではあるが、担保権としての実質を率直に反映した見解を示しつつある。さらに、担保権的構成を支持する論者の間でも、具体的な問題に対する解決策については意見の対立があり、いずれかの構成を採用すれば、当然に一定の結論が導かれるわけではない。

　　＊ **売渡担保**　債権者に目的物を売却し、その代金という形で債務者が融資を受け、代金が返済される目的物を債権者が債務者に売却する（再売買の予約）とか、あるいは当初の売買契約を解除し、目的物の所有権が債務者に復帰する（買戻し）という形式をとるもの。従来は、譲渡担保と売渡担保の取扱いを区別する見解が有力であったが、両者は債権担保という共通の目的をもつものであり、できる限り同じ取扱いをすべきである。なお、最判平18・2・7判時1405号3頁は、買戻特約付売買契約の形式がとられていても、不動産の占有移転を伴わない契約は、特段の事情のない限り、債権担保の目的でなされたものと推認され、譲渡担保契約と解すべきであるとした。

不動産・個別動産の譲渡担保　不動産については抵当権が認められているが、時間と費用のかかる抵当権の実行手続を回避するために譲渡担保が利用されている。不動産譲渡担保の対抗要件は登記であるが、譲渡担保を登記原因とするものは少なく、通常は、売買が登記原因となっている。そのため、登記簿上は担保権者が完全な所有者として登場し、実態と遊離するが、この登記は無効ではない（最判昭47・11・24金法673号24頁）。

　動産の譲渡担保では、設定者が引き続き目的物を利用するため、その占有を継続する必要がある。そこで、従来は占有改定（民183条）によって対抗要件を具備していた。しかし、法人による譲渡の場合に限定されるものの、

動産譲渡に関する登記制度が創設された結果，今後は，登記の利用が一般化することが期待されている。

なお，占有改定には担保権の公示機能がないため，譲渡担保の目的物を設定者が第三者に処分すれば，その第三者が担保権の負担のない所有権を即時取得し（民192条），結果的に譲渡担保権が消滅する危険がある。また，動産譲渡登記には民法178条の「引渡し」と同じ効力しか与えられていないため（動産・債権譲渡特例法3条1項），この登記を行っても善意取得を完全に排除することはできない。もちろん，動産を譲り受けようとする者が動産譲渡登記ファイルを調査しなかった結果，過失があると評価されるときには，善意取得は認められないことになる。しかし，広く一般的に第三者に動産譲渡登記ファイルの調査義務を負わせるのは適当ではない。したがって，担保権者としては，目的物にネームプレートをつけるなどして，担保目的物であることを明示するなどの措置をとる必要があろう。

さらに，Aが譲渡担保権を設定し，占有改定の方法で対抗要件を具えている目的物について，別の債権者Bが譲渡担保権を設定し，登記によって対抗要件を具備しても，BはAに優先するわけではない。その意味で，動産譲渡登記の効力はかなり弱いものになっている。

(1) **実行方法**　債務不履行があれば，譲渡担保権者は，一種の代物弁済として目的物の所有権を確定的に取得する（帰属清算）か，あるいは目的物を第三者に処分し，その代金で債権の満足を受ける（処分清算）。しかし，譲渡担保権は，債権担保に必要な範囲で目的物の価値を把握するにすぎない。したがって，被担保債権額を上まわる目的物の剰余価値は，清算金の形で設定者に支払われなければならない。設定者の目的物の引渡しと担保権者の清算金の支払いは同時履行の関係にある（最判昭46・3・25民集25巻2号208頁〔民法百選Ⅰ〔第5版新法対応補正版〕95事件〕。ただし，債務者が被担保債務を弁済して目的物の返還を求めるときには，弁済と返還は同時履行の関係にはない。債務者が先給付義務を負う。最判平6・9・8判時1511号71頁）。これは設定者の清算金請求権を保護するためのものであり，清算金支払前の引渡しを設定者に義務づける特約は無効とすべきであろう。その結果，動産譲渡担保では，

処分清算の特約があっても，清算金の支払いまで設定者は引渡しを拒否できるので，担保権者は帰属清算を強制される。これに対して，不動産譲渡担保では，担保権者が登記簿上名義人となっているので，第三者への処分について障害はなく，処分清算方式も可能である。この場合も，譲渡担保権者への引渡しと清算金の支払いは同時履行の関係にある。しかし，担保権者から所有権を譲り受けた者が引渡しを要求したときは，設定者は清算金支払いとの同時履行を主張できない。もっとも，清算金請求権と目的物の間には牽連性があり，設定者は留置権（民295条）を主張できるので，問題はない（最判平9・4・11裁時1193号1頁。ただし，清算金支払請求権が消滅時効にかかったときには，所有権を取得した第三者が時効を援用できるので，債務者は留置権を主張できなくなる。最判平11・2・26判時1671号67頁）。

　担保権者は，被担保債権の不履行によって自動的に所有権を取得するのではない。担保権実行の通知を行う必要があり，清算金のないときは，この通知が設定者に到達した時点で担保権者は所有権を取得する。清算金のあるときは，その支払いにより設定者の受戻権が消滅した時点で，担保権者の所有権取得が確定する。また処分清算の場合は，担保権者が第三者に有効に目的物を処分すれば設定者の受戻権が消滅するので，その時点で担保権者の所有権取得が確定する*（なお，担保権者が清算金の支払いあるいはその提供もせず，清算金がない旨の通知もしない段階で，債務者が受戻権を放棄して，担保権者に清算金の支払いを強制することはできない。最判平8・11・22民集50巻10号2702頁）。

- ***　帰属清算と受戻権の消滅**　　判例は，帰属清算がとられている場合でも，清算金の支払前に目的物が第三者に処分されたならば，たとえその第三者が背信的悪意者にあたるときでも，設定者の受戻権は消滅するとしている（最判昭62・2・12民集41巻1号67頁，最判平6・2・22民集48巻2号414頁）。その理由としては，受戻権の存続を認めると，担保物の権利関係が未確定の状態に置かれること，譲受人が背信的悪意者であるかどうかによって譲渡の効力が左右されると，その事実を知りうるとは限らない担保権者に不測の損害が生じるおそれがあることが指摘されている。しかし，平成6年の事件のように，担保権者による処分は受戻しを妨害する目的で行われることが多いといった事情を考慮すれば，疑問がある。債権者は清算金の支払いまたは清算金がない旨の通知によって所有権の取得を確定できるので，その地位が不安定であるとは考えられない。確かに登記を信用した第三者を保護する必要はあるが，それは民法

94条2項の類推適用によって善意（無過失）の第三者の完全な所有権の取得を認め，設定者の受戻権は消滅すると解することで達成される。それ以外のときには，設定者の受戻権を保護すべきである。

(2) 競売手続と譲渡担保　　(a) 設定者の一般債権者による競売　　不動産譲渡担保では，担保権者が所有者として登記されているため，設定者の債権者が強制執行を開始することはできない（民執規23条1号）。これに対して，設定者が占有している動産譲渡担保では，設定者の一般債権者が目的物に対して強制競売を申し立てることは可能である（民執123条）。この場合，譲渡担保権者は第三者異議の訴え（民執38条）によって強制競売の排除を求めることができるかどうかについては意見が分かれている。

　所有権的構成を支持する立場では，第三者異議の訴えが認められる。また譲渡担保の担保としての実質を重視しながらも，譲渡担保権者の希望しない時期に，希望しない方法で満足を受けることを強制するのは妥当ではない。民事執行法施行以前には，譲渡担保権者は優先弁済請求の訴え（旧々民訴565条）により権利を実現できたが，民事執行法はこの訴えを廃止した。そのうえ，配当要求権者としては先取特権者と質権者だけが列挙されているので，譲渡担保権者としては，第三者異議の訴えを提起するしかないとの主張がなされている。判例もこの立場である（最判昭56・12・17民集35巻9号1328頁）。

　確かに動産競売手続では目的物の価値に見合う売却代金を得られる見込みが少ないこと，譲渡担保の実行手続の方が目的物をより高額で処分でき，他の債権者への配当に利用できる剰余価値も大きくなる可能性が強いことなどを考慮すれば，第三者異議の訴えを認めるのが妥当な場合が多いであろう。しかし，担保物以外には価値のある財産がなく，競売手続でも譲渡担保の被担保債権額を大きく上まわる売却代金を得られることが予想されるときには，一般債権者が自らの主導権により剰余価値を利用することを妨げるべきではない。このようなときには，譲渡担保権者が第三者異議の訴えを提起しても，優先弁済を認める範囲で認容判決をすべきであろう。また，譲渡担保権者による配当要求も認めるべきである。

(b) 譲渡担保権者の債権者による強制執行　　通常，動産譲渡担保の目的

物は設定者が占有している。したがって、設定者が任意に執行官に引き渡さない限り、譲渡担保権者の債権者が差し押さえることは困難である（民執124条）。債権者は被担保債権を差し押さえることができる。そして、差押えに引き続いて転付命令を得るならば、差押債権者は、随伴性によって譲渡担保権も取得する。しかし、これは債権者の交代にすぎず、設定者の地位にはなんら影響を及ぼさない。

　不動産譲渡担保の目的物は、担保権者の名義で登記されているので、その債権者が強制執行を行うことは可能である。この強制執行を設定者が第三者異議の訴えによって排除できるかどうかが問題になる。譲渡担保は担保権にすぎない。また譲渡担保権者の債務不履行という設定者には無関係の理由で、担保権者の一般債権者による強制執行を甘受しなければならない理由はない。しかし、設定者には、担保権者を所有者とする登記を行い、虚偽の外観を作り出した責任がある。したがって、差押債権者が善意のときには、民法94条2項の類推適用によって、設定者は、目的物は担保権者の所有に属さないと主張して、第三者異議の訴えを提起することはできない。しかし、差押債権者が悪意のときには、第三者異議を認めるべきである。

　(3)　譲渡担保設定者・譲渡担保権者の倒産　　(a)　譲渡担保設定者の倒産　設定者に破産手続や民事再生手続が開始された場合、譲渡担保権者は、それ以前に確定的に所有権を取得していない限り、別除権者（破65条、民再53条）として扱われる（なお、譲渡担保権者は、設定者が破産した場合でも、物上代位により目的物の転売代金債権について優先権を主張することができる。最決平11・5・17民集53巻5号863頁）。また会社更生手続では、譲渡担保は更生担保権となるが、手続外での権利行使は許されない（会更2条10項・50条1項。最判昭41・4・28民集20巻4号900頁〔倒産百選〔第4版〕50事件〕）。

　これに対して、破産手続開始の前や会社更生手続の開始前に担保権の実行によって所有権を取得していたならば、担保権者は取戻権を主張できる。ただし会社更生手続や民事再生手続では、手続開始の申立てがあると、譲渡担保の実行手続の中止命令（会更24条、民再31条）が出される可能性があるので、申立て前に実行手続を完了する必要があろう。

(b) 譲渡担保権者の倒産　　旧破産法88条や旧会社更生法63条は，破産者に財産を譲渡した者は，担保の目的物をもって行ったことを理由に，その財産を取り戻すことはできないと規定していた。しかし，債務の弁済により所有権を確保できる設定者の地位は，担保権者の倒産という偶然の事情によって奪われるべきではない。そこで，これらの規定は，設定者は債務を弁済しないで,目的物の取戻しを主張できないという意味であると解釈されていた。新しい破産法や会社更生法ではこれらの規定は引きつがれなかったので，問題は解消された。ただし，強制執行における取扱いと整合的かが問題になる。

集合財産譲渡担保　最近では，取引界の要望に応じて，個々の財産ではなく，多数によって構成される財産群に譲渡担保権が設定されている。しかし，こうした財産は債務者の資産の重要な部分を占め，その効力が認められると，他の債権者には重大な影響が及ぶために，さまざまな議論がなされている。

(1) 集合動産譲渡担保　　在庫商品のように搬入・搬出が繰り返され，構成要素は変動するが，経済的には単一性を維持する動産の集合体を一個の譲渡担保の対象とするものである。構成要素である個々の動産に譲渡担保権が成立すると考えるならば，構成要素が変動するたびに担保権の設定を考える必要がある。しかし，最近では，集合動産全体が一個の物（集合物）であり，その上に譲渡担保が成立し，集合物に対抗要件を備えれば，それが同一性を維持している限り，構成要素の変動は効力に影響せず，改めて対抗要件の具備を考える必要はないと考えられている（最判昭54・2・15民集33巻1号51頁，最判昭62・11・10民集41巻8号1559頁〔民執保全百選21事件〕）。

(a) 設定・対抗要件　　設定契約のなかでは，担保権の目的物となる集合動産の範囲を十分に特定できる基準，担保の目的物とそれ以外の物を明確に区別できる基準が指定されていなければならない。その基準としては，目的物の種類，所在場所，量的範囲の3要素を挙げるのが一般的である。

対抗要件を具備するには，従来から認められていた占有改定によるか，平成16(2004)年の法改正によって創設された動産譲渡登記を行うことになる。占有改定は担保権の公示という点ではほとんど機能しないので，その意味で

は登記によるのが望ましい。なお，この登記には譲渡の対象になる動産の特定に必要な事項を記載することになる。集合動産の場合には，動産の名称・種類，数量，保管場所の所在地などの記載が要求される。これには，占有改定にも通じることであるが，設定者の経済活動の自由を不当に侵害するような包括的担保の登場を防止するというねらいもある。

(b) 実　行　　債務不履行があれば，担保権者が設定者に対して担保権実行の通知を行う。通知が設定者に到達した時点で保管場所に存在している動産が担保物として固定される。これによって集合動産譲渡担保は，通常の動産譲渡担保となり，実行方法も原則的に異ならない。固定された動産が被担保債権額を上まわる価値を有するときには，債権額に見合うだけの動産を担保権者に引き渡せば足りる。集合物全体を引き渡すことも可能であるが，その場合，担保権者は清算義務を負い，目的物の引渡しは清算金の支払いと同時履行の関係になる。もっとも，集合動産譲渡担保については，実行段階に入ると，設定者による不当処分の危険性が大きいこと，時間の経過とともに目的物の価値が急激に減少するおそれがあることから，設定者に先給付を義務づける処分清算方式を原則とすべきであるとの指摘がある。

(2) 集合債権譲渡担保　　すでに発生しているあるいは将来発生する大量の債権を一括して目的物とする譲渡担保である。これについてはいくつかの問題がある。

(a) 設定契約と対抗要件　　設定契約で対象となる債権の範囲を特定する必要がある。特定の基準としては，債権の発生原因，第三債務者，発生時期や金額の指定が考えられている。

債権の譲渡担保について，対抗要件を具えるためには，①民法の定める第三債務者への通知または承諾（第三者に対する対抗要件としては確定日付のある証書によることが必要。民467条1項・2項）を得るか，②債権譲渡登記を行うことが必要である（動産・債権譲渡特例法2条1項）。すでに発生している債権や特定の第三債務者に対して債務者が将来取得する債権を対象にするときには，比較的容易に①の方法を行うことができる（なお，一定の事件が発生するまでは，債務者が担保物である債権の取立権限を有する旨の特約を記載し

た通知も有効である。最判平13・11・22民集55巻 6 号1056頁）。

　これに対して，不特定の第三債務者に対する債権（たとえば賃貸マンションの賃料債権など）を譲渡するには，①の方法を行うのは実際的ではなく，②の方法によることになる。ただし，従来は，債権譲渡登記には第三債務者の名前などの記載が要求されているため（債権譲渡特例法 5 条 1 項 6 号，債権譲渡登記 6 条 1 項 2 号），現実にはその利用が著しく制限される事態となっていた。この点については，平成16（2004）年の法改正によって，債務者名を登記事項からはずす形で解決することにした（改正法 8 条 2 項 4 号により登記事項はすべて法務省令に委任することにされたが，法務省令では将来債権の譲渡については，対象となる債権の債務者を必要的記載事項にしないことになっている）。

　債務者不特定の将来債権の譲渡担保が広く行われるようになると，さまざまな問題が生じることが予想される。まず，賃貸マンションなどの所有者が将来発生する賃料譲渡し，その旨の登記を行った後に，当該マンションを第三者に売却したときに，売却後に発生する賃料債権は譲受人に帰属するのであろうか（最判平10・ 3 ・24民集52巻 2 号399頁参照）。さらに，当該マンションについて抵当権を有する債権者（物上代位権を行使）と賃料債権の譲受人との関係の規律も問題になろう。

　＊　**停止条件付債権譲渡あるいは債権譲渡予約による担保**　　実務では，第三債務者への譲渡通知によって債務者の信用不安を引き起こす可能性を危惧して，担保設定時ではなく，担保権実行の段階で通知を行う方法で債権担保を確保する試みがなされてきた。しかし，担保設定時に債権譲渡の効力が発生すると，債務者に対して倒産手続が開始されると，対抗要件の具備が否認される可能性がある。そこで，債務者の支払不能などの発生を停止条件としたり，支払不能などの発生時に債権者が予約完結権を行使することにして，債権譲渡の効力発生時をずらす工夫が凝らされていた。しかし，最高裁は停止条件付債権譲渡について危機否認を認める判断を下した（最判平16・ 7 ・16民集58巻 5 号1744頁〔倒産百選〔第 4 版〕34事件〕，最判平16・ 9 ・14判時1872号67頁）。実質的に考えれば，予約型の債権譲渡にも同じ判断が示されることになろう。

　(b)　**実　　行**　　債務不履行があり，権利実行の通知を行った時点で，対象となる債権は固定される。譲渡担保権者は第三債務者から取り立てることが

できるが，あくまでも被担保債権の満足に必要な範囲に限られる（民367条2項）。

(3) **集合財産譲渡担保と倒産**　設定者が倒産したときの担保権者の取扱い，担保権者が倒産したときの取扱いなどは，個別動産の譲渡担保の場合と異ならない。

IV 所有権留保

代金の支払い前に目的物が買主に引き渡される売買において，所有権は代金の完済まで買主に移転しない旨の特約をする。買主が代金の支払いを怠れば，売主は留保した所有権に基づき目的物を取り戻して，代金債権の回収をはかるという担保である。所有権留保の法的構成については，譲渡担保と同じように，形式を重視し売主を所有権者と位置づける立場（所有権的構成）と，代金債権の担保という実質を重視し，売主を担保権者に位置づける立場（担保権的構成）が対立している。基本的には，売主の権利を売買代金債権の担保に必要な範囲に限定するのが適当であり，率直に，売主の地位を留保所有権という担保権として取り扱うべきである。

所有権留保は不動産売買でも利用できるが，宅地建物取引業者が売主となるときには，所有権留保の利用が禁止されている（宅建業43条）。そのため，実際には，動産割賦販売における利用が圧倒的多数を占めている。そこで，ここでは動産の所有権留保を中心に考える。

留保所有権の設定・対抗要件　所有権留保は，売買契約のなかの所有権留保条項という特約の形で設定される。理論的には，売買契約の成立によって買主に所有権が移転し，その上に売主のための留保所有権が設定されると理解すべきである。この留保所有権の対抗要件は，買主から売主への占有改定である。実務では，担保権の公示のためにネームプレートを付ける取扱いがなされている。

留保所有権の実行方法　代金不払いがあれば，売主は売買契約を解除して，目的物を回収するが，この解除は留保所有権実行の意思表示として理

解すべきである。売買契約を解除した売主は，目的物の引渡しを買主に要求できるが，同時に目的物の価額と被担保債権額の差額を清算する義務を負う。ただし，実務では，契約解除という形式に従い，売主がすでに受け取っている売買代金から約定された違約損害金を差し引いた金額を買主に支払うことになっている。この金額の支払いと目的物の引渡しは同時履行の関係になる。また，買主は現実に清算金の支払いがあるまで，未払代金を弁済して目的物を受け戻すことができる。

買主の一般債権者による差押え 買主の占有する所有権留保の目的物に対して，売主の一般債権者が強制執行を行うことは困難である。一方，買主の一般債権者が強制執行を行う可能性はあり，その場合にどのような形で売主の留保所有権を保護するかが問題となる。売主の地位を担保権と考える立場にたっても，所有権留保の場合，目的物の価額から被担保債権の額を差し引いた剰余価値がそれほど大きくないと考えられ，しかも動産競売では目的物の価値に見合った換価金を得られる可能性が少ないことから，売主は第三者異議の訴え（民執38条）によって強制執行を排除できる場合が多いであろう。判例も，第三者異議の訴えを認めている（最判昭49・7・18民集28巻5号743頁〔民執百選22事件〕）。しかし，剰余価値があるときには，一般債権者による債権回収を排除するのは妥当ではない。譲渡担保と同じように，第三者異議の訴えが提起されても，売主の未払代金債権の満足に必要な限度で優先弁済を認めるだけにとどめるべきである。なお，売主には配当要求（民執133条）を認めるべきであるが，売主は動産売買先取特権も有しているので問題はない。

買主・売主の破産・民事再生・会社更生 所有権留保売買の当事者に破産あるいは会社更生手続が開始された場合は，①代金未払いの所有権留保売買契約について破産法53条，民事再生法49条，会社更生法61条の適用があるのか，②売主は取戻権者（破62条，民再52条，会更64条）になるのか，それとも別除権者（破65条，民再53条）ないしは更生担保権者（会更2条10項）になるのか，という問題がある。

①については，買主に目的物を引き渡した売主にはなすべき債務が残って

いないので適用はないというのが通説である（ただし，不動産や登録制度のある動産については，売主が登記などを買主に移転していない限り，適用が肯定される）。②については，売主を所有者と位置づけるならば取戻権者になるが，判例（大阪高判昭59・9・27金法1081号36頁〔倒産百選〔第3版〕80事件〕，札幌高決昭61・3・26判タ601号74頁〔倒産百選〔第3版〕59事件〕），通説は，別除権・更生担保権として扱っている。

売主に倒産手続が開始されたとしても，買主の地位に影響はない。すなわち，買主は契約に従って代金を弁済する限り，目的物を奪われることはない。

V ファイナンス・リース

ファイナンス・リースとは，ある機器の利用を希望するユーザーが直接購入するのではなく，リース業者に購入を依頼する。そして，リース業者は売主から購入した機器を一定期間ユーザーに使用させ，そのリース料を取り立てるという形式の契約である。リース業者は契約期間の満了時に目的物を引きあげるが，その価値はないものとみて，自らが支出した購入代金に必要な経費や利益を上乗せしたものを全額回収できる形でリース料金は定められている（フルペイアウト方式）。このリース料を目的物の使用の対価とみることは困難であり，むしろリース業者がユーザーに融資した購入資金の分割返済金に相当すると考えられる。目的物の所有権はリース業者に帰属しているが，リース業者自身は目的物を使用する意図はまったくもっていない。ユーザーがリース料の支払いを怠ったときに，リース業者は所有権に基づき目的物を引きあげ，他に処分するなどして債権を回収することになるので，実質的には所有権は担保の役割を担っている。

ユーザーの破産・会社更生　ユーザーに破産や会社更生手続が開始されたならば，①破産法53条や会社更生法61条，民事再生法49条はファイナンス・リースに適用されるのか，②適用を否定した場合，リース業者はどのような権利を主張できるのか，という問題が生じる。

①については，見解の対立がある。適用否定説は，破産法53条や会社更生

法61条は，牽連関係にある双務契約の当事者双方の債務が未履行の状態にある場合に適用されるが，目的物をユーザーに引き渡してしまえば，リース業者はリース料の支払債務と牽連関係にある債務を負っていないので，適用はないとする。これに対して，適用肯定説は，リース業者が目的物をユーザーに使用させる義務とリース料の支払義務の間に牽連関係を認め，当事者双方の債務は未履行の状態にあると主張している。最高裁は，適用を否定する見解を示した（最判平 7・4・14民集49巻 4 号1063頁）。

　破産法53条や会社更生法61条の適用を認めれば，破産管財人が履行を選択する限り，リース業者の債権は財団債権（破148条1項7号）あるいは共益債権（会更61条4項）となる。しかし，適用を否定するときには，リース業者の債権をどのように保全するかという問題が生じる。一般的には，リース業者を別除権者ないしは更生担保権者に位置づける見解が有力である。ただし，どのような担保権を観念するかについては，①隠れた所有権留保とする見解と，②目的物の利用権上の担保権とする見解とが対立している。この点について，東京地判平15・12・22判タ1141号279頁は，フルペイアウト方式のファイナンス・リース契約で，借主の信用状態が著しく悪化したときには貸主は催告を要しないでリース物件の返還を請求できる旨の特約が含まれているときに，その後被告が民事再生手続の開始決定を受けリース料の支払いを怠った事件において，②の見解を採用している。

リース業者の破産・会社更生　リース業者に破産や会社更生手続が開始されたときも，破産法53条や会社更生法61条などの適用の有無が問題になる。適用を肯定する見解もあるが，やはり否定すべきである。適用を認めた場合，管財人が契約の解除を選択すれば，ユーザーは使用権を失うことになる。リース業者の倒産というユーザーとは無関係の理由によって，使用権を奪うのは不適当である。ユーザーは，リース料の支払いを継続する限り，その地位に変化はないと考えるべきである。

判 例 索 引

〔大〕は大法廷,（決）は決定を示す.
判例集名等は通例の方法により略記した.

大 審 院

明治41年
12・13民録14輯1276頁 ……………………260
昭和6年
11・11民集10巻951頁 ………………………167
昭和12年
10・23〔決〕民集16巻1544頁〔倒産百選〔第4版〕
　3事件〕 ………………………………………217
昭和13年
5・25民集17巻1100頁 ………………………130
昭和14年
9・8民集18巻1059頁 ………………………153

最高裁判所

昭和26年
10・18民集5巻11号600頁 ……………………81
昭和31年
7・4〔大〕民集10巻7号785頁〔民執保全百選
　87事件〕 ………………………………………175
昭和33年
5・23民集12巻8号1105頁 ……………………35
昭和35年
7・27民集14巻10号1894頁 …………………149
昭和36年
12・13〔大〕（決）民集15巻11号2803頁〔倒産百選
　〔第4版〕72事件〕 …………………………349
昭和37年
5・24民集16巻5号1157頁 …………………188
12・13判タ140号124頁 ………………………261
昭和39年
12・23〔大〕民集18巻10号2217頁 …………160
昭和40年
4・2民集19巻3号539頁 ……………………188
4・30民集19巻3号782頁〔民執保全百選51事
　件〕 …………………………………………151
昭和41年
4・28民集20巻4号900頁〔倒産百選〔第4版〕
　50事件〕 ………………………………284, 406
9・22民集20巻7号1367頁〔民執保全百選88事
　件〕 ……………………………………………60
昭和42年
7・13判時495号50頁 …………………………35
昭和43年
2・27民集22巻2号316頁〔民執保全百選10事
　件〕 …………………………………………153
7・9判タ224号146頁 ………………………122
12・24民集22巻13号3428頁 …………………60
昭和44年
7・8民集23巻8号1407頁〔民執保全百選4事件〕
　………………………………………………63
9・18民集23巻9号1675頁 ……………………35
昭和45年
4・10民集24巻4号240頁〔民執保全百選73事
　件〕 …………………………………………167
6・11民集24巻6号509頁〔民執保全百選72事
　件〕 …………………………………………165
6・24〔大〕民集24巻6号587頁〔民執保全百選65
　事件〕 ………………………………………161
6・24〔大〕民集24巻6号610頁〔倒産百選〔第
　4版〕1①事件〕 ……………………………228
7・16民集24巻7号879頁〔新倒産百選114事件〕
　………………………………………………227
8・20民集24巻9号1339頁〔新倒産百選40事件〕
　………………………………………………265
9・10民集24巻10号1389頁〔倒産百選〔第4版〕
　Appendix 1事件〕 …………………………222
10・30民集24巻11号1667頁〔新倒産百選112事
　件〕 …………………………………………227
昭和46年
1・21民集25巻1号25頁 ……………………183
2・23判時622号102頁〔倒産百選〔第4版〕18

事件〕···243
3・25民集25巻 2 号208頁〔民法百選Ⅰ〔第 5 版
　新法対応補正版〕95事件〕·············403
6・18金法620号55頁·····················213, 214
　昭和47年
5・ 1 金法651号24頁·································214
11・24金法673号24頁·································402
　昭和48年
2・16金法678号21頁〔倒産百選〔第4版〕16事件〕
　　··260
6・21民集27巻 6 号712頁〔民執保全百選 9 事
　件〕···154
10・30民集27巻 9 号1289頁〔新倒産百選78事件〕
　　··246
11・22民集27巻10号1435頁〔倒産百選〔第 4 版〕
　39事件〕···296
　昭和49年
6・27民集28巻 5 号641頁〔新倒産百選45事件〕
　　··269
7・18民集28巻 5 号743頁〔民執百選22事件〕
　　···190, 411
　昭和50年
7・25民集29巻 6 号1170頁·····················153
　昭和51年
10・21民集30巻 9 号889頁〔民執保全百選 5 ②
　事件〕··34
　昭和52年
2・17民集31巻 1 号67頁〔民執百選32事件〕
　　··97
11・24民集31巻 6 号943頁〔民執保全百選14事
　件〕···184
　昭和53年
5・ 2 判時892号58頁〔新倒産百選67事件〕
　　··231
6・23金法875号29頁〔新倒産百選82事件〕
　　··248
6・29民集32巻 4 号762頁〔民執百選26事件〕
　　··82
12・15判時916号25頁·······························161
　昭和54年
1・25民集33巻 1 号 1 頁〔新倒産百選75事件〕
　　··254
2・15民集33巻 1 号51頁·························407
2・22民集33巻 1 号79頁〔民執保全百選41事件〕

3・ 8 民集33巻 2 号187頁〔民執保全百選76事
　件〕···167
7・10民集33巻 5 号533頁〔民執保全百選78事
　件〕···161
　昭和55年
1・18判時956号59頁〔民執保全百選62事件〕
　　··161
5・ 1 判時970号156頁〔民執保全百選15事件〕
　　··185
5・12判時968号105頁〔民執保全百選64事件〕
　　··160
10・23民集34巻 5 号747頁·····················188
　昭和56年
3・24民集35巻 2 号254頁〔民執保全百選 5 ②
　事件〕··34
3・24民集35巻 2 号271頁〔民執保全百選74事
　件〕···167
12・17民集35巻 9 号1328頁·····················405
　昭和57年
2・23民集36巻 2 号154頁〔民執保全百選 3 事
　件〕··60
3・30民集36巻 3 号484頁〔倒産百選〔第 4 版〕
　12事件〕···265
　昭和58年
2・24判時1078号76頁〔民執保全百選20事件〕
　　··190
3・22判時1134号75頁〔倒産百選〔第 4 版〕17
　事件〕··243, 260
10・ 6 民集37巻 8 号1041頁〔倒産百選〔第 4 版〕
　21事件〕··243, 348
11・25民集37巻 9 号1430頁〔倒産百選〔第 4 版〕
　24事件〕···293
　昭和59年
2・ 2 民集38巻 3 号431頁〔民執百選108事件〕
　　··395
5・17判時1119号72頁〔倒産百選〔第 4 版〕71
　事件〕···279
　昭和60年
7・19民集39巻 5 号1326頁〔民執保全百選69事
　件〕···168
　昭和61年
4・ 3 判時1198号110頁〔倒産百選〔第 4 版〕
　40事件〕···294

4・11民集40巻3号584頁 …………………401
昭和62年
2・12民集41巻1号67頁 ………………………404
7・2 金法1178号37頁 …………………………248
7・3民集41巻5号1068頁〔倒産百選〔第4版〕
 31事件〕 ………………………………………297
11・10民集41巻8号1559頁〔民執保全百選21事
 件〕 ………………………………………………407
11・26民集41巻8号1585頁〔倒産百選〔第4版〕
 69事件〕 ………………………………………271
昭和63年
1・26民集42巻1号1頁〔民訴百選43事件〕
 ……………………………………………………59
2・25判時1284号66頁〔民執保全百選47事件〕
 ……………………………………………………155
7・1民集42巻6号477頁〔民執保全百選92事
 件〕 ………………………………………61, 151
10・6（決）判時1298号118頁 ………………154
平成元年
6・1 判時1321号126頁〔民執百選53事件〕
 ……………………………………………………150
10・27民集43巻9号1070頁 ……………………383
平成2年
1・22判時1340号100頁〔民執保全百選124事件〕
 ……………………………………………………60
3・20民集44巻2号416頁 ………………………351
6・28民集44巻4号785頁〔民執保全百選27事
 件〕 ………………………………………………145
9・27家月43巻3号64頁〔倒産百選〔第4版〕
 48事件〕 ………………………………………284
平成3年
3・22民集45巻3号322頁 ………………………151
平成5年
6・25民集47巻6号4557頁 ……………………308
12・17民集47巻10号5508頁〔民執保全百選93事
 件〕 ………………………………………………61
平成6年
2・22民集48巻2号414頁 ………………………404
4・7民集48巻3号889頁〔民執保全百選43事
 件〕 ………………………………………………129
7・14民集48巻5号1109頁〔民執保全百選50事
 件〕 ………………………………………………150
9・8 判時1511号71頁 …………………………403
12・6 判タ870号109頁 …………………………150

平成7年
4・14民集49巻4号1063頁〔倒産百選〔第4版〕
 67事件〕 …………………………………287, 413
12・15民集49巻10号3051頁〔民執保全百選16事
 件〕 ………………………………………………188
平成8年
1・26民集50巻1号155頁〔民執保全百選42事
 件〕 ………………………………………………154
11・22民集50巻10号2702頁 …………………404
平成9年
2・14民集51巻2号375頁 ………………………130
4・11裁時1193号1頁 …………………………404
7・15民集51巻6号2645頁〔民執保全百選30事
 件〕 …………………………………………60, 100
平成10年
3・24民集52巻2号399頁 ………………………409
3・26民集52巻2号483頁〔民執保全百選100事
 件〕 ………………………………………………160
3・26民集52巻2号513頁〔民執保全百選49事
 件〕 ………………………………………………151
7・14民集52巻5号1261頁〔倒産百選〔第4版〕
 52事件〕 ………………………………………287
平成11年
2・26判時1671号67頁 …………………………404
4・16民集53巻4号740頁〔倒産百選〔第4版〕
 9事件〕 ………………………………………219
4・27民集53巻4号840頁 ………………………145
5・17（決）民集53巻5号863頁 ………………406
平成12年
4・7（決）民集54巻4号1355頁〔民執保全百選
 75事件〕 ………………………………………167
4・28（決）判時1710号100頁 ………………288
平成13年
11・22民集55巻6号1056頁 ……………………409
平成15年
7・3 判時1835号72頁〔民執保全百選95事件〕
 ……………………………………………………147
11・11（決）民集57巻10号1524頁 ……………139
平成16年
7・16民集58巻5号1744頁〔倒産百選〔第4版〕
 34事件〕 ………………………………………409
9・14判時1872号67頁 …………………………409
10・1判時1877号70頁〔倒産百選〔第4版〕55
 事件〕 …………………………………………288

平成17年
1・17民集59巻1号1頁〔倒産百選〔第4版〕
　57事件〕・・・・・・・・・・・・・・・・・・・・・・・・・・290
11・8民集59巻9号2333頁・・・・・・・・・・・・・・・・294
平成18年
2・7判時1405号3頁・・・・・・・・・・・・・・・・・・・・402

高等裁判所

昭和24年
大阪11・25高民集2巻3号309頁・・・・・・・・・・36
昭和31年
大阪5・22下民集7巻5号1325頁・・・・・・・・・・36
昭和34年
東京1・12(決)下民集10巻1号1頁〔新倒産百
　選116事件〕・・・・・・・・・・・・・・・・・・・・・・・・374
昭和35年
名古屋1・29高民集13巻1号72頁・・・・・・・・・36
東京3・3東高民時報11巻3号81頁・・・・・・・36
昭和49年
札幌3・27(決)判時744号66頁・・・・・・・・・・・185
広島11・28判時777号54頁〔新倒産百選123事件〕
　・・・・・・・・・・・・・・・・・・・・・・・・・・・・・・・・・・・213
昭和52年
東京2・22下民集28巻1～4号78頁・・・・・・・・190
昭和56年
東京1・30(決)下民集32巻1～4号10頁〔新倒
　産百選117事件〕・・・・・・・・・・・・・・・・・・・・375
福岡12・21(決)判時1046号127頁〔倒産百選〔第
　4版〕84事件〕・・・・・・・・・・・・・・・・・・・・・・337
昭和57年
名古屋11・11(決)判時1069号87頁・・・・・・・・138
東京11・30(決)判タ489号60頁・・・・・・・・・・137
東京11・30(決)下民集33巻9～12号1433頁〔倒
　産百選〔第4版〕8事件〕・・・・・・・・・・・・・・227
札幌12・7(決)判タ486号92頁〔民執保全百選
　52事件〕・・・・・・・・・・・・・・・・・・・・・・・・・・107
昭和58年
札幌9・27判タ516号124頁〔倒産百選〔第3版〕
　9②事件〕・・・・・・・・・・・・・・・・・・・・・・・・・222
昭和59年
東京6・13(決)判時1122号121頁・・・・・・・・・134
大阪9・27金法1081号36頁〔倒産百選〔第3版〕
　80事件〕・・・・・・・・・・・・・・・・・・・・・・・・・・412

昭和60年
札幌1・21(決)判タ554号209頁〔民執保全百選
　67事件〕・・・・・・・・・・・・・・・・・・・・・・・・・・162
名古屋4・12下民集34巻1～4号461頁〔民執
　保全百選85事件〕・・・・・・・・・・・・・・・・・・・176
東京5・16(決)判時1157号122頁・・・・・・・・・138
札幌10・16(決)判タ586号82頁〔民執保全百選
　61事件〕・・・・・・・・・・・・・・・・・・・・・・・・・・161
東京10・25(決)判時1181号104頁・・・・・・・・・138
昭和61年
札幌3・26(決)判タ601号74頁〔倒産百選〔第
　3版〕59事件〕・・・・・・・・・・・・・・・・・・・・・412
名古屋3・28判時1207号65頁・・・・・・・・・・・261
仙台9・30(決)判時1211号63頁・・・・・・・・・138
大阪10・27(決)判タ634号243頁・・・・・・・・・134
昭和62年
福岡1・14(決)判タ626号213頁・・・・・・・・・139
仙台1・14(決)判タ631号229頁・・・・・・・・・119
名古屋高裁金沢支1・22(決)判タ630号213頁
　・・・・・・・・・・・・・・・・・・・・・・・・・・・・・・・・・・・138
東京6・30(決)判時1244号83頁・・・・・・・・・139
大阪7・17(決)判時1247号96頁・・・・・・・・・139
大阪10・22(決)判タ657号247頁・・・・・・・・・145
平成元年
福岡2・14(決)高民集42巻1号25頁〔民執保全
　百選33事件〕・・・・・・・・・・・・・・・・・・・・・・119
東京10・5(決)金法1255号30頁・・・・・・・・・137
仙台10・6(決)判タ719号196頁・・・・・・・・・138
仙台10・12(決)判タ722号271頁・・・・・・・・・139
東京10・19金法1246号32頁・・・・・・・・・・・・225
平成2年
仙台1・10(決)金判841号19頁・・・・・・・・・・138
大阪7・12(決)判時1361号61頁・・・・・・・・・139
平成3年
東京5・29判時1397号24頁〔民執保全百選86事
　件〕・・・・・・・・・・・・・・・・・・・・・・・・・・・・・・174
東京9・19判時1410号66頁〔民執百選45事件〕
　・・・・・・・・・・・・・・・・・・・・・・・・・・・・・・・・・・・130
平成4年
東京2・5(決)判タ788号270頁〔民執保全百選
　66事件〕・・・・・・・・・・・・・・・・・・・・・・・・・・162
札幌2・28(決)判タ1415号106頁・・・・・・・・・193
東京12・28(決)判時1445号150頁〔民執百選31
　事件〕・・・・・・・・・・・・・・・・・・・・・・・・123,124

判例索引　417

平成6年
高松1・24(決)金判948号20頁…………123
仙台2・28判時1552号62頁……………128
平成7年
東京1・23(決)高民集48巻1号127頁………122
東京5・29判時1535号85頁………………187
名古屋8・14(決)判時1567号109頁…………138
大阪10・9(決)判時1560号98頁……………128
平成8年
東京8・9(決)金判1011号21頁……………124
東京9・25(決)判時1585号32頁〔民執百選60②〕事件〕………………………………159
東京11・1(決)判タ933号273頁……………119

地方裁判所

昭和26年
東京2・12下民集2巻2号187頁……………36
昭和30年
東京8・16下民集6巻8号1633頁……………36
昭和40年
大阪1・21判タ172号149頁…………………36
昭和41年
神戸地裁姫路支4・11(決)下民集17巻3・4号222頁〔山陽特殊鋼事件〕………………339
東京12・23(決)判時470号56頁〔サンウェーブ事件〕………………………………339
昭和44年
福岡7・8(決)判時589号65頁………………36
昭和47年
福岡2・28金法651号26頁…………………213
昭和49年
東京5・31判タ312号233頁〔倒産百選〔第4版〕102事件〕…………………………213
昭和52年
東京7・1(決)判タ349号183頁〔興人事件〕………………………………………339
昭和54年
東京7・25(決)金判581号31頁〔東洋バルブ事件〕……………………………………339
昭和58年
大阪9・30判タ516号139頁〔新倒産百選118事件〕……………………………………375
昭和59年
横浜5・28判タ537号165頁…………………151
昭和61年
仙台8・1(決)判時1207号107頁……………138
昭和63年
横浜2・29判時1280号151頁〔倒産百選〔第4版〕78事件〕………………………353
平成元年
東京9・26判時1354号120頁…………………36
神戸10・31判時1371号127頁…………………60
平成2年
福岡10・2(決)判タ737号239頁……………138
平成3年
大阪5・14(決)訟月38巻1号7頁……………36
東京8・7(決)判時1419号88頁……………123
東京9・26判時1422号128頁…………………375
東京12・16金判903号39頁〔倒産百選〔第4版〕45事件〕…………………………374
平成4年
福岡地裁小倉支11・12(決)金法1339号40頁………………………………………124
東京6・8(執行処分)判タ785号198頁……130
東京6・17判時1435号27頁〔民執百選5事件〕………………………………………63
名古屋6・24判時1456号118頁………………140
東京7・3(決)判時1424号86頁〔民執保全百選29事件〕………………………………124
平成5年
東京2・9判時1462号132頁…………………132
大阪10・18(決)判時1476号137頁……………123
平成6年
札幌7・8(決)家月47巻4号71頁〔民執保全百選84事件〕……………………………172
平成7年
東京1・19判タ894号250頁…………………128
大阪5・23判時1554号91頁…………………375
平成8年
東京2・7判時1589号86頁…………………375
大阪12・20(決)判タ950号236頁〔播備高原開発事件〕……………………………………339
平成12年
大阪10・20(決)金判1106号50頁……………316
東京12・8(決)金判1111号40頁〔そごう事件〕………………………………………330
平成13年

東京3・22(決)判時1747号143頁〔千代田生命保険事件〕 …………………………339

平成15年
東京12・22判タ1141号279頁……………284, 413

事項索引

あ 行

明渡しの催告 …………………………… *171*
明渡し猶予制度 ………………………… *383*
異時破産手続廃止 ……………………… *310*
意思表示請求権 ………………………… *178*
慰謝料請求権 …………………………… *348*
委託売却 …………………………… *141, 142*
一期日審理の原則 ………………………… *53*
一括売却 ………………………………… *132*
一般異議申述期間 ……………………… *356*
一般調査期間 …………………………… *250*
一般調査期日 …………………………… *251*
一般優先債権 …………………… *320, 322*
委任契約 ………………………………… *276*
違法執行 ………………………………… *186*
請負契約 ………………………………… *269*
売主の取戻権 …………………………… *285*
売渡担保 ………………………………… *402*
ADR（Allternative Dispute Resolution）
　　……………………………… *38, 40, 41, 42*
　　──基本法 ……………………………… *39*

か 行

買受人 …………………………… *151, 153*
買受申出をした差押債権者のための保全処分
　　……………………………………… *135*
外観主義 ………………………………… *106*
外国倒産承認援助法 …………………… *376*
開始後債権 ……………………………… *323*
会社更生 ………………………………… *211*
　　──手続 …………………………… *332*
解放金 …………………………………… *77*
価格減少行為 …………………………… *124*
貸金業規制法 …………………………… *340*
家事調停 ………………………………… *45*
可処分所得 ……………………………… *359*
仮差押え ………………………………… *70*
　　──の執行 ………………………… *84*
仮執行 …………………………………… *60*

仮執行宣言 ………………………………… *31*
　　──付支払督促 …………………… *94*
　　──付判決 ………………………… *93*
仮処分命令 ……………………………… *86*
仮登記担保 ……………………… *385, 399*
仮の地位を定める仮処分 ……………… *70*
簡易却下制度 …………………………… *192*
簡易再生 ………………………………… *331*
簡易配当 ………………………………… *308*
換　価 …………………………… *116, 303*
管　轄 …………………………… *220, 314*
管財人 …………………………………… *329*
間接強制 ………………… *14, 170, 172, 174, 176*
監督委員 ………………………… *315, 329, 334*
　　──による否認権行使 …………… *293*
監督命令 ………………………… *315, 318*
管理命令 ………………………… *168, 315*
期間入札 ………………………… *130, 131*
危機時期 ………………………………… *297*
期　日 …………………………………… *251*
　　──入札 …………………………… *130*
　　──方式 …………………………… *250*
起訴前の和解 …………………………… *36*
起訴命令 ………………………………… *81*
義務供託 ………………………………… *165*
救　済 …………………………………… *3*
求償義務者の破産 ……………………… *248*
給与所得者等再生 ……………… *354, 359*
給料債権 ………………………………… *257*
共益債権 ………………………………… *322*
強制管理 ………………………… *107, 108, 116, 390*
強制競売 ………………………… *107, 108, 116*
強制執行 ………………………………… *59, 101*
供　託 …………………………………… *149*
競　売 …………………………………… *400*
金融再生法 ……………………………… *366*
クレジット・カウンセリング ……… *49, 342*
クロス・ファイリング ………………… *378*
計算報告集会 …………………………… *309*
係争物に関する仮処分 ………………… *70*

事項索引　421

係属中の訴訟手続 ……………………277
係属中の民事執行手続 ………………280
継続的供給契約 ………………………268
現況調査報告書 ………………………118
減　資 …………………………………327
原状回復 …………………………………11
　　——の裁判 ………………………80
現存額主義 ……………………………247
権利移転型担保 ………………………385
権利供託 ………………………………165
合　意 ……………………………………22
交互計算 ………………………………269
公示保全処分 …………………………124
交　渉 …………………………20, 21, 22
公証人 ……………………………33, 34
公　正（フェアネス）……………………4
更生管財人 ……………………………333
更　生
　　——計画 …………………………335
　　——計画案 ………………………336
　　——債権 …………………………334
　　——担保権 …………………333, 335
　　——手続開始要件 ………………332
　　——特例法 ………………………367
公正証書 …………………………………32
交付手続 ………………………………148
交付要求 ………………………………145
公法人 …………………………………217
国際倒産 ………………………………371
国税滞納処分 …………………………281
個人再生委員 …………………………356
個人再生手続 ………………210, 344, 354
固定主義 …………………243, 282, 347, 348

さ　行

債　権
　　——執行 …………………………158
　　——調査期間 ……………………250
　　——調査期日 ……………………250
　　——差押命令 ……………………158
再建型倒産手続 ………………………201
債権者
　　——委員 …………………………241
　　——委員会 ………………………317

　　——集会 ……………………239, 317
　　——説明会 ………………………317
　　——代位訴訟 ……………………280
　　——平等 ……………………15, 17, 381
最高価買受申出人 ……………………134
最後配当 ………………………………306
財産開示手続 …………………………105
財産状況報告集会 ………………239, 317
再生計画 …………………………325, 326
再生債権 ………………………………319
　　——者表 …………………………320
　　——の査定の申立て ……………320
再生債務者の第三者性 ………………316
財団債権 …………………………244, 254
最低売却価額 …………………………120
最低弁済額 ……………………………358
裁判外の和解 …………………………43
裁判外紛争処理 …………………………38
裁判上の和解 …………………………43
債務超過 ………………………………225
債務名義 …………………………92, 93
裁量免責 ………………………………352
詐害行為 ………………………………295
　　——取消権 ………………………292
　　——取消訴訟 ……………………279
　　——否認 …………………………296
先取特権 ………………………………382
差押え …………………………………105
差　押
　　——禁止 …………………………112
　　——禁止財産 ……………243, 244, 347
　　——債権者による取立て ………164
　　——宣言 …………………………108
　　——命令 …………………………160
査定の裁判に対する異議の訴え ……320
参加命令 ………………………………166
産業再生機構 ……………………369, 370
敷金返還請求権 ………………………267
事業譲渡 …………………………326, 336
時効中断の効果 ………………………222
自己破産の申立て …………………218, 345
示談交渉 …………………………24, 25
質　権 ……………………………287, 382
執　行

――異議 ……… 100, 149, 186, 192, 193, 396
――期間 ……… 83
――機関 ……… 92, 98, 103
――行為の否認 ……… 300
――抗告 ……… 186, 190, 396
――裁判所 ……… 98, 99, 148
――障害 ……… 102
――証書 ……… 34, 35, 94
――停止文書 ……… 104
――取消文書 ……… 103
――妨害 ……… 63
――命令 ……… 95
執行官 ……… 98, 99, 117, 148
――保管命令 ……… 124
執行文 ……… 95
――付与に関する異議 ……… 182
――付与に対する異議の訴え ……… 184
――付与の訴え ……… 183
執行力 ……… 13, 95
私的整理 ……… 48, 199, 212
――ガイドライン ……… 48, 369
支払停止 ……… 225
支払督促 ……… 29, 30
支払不能 ……… 224
支払猶予判決 ……… 54
司法ネット ……… 39
集合債権譲渡担保 ……… 386, 408
集合財産譲渡担保 ……… 407
集合動産譲渡担保 ……… 386, 407
自由財産 ……… 231, 243, 347
住宅資金貸付債権に関する特則 ……… 354, 360
重要財産開示義務 ……… 232
準自己破産の申立て ……… 219
少額管財事件 ……… 345, 346
少額訴訟
――債権執行 ……… 55, 169
――手続 ……… 50, 51, 52
――判決 ……… 54
小規模個人再生 ……… 354, 355
承継執行文 ……… 96, 97
条件成就執行文 ……… 96
消除主義 ……… 127
譲渡担保 ……… 287, 385, 402, 403, 406
譲渡命令 ……… 168

承認援助法 ……… 377
消費者倒産 ……… 341
所有権留保 ……… 287, 385, 410, 411
審尋 ……… 75
信託 ……… 213
人的担保 ……… 381
新得財産 ……… 231, 244, 282, 347
数人の全部義務者の破産 ……… 247
請求異議の訴え ……… 184, 186, 187, 188
清算型倒産手続 ……… 201
清算義務 ……… 399
清算金 ……… 399, 400, 401
生命保険解約返戻金請求権 ……… 275
整理回収機構 ……… 369
責任財産 ……… 282
絶対優先の原則 ……… 336, 337
説明義務 ……… 232
競り売り ……… 130, 141
善意の第三者 ……… 260, 261, 262
善管注意義務 ……… 237
占有改定 ……… 407
占有権原 ……… 156
増価競売 ……… 392
総合法律支援法 ……… 39
相殺 ……… 289
――禁止 ……… 291
――適状 ……… 290
――の担保的機能 ……… 289
増資 ……… 327
相続財産の破産 ……… 218
相対的無効 ……… 114
双方未履行双務契約 ……… 264
即時抗告 ……… 78
即日判決の原則 ……… 53
属地主義 ……… 372
訴訟の中断・受継 ……… 253
租税債権 ……… 256, 322
即決和解 ……… 36
損害賠償請求権の査定 ……… 330

た 行

対抗要件否認 ……… 300
対抗力を備えた不動産賃貸借 ……… 266
第三者異議の訴え ……… 106, 186, 189

事項索引　423

代償的執行 …………………………………15
代償的取戻権 ………………………………285
退職金債権 ……………………………257, 347
対席調停（同席調停）………………………46
代替執行 …………………………14, 170, 173
代理委員 ……………………………………241
代理受領 ……………………………………276
多重債務問題 ………………………………340
短期賃貸借 …………………………………128
単純執行文 …………………………………95
担保仮登記 ………………………399, 400, 401
担保権 ………………………………………286
　　──実行としての競売手続の中止命令 …324
　　──消滅請求制度 ………288, 289, 304, 324
担保不動産競売 ………………………389, 390
担保不動産収益執行 ………384, 389, 390, 393
中間配当 ……………………………………305
仲　裁 …………………………………46, 47
　　──裁判 …………………………………94
抽象的差止め ……………………………175, 177
注文主の破産 ………………………………269
超過差押えの禁止 …………………………112
調査委員 ……………………………………318
調査命令 ……………………………………318
調　停 ………………………………………44
調停前置主義 ………………………………45
懲罰的損害賠償 ……………………………11
直接強制 ………………………14, 170, 171
賃借人の破産 …………………………265, 266
陳述書 ………………………………………33
賃貸借契約 …………………………………265
追加配当 ……………………………………307
通謀虚偽表示 ………………………………260
DIP（Debtor in Possession, 占有（継続）債務者）
　　………………………………………………315
定期金賠償 …………………………………11
停止条件付債権譲渡 ………………………409
抵当権 …………………………………287, 382
抵当権消滅請求制度 ……………………392, 393
滌　除 ……………………………………392, 393
手続相対効 ……………………………85, 114
転換執行文 …………………………………185
典型担保 ……………………………………382
転得者に対する否認 ………………………300

転付命令 ………………………………166, 167
同意再生 ……………………………………331
同意配当 ………………………………308, 309
倒　産 ………………………………………197
倒産ADR ……………………………………48, 49
倒産解除特約 ………………………………264
動産執行 ………………………………109, 111
動産担保権の実行手続 ……………………395
動産売買先取特権 …………………………384
当事者恒定 …………………………………88
当事者恒定効 …………………………126, 172
同時処分 ……………………………………229
同時破産手続廃止…228, 310, 311, 343, 345, 346
督促異議 ………………………………29, 30, 31
督促手続 ………………………………………28, 30
特定競売手続 ………………………………117
特定調停 ………………………………49, 342
特別換価命令 ………………………………168
特別清算 ……………………………………207
特別調査期間 ………………………………251
特別の先取特権 ……………………………287
特別売却 ……………………130, 131, 141, 142
取立訴訟 ……………………………………165
取戻権 …………………………………283, 401
問屋の取戻権 ………………………………285

な　行

内容証明郵便 ………………………………28
内　覧 ………………………………………132
二重開始決定 ………………………………109
二重差押え …………………………………162
日本司法支援センター（愛称「法テラス」）
　　………………………………………………39
任意売却 ……………………………………303
認否書 …………………………………250, 319

は　行

ハードシップ免責 …………………………358
売　却 ………………………………………140
　　──基準価額 ……………………………120
　　──許可決定 ……………………………139
　　──条件 …………………………………118
　　──のための保全処分 …………………123
　　──不許可事由 …………………………137

424　事項索引

──方法 ………………………………130
──命令 ………………………………168
配　当 …………………………146, 305
　──異議 ……………………………149
　──異議の訴え ……………………150
　──表 ………………………………147
　──要求 …………144, 145, 162, 163
破　産 …………………………………204
　──裁判所 …………………………234
　──障害事由 ………………………226
　──能力 ………………………216, 217
　──免責手続 …………………343, 345
破産管財人 …………………………235
　──の職務 …………………………236
　──の地位の第三者性 ……………242
　──の法的地位 ……………………259
破産債権 ……………………………244
　──査定決定に対する異議の訴え …253
　──に関する訴訟 …………………278
　──の確定 …………………………252
　──の金銭化 ………………………245
　──の現在化 ………………………245
　──の査定決定 ……………………252
　──の調査 …………………………250
　──の届出 …………………………249
破産財団 ………………231, 242, 282
　──に関する訴訟 …………………277
　──の換価 …………………………303
破産手続
　──開始決定 ………………………228
　──開始原因 …………………216, 224
　──終結決定 ………………………309
　──の費用 …………………………220
　──廃止 ……………………………310
判断・執行二分論 ……………………177
引受主義 ………………………………127
引渡命令 …………………………154, 155
筆界特定手続 …………………………43
非典型担保 ……………………………385
否認権 …………………………292, 316
否認の請求 ……………………………316
否認の登記 ……………………………294
被保全権利 ……………………………73
非免責債権 ……………………………353

評価書 …………………………………120
評価人 …………………………………119
平等主義 ………………………………144
ファイナンス・リース …………287, 412
普及主義 ………………………………372
付随処分 ………………………………229
不足額責任主義 ………………………323
復権 ……………………………………353
物権変動の対抗要件 …………………260
物件明細書 ……………………………121
物上代位 …………………383, 384, 400
物的担保 …………………………286, 382
不動産の現況調査 ……………………117
不動産の占有移転禁止の保全処分 …125
不当執行 …………………………58, 93, 186
プレパッケージ型再生 …………215, 328
別除権 ……………………………286, 323
別除権者 ………………………………401
偏頗行為 ………………………………295
　──否認 …………………………298
包括的禁止命令 …………………318, 319
膨張主義 ………………………………243
法定担保物権 …………………………382
法定地上権 ……………………………129
保険会社の破綻処理 …………………275
保険契約 ………………………………274
補充執行文 ……………………………96
保　証 …………………………………381
　──人の破産 ………………………247
保　全
　──異議 ……………………………79
　──管理人 …………………………238
　──管理命令 ……………223, 238, 318
　──抗告 ……………………………82
　──執行 ……………………………71
　──処分 …………………………317, 333
　──措置 ……………………………223
　──取消し …………………………79, 81
　──の必要性 ………………………74
　──命令 ……………………70, 72, 73
ホッチポット・ルール ………………378

ま　行

民事再生 ………………………………208

——手続 …………………………312	約定劣後破産債権 ………………245, 246
——手続の手続開始原因 …………313	優先更生債権 ……………………………334
民事調停 …………………………………44	優先主義 …………………………………143
民事保全 ………………………………60, 69	優先的破産債権 …………………245, 246

ら 行

無償否認 …………………………………297	ライセンス契約 …………………………267
無剰余換価禁止の原則 …………………127	留置権 ……………………………287, 382
無剰余差押えの禁止 ……………………112	劣後的破産債権 …………………245, 246
免 責 ……………………343, 349, 350	労働契約 …………………………………272
——手続中の強制執行 ……………350	労働債権 ……………………………257, 322
——不許可事由 ……………………352	

や 行

わ 行

役員責任査定決定 ………………………302	和 解 ……………………………………43
役員に対する責任追及 …………330, 338	和 議 ……………………208, 312, 329
約定担保物権 ……………………………382	
約定劣後再生債権 ………………………321	

NJ叢書

2006年10月15日　初版第1刷発行

新民事救済手続法

編　者	井　上　治　典
	中　島　弘　雅
発行者	岡　村　　　勉

発行所　株式会社　法律文化社
〒603-8053　京都市北区上賀茂岩ヶ垣内町71
電話 075(791)7131　FAX 075(721)8400
URL:http://www.hou-bun.co.jp/

© 2006　H. Inoue, H. Nakajima, Printed in Japan
印刷：西濃印刷㈱／製本：㈱オービービー
装幀：前田俊平
ISBN4-589-02967-7

● 新鮮な問題意識とフレキシブルな法的思考力を養う

NJ叢書

A5判／上製カバー巻／246〜452頁

Neue Juristische Lehrbücher

> NJ叢書とはNeue Juristische Lehrbücher（新しい法学叢書）の略称です。
> 従来の枠組みでは捉えきれない問題が次々と発生する現代社会にあって，法学教育は広い視野と深い洞察力をもったリーガルマインドの修得が求められています。本叢書は社会への新鮮な問題意識とフレキシブルな法的思考力を養い，「新しい法学」の創造をめざすシリーズです。アップ・トゥ・デイトな話題を盛り込み，各巻順次リニューアル。

現代憲法講義1 講義編〔第3版〕
浦部法穂・大久保史郎・森 英樹著　　3045円

現代憲法講義2 演習編
浦部法穂・大久保史郎
森 英樹・山口和秀編　　2625円

現代税法講義〔4訂版〕
北野弘久編　　3465円

新 物権・担保物権法〔第2版〕
田井義信・岡本詔治
松岡久和・磯野英徳著　　3990円

債権総論
新関輝夫著　　2835円

家族法〔第2版〕
浦本寛雄著　　3045円

現代家族法学
利谷信義編　　3360円

【近刊】
法社会学
和田仁孝編

経済法〔第4版〕
根岸 哲・杉浦市郎編　　3045円

民事訴訟法〔第2版〕
佐上善和著　　3570円

新民事救済手続法
井上治典・中島弘雅編　　3675円

現代国際取引法講義
松岡 博編　　3990円

労働法1 集団的労働関係法〔第3版〕
萬井隆令・西谷 敏編　　2835円

労働法2 個別的労働関係法〔第5版〕
西谷 敏・萬井隆令編　　3570円

現代中国法講義〔第2版〕
西村幸次郎編　　2940円

法律文化社
価格は定価（税込）